见识城邦

更新知识地图　拓展认知边界

Eric Hobsbawm

# The Age of Capital 1848-1875

# 资本的年代

## 1848—1875

[英] 艾瑞克 · 霍布斯鲍姆 著
张晓华 等 译

中信出版集团 · 北京

图书在版编目（CIP）数据

资本的年代：1848—1875 /（英）艾瑞克·霍布斯鲍姆著；张晓华等译. -- 2版. -- 北京：中信出版社，2017.8（2025.7重印）

书名原文：The Age of Capital. 1848-1875

ISBN 978-7-5086-7463-6

Ⅰ.①资… Ⅱ.①艾… ②张… Ⅲ.①世界史—1848-1875 Ⅳ.①K141

中国版本图书馆CIP数据核字（2017）第081494号



资本的年代：1848—1875

著　　者：[英] 艾瑞克·霍布斯鲍姆
译　　者：张晓华 等
出版发行：中信出版集团股份有限公司
（北京市朝阳区东三环北路27号嘉铭中心　邮编　100020）
承 印 者：北京通州皇家印刷厂

开　　本：787 mm×1092 mm　1/16　　印　　张：24　　字　　数：368千字
版　　次：2017年8月第2版　　印　　次：2025年 7月第16次印刷
京权图字：01–2013–2705
书　　号：ISBN 978-7-5086-7463-6
定　　价：78.00元

# 目 录

## 第三部分　结果

# 序言

笔者关于世界近代史（即从法国大革命到第一次世界大战）的专著共有三本。第一本《革命的年代：1789—1848》（*The Age of Revolution: 1789—1848*）早已问世，第三本尚未动笔，本书则介于二者之间。由于它独立成卷，对读过或没有读过第一本的读者都具有可读性。不过对读过第一本的读者我要表示歉意，因本书零零星星地收进了他们业已熟知的材料。这样做是为了照顾尚未读过第一本书的读者，为他们提供必要的背景资料。出于类似的目的，我也简略地为以后的发展趋势做了几点提示，特别是在第十六章“结语”中。与《革命的年代》重复的资料我当然会尽量削减到最低限度，并将它们分散开来，以免使读者生厌。读者可视此书为独立篇章，只要记住本书并非处理一个孤立的、与其前后截然分开的时期即可。历史是不可分割的。

无论如何，对任何受过一般教育的普通读者来说，这本书应该是明白易懂的。它是为普通读者而不是为历史学家而写的。社会为历史学家研究的课题提供了丰富的史料，历史学家如能正确使用这些史料，就不应只为其他史家而写作。一般读者若能对欧洲历史有基本的了解，是会有益处的。笔者相信那些搞不清攻占巴士底狱或拿破仑战争是怎么一回事的读者，在遇到紧急情况时，虽能设法应付，但具备这些知识，定会有所助益。

本书所述的时代较短，但跨越的地界却很大。以欧洲——事实上以英国和法国——为中心来写1789—1848年的世界史，并非不切实际。然而随之而来的1/4个世纪，就再也不能纯粹以欧洲史来概括了，因为

1848年后资本主义经济向全世界辐射，撰写这个时期的世界史如不在相当程度上注意其他几个大洲，必定荒诞可笑。我是不是也太欧洲中心主义了呢？可能有此嫌疑。欧洲历史学家对欧洲的了解比对其他洲的了解要多得多，这是可以理解的，于是，他们遂情不自禁地从他们所处环境的特别有利地位来欣赏全球景物。美国历史学家对同样的景物会有某些不同看法，这也是可以理解的。不过无论怎么看，19世纪中叶世界资本主义发展史仍是以欧洲为中心。例如美国，那时虽然已经露出它必将成为泱泱大国和世界头号工业强国的苗头，但经济实力还很弱小，只能自给自足而已。事实上，那时的美国也不是一个傲视群雄的庞然大物：1870年美国人口比英国多不了多少，与法国不相上下，比后来很快形成的德意志帝国还略少一些。

我将本书分成三个部分。1848年革命是这一时期发展主线的前奏。对于几条主线的开展，我是从欧洲大陆角度观察的，但只要有需要，也将从全球角度加以探讨，不过我并不企图把它写成一系列面面俱到、内容完整的“国别史”。欧洲以外的世界占两章篇幅。在这两章里，我不得不着重探讨若干重要的地区和国家，主要是美国、日本、中国和印度。每章均以主题划分，而非以年代先后为序，当然其中包含的年代仍是清晰可辨的。这些年代是：寂静但对外实施扩张的19世纪50年代，比较动荡的19世纪60年代，以及经济繁荣与经济萧条交替出现的19世纪70年代。第三部分包括了19世纪第三个25年的经济、社会和文化横断面。

我的目的并非是将已知的事实做一番总结，亦非叙述何时发生了何事，而是将事实归纳起来，进行整体的历史综合，从而“了解”19世纪第三个25年，并在一定限度内把我们今日世界的“根”追溯到那个时期。本书的目的同时也是为了展现这个时期无与伦比的特征。这是历史上独一无二的时代，因此显得那么生疏，那么遥远。至于这本《资本的年代》是否再现了这一历史时期，得由读者去判断。本书的看法，特别是与很多人观点相左的看法是否正确，得由我的史学界同行们去评论。同行们显然不会一致同意我的看法。著书人总希望自己的作品受到广泛注意，热情颂扬也好，愤怒指责也罢，能引起热烈讨论就不错。我不敢存有与评论家打场笔墨官司的奢望，在这一版里，我只是把几处印刷错漏和某些明显错误（有些明显错误已引起我的注意）纠正一下，调整一些容易造成误解的句子，仅此而已。当然在与我的系统阐述方法不相矛盾的情况下，也认真考虑了某些批评意见。这些意见在我看来是正确的。但全书基本上仍然保持旧貌。

不过，一般读者似乎对我有些误解，特别是对资本主义社会天生情有独钟的某些评论家。我对资本主义社会的同情显然不及他们。这个误解我必须澄清。历史学家有责任让读者了解其政治倾向，所以我在“导言”中写道：“本书作者无意掩饰自己对本书所述年代的某些厌恶，甚至某种鄙夷，但由于敬佩这个时代所取得的巨大物质成就，由于竭力想去理解自己所不喜欢的事物，因而稍有缓和。”有些人认为这段话就是作者将以不公正态度对待维多利亚时代的资产阶级以及维多利亚时代取得胜利的宣言。鉴于有些人无法看懂书中的内容（这内容与他们认为必须有的内容大相径庭），我要斩钉截铁地说：实情绝非如此。事实上至少有一位评论家正确地承认：“不仅这本书的撰写宗旨是要突出资产阶级的胜利，而且这本书最为赞同的还是资产阶级。”是也罢，否也罢，这是资产阶级的时代，我只是原封不动地把这个时代再现出来，为此我甚至不惜忽略了其他阶级，未能留出足够篇幅来表述其他阶级在这个时代所占有的分量。

我不能说我是一切问题的专家，我只是对与本书有关的众多问题中的一小部分精通而已。而且我还不得不几乎全部依赖二手甚至三手资料。不过这也是不可避免的。研究 19 世纪的著作已可堆成高耸入云的大山，使历史的天空黯然失色，而每年在高山顶上仍有新的作品不断增添。当人们对历史的兴趣扩大到无所不包，事实上囊括了 20 世纪下半叶人们感兴趣的各个方面时，需要吞噬的材料更是数不胜数，连最博学、最百科全书式的大学问家，也感到无法应付。材料必须精简，精简成一段或两段，精简成一行，或一笔带过，或只做细小的处理，或索性忍痛割爱。历史学家必然要借鉴他人作品，但越来越多的情况是只能浏览一下而已。

不幸的是，如此将打破学者们令人敬佩的常规做法。按照常规做法，学者们对其资料来源，特别是对有过帮助的人总要谦恭地鸣谢一番，因此只有原作者才能声称其个人所发现的智慧财产他人皆可使用。然而我在书中信手拈来的所有点滴想法，其原出处是来自哪本书或哪篇文章，或哪次谈话，或哪次讨论，我怀疑我是否能列出。我只能请求那些被我有意或无意巧取豪夺的作品的作者原谅我的无礼了。再说如果定要寻根究源，那将增添一大堆对本书不太合适的索引和注释，徒增书的篇幅。无论如何，我只能在此一并表示感谢。

书中注释几乎完全限于引用的统计资料和其他数字，以及某些有争议或令人瞠目结舌的引述来源。未加附注的其他数字大多数摘自标准材料，或摘自马豪尔的《统计辞典》(*Dictionary of Statistics*)等极为珍贵的简明资料。涉及的文学著作——即俄国小说——只提及书名，因为这些小说版本太多，本书作者看的版本读者不一定都能找到。提到马克思和恩格斯（这两位是那个时代主要的当代问题评论家）的作品，都是大家熟悉的书或信札，根据的是现有标准版（东柏林：1956—1971）的卷次和页数。至于地名，凡有英文的就写成英文地名［例如慕尼黑(Munich)］，没有英文的，就用当时出版物上通常用的名字［例如普里斯堡(Pressburg)］，其中没有任何民族偏见。如有必要，会将该地的今名附加在括号中，例如莱巴赫［Laibach，今名卢布尔雅那(Ljubljana)］。

已故的西古德·齐诺(Sigurd Zienau)和弗朗西斯·哈斯克尔(Francis Haskell)审阅了科学和文艺部分，并纠正了我的某些错误。查尔斯·柯温(Charles Curwen)解答了有关中国的问题。发生的错误和疏漏我难辞其咎。W. R. 罗杰斯(W. R. Rodgers)、卡门·克劳丁(Carmen Claudin)和玛丽亚·莫伊莎(Maria Moisá)不时抽空来充当助理研究员，给我提供了极大帮助。我还要深深感谢我的编辑苏珊·洛登(Susan Loden)。

艾瑞克·霍布斯鲍姆

# 导 言

19 世纪 60 年代，世界经济和政治词汇里多了一个新词——“资本主义”（capitalism，《革命的年代》导言中说“资本主义”一词的出处可追溯到 1848 年以前。然而进一步深入研究后方知这个词不可能在 1849 年以前出现，也不可能在 19 世纪 60 年代以前广泛流传[1]），所以将本书定名为“资本的年代”是很恰当的。这个书名也使我们想起最令人敬畏的资本主义评论家马克思的巨著《资本论》（*Das Kapital*，1867 年），该书亦出版于 19 世纪 60 年代。资本主义的全球性胜利，是 1848 年后数十年历史的主旋律。这是信仰经济发展依靠私营企业竞争、从最便宜的市场上采购一切（包括劳动力），并以最高价格出售一切的社会的胜利。建立在这个原则基础之上的经济，自然是要依靠资产阶级来主宰沉浮，资产阶级的活力、价值和智力，都已提高到与其地位相当的程度，并牢牢保持其优势。以此为基础的经济，据信不仅能创造丰富而且分配适当的物质财富，还能创造日新月异的人类机遇，摆脱迷信偏见，讲究理性，促使科学和艺术发展。总之，创造一个物质和伦理道德不断进步、加速前进的世界。在私有企业自由发展的道路上，那些所剩无几的障碍均将一扫而光。世界机制，或谓尚未摆脱传统和迷信势力的世界机制，或谓不幸得很不是白皮肤（最好原籍是中欧、西欧、北欧的白皮肤）的世界的机制，将逐步向国际模式靠拢，即领土明确的“民族国家”，有宪法保证的财产和公民权，有个选举产生的议会和为财产、人权负责的代议政府，以及在条件成熟的地方让普通百姓参政，不过关于这点有个限度：得保证资产阶级的社会秩序，排除资产阶级被推翻的危险。

追踪资本主义社会的发展不是本书的任务。资产阶级在1848年前的60年里已经获得历史性的突破，在经济阵线、政治—意识形态阵线上皆取得胜利。只要记住这一点足矣。1789—1848年的岁月，已在早些时候出版的拙著《革命的年代》中详细讨论过（参见本书“序言”，下文中我还将不时向诸位读者提及该书）。那个时期的主线是双元革命：由英国发起主要限于英国的工业转型和与法国有关主要限于法国的政治转型。两者异曲同工，皆是新社会的胜利。至于这个社会是否就是已大获全胜的自由资本主义的社会，一个被法国历史学家称为“所向披靡的资产阶级”的社会，当时的人可不像我们现在这般肯定。站在资产阶级政治思想理论家后面的，是一大群准备将温和自由主义革命转变为社会革命的群众。处在资本主义企业家之下和周围的，是被迫背井离乡、满腹怨言的“劳动贫民”，他们摩拳擦掌，跃跃欲试。19世纪30—40年代是充满危机的年代，前景未卜，只有乐天派才敢对其结果做出预测。

不过在1789—1848年期间，由于两大革命双管齐下，使这一时期的历史具有统一的美、对称的美。在某种意义上，这段历史更容易写，也更容易读，因为这段历史有个明显的主旋律，有个显著的形状，而且这段历史年代的起讫也很清晰，其清晰度就像我们有权希望人类事物应该呈现的那样。本书的起点是1848年革命。随着1848年革命结束，以前的对称不复存在，形状变了。政治革命偃旗息鼓，工业革命昂首挺进。1848年是“民族的春天”，是欧洲第一次和最后一次（几乎）名副其实的革命，左派的理想暂时实现，右派经历了一场噩梦，沙俄帝国和奥斯曼帝国以西的绝大部分欧洲大陆旧政权，同时被告推翻；从丹麦的哥本哈根（Copenhagen）到西西里的巴勒莫（Palermo），从罗马尼亚的布拉索夫（Brasov）到西班牙的巴塞罗那（Barcelona），几乎无一幸免。这是预料中的事。这是双元革命的结果，是双元革命合乎逻辑的产物。

革命失败了，普通地、迅速而确定无疑地失败了——政治逃亡者几年后还未认识到这次失败是确定无疑的——从此以后，1848 年前设想的那种普遍的社会革命，不复出现于世界上的“先进”国家。这种社会革命运动的重心转移到（先进国家的）边缘地区和落后世界，进而演变成20世纪的社会主义和共产主义政权，不过在本书阐述的时期内，这类运动仍处于“低度开发”，是段插曲，而且陈旧。世界资本主义经济的迅速发展，而且显然是方兴未艾的发展，为“先进”国家的政治带来了若干选择。（英国的）工业革命吞食了（法国的）政治革命。

所以本书叙述的历史是一边倒的历史，主要是世界资本主义工业经济大发展的历史，是这个经济所代表的社会秩序大踏步前进的历史，是认可这些进步并使它们合法化的思想理论大发展的历史，主要表现为理性、科学、进步和自由主义。这是资产阶级大获全胜的时代，虽然欧洲资产阶级对全力夺取公共政治统治权方面还羞羞答答。在这一点上——也许只有在这一点上——我们可以说革命的年代尚未结束。欧洲中产阶级之前已被人民吓破了胆，而且仍心有余悸：“民主”据信仍将肯定而且迅速地演变成“社会主义”的序曲。在资产阶级的凯旋时刻，正式主持资产阶级秩序的人物，在普鲁士是一位极其反动的乡下贵族，在法兰西是一个冒牌皇帝，在英国则是一连串的地主贵族。对革命的恐惧不是无中生有，而是根深蒂固，这说明资产阶级缺乏基本安全感。在本书阐述的历史时期结束之际，在先进国家爆发了唯一的革命事件，一场几乎是局限一地、昙花一现的巴黎公社（Paris Commune）起义，流血之多竟超过 1848 年的任何一次运动，于是各国大为恐慌，紧急进行外交磋商。至此，欧洲先进国家的统治者开始认识到（尽管多少有点儿不情愿），“民主”（即在广泛普选基础上建立议会制政体）不仅是不可避免的，而且在政治上是无害的，虽然或许有点儿讨厌。对于这点，美国统治者已有所认知。

所以，喜欢激动人心的英勇场面的读者，不会喜欢 19 世纪中叶这几十年的历史。这期间发生的战争不少，多于它之前的 30 年，也多于它之后的40年。其中包括由拥有技术和组织优势一方获胜的速决战，例如欧洲国家在海外发动的大多数战争；类似1864—1871年建立德意志帝国的战争；甚至连交战国的爱国主义者也不忍卒睹的血腥屠杀，例如1854—1856年的克里米亚战争（Crimean War）。在这段时间的所有战争中，最重要的莫过于美国内战。这场战争获胜的一方，归根结底是由于它拥有强大的经济力量和更好的资源。南方败北，虽然它有较为杰出的军队和将领。有时也有一些充满浪漫和绚丽色彩的英雄故事，比如身着红衫、留着一头鬈发的朱塞佩·加里波第（Giuseppe Garibaldi）。此类例子因其稀少而十分突出。政治方面也没有什么激动人心的大事。诚如白哲特（Walter Bagehot）对政治成功的标准所下的定义那样："寻常的见地加不寻常的能力。"拿破仑三世显然觉得他那伟大的叔父拿破仑一世的大氅穿在身上会很不舒服。林肯（Lincoln）和俾斯麦（Bismarck）无疑是伟大人物，他们在公众中的形象因他们面部的俊俏线条和他们擅长的口若悬河而获益匪浅，但他们获得的成就则有赖于其作为政治家和外交家的天赋。意大利的加富尔（Cavour）亦然，然而这些人完全不具备我们现在所认为的伟大气质和领袖魅力。

这时期最激动人心的大事，显然是经济和技术方面的成就：全世界浇铸了几百万吨的铁，穿越各大洲的绵延铁路，横跨大西洋的海底电缆，苏伊士运河的开凿，芝加哥等从美国中西部处女地上拔地而起的大城市，汹涌的移民潮等等。这是一出欧洲和北美强权主演的戏剧，世界被踩在它们足下。那些衣着朴素的冷静之士，在建设煤气厂、铁路和提供贷款时，也展现出令人尊敬的特质和民族优越感。不过人数很少的冒险家和拓荒者不属此列。

这段历史也是一出进步的戏剧（"进步"是这个时代的关键词）：波澜壮阔、开明进步，对自己充满信心，也感到满足，最重要的是这一切都是必然的。西方世界一切拥有权势的人，几乎没有一个希望阻挡时代前进的步伐。只有几个思想家和也许人数稍多一些的评论家凭直觉感到，进步是不可避免的，但它产生的世界可能与预期的世界很不一样，也许会南辕北辙，背道而驰。没有人认为时代会马上逆转。马克思也不认为会逆转。他预见到 1848 年的社会革命，预见到此后 10 年形势的发展，到了 19 世纪 60 年代，他认为革命将是长期的。

“进步的戏剧”是个隐喻说法，但是对下列两种人来说这也是毫不夸张的现实。一种是资本主义世界里的千百万穷人，他们穿过边境，远涉重洋，前往一个陌生地方，对他们来说，这意味着生活发生了翻天覆地的变化；另一种则是资本主义世界以外的各国人民，他们已被资本主义世界打垮，已被资本主义世界控制，对他们来说，这意味着需要在下列两种命运之间进行选择：一是抱残守缺，为维护他们的传统和习俗进行注定失败的抵抗；一是夺取西方武器，以其人之道还治其人之身，了解并掌握西方的“进步”。19 世纪第三个 25 年里有胜利者，有受害者。它的戏剧性在于出现了进退维谷的尴尬处境，不是胜利者的尴尬，而主要是受害者的困惑。

历史学家不可能非常客观地看待他所研究的历史时期。史家的专业知识使他们无法同意最具代表性的意识形态理论家的见解：即认为由于技术、“实证科学”以及社会方面的进步，人们已可用自然科学家无可辩驳的公正态度来审视他们的现在，他们认为他们了解自然科学家的方法（此言差矣！）。本书作者无意掩饰自己对本书所述年代的某些厌恶，甚至某种鄙夷，但由于敬佩这个时代所取得的巨大物质成就，由于竭力想去理解自己所不喜欢的事物，因而稍有缓和。许多人喜欢从危机层出不穷的 20 世纪西方世界来看待 19 世纪中期的资产阶级世界，觉得那时一切都是信心十足，一切都是肯定无疑。作者对这种“想当年”的怀旧病不敢苟同。作者倒是同情一个世纪前遭人冷落的那群人。无论怎么说，“信心十足”、“肯定无疑”云云都是错误的。资产阶级的胜利是短暂的，不是永久性的。正当资产阶级看似要大功告成之际，却恰恰证明自己并非统一的整体，而是四分五裂。19 世纪 70 年代初期，经济发展和自由主义胜利看来是不可阻挡的，但到 19 世纪 70 年代末期，却已不再一帆风顺。

这个转折点标志着本书所论时代的结束。不同于1848年革命（这是本书的时代起点），这个时代的结束没有一个合适的、全球性的具体日子可做标志。如果一定要找个具体时间，就推1873年吧，这一年之于维多利亚时期，就好比华尔街股市暴跌的1929年之于20世纪一般。因为那年开始了当时一位观察家称之为“工业、商业和贸易都出现了最奇怪的、在许多方面堪称空前的混乱和萧条”，当时的观察家称此为“大萧条”（Great Depression），大萧条的时间一般认为是1873—1896年。

> 最值得注意的特色（上面这位观察家写道）是它的普遍性。它既影响到牵涉进战争的国家，也影响到维持住国内和平的国家；影响到拥有稳定通货的国家，也影响到通货不稳定的国家……影响到奉行自由交易制度的国家，也影响到其交易多少受到限制的国家。它在像英国和德国这样的古老社会当中是令人叹息的，在代表新社会的澳大利亚、南非和加利福尼亚也是如此。对于贫瘠的纽芬兰和拉布拉多（Labrador）居民而言，它是难以承受的灾难；对于阳光灿烂、蔗田肥沃的东、西印度群岛居民而言，也是难以承受的灾难。同时它也没有使居于世界交易中心的人更为富有，然而通常在商业波动最剧烈和最不稳定的时刻，他们的获利也最大。[2]

这位杰出的北美人士撰写上述这番话的那年，正是国际工人协会在马克思鼓励下成立的那一年。大萧条带来了一个新时代，所以大萧条也可作为旧时代结束的恰当时间。

# 第一部分

# 前奏

## 第一章

# “民族的春天”

请非常认真地阅读报纸——现在的报纸值得一读……这场革命将改变地球的面貌——这是应当的，也是必然的！——革命万岁！

——诗人韦尔特（G. Weerth）写给母亲的信，

1848年3月11日[1]

真的，如果我年轻一些、富有一点，我肯定会移居美国。这并不是因为胆小怯懦——因为当前的形势对我本人不会有任何坏处，正像我也不会有害于别人一样——而是由于这里道德败坏，用莎士比亚的话来形容，已经腐败透顶。

——诗人艾兴多夫（Eichendorff）写给一个记者，

1849年8月1日[2]

# 1

1848 年年初，杰出的法国政治思想家托克维尔（Alexis de Tocqueville）在众议院（Chamber of Deputies）中起而陈言，发表了大多数欧洲人共同的看法："我们正睡在一座即将爆发的火山上……你们没看见大地正在抖动吗！一场革命的风暴已经刮起，我们已经可以看到它的到来。"大约与此同时，两个日耳曼流亡者，30 岁的马克思和 28 岁的恩格斯，正在宣布无产阶级革命的原则——这正是托克维尔提醒他的同僚们去阻止的事。马克思和恩格斯在几个星期以前，接受德国共产主义者同盟（German Communist League）的委托起草了一份文件，并于 1848 年 2 月 24 日前后，用德文在伦敦匿名出版，书名为"共产党宣言"（*Manifesto of the Communist Party*），并声明"将用英文、法文、德文、意大利文、佛兰芒文（Flemish）和丹麦文出版"（实际上，在当年也译成了波兰文和瑞典文，但平心而论，在 19 世纪 70 年代初期之前，除日耳曼革命者的小圈子外，它的政治影响并不大）。几个星期之内，实际上对于《共产党宣言》来说只是几个小时之内，预言者的希望和担心似乎即将实现。法国的王朝被起义者推翻，共和国随之宣告成立，欧洲革命已经开始。

在世界近代史上发生过许多大革命，并且确实有许多比 1848 年革命更为成功。然而，却没有一场比这场革命传播得更快、更广。这场革命像野火春风一般越过边界、国界甚至海洋。在法兰西这个欧洲革命的天然中心和引爆点中（见《革命的年代》第六章），2 月 24 日宣布共和国成立。到 3 月 2 日，革命的火焰已经在德意志西南部燃起，3 月 6 日到达巴伐利亚（Bavaria），3 月 11 日到达柏林，3 月 13 日到达维也纳，并迅即燃烧至匈牙利，3 月 18 日到达米兰，随后蔓延至全意大利（一场自发的暴动已经控制了西西里）。当时，即使是最快的传播媒介［罗斯柴尔德（Rothschild）银行］也得要五天才能把消息从巴黎传到维也纳。然而不过几个星期的时间，在当今欧洲 10 个国家的全部或部分地域内（包括法国、德国、奥地利、意大利、捷克斯洛伐克、匈牙利、波兰部分地区、南斯拉夫和罗马尼亚。这场革命的政治影响在比利时、瑞士和丹麦也算相当深刻），没有一个政府能幸免于垮台的命运，而其他地区也经历了大小不一的动荡。此外，1848年革命是第一次潜在意义上的全球革命，其直接影响可以在伯南布哥（Pernambuco，巴西）1848年起义和几年以后遥远的哥伦比亚起义中看到。从某种意义上来说，这场革命是“世界革命”的模范，是造反者梦寐以求的目标；并且在日后几次罕见的时刻里，比如大战之后的动荡，造反者认为他们已看到这种形式的革命。实际上，与其相同的大陆革命或世界革命是极其罕见的。在欧洲大陆，1848年革命是唯一一场既影响“先进”地区也影响落后地区的革命。它是这类革命中传播最广却也最不成功的一场。离爆发之日才短短6个月后，它在各地的普遍失败已经一目了然；18个月后，除了一个例外之外，被它推翻的所有政权全都复辟，而这唯一的例外（法兰西共和国），也尽可能地远离起义者，尽管这个共和国是靠革命起家的。

正是基于上述原因，1848年革命在本书中被置于特殊地位。如果不是发生了这场革命，如果不是害怕再次发生这样的革命，其后25年的欧洲历史或许会截然不同。1848年根本不是“欧洲人错过转折的转折点”。欧洲人错过的是没有以革命的方式转折。正是由于欧洲没有以革命的方式转折，发生这场革命的1848年，遂成为孤立无序的年代，它像一首序曲，而不是主剧；就像一扇门户，要踏入其中才知其究竟，否则，光从它的建筑风格是料想不到我们实际深入其中将见到的景象的。

## 2

革命在欧洲大陆最重要的心脏地区获得胜利，但在其周边地带却未奏凯歌。这些地带或太遥远，或太偏僻，它们在历史上丝毫没有受到过直接或间接的影响（例如伊比利亚半岛、瑞典和希腊）；要不便是太落后，尚未形成足以在革命地区引燃政治暴动的社会阶层（例如俄国和奥斯曼帝国）；但其中也包括仅有的几个已经工业化的国家，例如英国和比利时，它们的政治运动已经采取其他不同的形式进行了。（波兰也是一个。波兰自从1796年起就被俄国、奥地利和普鲁士瓜分。若不是由于占领它的俄国和奥地利统治者成功地动员农民起来反对贵族乡绅，波兰本来是会参加革命的。）然而，爆发革命的地区实际上涵括了法国、日耳曼邦联、深入东南欧的奥地利帝国和意大利，这些地方之间的差异也是相当悬殊的。既有落后且与众不同的卡拉布里亚（Calabria）和特兰西瓦利亚（Transylvania），也有发达的莱茵地区（Rhineland）和萨克森（Saxony）；既有已开化的普鲁士，也有未开化的西西里；有些地区相距甚远，例如北日耳曼的基尔（Kiel）和西西里的巴勒莫之间，又如法国西南的佩皮尼昂（Perpignan）和罗马尼亚的布加勒斯特（Bucarest）之间。它们大多都由大约可称作专制君主或国王的人统治，而法国已经是一个立宪王国，实际上更是一个资产阶级王国。欧洲大陆唯一一个称得上共和国的是瑞士联邦（Swiss Confederation），它在1847年年底爆发了小规模内战，为这场革命打了头阵。在受到革命冲击的国家之中，论其人口的多寡，有3 500万人的法国，也有仅数千居民的日耳曼中部的君主国；论其地位高低，有独立的世界大国，也有受外国统治的君主国和附庸国；论其结构，有中央集权和统一的国家，也有松散的集合体。

特别明显的是，历史——社会和经济结构——和政治将爆发革命的地区分为两个部分，这两个部分的两个极端之间看起来几乎不具共同之处。它们的社会结构根本不同，只有一点是相同的，那就是乡村人比城镇人多，小城镇人比大城市人多，这项事实很容易被忽略，因为城镇居民特别是大城市居民，在政治活动中的表现异常突出（出席德意志“预备会议”的莱茵地区代表中，有大城市代表45人，小城镇代表24人，乡村代表只有10人，然而73%的人却在乡村生活[3]）。在西欧，农民大部分获得了自由，大地主相对较少；在东欧的大部分地区，农民还是农奴，而土地所有权仍高度集中在贵族地主手中（见第十章）。在西欧，“中产阶级”指的是当地的银行家、商人、有资本的企业家以及那些从事“自由职业”和担任高级官员的人（包括教授）。尽管他们当中有一些人自认为属于上层社会，可以和拥有土地的贵族一比高低，至少在消费方面如此。在东欧，与西欧中产阶级地位相同者，大都是外来的少数民族，他们有别于当地居民，例如日耳曼人和犹太人，无论如何他们总是极少数。真正的“中产阶级”是受过教育且具经营头脑的乡绅和小贵族，这一阶层人的数量在某些地区出人意料的多。北起普鲁士，南至意大利中北部的中心地区，可以说是革命的核心区，这一地区在许多方面都兼有“发达”和落后地区的双重特点。

在政治上，这一革命地带同样是参差不齐的。除法国外，它们的问题不仅是政治和社会方面的问题，而且是国家的问题，甚至是国家存在的问题。日耳曼诸邦力图建立一个“日耳曼”以囊括日耳曼境内形形色色不同面积、各具特点的君主国。同样，意大利人试图把奥地利首相梅特涅（Metternich）轻蔑但却很恰当地称为“仅仅是个地理名词”的地方，弄成一个统一的意大利国家。两者带着惯有的民族主义偏见，将那些不是或自认为不是日耳曼或意大利人的民族（例如捷克人），也划归到他们的建国计划当中。除了法国之外，日耳曼、意大利以及实际上所有与革命有关的民族运动，都发现他们在反对多民族的哈布斯堡庞大帝国时不知所措。在这个帝国里面，居住着日耳曼人和意大利人，也居住着捷克人、匈牙利人、大部分波兰人、罗马尼亚人、南斯拉夫人以及其他斯拉夫人。其中一些民族，至少它们的政治代言人，认为与其被某些扩张成性的民族，例如日耳曼民族或马扎尔民族吞并，不如屈从帝国，这也许不失为解决民族问题的好方法。据说捷克的代言人帕拉茨基（Palacky）教授曾说过：“如果奥地利不存在，那就必须造一个出来。”因而整个革命地区的政治运动，是沿着不同的方向同时进行的。

激进主义者开诚布公地提出了一个简单的解决方案：在所有王国和邦国的废墟上，建立一个统一的中央集权民主共和国，不管是叫德意志、意大利、匈牙利或其他任何称谓都好，并遵循法国大革命的三项原则，升起三色旗。三色旗通常象征着法国模式，是民族旗帜的基本形式。另一方面，温和主义者则出于多种考虑，态度比较含糊，要求也复杂多样，实际上却是基于对民主的恐惧，他们认为民主无异于社会革命。在君主还没有被群众赶下台的地区，鼓励群众破坏社会秩序是不理智的；在君主被群众赶下台的地方，最好是奉劝或迫使群众退出街头，拆除那些明确象征着1848年革命的街头堡垒。于是，问题成了在那些虽然被革命瘫痪但仍然没有被赶下台的君主中，哪一个可以被敦促来支持这项大业？到底该怎样实现一个联邦的自由日耳曼或意大利？仿照哪种议会模式？由谁来主持？这个国家能够既包括普鲁士的国王，也包括奥地利的皇帝吗？［就像温和主义者设想的“大日耳曼”（greater german）那样——切莫与激进民主主义者提出的另一概念“大德意志”（great-germans）相混淆。］抑或只要建立一个“小日耳曼”，即排除奥地利？同样，哈布斯堡王朝中的温和主义者也正在着手制定联邦共和国的多民族宪法，该项工作直到1918年帝国灭亡才告停止。在革命运动和革命战争爆发的地方，人们还没有闲暇考虑宪法问题；在没有爆发革命运动和革命战争的地方，例如德意志的大多数地区，则有充足的时间制宪。由于大部分温和自由主义者都是教授和政府职员——法兰克福国会的代表中，68%是官吏，12%属于“具有专门知识的自由职业者”——这场短命的国会争论，遂被后人当作智者空谈的笑柄。

由上可见，在研究1848年革命时，确实值得深入细致地分别研究各个国家、各个民族和各个地区，但这非本章所能及。尽管各个地区各具特色，但它们之间的共同之处还是相当大。这类例子很多，例如各地几乎同时发生革命，它们的命运又是如此紧密相连，它们都有着相同的情绪和举止，怀抱一种出奇浪漫和乌托邦式的梦想，采取了相同的节奏步伐，法国人为形容此情此景而创造了“四八年人”（*quarante-huitard*）一词。每一位历史学家都可一眼识出其特征：胡须、飘扬的领巾、军用宽边帽、三色旗、随处可见的街垒以及刚开始时的自由感、无限的希望感和过于乐观导致的不安感。这就是“民族的春天”——而且确实像春天一样，不会久驻长在。接下来，我们必须简要地看看它们的共同特点。

首先，它们全部是速胜速败，并且多数是完全胜利和彻底失败。在革命最初的几个月里，革命区域内的所有政府都被摧毁或瘫痪。这些政府实际上毫无抵抗地垮台退避。然而，只经过相当短的时间，几乎在所有地方，革命就失去了其爆发力。法国在4月末，发生革命的欧洲其他地方在夏天也是如此，尽管这场革命运动在维也纳、匈牙利和意大利曾恢复一些反击能力。在法国，保守势力复活的最初标志是4月选举。在这次普选中，虽然只选了少数保皇主义者，但却把大批的保守主义者送进了巴黎。这些保守主义者得以当选是靠农民的选票，农民选民这样做是由于缺乏政治经验，而不是反动。满脑子城市思想的左派，当时还不知道如何向农民求助。[实际上，日后法国政治学者所熟知的法国乡村“共和派”和左翼地区，在1849年前已经出现。当1851年废除共和之际，正是这些地区——例如普罗旺斯（Provence）——出现了最为激烈的反抗。] 第二个标志是巴黎革命工人的孤立和失败，革命工人在6月的革命起义中失败。

在中欧，革命的转折点发生在哈布斯堡军队获准重组，皇帝于5月逃亡之后，因而哈布斯堡军队的活动自由大增。在捷克和日耳曼温和派中产阶级的支持下，重组后的军队于6月击溃了布拉格激进主义者，从而重新征服了帝国的核心地带波希米亚，稍后，重新控制了北意大利。位于多瑙河岸的几个公国曾发生一次迟到的革命，并在俄国和奥斯曼的入侵干涉下夭折了。

在这一年的夏季到年底之间，旧政权已在整个德意志恢复统治，尽管在10月间必须用武力重新征服革命之火正在蔓延的维也纳，并且付出了 4 000 多人的生命代价。此后，普鲁士国王才敢鼓起勇气对充满反抗性的柏林人建立统治，并且没有遇到麻烦。除了在西南部遭到某些抵抗之外，德意志的其他地方人很快就束手就范。在充满希望的春天所设立的德意志国会——恰当地说是制宪会议——以及较激进的普鲁士和其他会议，都只是苟延残喘，等着被解散。到冬季，只有两个地区仍然控制在革命者手中，即意大利和匈牙利的部分地区。1849 年春，这些仍被革命者掌握的地区，再次出现了极其平常的革命动荡，接着在当年年中就被征服了。

1849 年 8 月，在匈牙利人和威尼斯人投降后，革命也就结束了。除法国一地之外，所有的统治者都恢复了政权——有些甚至比从前任何时候都更加强大，例如哈布斯堡王朝——革命者四处逃亡。同样是只有法国例外，这场革命实际所带来的制度变化以及 1848 年春天所怀有的政治和社会梦想，在其他地方也都顷刻破灭；即使是在法国，共和国也只存在了两年半。只有一个而且是唯一一个无法更改的变化，即哈布斯堡王朝境内的农奴制度被正式废除。[ 概括地说，在西欧和中欧的其他地方，农奴制度和领主对农民权力的废除系发生在法国大革命和拿破仑统治时期（1789—1815），尽管在德意志的一些附属地区要到 1848 年才告废除。农奴制度在俄国和罗马尼亚一直延续到 19 世纪 60 年代（见第十章）。] 除了这项成就之外——应当承认这是一项重要成就——1848 年革命在欧洲近代史上，看起来像一场兼有最远大的希望、最辽阔的地域、最快获得胜利却也旋即彻底失败的革命。在某种意义上，这次革命是一场群众运动，如同 19 世纪 40 年代发生于英国的宪章运动（Chartist Movement）。英国宪章运动的特定目的实际上已经达到，但不是以革命的方式或依照革命的要求而达到的。宪章运动的众多要求也没有落空，但号召群众和推动群众向前的力量却完全不同于 1848 年革命。《共产党宣言》之所以成为 1848 年这个对世界历史有着最深远、最重要影响之年代的代表文件，绝非偶然。

在 1848 年的所有革命当中，都存在一些导致它们失败的相同原因。它们是——在事实上或当时的预期中——穷苦劳动者的社会革命。所以，它们吓跑了被它们推举到权力显贵地位上的温和自由主义者——甚至一些更激进的政治人士——就像吓跑了旧制度的支持者一样。皮埃蒙特地区（Piedmont）的加富尔伯爵，这位日后统一的意大利王国的著名缔造者，在几年之前（1846年）便对这种运动的弱点有过批评：

> 倘若社会秩序真的面临被破坏的威胁，倘若社会秩序所依赖的伟大原则遇到严重的危险，那么，我们可以肯定地说，那些最激烈的社会反对派人士，以及最热情的共和主义者，就会率先转投保守党阵营。[4]

因此，真正进行革命的人，无疑是那些穷苦的劳动者，是他们战死在市区的街垒中。在柏林3月战斗的300名牺牲者中，只有15人来自受过教育的阶层，约30人是工匠师傅；在米兰起义的350名死亡者中，只有12名学生、白领工人和地主。[5]是他们的饥饿促使他们走上街头示威游行，并使之转变成革命运动。在革命地区的西半边，乡村相对而言较为安静，只有德意志西南部出现了比以往更多的农民起义，而其他地区对农民起义的异常恐惧足以使人忍受现实，尽管在像意大利南部这样的地方，没有人需要运用这么多的想象力。这些地方的群众纷纷自发地摇旗打鼓，走出家门，瓜分大地主的土地。但恐惧足以使这些地主三思而行。匈牙利议会（Hungarian Diet）在听到诗人裴多菲（S. Petöfi，1823—1849）领导了一支农奴起义军这一讹传之后，便做出尽早在3月15日立即废除农奴制度的表决，不过几天之后，帝国政府为了削弱革命的农民基础，立即颁布了在加利西亚（Galicia）废除农奴制度、在捷克废除强制劳动和其他封建义务的法令。无疑，这是因为“社会秩序”陷入险境的缘故。

农民起义的危险性在不同的地区情况不一。农民能够而且确实会被保守的政府收买，尤其是在那些他们的领主或剥削他们的商人和高利贷者恰巧是另一个“革命的”民族的地方，例如波兰人、匈牙利人或日耳曼人。德意志的中产阶级，包括莱茵地区自信正在蓬勃成长中的企业者们，不可能强烈担忧任何立即可能会出现的无产阶级或无产阶级政权，因为除了科隆（Cologne）和柏林之外，无产阶级共产主义运动几乎不存在。在科隆，马克思设立了他的总部；在柏林，共产主义者斯特凡·博恩（Stefan Born）组织了一次相当重要的工人阶级运动。然而，正像19世纪40年代以后的欧洲中产阶级认为他们在兰开夏事件的硝烟中看到了他们将来的社会问题那样，他们也认为他们在巴黎的街垒后面看到了另一种未来的社会问题。巴黎是革命的先驱地和输出地。二月革命不但是“无产者”促成的，而且是具有自觉性的社会革命。其目的不仅是建立共和国，而且是要建立民主社会主义的共和国。其领导人是社会主义者和共产主义者。在其临时建立的政府中，事实上就包括一名名副其实的工人——机械工艾伯特（Albert）。在革命的最初几天，起事者还不确定是应该用三色旗好，还是该用社会主义革命的红旗。

除了民族自治或独立成为问题的地方外，19世纪40年代以后的温和反对派既不要求革命，也不真正参加革命；而且就算是有关民族问题，温和主义者也宁愿采取谈判和外交的办法，而不用对立的方式。无疑他们需要得到更多满足，但他们更乐意寻求让步。那些如沙皇般愚蠢无知而且傲慢自大的专制主义者，迟早都得被迫让步，这是显而易见的；而通过国际造成的变化，迟早会被决定这类事务的“强权”寡头们所接受。现在他们既然被穷人的力量或巴黎的模式推到革命之中，自然想尽可能地利用这一千载难逢的有利局势。然而，实际上经常是在一开始他们对左翼的恐惧都会超过旧制度。从巴黎街上的寨垒建起伊始，所有的温和主义者（像加富尔认为的那样，也有很多激进主义者）就存在着转变成保守主义者的可能。当温和主义者的观点快速地转换和弃守的时候，民主激进派中的不妥协者——工人——遂受到了孤立，或处于更不利的地位，因为他们面对的是保守主义、先前的温和主义以及旧制度，即法国人所称的“秩序党”（party of order）的联合。1848 年革命终归失败，其原因在于革命中的决定性对立双方不是旧制度和联合一致的“进步力量”，而是“秩序党人”和“社会主义革命者”。发生关键性敌对冲突的场合不是 2 月的巴黎，而是 6 月的巴黎。在巴黎的 6 月起义中，工人们因处于孤立的地位而被打败并遭到屠杀。他们进行了坚决的战斗，视死如归，伤亡惨重。总计大约 1 500 人在巷战中丧生——其中政府军大约占 2/3。富人对穷人的仇恨在此表现得非常明显，正是这种仇恨使得失败后的穷人有大约 3 000 人遭到无情的屠杀；另外还有 1.2 万人遭到逮捕，他们大多数被流放到阿尔及利亚的苦工营去了（巴黎二月革命约有 370 人死亡）[6]。

所以，只有在激进主义者足够强大且与群众运动足够密切，能够进而拉着温和主义者前进或甩开他们自行起事的地方，革命才会蓬勃发展。这种形势最可能发生在以民族解放为关键问题的地方，因为要达到民族解放的目标，需要不断地动员广大群众参与。这就是为什么革命会在意大利，尤其是在匈牙利持续最久的缘故。（在法国，不存在民族独立和统一问题。日耳曼民族主义者正忙于统一一些分裂的邦国，但妨碍其统一的不是外国占领，而是——除了出于狭隘的地方分裂主义的既得利益之外——普鲁士和奥地利这两个强国的态度，它们均认为唯有自己才能代表德意志。斯拉夫民族主义的愿望一开始就与那些“革命的”民族相冲突，例如日耳曼人和马扎尔人，所以他们就算不实际充当反革命的支持者，也是默不作声。甚至捷克左派也认为哈布斯堡王朝可以保护他们免于被德国兼并。波兰完全没有参加革命。）

在意大利，温和主义者团结在反对奥地利的皮埃蒙特国王身后，并且在米兰起义后得到各小公国的支持，尽管这些小公国仍怀有很大戒心。于是，温和主义者带头与压迫者进行战斗，同时又时时提防着共和主义者和社会主义者。由于意大利各邦国的军力薄弱，皮埃蒙特国王的踌躇迟疑，加上（也许是最重要的）他们又拒不请求法国协助

（他们认为法国会壮大共和力量），遂在7月的库斯托扎（Custozza）一战中被重组后的奥地利军队打得一败涂地。[值得注意的是，伟大的共和主义者马志尼（G. Mazzini，1805—1872），尽管有着奋斗不息的政治抱负，百折不挠，但却反对向法国求援。] 这次失败使温和主义者名誉扫地，民族解放的领导权转到了激进主义者手里。激进主义者于秋季在几个意大利城市夺得政权，1849年年初终于建立起一个罗马共和国，马志尼为此大加宣扬。[在一个叫达尼埃莱·马宁（Daniele Manin，1804—1857）的聪明律师领导下，威尼斯已经变成一个独立的共和国。这个共和国一直坚持到1849年8月末才被奥地利军队征服，其坚持的时间甚至比匈牙利人还要久。] 激进主义者无法在军事上抵挡奥地利，虽然他们能促使皮埃蒙特于1849年再次宣战，但奥地利军队于3月份便在诺瓦拉（Novara）一役轻而易举地赢得胜利。更有甚者，尽管他们有决心驱逐奥地利人，统一意大利，但整体说来他们与温和主义者同样害怕社会革命。甚至连马志尼也反感社会主义，反对对私有财产进行任何干涉，他仅把自己的目标限制在精神方面，尽管他对普通百姓有着无限热情。在初遭挫败之后，意大利人的革命寿命已经来日无多，徒然苟延残喘而已。富有讽刺意味的是，在那些镇压意大利革命的人当中，有当时非革命的法国军队，这支军队在6月初征服了罗马。法国人对罗马的远征意在重振法国在半岛上的影响，以对抗奥地利人。法国此举的后果还有一个附带收获，就是赢得天主教徒的好感，后革命时期的法国政府正需要依靠天主教的支持。

与意大利不同，匈牙利多少还算得上是政治上的统一体［"圣斯蒂芬国王（St. Stephen）的土地"］，具有有效的宪法，具有一定程度的自治，还具有除了独立之外的一切主权国家的各种要素。匈牙利的弱点在于，统治这一广大农业地区的，绝大多数都是马扎尔贵族，他们不仅管制着大平原上的马扎尔农民，而且统治着可能占60%的克罗地亚人、塞尔维亚人、斯洛伐克人、罗马尼亚人和乌克兰人，更别提为数不少的日耳曼少数民族。这些农业人口对于废除农奴制度的革命并非不具同情，但他们却被推到敌对那方，因为即使是布达佩斯的激进人士，大多数也不肯承认他们的民族资格，亦即他们与马扎尔人是不同的民族。同样，他们的政治代言人也被逼至敌对那方，因为马扎尔人凶猛残酷地施行马扎尔化政策，并吞并了直到当时还有着某种自治程度的边区，意在形成一个中央集权而且统一的马扎尔国家。设在维也纳的宫廷，执行传统“分而治之”的帝国主义政策，对各民族的运动均提供支持。于是，一支克罗地亚军队对革命的维也纳和革命的匈牙利发动攻击，这支军队是由南斯拉夫民族主义的先驱、作家加伊（Gaj）的朋友巴龙·耶拉契奇（Baron Jellacic）率领的。

然而，在相当于现在的匈牙利国家版图内，革命却得到了马扎尔群众的支持，其中既有民族原因，也有社会渊源。农民认为，他们的自由不是皇帝赐予的，而是来自革命的匈牙利议会。在欧洲，匈牙利是唯一在革命失败后出现了类似农民游击战争的地区，其中著名的土匪桑多尔·罗萨（Sandor Rósza）还坚持了许多年。匈牙利议会分为上院和下院，上院由妥协主义或温和主义的富豪组成，下院由激进的乡绅和律师控制。当革命爆发时，匈牙利议会只是上书抗议，而未采取行动。路易斯·科苏特（Louis Kossuth，1802—1894）是一位能干的律师、新闻撰稿人兼演说家，他将在1848年成为国际上最著名的革命人物。正是在他的领导下，匈牙利议会才毫不犹豫地采取这项政策。匈牙利成立了由温和主义者和激进主义者联合执政的政府，并得到维也纳的勉强认可，所以就实质意义而言，匈牙利是一个改良过的自治国家，至少到哈布斯堡王朝采取征服它的立场时为止。库斯托扎战役之后，哈布斯堡王朝迫使匈牙利人做出选择，或是投降，或是走上极端，尤其是在取消了匈牙利的3月改革法案并侵入这个国家之后。于是，在科苏特的领导下，匈牙利人破釜沉舟，决定背水一战。1849年4月，他们废黜了皇帝（但没有正式宣布成立共和国）。在人民的支持和统帅格尔盖伊（Görgei）的领导下，匈牙利不仅做到自卫御敌，而且曾打退奥地利军队。虽然他们最后还是被击败了，但那是因为奥地利人在绝望之际向俄国军队求助的缘故。向俄国求援是关键之举。8 月 13 日，残余的匈牙利军队宣布投降——不是向奥地利投降，而是向俄国指挥官投降。在 1848 年的所有革命中，唯独匈牙利的革命失败既不是也不像是由于内部的软弱和纷争，而是被外来的优势军事力量所镇压。当其他革命均遭镇压之后，要避免被征服的机会实际上等于零，这是无可争辩的。

有其他任何选择可避免这种全面溃败吗？几乎可以肯定地说：没有。在卷入革命的主要社会团体中，就像我们见到的那样，当私有财产受到威胁时，资产阶级宁愿保持社会秩序，而不愿冒险去实现自己的全部计划。面对“红色”革命，温和的自由主义者遂靠向保守主义者。法国的“贵族们”，即那些负责处理法国政治事务的有钱有势而且受人尊敬的家族，立即停止了他们之间的争执，无论是波旁家族（Bourbons）的支持者、奥尔良家族（Orléanists）的支持者，还是共和国的支持者，他们借由新建立的“秩序党”，形成一个全国性的阶级意识。在复辟的哈布斯堡王朝中，其关键人物有内政大臣亚历山大·巴赫公爵（Alexander Bach，1806—1867）和船舶业及经济界巨头 K. 冯·布鲁克（K. von Bruck，1798—1860）。前者原来是温和自由主义反对派，后者则是的里雅斯特港（Trieste）这个繁华港市的要人。为普鲁士资产阶级自由主义说话的莱茵地区银行家和企业家，本来希望实行有限度的君主立宪制，然而为了避免出现民主普选，只能退而求其次地充当普鲁士复辟统治的支柱。为了报答起见，复辟的保守主义政权也非常愿意在经济上、法律上甚至文化自由上对这些经济人做出让步，只要不是在政治上退让即可。就像我们将要见到的那样，反动的 19 世纪 50 年代就经济方面而言，是一个有系统的自由主义化时期。在 1848—1849 年间，西欧的温和自由主义者有了两个重要发现：其一，革命是危险的；其二，他们的一些基本要求（尤其是在经济方面）可以不用革命手段而得到满足。自此，资产阶级不再是革命的力量。

激进的下层中产阶级、没有得到满足的技术工匠、小店主等等，甚至农民，他们的代言人和领导者是知识分子，特别是青年知识分子和边缘知识分子，这是一个庞大的团体。他们构成一支重要的革命力量，很少有别的政治选择。他们一般是站在民主的左派那边。德意志的左派要求举行新的选举，因为这些激进主义者在 1848 年后期到 1849 年前期，曾在许多地区显示出强大的力量，尽管到那时为止，激进主义者的力量并没有集中在大城市中，因为大城市已经被反革命者所占领。在法国，1849 年激进的民主派获得了 200 万张选票，与其相比，君主派获得了 300 万张，温和主义者获得了 80 万张。知识分子充当激进派的活动家，尽管也许只有在维也纳才有学生的“学术团”（Academic Legion）形成实际的战斗突击队。把 1848 年称为“知识分子的革命”是错误的。知识分子在这场革命中的表现，并不比他们在多半发生于较落后国家中的革命表现来得突出。在那些较为落后的国家里面，中产阶层的主体就是由受过教育和识字的人——所有学校的毕业生、新闻记者、教师、官员所构成。然而，毋庸置疑，知识分子仍占有突出地位：例如诗人，匈牙利的裴多菲、德国的赫尔韦格（Herwegh）和弗赖利格拉特［Freiligrath，他是马克思《新莱茵报》（*Neue Rheinische Zeitung*）编辑部的编辑］、法国的维克多·雨果（Victor Hugo）和温和主义者拉马丁（Lamartine）；大学学术人员，多数集中在德意志（主要持温和主义立场。法国的教师们，尽管怀疑政府，但在七月王朝统治时仍保持沉默，在 1848 年则向“秩序党”靠拢）；医务人员，例如普鲁士的 C.G. 雅各比（C.G. Jacoby，1804—1851）、奥地利的阿道夫·菲施霍夫（Adolf Fischhof，1816—1893）；科学家，例如法国的 F.V. 拉斯帕伊（F.V. Raspail，1794—1878）；此外还有大批新闻记者和出版业者，其中科苏特在当时最有名，马克思则被认为是作用最大的。

就个人而言，这类人物能够扮演决定性的角色，然而作为一个特定社会阶层的一员，或作为激进的小资产阶级代言人，他们却无法发挥决定性的作用。“小人物们”的激进主义，表现在要求制定“一部民主的国家宪法，不管是君主立宪，还是共和立宪，并把他们的大多数选票投给了这派的代表或其农民同盟者。他们也支持民主的地方政府，因为民主的地方政府愿意让他们掌管市政财产并担任当时被官僚们把持的许多官职”[7]。他们这样做是发自真心的，即使因此发生的世俗危机会使他们痛苦不堪，因为世俗危机一方面威胁着工匠师傅等人的传统生活方式，另一方面会导致暂时的经济萧条。知识分子的激进主义并非根深蒂固。它们之所以产生，主要是因为刚刚形成的资本主义社会，在1848年以前没有能力为受过教育的人提供足够的职位。当时，这些人的数量之大前所未有，而他们的低微报酬则与他们的雄心壮志相去甚远。1848年的激进学生在19世纪50年代和60年代的境况如何呢？他们在欧洲大陆树立了为人熟知也广被接受的生活方式，因此在尚未“安身定业”之前，资产阶级的子弟们便在政治上和性生活上放荡不羁。而此时已有许多职位可以安置他们，尤其是在旧贵族已退出政治舞台，商业资产阶级转向金钱追逐之后，遂出现越来越广阔的职业领域，提供给那些具有文化资历的人。1842年，法国公立高中的老师仍有10%来自“显贵阶级”，然而到了1877年，已经没有一个来自该阶层。1868年法国培养出的中学毕业生并不比19世纪30年代多，但他们之中却有更多人可以进入银行界、商业圈以及广受欢迎的新闻界，并在1870年后当上了职业政治家。[8]

此外，当面临着红色威胁时，甚至那些相当激进的民主主义者也退却到只敢发表言论，在对“人民”的真心同情和对金钱财产的欲望之间举棋不定。与资产阶级自由派不同，他们并未改变立场。他们只是动摇，虽然离右翼不远。

至于劳动贫民，他们缺少组织，欠成熟，缺乏领导，更重要的是缺少历史机遇，所以并未在政治上提出自己的目标。他们的力量非常强大，足以使社会革命的前景看起来真实逼人，然而他们却异常软弱，所作所为只不过是吓唬他们的敌人。他们的势力无与伦比而且颇富战斗力，这当然是由于他们是饥饿群众，集中在政治最敏感的地区——大城市，特别是首都。这也使人看不到他们潜在的一些重要弱点：首先，他们为数不多——他们甚至在城市中也不总是多数，而城市居民在总人口中还只是少数——其次，他们在政治和意识形态上都尚未成熟。他们当中最具政治意识和最积极的阶层，是前工业时期的工匠（artisan，在当时的英国指职业雇工、技术工匠、非机械化作坊中的熟练工人等等）。他们被卷入社会革命之中，然而即使连法国雅各宾—无套裤汉（Jacobin-Sansculotte）所具有的社会主义或共产主义意识形态，到了德意志，他们的整体目标也明显温和许多，就像共产主义出版家博恩在柏林所发现的那样。城市中的穷人和非技术工人，以及除了英国之外的工业和矿业无产者，就整体而言，还不具有任何完善的政治意识。在法国北部的工业地带，及至第二共和国临终之际，甚至连共和主义都没有多大的进展。1848 年的里尔（Lille）和鲁贝（Roubaix），正一心一意地忙于处理它们的经济问题，在它们那里掀起的骚动不是反对国王和资产阶级，而是指向更饥饿的比利时移民劳工。

在那些城市平民，或许还包括少数新出现的无产者支持雅各宾派、社会主义或是民主共和主义意识形态，以及——像在维也纳那样——支持学生积极分子活动的地方，他们能够成为一支政治力量，至少可充当暴动者（他们参与选举的人数还很少，且无法预测，不像贫穷的农业外移人口那般激进，例如在萨克森和英国）。说来也怪，除了巴黎之外，在雅各宾的法国，这种情况相当罕见，反倒是在德意志，马克思的共产主义者同盟为极左派提供了全国性的联络组织。在他们影响所及的地区之外，无产者的政治力量实乃微不足道。

当然，我们不应低估像 1848 年“无产者”那样年轻不成熟的社会力量的潜在能力，因为他们几乎还没有作为一个阶级的自我意识。在某种意义上，他们的革命潜力比其日后所表现的要大，这是千真万确的。1848 年前那一代贫穷者的坚忍不拔以及社会危机，促使少数人相信：资本家能够让步，提供给他们像样的生活条件，尽管资本家仍然不愿这样做。不仅如此，他们还相信由此让步而来的像样生活条件，可以保持下去。年轻幼稚的工人阶级刚刚从劳动贫民、独立作坊和小商店主人之中独立出来，正因为如此，他们只把目光完全集中在经济要求上，这几乎是最无知和最不可靠的做法。没有政治要求，就不会有革命，即使是最单纯的社会革命。当时的社会提出了政治要求，1848 年深得人心的目标是“民主与社会共和国”，这既是社会方面的，也是政治方面的。工人阶级的经验使他们在社会和政治要求中加入了新颖的制度成分，这种新的制度是基于行会以及合作组织的实际经验，但他们没有创造出像20世纪初期俄国苏维埃那般新颖且强有力的制度。

另一方面，在组织、意识形态和领导方面，他们也非常缺乏。甚至最原始的组织形式——行会——也不过是几百人的团体，最多只有几千人。即使是工会主义运动中富有经验的先驱团体，通常也是在革命当中才首次出现，例如德意志的印刷行会，法国的帽商行会。有组织的社会主义和共产主义团体，其成员数量更是稀少到几十个，至多几百个。1848 年革命，是社会主义者，或者更恰当地说是共产主义者——因为在 1848 年以前，社会主义大多是为了建立合作式乌托邦社会的政治运动——从一开始就出现在前台上的第一次革命。在 1848 年登场的不但有科苏特、赖德律-洛兰（A. Ledru-Rollin，1807—1874）和马志尼，而且还有马克思、路易·布朗（Louis Blanc，1811—1882）以及 L.A. 布朗基（L.A. Blanqui，1805—1881，他是顽强的反抗者，终身被关在狱中，偶尔被短暂释放），还有巴枯宁（Bakunin），甚至包括蒲鲁东（Proudhon）。但是，社会主义对它的信仰者来说指的是什么呢？其含义不外乎是由具有自我意识的工人阶级为了自身的渴望所建立的一种有别于资本主义的社会，这个社会是在推翻资本主义社会的基础上建立起来的。它的敌人也没有明确的定义。关于“工人阶级”乃至“无产阶级”的议论很多，但在革命期间，很少有人谈及“资本主义”。

的确，就拿工人阶级来说吧，社会主义工人阶级的政治前景究竟如何呢？马克思本人也不相信无产阶级革命已被列入日程表。即使在法国，“巴黎的无产大众也还走不出资产阶级共和国，除了在理念和想象之中”。“眼前最迫切的需求还不足以促使无产者要求暴力推翻资产阶级，他们也无法胜此重任”。当前能够做到的至多是建立资产阶级共和国，然后未来斗争的实质——资产阶级和无产阶级的斗争——才会公开化，“当他们的处境变得更加难以忍受，当他们与资产阶级的敌对变得更加尖锐时”，便会进而把其余的中产阶级与工人联合起来。[9]第一步是建立民主共和国，第二步是从一个未完成的资产阶级革命转变到无产阶级的人民革命，最后才是建立无产阶级专政，或者说“不断革命”。马克思可能是从布朗基处引来的这句话，反映了在1848年革命风暴尾声中，两大革命的暂时携手。但是不像1917年的列宁，在1848年革命失败以前，马克思始终不曾想过要用无产阶级革命代替资产阶级革命；而且尽管当时构想的前景与列宁十分相近（如同恩格斯指出的，“发动一场新型的农民战争以支持革命”），但他不久就放弃了这种构想。西欧和中欧不会再有第二个1848年革命。就像他不久后认识到的那样，工人阶级会选择另一条道路。

由此可见，1848年革命的涌现和爆发就像一股巨浪一样，在它身后一无所剩，只有神秘和许诺。这场革命，“本来应该是资产阶级革命，但资产阶级却从革命中退却”。各国的革命本来可以在法国的领导下互相支援，阻止或拖延旧政权的复辟，抵挡住俄国沙皇。但法国资产阶级宁愿本国安定，也不愿冒险再次建立伟大国家的丰功伟业。而且，出于同样的原因，其他地方的温和主义革命领袖们也不愿去呼吁法国前来干涉。没有其他的社会力量强大到足以把他们团结起来并推动他们前进，除非处于下述的特殊情况，亦即为了民族独立而对抗外来的政治强权，但即使在这种情况下也无济于事，因为民族斗争都是各自孤立地进行，他们的力量非常软弱，难以抵挡旧式强权的军事进攻。1848年那些伟大而杰出的人物，在欧洲政治舞台上扮演了英雄的角色，但不过几个月，就永远从舞台上消失，只有加里波第除外，他在12年后还有更辉煌的岁月。科苏特和马志尼在流亡中度过了漫长的余生，对于他们国家所赢得的自治或统一几乎不具有直接贡献，尽管他们在各自的民族圣殿中均占有一席之地。赖德律-洛兰和拉斯帕伊永远无缘看到像法兰西第二共和国那样辉煌的时刻。法兰克福国会中那些能言善辩的教授，也回到他们的书斋和课堂中。19世纪50年代，热心的流亡者在伦敦城中构想过宏伟的蓝图，建立过对抗的流亡政府，但现在除了非凡罕见的人物如马克思和恩格斯的著作之外，皆荡然无存。

然而，1848年革命并不是没有结果的短暂历史插曲。假如说它所带来的变化既非革命本意所欲，也难以用政权、法律和制度等词汇来定义，即便如此，它仍然是意义深远的。它标志着传统政治的结束，标志着王朝时代的结束，标志着家长式信仰的结束，至少在西欧是如此。王朝时代的统治者曾一直相信：他们的臣民（除了中产阶级不满者之外）接受甚至欢迎由神意指定的王朝来管理这个阶级森严的不平等社会，并得到传统宗教的认同。诚如诗人格里尔帕策（Grillparzer）所写的讽刺诗句。这首诗很可能是针对梅特涅，但格里尔帕策绝非革命者：

这是谎言，请不要信赖他的名望。
正统者好比著名的堂吉诃德，
在真理和事实面前，却相信自己聪明无误，
至死仍然相信自己的谎言。
这个年老的蠢人，他在年轻时就是个无赖，
不再能正视眼前的真理。[10]

从那以后，保守势力、特权阶级和富贵人士，必须采用新的办法来保护自己。甚至意大利南部那些肤色黝黑、愚昧无知的农民，在1848年这个伟大春天也不再拥护君主专制主义，不再像他们50年前所做的那样。当他们向整个意大利进军之后，便不再对“宪法”表现出敌意。

社会制度的维护者不得不学习人民的政策，这是1848年革命所带来的重大变革。甚至连普鲁士大地主［容克（Junkers）］那类最顽固的反革命分子，在那年也发现他们需要能够影响“公众舆论”的报纸。

这项观念本身就与自由主义有关，不符合传统的统治观念。1848年普鲁士极端反革命派中最有智慧的人物俾斯麦，日后曾示范他对资本主义社会政策性质的透彻理解以及对其技术的熟练掌握。然而，这方面最显著的政治创制却发生在法国。

在法国，工人阶级六月革命的失败遗留下一个强大的“秩序党”。秩序党能够镇压社会革命运动，但无法得到群众的大力支持，甚至没有得到许多保守派的支持，保守派不愿由于维护“秩序”而使自己烙上当时执政的温和共和派的显著标记。人民仍然处于激动的状态，无法认同有限的选举：直到1850年，仍有为数不少的“下贱大众”——全法国约占1/3，巴黎约占2/3——没有选举权。但是，如果说1848年12月法国人没选出温和派出任共和国总统，他们同样也没选择激进派（没有君主主义者竞选）。选举的赢家是路易·拿破仑（Louis Napoleon）——拿破仑大帝的侄子。他获得了压倒性的多数选票——740万选票中的550万张。尽管他终将被证明是一个极其狡猾的政治家，但当他在9月底进入法国时，看起来却毫无资产，只有一个具有威望的名字和一位忠诚的英国夫人的经济支持。显然他不是社会革命者，但也不是保守主义者。事实上，他的支持者利用他对圣西门主义（Saint-Simonianism）的兴趣以及他对穷人众所皆知的同情，使他获得支持，但从根本上讲，他能获得竞选胜利，是由于农民坚定地投票给他，他对农民喊出的口号是：“不再加税，打倒富人，打倒共和国，皇帝万岁！”此外，就像马克思所写的那样，由于反对富人掌权的共和国，工人们纷纷投票给他，因为在工人眼里，他意味着“罢黜卡芬雅克（Cavaignac，他镇压了六月起义），驱除资产阶级共和派，废止六月的胜利”。[11] 小资产阶级投票给他，是由于他没有表现出支持大资产阶级的态度。

路易·拿破仑的当选证明，甚至是普选式的民主这种与革命认同的制度，也可以和社会秩序相一致。甚至普遍不满的群众也不一定必然选出注定将“颠覆社会”的统治者。这一经验的深远教训并没有立即被人们汲取，因为路易·拿破仑本人不久就废除了这个共和，摇身一变成为皇帝，尽管他从不曾忘记，维持他重新施行的普选制度并对其进行妥善操纵，在政治上是大有益处的。他将是第一个现代化的国家领袖——不运用简单的军事暴力，而是利用蛊惑人心的宣传和公共关系的手法。这种方法可以让他从顶端轻而易举地操纵整个国家，而无须从其他地方入手。他的经验说明，“社会秩序”不但可以打扮成赢得“左派”支持的力量，而且在公民已被动员参与政治的国家或时代，这样做是必需的。1848 年革命已经明确地显示，中产阶级、自由主义者、政治民主派、民族主义者，甚至工人阶级，从此将永远活跃在政治舞台之上。这场革命的失败可能会暂时使他们离开视线，但当他们再次出现时，便将决定所有政治家的举措，即使是那些对他们毫无同情的政治家。

第二部分

# 发展

# 第二章

# 大繁荣

那些强有力地掌握和平、资本和机器的人，利用它们来为公众造福谋利，他们是公众的仆人，因此当他们利用自己的资财使他人富有之际，同时也使自己富有。

——威廉·休厄尔（William Whewell），1852 年[1]

一个民族并不需要运用害人的计谋，只要温顺善良，努力工作，不断致力于自我改进，便可获得物质上的富足。

——摘自克莱蒙-费朗（Clemont-Ferrand）

《反愚昧的社会》，1869 年[2]

地球上人类居住的面积正在快速扩大。新的社群，亦即新的市场，每天都在西方新大陆向来荒芜的地区兴起，也每天都在东方旧大陆始终肥沃的岛屿上出现。

——《费勒波洛斯》，1850 年[3]

## 1

在 1849 年，很少有观察家会预料到，1848 年革命竟会是西方的最后一场普遍革命。在未来的 70 年间，大多数先进国家中的自由主义、民主激进主义和民族主义，尽管不包括“社会共和主义”，它们的政治要求逐步得以实现，没有遭遇到重大的内部动荡；而且，欧洲大陆先进地区的社会结构已证明它们能够抵挡 20 世纪大灾难的打击，至少直到目前为止（1977 年）是如此。其主要原因在于 1848 年至 19 世纪 70 年代初期，该地区经历了一段不寻常的经济转变和膨胀。这就是本章的研究课题。在这个时期，世界变成了资本主义的世界，一小部分有影响力的“先进”国家，发展成为以工业经济为主的国家。

这一史无前例的经济突飞，开始于一个繁荣的历史时期。由于这场繁荣曾被 1848 年的事件暂时阻遏，所以显得更加壮观。1848 年革命是被一场最后的也许是最大的旧式经济危机引发的。这种旧式危机是发生在依赖收成和季节的靠天吃饭的社会。“经济周期”的新社会有它自己的涨落波动方式，也有它自己的现实难题。只有社会主义者直到现在还认定“经济周期”是资本主义经济运行的基本节奏和模式。然而，到 19 世纪 40 年代中期，资本主义发展的不景气与不稳定时代看来已接近尾声，大跃进发展的时代正将开始。1847—1848 年出现了经济周期性的衰退，而且是严重的衰退。大概是由于与旧式危机巧遇，所以无异于雪上加霜。但是，从纯粹的资本主义观点来看，这只不过是一条看似不断上涨的曲线上的一次陡跌。罗斯柴尔德是一位敏感的经济人，尽管他缺乏政治预见。他非常满意地看待 1848 年年初的经济形势。可怕的“恐慌”似乎已经过去，前景将是美妙的。尽管工业生产恢复得足够快，甚至已从革命那几月的实际瘫痪中挣脱出来，但整体形势仍然诡谲不定。因此，我们很难把全球大繁荣的起点放在 1850 年之前。

1850 年之后发生的事情是如此的反常，根本找不到先例。例如，英国的出口从未比1850年后的七年间增长得更快。英国棉布——是其半个世纪多以来向海外市场渗透的先锋——的实际增长率也超过之前的几十年。1850—1860年间，大约增长一倍，从绝对数量上看，其增长更是惊人：在1820—1850年间，其出口额增长大约11亿码，但在1850—1860年这10年间，出口额的增加远超出13亿码。棉纺工人的数量在1819—1821年和1844—1846年间增加了大约10万，但在1850年后10年里的增长速度是其两倍。[4]我们在此所列举的乃是庞大的旧产业，由于各地工业的迅速发展，该产业在这10年中，实际上已在欧洲市场失去买主。无论我们从哪方面着眼，都可以找到同样的繁荣证据。1851—1857年间，比利时的铁出口增加了一倍多。1850年之前的25年间，在普鲁士出现了67家股份公司，拥有资本总额4 500万泰勒（Thaler，德国旧银币名），但在1851—1857年的短短几年间，便建立了115家（不包括铁路公司），拥有资本总额达1.145亿泰勒，它们几乎都是在1853—1857年这一幸福时期里涌现的。[5]几乎没有必要罗列更多诸如此类的数据，但当时的商人们，特别是公司的发起人，确实对此不遗余力地讲述和宣传。

对于追求利润的商人来说，这场繁荣最令他们满意的是廉价资本与价格飞涨的结合。（经济周期形式的）萧条总是意味着低价格，起码在19世纪是这样。繁荣通常意味着通货膨胀。尽管如此，英国的物价水平在1848—1850年和1857年间上升约1/3，这个涨幅还是相当惊人的。因此，明摆在产业家、商人，尤其是公司发行人眼前的高额利润，几乎是不可抗拒的。在这个令人眼花缭乱的时期，巴黎动产信贷银行（Crédit mobilier）的资本利润率曾一度高达50%。[6]动产信贷银行是一个金融公司，也是这一时期资本主义扩张的象征（见第十二章）。而且商人并不是这一时期的唯一获利者。就像先前已提到的那样，就业机会如雨后春笋般出现，无论是在欧洲还是海外，大批的男女正在向海外移民（见第十一章）。欧洲最强有力的证据，就是几乎看不到失业，1853—1855年间的谷物价格猛涨（即生活的主要开销），不再使各地出现饥饿暴动，除了一些极其落后的地区，例如意大利北部（皮埃蒙特）和西班牙。高就业率和在必要时愿意暂时提高工资的让步，缓和了人们的不满。但是对资本家来说，由于当时有充足的劳动力进入市场，遂使劳动力的价格更为低廉。

这场繁荣的政治后果是意义深远的。它为被革命动摇的政府提供了非常宝贵的喘息时间，同时也毁灭了革命者的希望。简而言之，政治进入了冬眠状态。在英国，宪章主义销声匿迹。尽管其销声匿迹的时间远比历史学家们习惯上认为的时间晚得多，但仍无法否认其最后的结束。欧内斯特·琼斯（Ernest Jones，1819—1869）是宪章主义领袖群中最坚忍不拔者，但即便是他，在19世纪50年代后期也放弃了重振独立工人阶级运动的企图。他像大多数老宪章主义者一样，与那些想要把工人组织成胁迫团体，从而向自由主义的激进左派施加压力的人同心共事。议会改革暂时不再是英国政治家所操心的事，于是，他们可以心无旁骛地忙于在复杂的国会中争夺选票。即使是像在1846年赢得《谷物法》（*Corn Laws*）废除的中产阶级激进者科布登（Cobden）和布赖特（Bright）这类人物，在当时的政坛上亦是被孤立的少数。

对于欧洲大陆上的复辟王朝和法国革命的意外产儿——拿破仑三世的第二帝国，这段喘息时间更为重要。在这一时期，路易·拿破仑得到了千真万确且感人至深的多数选票，为他所谓的"民主"皇帝披上了真实色彩。对于旧君主国和公侯国来说，拥有这段政治复苏与稳定繁荣的时间，比让它们的王朝在政治上名正言顺更重要。它们也从这段喘息时间得到财政收入，不用去征求代议机构批准征税或招惹其他麻烦事，至于那些政治流亡者只能在同伙之间狠命地相互攻击，此外别无他法。就当时而言，这些君主公侯在国际事务中虽然显得软弱，在其国内却相当强大。甚至在1849年得借助于俄国军队干涉才得以复辟的哈布斯堡王朝，此际也能将它的全部领土——包括桀骜不驯的匈牙利——置于统一的中央集权专制政府之下。在哈布斯堡王朝的历史上，这是第一次也是唯一的一次。

这一平静时期由于 1857 年萧条的出现而宣告结束。从经济方面而言，这只是资本主义黄金时代的小间断，到了 19 世纪 60 年代遂又重新以更大的规模继续成长，并在 1871—1873 年间达到繁荣的顶峰。在政治上，它则使形势为之一变，最明显的是它使革命者的希望成为泡影。革命者本来希望这场繁荣会促成再一次的 1848 年革命，但在抱这种希望的同时，他们也承认“群众由于这段长期的繁荣而变得冷漠昏沉，令人生厌”。[7] 然而政治确实在复苏。在短暂的蛰伏之后，先前所有的自由政策问题再一次被搬上议事日程，其中包括意大利和日耳曼民族的统一、制宪改革、人权自由以及其他问题。1851—1857 年的经济膨胀，是在政治真空期中发生的，它延长了 1848—1849 年革命的失败和衰竭；而 1859 年之后的经济飞跃，却是与激烈的政治活动同时展开。另一方面，尽管被各种外部因素所中断，例如 1861—1865 年的美国南北战争，然而 19 世纪 60 年代在经济上还是相对稳定的。下一个经济衰落期（发生在 1866—1868 年的某时，因感受和地点而异）不像 1857—1858 年那样具有全球性，也不像 1857—1858 年那样引人注目。简而言之，政治在经济的大发展时期复苏了，但不再是进行革命的政治。

## 2

如果欧洲还是生活在巴洛克时代，那么它将以壮观的假面舞会、圣歌游行和歌剧表演，在其统治者面前象征性地炫耀其经济成就和工业发展。事实上，成功的资本主义世界，有自己相应的表达方式。资本主义在全球获得胜利的时代，是以宏伟全新的自我庆祝仪式揭开序幕，亦即“万国博览会”（Great International Exhibitions），每一次展览都在一个宏伟的纪念宫中举行，隆重地展示其财富增加和技术进步——伦敦的水晶宫（Crystal Palace，1851 年），维也纳的罗托纳达圆顶大厅（Rotunda，“比罗马的圣彼得大教堂还要大”），每一个都展示了丰富繁多的制造品，每一个都吸引来众多的国内外观众。在1851年的伦敦博览会上，有1.4万家厂商参展，这是在资本主义的老家举行了极其隆重的典礼。参展的厂商数量，1855年巴黎博览会有2.4万，1862年伦敦博览会有2.9万，1867年巴黎博览会有5万。值得自豪的是1876年在美国举行的“费城百年纪念会”。这次盛会由美国总统剪彩开幕，巴西皇帝和皇后也参与盛会——头戴王冠之人现在也习惯在工业产品面前俯首赞誉。来此参加喝彩的还有当地的13万市民，他们是到此光顾“时代之进步”的1000万人中的首批游客。

这种进步的原因何在？为什么在本书所论时期经济扩张的速度会如此可观？这些问题应当暂时搁置。回顾19世纪上半叶，应引起关注的是下面这项对照，即巨大和快速成长的资本主义工业化所能达到的生产能力，与其无法扩大的基础和无法摆脱的枷锁之间的对照。生产力可以戏剧化地提高，但却没有能力扩大其产品的销售市场，扩大其积累资本的可获利场所，更别提以相应的速度或适当的工资来创造就业机会。甚至在19世纪40年代后期，正值德意志工业扩张前夕，理智和机敏的日耳曼人士就认识到，无论是什么工业化，都无法为数量庞大且日益增长的贫穷“剩余人口”提供足够的就业，就像他们今日对欠发达国家的看法一样。正因为如此，19世纪30年代和40年代是一个危机时期。革命者曾希望这次危机是决定性的，甚至商人们也曾经担心这次危机很可能会断送他们的工业制度（见《革命的年代》第十六章）。

由于如下两个原因，这些希望和担心被证明是多虑的。首先，主要得感谢其自身追求资本积累的压力，早期的工业经济已取得了马克思所说的“无比成就”：铁路的修建。其次，是由于铁路、汽船和电报——它们“最终代表着适合现代化生产工具的交通工具”[8]——资本主义经济的地理范围随着其商业交易的增加，突然成倍扩大。整个世界都变成其经济范围。世界的一体化也许是本书所论时期最有意义的发展（见第三章）。H.M.海因德曼（H.M.Hyndman，他是维多利亚时代的商人，是一位马克思主义者，尽管在这两方面皆不是代表性人物）在几乎半个世纪之后回顾这个时期，很恰当地把1847—1857年这10年与地理大发现以及哥伦布（Columbus）、达·伽马（Vasco da Gama）、科尔特斯（Cortez）和皮萨罗（Pizarro）的征服时代相比拟。尽管这10年间并未有过轰动世人的发现，而且（除少数例外）也很少有正式的新军事征服地，但是，一个全新的经济世界已加在旧经济世界之上，并与其融为一体。

这项发展对于经济前景尤具重要性，因为它为巨大的出口繁荣提供了基础——无论是在商品、资本和人力上——这在其经济扩张中发挥了很大的作用，尤其对于当时仍是资本主义主力国家的英国而言。大众消费经济仍未出现，也许除了美国以外。国内的穷人市场，在还没被农民和小手工业者取代之前，仍无法充当经济发展的主要基础。（1850—1875年间，一方面，英国的棉产品出口数量是以前的三倍，另一方面，英国国内市场的棉布消费却仅仅增长2/3。[9]）当然，在先进国家人口呈现快速增长而且平均生活水准普获提高的时代，大众消费市场也是不可忽视的（见第十二章）。然而，市场的大幅横向扩展是不可或缺的，无论是在消费品方面，还是在用来建设新工厂、交通事业、公共设施和城市的物资方面，也许后者更为重要。资本主义现在已把整个世界置于自己的控制之下。而且无论在国际贸易还是在国际投资上，其热情均不亚于其抢占国际市场时的表现。世界贸易在1800—1840年间增加不到两倍。在1850—1870年间，却增加了260%。所有可以买卖的东西都投入了市场，包括那些遭到收受国公开抵制的物品，例如鸦片［孟加拉和马尔瓦（Malwa）鸦片出口的年平均箱数，在1844—1849年是4.3万箱，1869—1874年增至8.7万箱[10]］。从英属印度出口到中国的鸦片数量增加两倍之多，价值则几乎是先前的三倍。及至1875年，英国的海外投资已达10亿英镑——比1850年提高3/4——而法国的国外投资在1850—1880年间跃升了10倍以上。

当代的观察家——他们的目光盯在较不属于经济基本面的问题上——几乎都会强调另一原因，也就是第三个原因：1848年后在加利福尼亚、澳大利亚和其他地方的黄金大发现（见第三章）。黄金这个成倍增多的世界经济支付物，解决了许多商人认为是扯后腿的迫切难题，它降低了利率，并推动了信贷业的发展。短短七年，世界黄金供应量增加了六到七倍，英国、法国和美国平均每年发行的金币数量从1848—1849年的490万英镑到1850—1856年间的每年2 810万英镑。金银在世界经济中的角色直到今日仍是热烈争论的课题，我们不必介入这场争论。缺少这些黄金也许不会像当时人认为的那样严重地导致经济上的不便，因为其他的支付办法如支票、汇票等在当时还是一种比较新颖的手段，不但更易普及，而且正在以相当快的速度流行。然而，新出现的黄金供应的确有三方面的益处，这是无可辩驳的。

第一，它们对出现于1810年至19世纪末的较罕见形势，具有决定性的推波功效，亦即那种价格持续上涨，通货却只轻微波动的现象。基本上，这个世纪的多数时间都是通货紧缩的，主要是由于技术的不断进步使得工业产品成本降低，加上新开辟的粮食和原料来源持续出现，降低了农产品的价格（尽管是时断时续的）。长时间的通货紧缩（即利润微薄）对商人的损害并不严重，因为他们的制造和出售量很大。然而，一直到这个时代结束，货币紧缩却对工人好处不大，这可能是因为生活必需品价格没有下降到相应的购买水平，或是他们的收入太少，不足以使他们从中显著获利。相对而言，通货膨胀无疑提高了获得利润的机会，从而鼓励人们经商创业。这个时期基本上是通货紧缩，偶尔穿插一点儿通货膨胀。

第二，大批黄金有助于建立以英镑为基础的稳定可靠的货币本位制度（金本位制）。少了这种本位制度，就像20世纪30年代和20世纪70年代所经历的那样，国际贸易会变得更困难、更复杂、更不可预测。

第三，淘金热本身就开辟了新的地区，主要是在环太平洋地带，并活跃了这些地区的经济活动。在淘金过程中，他们“白手起家，开辟市场”，就像恩格斯致马克思信中愤愤指出的那样。到了19世纪70年代中叶，无论是加利福尼亚、澳大利亚，还是这一新式“矿业边疆”的其他地带，都已成为绝不可忽视的地方。在那些地区居住着300万名居民，他们所拥有的现金比其他地区相同数量的居民所拥有的要多得多。

当时人当然还会强调另一原因的促进作用：私有企业的自由化。众所周知，这是一种推动工业进步的动力。在所有刺激经济增长的秘方当中，再没有比经济自由主义更能获得经济学家、政治家以及行政官员一致青睐的了。那些妨碍生产要素流动的残存制度以及任何有害自由经营和追求利润的障碍，都在经济自由主义的冲击下全面瓦解。这项普遍清除之所以重要，是因为其影响力不限于那些自由主义在政治上获得胜利或占优势的国家。我们可以说，在欧洲的复辟专制君主国和公侯国中，这项活动进行得比英国、法国和低地国家更显著，因为在那些地区存在着更多的障碍需要清除。行会和工团对工匠生产的控制，在德意志原本十分严重，如今却让位给自由贸易主义——自由创办和经营任何行业。这项发展在奥地利出现于1859年，在德意志大部分地区则于1860年后的第一个五年间实现。自由主义的完全确立，是在北日耳曼联邦（North German Federation，1869年）和德意志帝国时期。然而此举却招致很多工匠不满，他们因而逐渐敌视自由主义，并在日后成为19世纪70年代右翼运动的支持者。瑞典在1846年就废除了行会，于1864年建立完全的自由经济；丹麦在1849年和1857年废除了旧的行会立法；俄国大多数地区从来就不曾存在行会制度，但它还是取缔了波罗的海地区一个（日耳曼）城镇中的最后一个行会痕迹（1866年）。不过基于政治原因，俄国仍然继续限制犹太人，只允许他们在特定的聚居区从事商业贸易。

从立法上对中世纪和重商主义时期进行清算，并不只限于手工业行会。反对高利贷的法律本来早已是一纸空文，英国、荷兰、比利时以及北部德意志更在1854—1867年间正式废除。政府对采矿业的严格控制——包括矿山的实际开采——也逐渐开放，普鲁士便在1851—1865年间废除限制，因此任何企业家现在都有权开采他所发现的任何矿物（需获得政府许可），并且可以采取他认为合适的生产方式。同样，组建商业公司（尤其是股份有限公司或类似组织）现在变得更容易，同时也摆脱了官僚控制。在这方面，英国和法国领先一步，德国直到1870年后才建立公司注册制度。商业法律也被修改得适合于普遍看好的商业发展状况。

但是在某方面，最引人注目的发展趋势是朝着完全的贸易自由迈进。诚然，只有英国（1846年后）完全放弃保护主义，保留关税——至少在理论上——只是为了财政利益。然而，除了消除或减少国际水上航道的限制［例如多瑙河（1857年）和丹麦与瑞典之间的松德（Sound）海峡］和设立大金融区［例如1865年成立的法国、比利时、瑞士和意大利拉丁货币联盟（Latin Monetary Union）］以简化国际的货币制度之外，19世纪60年代还出现了一系列的“自由贸易条约”，在实质上拆除了主要工业国家之间的关税壁垒。甚至俄国（1863年）和西班牙（1868年）也在某种程度上加入了这一运动。只有美国仍然是保护主义的堡垒，因为美国工业依赖一个受到保护的国内市场，并且几乎不需要进口；但即使在美国，19世纪70年代初期也有适度的改善。

我们甚至可以再做更进一步的探讨。直到那时为止，甚至最大胆、最无情的资本主义经济，在完全依赖自由市场方面也踌躇却步，尽管理论上他们应当这样做，特别是在雇主和工人的关系上。然而即使在这一敏感领域，非经济性的强制措施也取消了。在英国，《主仆法》遭到修改，建立了双方当事人皆可片面终止契约的对等关系；北英格兰矿主的“一年契约”被废除，代之以标准的契约，这种契约可由单方（工人）随时通知对方宣布解除。乍看之下这种发展颇令人惊讶，在1867—1875年间，限制工会和罢工权利的重要法令，几乎没有遇到任何麻烦便遭全面废止（见第六章）。其他多数国家还是不愿把这种自由交给劳工组织，尽管拿破仑三世相当大程度地放松了对工会组织的法律禁止。但是，在先进国家中，整体形势现在倾向于像日耳曼 1869 年商业法规所说的那样："那些单独从事贸易或商业的雇主与其所雇店员和徒工之间的关系，是由自由契约决定的。"只有市场能支配劳动力的买和卖，就像支配其他东西一样。

无疑，这种全面自由化刺激了私有企业发展，其中商业的自由化则助长了经济扩张。但是我们不应忘记，大多数形式上的自由化是不必要的。某些国际流动自由即使在今天也是受控制的，特别是资本和劳力的流动，但在 1848 年则不然，那时的先进国家认为移民的自由流动是理所当然的，根本不需讨论（见第十一章）。另一方面，对于 19 世纪中期单纯固守"自由化将带来经济发展"信条的人来说，什么样的制度和法律变更会促进或阻挠经济增长是太过复杂的问题。在英国，大繁荣时代甚至在 1846 年《谷物法》废除之前已经开始。不可否认，自由化带来各式各样的积极结果。例如在废除松德海峡的关税之后（1857 年），哥本哈根发展得比以往更为迅速。在此之前，松德海峡关税一直阻碍着船只进入波罗的海。但全球性的自由化运动是经济膨胀的原因、附加物，还是结果？其程度如何？这些问题还有待探讨。只有一点可以确定，那就是：当推动资本主义发展的其他基础欠缺之时，单凭资本主义本身是无法取得多大成就的。没有比新格拉纳达共和国（Republic of New Granada，哥伦比亚）在 1848—1854 年间的自由化脚步更快的国家了，但是谁会说该国政治领袖向往的繁荣富强已立即或全部实现了呢！

在欧洲，这些变化使得人们对经济自由主义深信不疑，充满期望。这似乎是有道理的，至少对那一代人而言是如此。就单一国家来说，这是不足为奇的，因为自由化的资本主义企业在每个国家都明显表现出繁荣昌盛。就算让工人拥有自由订立契约的权利，包括容忍那些强大到足以靠工人的磋商权而建立的工会组织，都不会对赚取利润构成威胁，因为“劳动后备大军”（如马克思所称）看来可以把工资维持在令人满意的低水平上（见第十一章、第十二章）。这些劳动后备大军主要是乡村百姓、从前的工匠和其他涌入城市及工业区的群众。乍看之下，国际自由贸易受到如此垂青，难免叫人吃惊，但英国除外。对英国人来说，首先，国际自由贸易意味着他们得以自由地在世界上的所有市场中出售更廉价的商品；其次，英国能迫使欠发达国家把自己的产品——主要是食品和原料——以低廉的价格大量卖给英国，并用得来的钱购买英国的工业产品。

但是，为什么英国的对手们（除美国）会接受这么明显的不利做法呢？（对于欠发达国家来说，由于他们不具工业竞争能力，国际自由贸易当然是有吸引力的。例如，美国南部各州相当乐意保持英国这个可以无限制销售其棉花的市场，所以强烈坚持自由贸易，直到被北方征服为止。）较过分的说法是：国际自由贸易之所以获得进展，是因为在这一短暂时刻，自由化的乌托邦令人衷心诚服，即使政府亦然，而且他们深信这是历史发展的必然趋势。毋庸置疑，国际自由贸易的形成也深受经济要求的影响，而且经济要求似乎具有自然法则般的力量。然而，理智信念很少能比得上切身利益。事实是，大多数工业经济在这段时间都从自由贸易中发现两个有利之处：第一，经济在这段时间的普遍增长，与19世纪40年代相比确实非常壮观，所有国家皆从中受惠，英国受惠尤甚。无论是大量不受限制的出口贸易，还是大批毫无阻碍的食品原料供应，包括必要的进口供应，都是受人欢迎的。即使某些特殊的利益会因此受损，但自由化还是会带来其他利益。第二，不管资本主义各国将来的经济对立情况如何，在工业化的这个阶段，能够取得英国的设备、资源和技术，显然是对自己有帮助的。例如，英国铁路钢铁机器的大量出口，不但不会抑制其他国家的工业化，反而有所助益（见下表）。

**英国铁路钢铁及机器出口量**

单位：千吨[11]

| 年份 | 铁路钢铁 | 机器 |
|---|---|---|
| 1845—1849 | 1 291 | 4.9 |
| 1850—1854 | 2 846 | 8.6 |
| 1856—1860 | 2 333 | 17.7 |
| 1861—1865 | 2 067 | 22.7 |
| 1866—1870 | 3 809 | 24.9 |
| 1870—1875 | 4 040 | 44.1 |

## 3

就是这样，资本主义经济同时得到（并非偶然巧合）多方面极其强有力的刺激。其结果是什么呢？衡量经济扩张最便利的办法是统计数字，而19世纪最常用的衡量标准是蒸汽动力（因为蒸汽机是动力的典型形式），而且多半是煤炭和钢铁的相关产品。显而易见，19世纪中期是烟与汽的时代。煤产量早已以百万吨计算，当时个别国家逐渐采用千万吨计算，而世界的产量则采用亿吨计算。其中大约有一半——在本书所论时期初始比例更高——来自举世无双的产煤大国，即英国。19世纪30年代，英国铁产量已达到几百万吨（1850年约250万吨），远非他处可及。但是到了1870年，法国、德国和美国也各自生产出100万—200万吨不等，尽管英国这个“世界工厂”还是遥遥领先，年产几乎600万吨，或者说是世界产量的一半。在这20年间，世界煤产量大约增加了2.5倍，世界铁产量大约上升了4倍。而蒸汽动力却增加了4.5倍，从1850年的400万匹马力，上升到1870年的大约1 850万匹马力。

上述粗略数据只不过说明了工业化正在向前推进。然而更重要的是，朝工业化迈进的现象在地理范围上极其广阔，尽管各地的情形极不平衡。铁路和汽船的广布，如今已将机械动力引进各个大陆以及那些缺少机械便无法工业化的国家。铁路的到来（见第三章）本身就是一场革命的象征和成就，因为将整个地球铸成一个相互作用的经济体，从许多方面来说都是工业化最深远且当然是最壮观的一面。但是“定置蒸汽机”（fixed engine）本身在工厂、矿山和铸造应用上也有长足进展。在瑞士，1850 年只有 34 台这样的蒸汽机，但是到 1870 年几乎增加到 1000 台；在奥地利，其数量从 671 台（1852 年）增加到 9160 台（1875 年），而马力也增加了 15 倍之多。（比较起来，葡萄牙这个欧洲真正的落后国家，1873 年也只有 70 台蒸汽机，合 1200 匹马力。）荷兰的蒸汽动力总数则上升了 13 倍。

有少数工业地区以及如瑞典这样的欧洲工业经济国家，尚未开始大规模工业化。但最突出的现象，是各个主要地区的不平衡发展。在本书所论时期，英国和比利时是仅有的两个工业蓬勃发展的国家，以每人平均值而言，也是高度工业化的国家。其居民人均的铁消费量在 1850 年分别是 170 磅和 90 磅，相对而言，美国 56 磅，法国 37 磅，德意志 27 磅。比利时的经济规模虽小，但却非常重要，1873 年时，它的铁产量仍达其强邻法国的一半。英国当然是卓越的工业大国，而且就像我们前面所见，它也在努力保持这一相对地位，尽管应用于生产的蒸汽动力开始严重落后。英国在 1850 年仍然占有全球蒸汽机动力总数（定置蒸汽机）的 1/3 以上，但是到 1870 年已不及 1/4，即占总数 410 万匹马力中的 90 万匹。就纯数量而言，美国在 1850 年已比英国略多，到 1870 年更将英国远远抛在后面，其蒸汽动力已经是英国的两倍多。美国的工业扩张尽管超乎寻常，但与德意志相比还是稍微逊色。德意志的定置蒸汽动力在 1850 年还是极其一般的，总数或许只有 4 万匹马力，远不及英国的 10%。但是到 1870 年，已达到 90 万匹马力，大约和英国相等，当然远远超出法国。法国的蒸汽动力在 1850 年时还算是比较大的（6.7 万匹马力），但到 1870 年只勉强达到 34.1 万匹马力——不到小国比利时的两倍。

德国工业化是非常重要的历史事件。除了具有经济上的重要作用外，其政治意义也十分深远。1850年时，日耳曼联邦与法国的人口数大体一样，但工业生产能力却差得非常多。到1871年，统一的德意志帝国已经拥有比法国多得多的人口，但工业上的超前情况更甚。由于政治和军事力量也逐渐变成以工业生产能力、技术力量和专业知识为基础，工业发展所带来的政治后果遂比以往更重要。19世纪60年代的战争就说明了这一点（见第四章）。从那以后，没有强大的工业，任何国家都无法在“强权”俱乐部中保住其地位。

这个时代的特有产品是铁和煤，而其最具代表性的象征是铁路，铁路把两者结合起来。纺织工业是工业化第一阶段最典型的产物，相对来说进展不大。19世纪50年代的棉花消费大约比19世纪40年代高出60%，19世纪60年代变化不大（因为受到美国内战的干扰），19世纪70年代则增加大约50%。羊毛生产在19世纪70年代大约是19世纪40年代的两倍。但是煤和生铁产量约是原来的5倍，同时钢铁的大量生产已成为可能。实际上，钢铁工业上的技术改进在这一时期所扮演的角色，相当于前一个时代的纺织工业。在19世纪50年代的欧洲大陆，煤已取代木炭成为冶炼的主要燃料。各地都有新的冶炼法——贝塞麦转炉（Bessemer converter，1856年）、西门子-马丁平炉（Siemens-Martin open hearth furnace，1864年）——可炼出廉价的钢，廉价钢在日后几乎代替了熟铁。但是，其重要性要到未来才看得到。1870年，在德国生产的成铁只有15%炼成钢，比英国少10%。这个时期还不是钢的时代，也还没进入钢制武器的军备时代，钢铁军备将大量刺激钢的生产。这时仍属于铁的时代。

尽管未来的技术变革已明显可期，但新式“重工业”也许除了数量增加之外，尚不见特殊的技术变革。就全球而言，工业革命在19世纪70年代以前仍然凭借1760—1840年的技术革新，凭借当时所创造的推力向前迈进。可是，在19世纪中期的数十年里，确实发展出两种极具革命性的技术工业：化学和（与通信相关的）电学。

除少数例外，工业革命第一阶段的主要技术发明，并不需要多高深的科学知识。英国在这方面得天独厚，因为它拥有经验丰富而且富有常识之人，例如伟大的铁路建造者乔治·斯蒂芬森（George Stephenson）。但从19世纪中期以后，情况逐渐发生变化。电报的发明与理论科学密不可分，必须利用伦敦的C. 惠斯通（C. Wheatstone，1802—1875）和格拉斯哥的威廉·汤普森（William Thompson，1824—1907）等人的研究成果。人造颜料工业则是大量化学合成的成就，尽管其第一批产品（淡紫色）在色彩上并未受到普遍欢迎，但已从实验室进入工厂阶段。炸药和照相也是如此。至少炼钢这项重要革新是出自高等教育者，即吉尔克里斯特—托马斯（Gilchrist-Thomas）"基本"处理法。就像儒勒·凡尔纳（Jules Verne，1828—1905）小说中所描写的那样，教授成为比以往更为突出的工业界人物：法国酿酒商不就是求助于伟大的生物化学家L. 巴斯德（L. Pasteur，1822—1895）为他们解决难题吗？此外，研究实验室如今已成为工业发展不可或缺的部门。在欧洲，实验室仍然附属于大学或类似的机构——耶拿（Jena）的恩斯特·阿贝（Ernst Abbe）实验室已经发展成著名的蔡司（Zeiss）工厂，但在美国，以电报公司为先导，纯粹的商业实验室已经出现。不久，它就因阿尔瓦·爱迪生（Alva Edison，1847—1931）而闻名于世。

科学研究渗透进工业的重要后果，使此后教育机构在工业发展上越来越具关键性。英国和比利时这两个工业革命第一阶段的先驱者，并不是文化最发达的国家，而且它们的技术和高等教育制度也离杰出还有一段距离（如果不包括苏格兰的话）。然而从这个时期开始，对一个国家来说，无论是缺少大众教育还是缺少相应的高等教育机构，要想成为"现代"经济国家都几乎是不可能的；反之，贫穷和落后的国家，只要具有完善的教育制度，就很容易发展起来，例如瑞典。[12]

对于以科学为基础的技术，无论是经济方面还是军事方面，完善的初等教育具有显而易见的实用价值。举例来说，在1870—1871年间，普鲁士之所以能够打败法国，有很大一部分原因是普鲁士的士兵文化程度普遍比法国高。另一方面，在更高的层次上，经济发展需要的并非科学的原创与诡辩，而是如何支配和使用，换句话说，是“发展”而非研究。拿剑桥大学和巴黎综合工科学校的标准来衡量，美国的大学和科学研究机构并不突出，但它们在经济方面的表现却优于英国，它们实际上提供了培育工程技术人员的系统教育，这些机构在英国尚不存在（1898 年之前，步入英国技工行业的唯一办法是通过学徒制度）。美国在这方面也强过法国，因为美国培育出大批具有相当程度的工程技术人员，而不是只培养少数优秀的知识分子和受过良好教育的人才。德意志在这方面是依靠良好的中等学校，而非大学。19 世纪 50 年代，德意志在六年制中学（Realschule）教育方面走在时代前列，这是一种倾向技术教育的非古典学校。1867 年，当莱茵地区“受过教育”的工业家被请求捐助波恩大学 50 周年校庆时，在 14 个工业城市中，除一个之外，几乎所有收到请求的城市全部拒绝，因为这些“杰出的地方工业家并未在大学受过高等教育，而且直至当时也没有让他们的子女接受这种教育”。[13]

但是，技术当然是以科学研究为基础，而且非常显著的是，少数科学先驱者的革新很快就会被广泛接受，只要那些研究能转化到技术应用上。于是，通常只产在欧洲以外地区的新式原料，遂取得了重要地位，不过这要到帝国年代后期才充分表现出来。（欧洲化学原料的生产也日渐兴盛。德国钾碱生产情况如下：1861—1865 年，5.8 万吨；1871—1875 年，45.5 万吨；1881—1885 年，超过 100 万吨。）石油已经引起了具有发明精神的美国人的注意，把它用作点灯燃料，但是由于出现化学加工，石油很快又有了新用途。1859 年仅仅生产 2 000 桶石油；但是到了 1874 年，1 100 万桶的石油产量（大多数是产自宾夕法尼亚州和纽约）使得洛克菲勒（J. D. Rockefeller，1839—1937）建立了对新工业的控制，因为他通过自己的“标准石油公司”（Standard Oil Company）垄断了石油运输。

然而，这些革新对当时的重要性似乎没有回顾起来这么大。无论从哪方面讲，19 世纪 60 年代的专家们仍然认为，对未来经济具有远大意义的金属仍是那些古人熟知的：铁、铜、锡、铅、汞、金、银。他们认为锰、镍、钴、铝这些后来的金属“注定不会发挥其前辈曾产生过的重要作用”。[14] 英国的橡胶进口从 1850 年的 7 600 英担（cwt，重量单位，相当于 112 磅），上升到 1876 年的 15.9 万英担，这确实是值得重视的增长，但甚至以 20 年后的标准来衡量，这个数量也是微不足道的。橡胶绝大多数仍是来自南美的野生采集，其主要用途是制作防水布和弹性胶带。1876 年，欧洲总共有 200 部电话在使用，美国则有 380 部。在维也纳万国博览会期间，电动传送带的展出成为轰动世人的奇迹。回顾上述事实，我们可以看到一场突破近在咫尺：世界将要进入电灯与电力、钢与高速合金钢、电话与电报、涡轮机与内燃机的时代。然而，19 世纪 70 年代中期尚未进入这个时代。

重大的工业革新，不是发生在上面已经提到的以科学为基础的领域，而是发生在大规模的机器生产上。这些机器在从前实际上是用手工方法生产，就像火车头和轮船仍然是手工生产的那样。大规模机器生产的改进多半发生在美国，例如柯尔特（Colt）自动手枪，温彻斯特（Winchester）步枪，大量生产的钟表、缝纫机和现代生产装配线［由 19 世纪 60 年代辛辛那提（Cincinnati）和芝加哥的屠宰场发展而来］。生产装配线就是生产主件从一个操作点传送到下一个操作点的机械传送装置。用机器生产机械用品的意义在于：当时需要极大量的标准化产品，其需求者是个人，而不是行业公司和机关单位。1875 年，整个世界拥有大约 6.2 万部蒸汽火车头，但与铜钟和步枪的数量相比，这又算得了什么呢？不过一年的时间（1855 年），美国便大量生产了 40 万座铜钟；在 1861—1865 年间，美国内战中的南北双方共使用了 300 万支步枪。因此，最可以大量生产的产品，是那些由广大的小生产者使用的产品，例如农民、缝制女工（缝纫机）、办公机关所需物品（打字机）以及手表类的消费品，尤其是战争中使用的小型武器和弹药。这些产品之间仍各具差异而且不够标准化。这使得一些敏锐的欧洲人感到苦恼，他们在19世纪60年代已经注意到，在大量生产的技术上，美国占有优势。但那些“老练者”却不在意，他们认为，假如美国像欧洲一样拥有现成的熟练工匠可供支配，他们就不会费心去发明那些生产不重要用品的机器。在20世纪初，法国官员就曾宣称：尽管法国在工业上可能跟不上其他国家，但是在发明创造和手工技艺工业方面，还是可以稳操胜券的，例如汽车制造业。

## 4

所以，当19世纪70年代初期，实业家环顾世界之际，自然会对前景流露出充满自信的骄傲之情。但这是有道理的吗？在某些国家中，世界经济的巨大扩张已经牢牢地建立在工业化的基础之上，也建立在大量且名副其实的全球性物资、资本和人员的流动之上，而且这场巨大的扩张仍在继续，甚至在加速。但它在19世纪40年代所注入的那股特殊能量，其作用却不再持续。向资本主义创业者敞开的新世界会继续扩大。但它不再是绝对的“新”。（事实上，一旦他们的产品大量地涌入旧世界，例如美洲大草原与俄国大草原的麦子在19世纪70年代和80年代所发生的情形那样，将同时瓦解新旧世界的农业。）世界铁路的建设工作持续了一整代人。但是，由于大多数铁路线的建设已经完成，铁路建设将不得不缩小规模，到那时会出现什么情况？工业革命第一阶段所带来的技术潜能，例如英国在棉花、煤、铁、蒸汽机方面的潜能，看起来似乎是足够巨大的。1848年以前，这些潜力在英国以外的地区毕竟还完全没有开发利用，即使在英国国内也只是不完全的开发。对开始开发这一潜能的那代人，他们的奋力而为是可以谅解的，因为他们认为这种潜能是取之不尽的。但事实并非如此，而且在19世纪70年代，这种技术的局限性已经看得到了。一旦这种潜能耗尽，将会出现什么情况呢?

当世界步入19世纪70年代之时，这种多虑似乎显得荒唐可笑。但事实上，这种扩张的进程是出奇的变幻莫测，就像今日人人可见的那样。陡然的衰退，有时甚至是剧烈的衰退，会渐渐发展成取代世界繁荣的全球性衰退，一直到价格下降到足以驱散物资充斥的市场，清除倒闭企业的场地，一直到企业家们开始投资和拓展，开始新一轮经济周期为止。正是在1860年，即第一次真正的世界大衰退之后，以杰出的法国博士朱格拉（Clement Juglar，1819—1905）为代表的学院经济学家，认识到“经济周期”并计算出其周期性。直到当时为止，这类问题原本只有社会主义者和其他非正统人士才会去研究。可是，尽管这场扩张的间断十分引人注目，但却是暂时性的。对企业家而言，从没有比19世纪70年代初期更令人兴奋的经济发展期。此即德国著名的“企业振兴”年代。在这个年代里，即使是最荒谬和明显骗人的企业，都会因其许诺的赚钱希望而招来无数的逐利生手。这个年代，就像维也纳新闻记者所描写的那样：“人们筹设公司，好把北极光运送到圣斯蒂芬广场，或在南海岛屿的原住民中出售我们的鞋油。”[15]

接着，出现了大崩溃。甚至对那些最爱夸口说经济繁荣正处于蒸蒸日上、兴旺发达时代的人来说，这次大崩溃也是极其明显的。美国有2.1万英里铁路因破产而瘫痪，德国的股票价格从繁荣顶峰的1877年下降了大约60%。而且最能说明问题的是，在世界主要产铁国中，几乎有半数的高炉熄火停产。前往新大陆的移民洪流变成了小溪。在1865—1873年间，每年有20万人抵达纽约港口，然而1877年却仅有6.3万人。但是，与早期的大繁荣衰退不同，这次衰退似乎没有终止。1889年，某位德国人写了一篇题为“针对政府与商界人士的经济研究导言”的研究文章，其中指出：“自从1873年股票市场倒闭以来……除了短暂例外，‘危机’一词总是萦绕在每个人的脑海里。”[16]而且这种情形还是出现在德国，德国在这个时期的经济增长一直相当可观。历史学家曾怀疑所谓的1873—1896年的“大萧条”是否存在。当然，这次衰退不像1929—1934年那样明显，1929—1934年的经济衰退，曾几乎窒息了资本主义的世界经济。然而，对当代人而言，大繁荣已被大衰退所取代的感觉是非常明确的。

伴随着19世纪70年代的大萧条，一个新的历史时代正在到来，无论在政治上，还是在经济上。这非本书所能论及，但我们可以在此顺便提一下：它颠覆或破坏了19世纪中期自由主义的基础，这个基础曾经是看似坚不可摧的。从19世纪40年代后期延续到19世纪70年代中期的这段时间，曾被当时的传统人士认为是经济增长、政治发展、技术进步和文化成就的典范时期，只要稍加适当改进，就可以理所当然地持续到无限的未来。但事实并不像这些人所认为的那样，它只是一段特别的插曲。然而，其成就是极其辉煌惊人的。在这一时期，工业资本主义演变成名副其实的世界经济，所以地球也从一个地理概念转变成持续运作的动态实体。从现在起，历史已经演变成世界历史。

## 第三章

# 统一的世界

资产阶级依仗着一切生产工具的迅速改进，依靠着极其方便的交通工具，把所有的民族，甚至最野蛮的民族，拉进文明社会……总而言之，它按照自己的形象创造了一个世界。

——马克思和恩格斯，1848 年[1]

当经济、教育以及凭借着电报和蒸汽机带来的思想与物质的快速交流改变一切时，我敢相信，伟大的造物主正在准备把世界变成使用同一语言的单一国家。这是一个完美的成就，它将使陆海军不再必要。

——格兰特（U. S. Grant）总统，1873 年[2]

"你们应当听到了他所说的一切——我要去某地一座山上生活，或是去埃及，或是去美国。"

"好吧，这有什么！"斯托尔兹漠然地说，"你可以在两个星期内到达埃及，三个星期内到达美国。"

"到底是谁要去美国或埃及？英国人这样做，是上帝的安排，此外，他们在家乡已没有生活的余地。而我们当中哪个会梦想此行呢？也许有一些绝望的家伙，他们已自认为生命毫无价值。"

——冈察洛夫，1859 年[3]

## 1

当我们在撰写早期的“世界历史”时，实际上是在把世界各地的历史加在一起。但是，就世界各地的相互了解而言，当时有的只是肤浅的表层接触，或是某些地区的居民征服或拓殖了另一个地区，就像西欧对美洲一样。在撰写非洲早期的历史时，很可能只会偶尔提到远东历史（除了西海岸和好望角外），很少提到欧洲，尽管不可能不时时提到伊斯兰教世界。18 世纪之前，在中国发生的事情，除俄国之外，与欧洲政治统治者毫不相干，尽管会涉及前往该地的一些特殊商队；在日本发生的事情，也不是欧洲人可以直接知道的，只有一小部分荷兰商人例外，他们在 16 世纪至 19 世纪中期，被允许在日本保有落脚点。反过来看，欧洲之于中国这个天朝帝国来说，只是外夷居住地区，好在它们地处遥远的大洋之外，不会在臣民对皇帝的忠诚度上造成任何麻烦，顶多是给负责港口的官吏造成一些管理上的小事端。就这一点而言，甚至在交往频繁的地区，大多也可置之不理，而且不会带来不便。对西欧人来说——无论是商人还是政府官员——在马其顿（Macedonia）山区峡谷所发生的事情有什么重要意义吗？假如利比亚真的被某场天灾人祸所吞没，对其他地方的人，甚至对奥斯曼帝国（Ottoman Empire，尽管严格地说，利比亚是奥斯曼帝国的一部分）和地中海东部沿岸诸国的商人而言，又有什么关系呢？

世界各地之所以缺乏相互依赖，不单单是不了解的问题，当然，相关地区对“内地”的缺乏了解，仍是相当严重的。甚至到了 1848 年，在欧洲最好的地图上，各个洲的大片地区仍是一片空白——尤其是在非洲、中亚、南美中部、北美部分地区、澳大利亚，更别提几乎完全处于人迹未至的北极和南极。而其他地区的地图绘制家，自然会在其地图上标出更大片一无所知的空地。这是因为，就算中国官吏，或每个大陆内地那些不识字的边防哨兵、商人和猎人，他们知道的地方会比欧洲人多一点儿，但他们的整体地理知识还是相当贫乏。无论如何，光是把专家所了解的世界知识加在一起，也不过是枯燥的纯学术演算。统一的世界并不存在，甚至在地理概念上也不存在。

缺乏了解只是现象，而非世界无法凝成一体的原因。其中反映出世界之间缺少外交、政治和管理上的联系，事实上，这些联系即使有也非常松散；[《哥达年鉴》（*Almanach de Gotha*）是欧洲的外交学、家谱学和政治学圣经。其中虽然仔细记载了当时所知的一星半点有关现在已成为各个美洲共和国的前殖民地，但在1859年之前却不包括波斯，在1861年之前不包括中国，在1863年之前不包括日本，在1868年之前不包括利比亚，在1871年之前不包括摩洛哥。泰国直到1880年才被收录进去。]同时也反映出彼此在经济联系上的薄弱。不可否认，作为资本主义社会先决条件和特征标志的"世界市场"，当时一直在发展当中。国际贸易在1720—1780年扩大了一倍多（国际贸易在此指的是欧洲人眼中这个时期所有国家全部进出口统计的总和）。在双元革命时期（1780—1840），世界市场扩大了三倍多，虽然以我们现代的标准来衡量，这个数字相当一般。到1870年，英国、法国、德国、奥地利和斯堪的纳维亚的每人平均外贸额，已上升至1830年的四至五倍，荷兰和比利时上升了三倍，甚至美国也扩大到原来的两倍多——对于美国来说，对外贸易只占极小的比例。在19世纪70年代，西方主要大国之间，每年大约有8 800万吨的海上贸易运输。相比之下，1840年只有2 000万吨——其中主要货物的比例是：煤3 100万吨对140万吨，粮食1 120万吨对少于200万吨，铁600万吨对100万吨。其中也包括石油这种要到下个世纪才显出其重要性的货物，1840年前，海外贸易当中还看不到石油的影子，但到1870年时，已有140万吨。

让我们更具体地看看，原本各自分离的世界是如何逐步联系成紧密的网络。英国在1848—1870年间，输往土耳其和中东的出口总额，从350万英镑直线上升到将近1 600万英镑；输往亚洲从700万英镑上升到4 100万英镑（1875年）；输往中美和南美从600万英镑上升到2 500万英镑（1872年）；输往印度从大约500万英镑上升到2 400万英镑（1875年）；输往澳大利亚从150万英镑上升到将近2 000万英镑（1875年）。换句话说，在35年间，世界工业化程度最高的国家与最遥远或者说最落后地区的贸易额，足足增加了6倍。即使与今日相比相去甚远，但就纯数量而言，已远远超出前人所能想象的。联结世界各地的网络明显正在绷紧。

持续的探险活动，将世界地图上的空白逐渐填满，但这一过程与世界市场的扩张究竟具有怎样的具体关联，仍然是个复杂的问题。其中有一些是外交政策的副产品，有些是来自传教士的热情开拓，有些是由于科学探险，还有一些是由于出现于本书所论时期尾声的新闻与出版事业。1849年，理查森（J. Richardson，1787—1865）、巴斯（H. Barth，1821—1865）和奥弗韦格（A. Overweg，1822—1852）被英国外交部派去勘察中非；伟大的戴维·利文斯通（David Livingstone，1813—1873）为了传播加尔文教，在1840—1873年间穿过当时仍被称作“黑暗大陆”的中心地带；《纽约先驱报》（*New York Herald*）的记者亨利·莫顿·斯坦利（Henry Morton Stanley，1841—1904）前去发现他（不只是他）想寻找的地方；贝克（S. W. Baker，1821—1892）和斯皮克（J. H. Speke，1827—1864）两人的目的更纯粹是地理和冒险方面的。无论上面这些人中的哪一个，都没有意识到他们的旅行在经济上所产生的意义。就像一位法国主教出于传播宗教的利益所写的那样：

> 万能的上帝无须人们帮助，福音的传播也无须人们帮助；然而，如果人们真的能够打开阻挡福音传播的障碍，那将会使欧洲的商业蒙上荣光……[4]

探险不仅意味着求知了解，而且意味着发展，可以把未知，也可以说是野蛮落后带向文明与进步的辉煌中；让赤裸的野蛮生灵披上由慈善机构在博尔顿（Bolton）和鲁贝生产的衣裤，为他们带来伯明翰生产的货物，如此必定也会把文明同时带给他们。

实际上，我们所谓的19世纪中期的“探险家”，只是让人们得以认识到海外世界的很大一群人中的一小股，他们被广为宣扬，但实际人数不多。他们所到之处，多半是那些经济不发达且无商业利益可图的地方，所以那些（欧洲的）商人、探矿者、测量员、铁路和电报建设者，（如果气候适宜）乃至白人移居者，仍无法取代这些“探险家”。从大西洋奴隶贸易被废除开始，一直到一方面发现了贵重宝石和贵重金属，另一方面发现了某些只能在赤道气候中生长采集而且完全未经加工的当地产品的经济价值为止，在这段时间，“探险家”成为非洲内陆上的主要活动者，因为这块陆地对于西方人来说，并没有明显的经济价值。在19世纪70年代之前，上述两方面都还没显出重要性，甚至在可见的将来也看不到希望。但是，如此广大且未开发的大陆，竟无法立即，更别提将来也不可能成为财富和利益的泉源，确实不可思议。（英国对撒哈拉沙漠以南非洲的出口额从19世纪40年代后期大约150万英镑，增加到1871年大约500万英镑，从19世纪70年代起成倍增加，到19世纪80年代初期达到1000万英镑，这说明非洲市场并不是没有前途的。）“探险家”也是澳大利亚的开拓者，因为其内陆沙漠广大空旷，而且到20世纪中期之前，始终缺少可见的经济利用资源。但另一方面，除北极之外，世界的海洋已不再成为“探险家”着眼的目标——而南极在当时很少有人注意。（在海洋方面，探险大多出于经济目的——寻找从大西洋到太平洋的西北和东北航道。这就像当今跨越极地飞行一样，会节省很多时间，因而也就节省很多金钱。寻找北极实际所在地的活动，在这段时间并没有努力进行。）然而，航海范围的广泛扩大，尤其是海底电缆的铺设，自然会带动更具真正意义的探险。

由此看来，人们对世界的了解，在1875年时比以前的任何时候都多得多。甚至在国家的层级上，详细的地图（绝大多数是为军事目的而制）已可在许多先进国家中看到。这类地图的最初版本是1862年绘制的英国军事测量地图，但其中尚不包括苏格兰和爱尔兰。然而，比单是了解世界更为重要的是，即使是世界最偏远之地，如今也已开始被先进的交通、通信工具联系在一起，这些工具运营有序，有能力运送大批的货物和人员，尤其是速度快捷，这些方面都是前所未有的，它们包括铁路、汽船、电报。

截至 1872 年，这类工具已经赢得了凡尔纳所能预料的成就：能够在 80 天之内周游世界，还可以把许多阻碍菲莱亚斯·福格（Phileas Fogg，凡尔纳名著《八十天环游地球》的主人公）不屈不挠前进的意外事故考虑在内。读者或许可以想象下面这条平安无阻的旅行路线。在跨越欧洲时，旅行者首先乘坐火车和海峡渡轮由伦敦到达布林迪西（Brindisi），然后，再换搭轮船通过新开通的苏伊士运河（大约需 7 天时间）。从苏伊士运河到孟买的旅程时间大约需 13 天。从孟买到加尔各答的火车旅程需要 3 天。从那里由海路去香港、横滨，越过太平洋到旧金山，这段遥远的路程需要 41 天。自从 1869 年横越美国内陆的铁路建成以后，只需 7 天的时间旅行者就可以从旧金山到达纽约，只是途中那些还没有完全得到控制的地区可能由于出现成群的野牛、印第安人等而显得不太安全。其余路程——横渡大西洋到利物浦，再乘火车回到伦敦——大致不会发生问题，只是要耽搁时日。实际上，不久之后，确实有一个野心勃勃的美国旅行社提供了一次这样的环球旅行。

如果是在 1848 年，福格得花多长的时间才能完成这样的旅行呢？他几乎不得不完全仰赖海上运输，因为当时还没有横越大陆的铁路线，实际上除美国之外，世界其他地方还不存在深入内地的铁路，而美国当时也不过深入内陆 200 英里。最快的海船，即著名的贸易船，在 1870 年前后平均要 110 天才能到达广东，而 1870 年前后是这种贸易船技术发展的顶峰。因此，前往广东的航行，理论上不可能少于 90 天，但实际上却用了 150 天。1848 年，即使是在最顺利的情况下，环绕地球的航行也不可能指望少于 11 个月，也就是福格所花时间的 4 倍，这还不包括在港口停留的时间。

缩短长距离旅行所用时间的努力，收效相对不大，这完全是因为海上航行速度的改善十分缓慢。1851 年，从利物浦横渡大西洋到纽约的汽船平均航行时间是 11—12.5 天；到 1873 年基本上仍然如此，尽管“白星航班”自豪地宣称，它们已把时间缩短到 10 天。[5] 除非海上航路本身被缩短，例如苏伊士运河的开通，否则福格休想比 1848 年的旅行者做得更好。真正的变革发生在陆地上，亦即在铁路方面，而且即使是这方面，真正的发展也不是火车速度的提高，而是铁路建设的高速发展。1848 年的铁路运行速度，整体而言比 19 世纪 70 年代慢得多，尽管它从伦敦到霍利黑德（Holyhead）只用了 8.5 小时，比 1974 年慢 3.5 小时。然而，19 世纪 30 年代发明的火车确实是一种非常强大的机器。但直到 1848 年，除英国以外，全球尚不存在铁路网。

## 2

在本书所论时期，在欧洲各地、美国，甚至世界其余部分的少数地区，都可以看到这种长距离铁路网的建设。我们可从以下两个表格中看出这项发展。1845 年，在欧洲以外，拥有铁路线的“低开发”国家只有古巴。及至 1855 年，世界五个大陆上都已铺设铁路，尽管南美（巴西、智利、秘鲁）和澳大利亚还未出现。到 1865 年，新西兰、阿尔及利亚、墨西哥和南非也有了它们的第一条铁路。到 1875 年，巴西、阿根廷、秘鲁和埃及已经铺设了 1000 英里或更多的铁路，锡兰、爪哇、日本甚至更远的塔希提岛（Tahiti）也已经有了第一条铁路。同时，到 1875 年，全世界共拥有 6.2 万部火车头，11.2 万节客车车厢和几乎 50 万吨的货车车厢。据估计，它们共运载了 13.17 亿名旅客和 7.15 亿吨货物。换言之，约是这 10 年间每年海上平均运输量的 9 倍。就数量而言，19 世纪第三个 25 年是第一个真正的铁路时代。

**铁路营运里程**[6]

单位：千英里

| 年份 | 1840 | 1850 | 1860 | 1870 | 1880 |
|---|---|---|---|---|---|
| 欧洲 | 1,7 | 14,5 | 31,9 | 63,3 | 101,7 |
| 北美 | 2,8 | 9,1 | 32,7 | 56,0 | 100,6 |
| 印度 | — | — | 0,8 | 4,8 | 9,3 |
| 亚洲其余地区 | — | — | — | — | * |
| 澳大利亚 | — | — | * | 1,2 | 5,4 |
| 拉丁美洲 | — | — | * | 2,2 | 6,3 |
| 非洲（包含埃及） | — | — | * | 0,6 | 2,9 |
| 全世界 | 4,5 | 23,6 | 66,3 | 128,2 | 228,4 |

* 不足500英里

**铁路建设的进展**[7]

单位：个

| 年 份 | | 1845 | 1855 | 1865 | 1875 |
|---|---|---|---|---|---|
| 欧洲 | 拥有铁路的国家 | 9 | 14 | 16 | 18 |
| | 拥有1000公里以上的国家 | 3 | 6 | 10 | 15 |
| | 拥有1万公里以上的国家 | — | 3 | 3 | 5 |
| 美洲 | 拥有铁路的国家 | 3 | 6 | 11 | 15 |
| | 拥有1000公里以上的国家 | 1 | 2 | 2 | 6 |
| | 拥有1万公里以上的国家 | — | 1 | 1 | 2 |
| 亚洲 | 拥有铁路的国家 | — | 1 | 2 | 5 |
| | 拥有1000公里以上的国家 | — | — | 1 | 1 |
| | 拥有1万公里以上的国家 | — | — | — | 1 |
| 非洲 | 拥有铁路的国家 | — | 1 | 3 | 4 |
| | 拥有1000公里以上的国家 | — | — | — | 1 |
| | 拥有1万公里以上的国家 | — | — | — | — |

铁路主干线的建设自然是轰动世界的大事。实际上，直到那时，铁路工程是人类所知的最大规模的公共事业，也几乎是最惊人的工程成就。当铁路离开英国这个地形挑战不甚严格的国家之后，它的技术成就变得更加显著。1854 年，从维也纳到意大利北部的里雅斯特港的“南方铁路”已经穿越了塞默灵（Semmering）隘口，其海拔高度几乎达 3 000 英尺；到 1871 年，越过阿尔卑斯山的路段高达 4 500 英尺；到 1869 年，“联邦太平洋铁路”在跨越落基山脉时，已经踏上了 8 600 英尺的高度；及至 1874 年，19 世纪中期经济征服者最突出的成就——亨利·梅格斯（Henry Meiggs，1811—1877）的“秘鲁中央铁路”——已经慢慢地行驶在 1.584 万英尺高的高山上。当火车在山巅中出没，在隧道中穿行时，遂使早期英国铁路的一般行程相形见绌。塞尼峰（Mont Cenis）隧道是第一个穿越阿尔卑斯山的隧道，始建于 1857 年，完成于 1870 年，第一列穿越这条长达 7.5 公里隧道的是一列邮车。这条隧道使通往布林迪西的路程减少了 24 小时。

当铁路首次把英吉利海峡与地中海连接在一起时，当人们能够乘坐火车到塞维利亚（Seville）、莫斯科、布林迪西时，当 19 世纪 60 年代铁轨向西延伸越过北美大草原和山脉时，越过印度次大陆时，当 19 世纪 70 年代火车进入尼罗河流域时，进入拉丁美洲的内陆时，那些生活在这个英雄时代的人，当然会被这辉煌的成就所震撼，我们也不禁对他们那种欣喜若狂、充满自信、备感骄傲的心情抱有同感。

在铁路建设者中，有工业化的突击队；有农民大军，他们常常是组成合作小组，用锹镐移动着难以想象其数量的土石；有英国和爱尔兰的职业挖掘工人和监工，他们修建着远离国土的他乡铁路；有来自纽卡斯尔（Newcastle）和博尔顿的火车司机或机械师，他们在阿根廷或新南威尔士定居下来，运作那里的铁路。[ 我们可以在成功的事业者中发现他们，例如来自新南威尔士的火车机械师威廉·帕蒂森（William Pattison），他到国外就职于一家法国铁路公司，出任修理工长。1852 年，他又在意大利协助建立一家公司，该公司很快就成为意大利第二大机械工程公司。[8]］我们怎么能不对这些人感到钦佩呢？我们怎能不对那些把身骨遗留在铁路沿线每一段铁轨旁的苦力大军痛感怜悯呢？甚至今日，萨耶吉·雷（Satyadjit Ray）的精彩电影《大地之歌》（*Pather Panchali*，根据一部19世纪孟加拉小说改编），仍可使我们回想起当时人们看到第一列蒸汽火车时的惊奇感——庞大的铁笼，带着工业世界本身不可阻挡和激励人心的力量，冲向从前只有牛车和驮骡走过的地方。

我们也无法不被那些戴着大礼帽的顽强的人所感动，他们组织并管理着这些人类世界的广泛变革——物质上和精神上的变革。托马斯·布拉西（Thomas Brassey，1805—1870）曾一度在五个大陆上雇用8万人，但他只是这些工程事业人物中最杰出的一位，他的海外企业名录好比是稍早那个较不文明时期的将领们所得到的战斗荣誉和战役奖章：普拉托—皮斯托亚（Prato-Pistoia）铁路、里昂—阿维尼翁（Lyons-Avignon）铁路、挪威铁路、日德兰（Jutland）铁路、加拿大大干线铁路、毕尔巴鄂—米兰达（Bilbao-Miranda）铁路、东孟加拉铁路、毛里求斯（Mauritius）铁路、昆士兰铁路、阿根廷中央铁路、利沃夫—切尔诺维兹（Lemberg-Czernowitz）铁路、德里铁路、布卡—巴拉卡斯（Boca-Barracas）铁路、华沙—特莱斯普尔（Warsaw-Terespol）铁路、卡亚俄码头（Callao Docks）铁路。

“工业的浪漫”一语，是几代公共事业宣传家和商业自满者汲取其原创意义甚至任何意义的泉源，甚至那些只想从铁路建设中捞取钱财的银行家、金融家、股票投机商的活动，也总是带有浪漫主义的色彩。像乔治·赫德森（George Hudson，1800—1871）或巴塞尔·斯特劳斯贝格（Barthel Stmusberg，1823—1884）这类名利双收的暴发户，之所以在一夕之间崩溃破产，是由于他们的过度自负，而非他们所使用的欺骗性手段。他们的垮台成为经济史上划时代的重要事件。［尽管在美国铁路名人中，有真正的“强盗富商”——吉姆·菲斯克（Jim Fisk，1834—1872）、杰伊·古尔德（Jay Gould，1836—1892）、科尼利尔斯·范德比尔特（Cornelius Vanderbilt，1794—1877）等等，他们收买和掠夺已有的铁路以及他们能够得手的所有一切。］甚至对于那些在伟大的铁路建设中最露骨的骗子，我们也很难不表钦佩，尽管我们实在不情愿这样做。无论以什么标准来衡量，梅格斯都是一位不诚实的冒险家，他身后留下了无数欠债、贿赂和奢侈花费的记录，他把这些钱花在美洲大陆的整个西部边缘，花在像旧金山和巴拿马这类精通于罪恶与剥削的开放都会，而不是花在值得尊敬的工商企业者中。但是在那些看过"秘鲁中央铁路"的人当中，谁能否认他那浪漫的尽管也是卑鄙的设想和成就的辉煌伟大呢?!

这种将浪漫主义、事业和财政融为一体的情形，也许在法国的圣西门主义者身上，表现得最为淋漓尽致。这些工业化的传教士是形成于使他们载入史册的"空想社会主义"运动中。1848 年革命失败之后，他们逐渐将这种信仰转变成充满活力、冒险的企业精神，可说是"工业的指挥官"，尤其是交通方面的建筑者。他们不是唯一梦想着世界可因商业和技术而联系在一起的团体。像哈布斯堡这样一个深锁于大陆之中的帝国，也在的里雅斯特港创建了"奥地利的劳合社"（Austrian Lloyd），想把它变成根本不可能的全球企业中心，它们的船只在苏伊士运河尚未开凿之前，就取了"孟买"和"加尔各答"等名字。但是，实际上是一位圣西门主义者雷赛布（F. M. de Lesseps，1805—1894）开通了苏伊士运河并筹建巴拿马运河，尽管他后来身遭不幸。

伊萨克·佩雷尔（Isaac Pereire）与埃米尔·佩雷尔（Emile Pereire）兄弟两人，是以金融冒险而闻名于世的，他们在拿破仑三世的第二帝国时期发了横财。但是埃米尔在 1837 年亲自监督过第一条法国铁路的建设，他住在工地的一间公寓里，打赌似的向人们表示新运输形式的优越。在第二帝国时期，佩雷尔兄弟在欧陆各地建设铁路，与较为保守的罗斯柴尔德家族展开激烈的竞争，最终被后者摧毁（1869 年）。另一个圣西门主义者塔拉波（P. F. Talabot，1789—1885），建造了法国东南部的铁路、马赛港和匈牙利铁路，进而买下罗讷河（Rhône）航运没落而变得多余的驳船，打算用它们建立一支沿多瑙河航行到黑海的商业船队，可惜这项计划被哈布斯堡王朝否决。这些人的着眼点都囊括了所有的大陆和所有的海洋。在他们眼中，世界是一个统一体，由铁路和蒸汽引擎所连接，因为商业的地平线无边无际，前途无量，就像他们所梦想的世界那样宽广。对于这些人来说，人类的命运、历史和其自身的利益，根本就是同一件事。

从全球角度来看，铁路网仍然是国际航运网的补充。从经济上看，铁路在它存在的亚洲、大洋洲、非洲和拉丁美洲，主要是作为连接地区间的运输工具，把大量生产原料物资的地区与港口联系起来，再从港口用船把原料物资运到世界各地的工业区和城市。像我们已见到的那样，船运速度当时并没有显著变快。航运技术的发展缓慢，可以从下列事实看出：即帆船继续与新式汽船对阵，而且毫不逊色。其中原因在于帆船在技术上虽然没有巨大进展，但在装载能力上却有了相当的改进。不可否认，汽船的运载能力确实有了明显的增长，从 1840 年占世界航运量的 14%，上升到 1870 年的 49%，但帆船仍然占有较大的比重。直到 19 世纪 70 年代，特别是 19 世纪 80 年代，帆船才被远远抛在后面（到 19 世纪 80 年代末期，帆船的世界航运量只占 25%）。汽船的胜利实际上也是英国海上商业的胜利，恰当地说是英国经济的胜利，英国的经济发展是汽船发展的后盾。1840 年和 1850 年，英国船只占已知世界汽船总吨位的大约 1/4，到 1870 年上升到 1/3 以上，到 1880 年已提高到了 1/2 以上。我们可以从另一个角度观察到，1850—1880 年间，英国汽船的吨位增加了 1600%，世界其他地区的增加总数大约是 440%。事实已经够明显了。假如货物在秘鲁的卡亚俄、上海或亚历山大港装船，最可能的目的地便是英国。此外，大多数的船只都是装满货物的。1874 年有 125 万吨的货物（其中 90 万吨运往英国）通过苏伊士运河——通航第一年还不到 50 万吨。北大西洋的正常航班的运输量甚至更大：1875 年有 580 万吨货物进入美国东海岸的三个主要港口。

铁路和海路共同承担着客货运输。然而，在某种意义上，这个时期最惊人的技术进步，是用电报来传送信息。这一革命性工具在 19 世纪 30 年代中期似乎就发现在望，接着更以一种神奇的方式，使所有问题在突然之间都迎刃而解。1836—1837 年，电报几乎被好几个不同研究者同时发明出来，其中库克斯（Cooks）和惠斯通的发明立即获得了成功。不过短短几年，它就应用在铁路上，而且更重要的是，从 1840 年起，已开始考虑铺设海底电缆的可能性。但是一直到 1847 年以后，这项计划才变得具体可行，因为这时伟大的法拉第（Faraday）提出了用古塔波胶作为电缆的绝缘材料。1853 年，奥地利人金特尔（Gintl）以及两年之后的斯塔克（Stark）相继指出：在同一线路的两端可以传送两个信息。至 19 世纪 50 年代后期，美国电报公司采用了一个电报系统，可以每小时发送 2 000 个单词；至 1860 年，惠斯通获得自动电报打印装置专利，此即收报机纸带（tieker-tape）和电报交换机（telex）的前身。

英国和美国已经在 19 世纪 40 年代应用这种新技术，成为科学家发明的技术得以应用的第一个例证。这种技术除非有完善成熟的科学理论做基础，否则是不可能发明的。在 1848 年之后的若干年里，欧洲先进地区迅速采用了这项成果。奥地利和普鲁士在 1849 年，比利时在 1850 年，法国在 1851 年，荷兰和瑞士在 1852 年，瑞典在 1853 年，丹麦在 1854 年，挪威、西班牙、葡萄牙、俄国和希腊在 19 世纪 50 年代下半叶，意大利、罗马尼亚和奥斯曼则在 19 世纪 60 年代。人们所熟悉的电线和电线杆正在成倍增加。以欧陆的电线总长度而言，1849 年有 2000 英里，1854 年有 1.5 万英里，1859 年有 4.2 万英里，1864 年有 8 万英里，1869 年有 11.1 万英里。电报通信的数量也在成倍增长。1852 年，在 6 个拥有电报业务的国家中，电报总发送量不到 25 万份。然而到了 1869 年，法国和普鲁士各自发送了 600 多万份，奥地利发送了 400 多万份，比利时、意大利和俄国分别发送了 200 多万份，甚至奥斯曼和罗马尼亚也都各自发送了 60 万—70 万份。[9]

然而，最具历史意义的发展是海底电缆的实际铺设。海底电缆的铺设是以 19 世纪 50 年代初横越英吉利海峡的电缆铺设为先导［多佛尔—加莱（Dover-Calais），1851 年；拉姆斯盖特—奥斯登（Ramsgate-Ostend），1853 年］，并逐渐延伸出长距离铺设。北大西洋电缆的铺设构想，早在 19 世纪 40 年代中期便已提出，并于 1857—1858 年着手进行，但由于找不到适当的绝缘体而被迫搁置。1865 年的第二次尝试得以成功，是由于拥有闻名的“大东方”（Great Eastern）这艘世界最大船只作为电缆铺设船的缘故。接着便掀起了一股铺设国际电缆的热潮，在五六年的时间里，电缆线几乎缠绕了整个地球。光是 1870 年铺设的电缆就有：新加坡—巴达维亚，马德拉斯—槟榔屿，槟榔屿—新加坡，苏伊士—亚丁，亚丁—孟买，班加西—里斯本，里斯本—直布罗陀，直布罗陀—马耳他，马耳他—亚历山大港，马赛—波恩，恩登—德黑兰（利用地上线路），波恩—马耳他，萨尔康拜—布加勒斯特，俾赤岬—勒阿弗尔，古巴的圣地亚哥—牙买加，莫恩—波荷木岛—利堡，以及跨越北海的其他几条电缆。到了 1872 年，已经能从伦敦直接向东京和奥地利的阿得雷德发送电报。1871 年，英国德比（Derby）赛马比赛的结果从伦敦飞快传送到加尔各答，仅花了不到 5 分钟时间，于是比赛的结果似乎比不上消息飞快传递的成就更激动人心。福格的 80 天之旅，怎能与之相比！这种信息传递的速度，不仅史无前例，而且实际上也是其他传递工具无法相比的。对于生活在 1848 年的大多数人来说，这根本是不可思议的事。

世界电报系统的建立，使得政治与商业的因素结合在一起：除了美国之外——而且是较为重要的例外——内陆的电报几乎都是或即将变成国家所有，由国家管理；甚至英国也在 1869 年将其收归国有，置于邮政部门的管理之下。至于海底电缆方面，几乎仍完全由建设它的私有企业操纵，但从地图上可以明显看出，电缆有着重要的战略意义，至少对大英帝国是如此。实际上它对国家有着极其直接的重要性，不仅在军事和治安方面，在行政方面亦然。从中可以看到，不同寻常的大量电报发送到诸如俄国、奥地利、奥斯曼等国家，其中经济交易和私人来往的比重极低（奥地利的电报来往数量一直超过北德意志地区，这种状况一直延续到19世纪60年代初期）。领土越大，电报就越有用，因为政府需要利用这种快速的通信工具与其边远的前哨进行联系。

表面上看，商人广泛使用电报，但是非营利的普通公民，很快也开始利用电报通信，当然主要是用于亲友间的急事，尤其是突然变故的通信。截至1869年，比利时所有的电报通信中，大约60%是私人往来。但是光从数量上，并无法衡量出这种新工具最有意义的部分。就像朱利叶斯·路透（Julius Reuter，1816—1899）于1851年在亚琛（Aachen）建立自己的电报代理机构时所预见的那样：电报改造了新闻（他在1858年闯进英国市场，嗣后与英国电报业彼此合作）。从新闻业的角度来看，中世纪是在19世纪60年代结束的，因为在那时，国际新闻真的可以从世界各地通过电缆在第二天早上送到人们的餐桌上。特快消息不再是以天来计算，或者在遥远的地区是以星期或月来计算，而是以小时甚至分钟计算。

然而，这种通信速度的异常加快，却产生了一个看起来很不合理的结果。能够获得这一新技术的地区和其他无法获得这一技术的地区之间的差别因此变大，遂使那些依靠马、牛、骡、人力或小木船的速度来传递信息的地方，变得相对落后起来。纽约可以在几分钟或几个小时之内把电报发送到东京，但与此同时，《纽约先驱报》却无法及时完整地报道某则消息，因为它必须等八九个月（1871—1872）的时间才能收到利文斯通从中非发给该报的信函，这一对比非常令人震惊；更令人震惊的是，在纽约发表那封信的当天，伦敦《泰晤士报》也刊印了该信。“原始西部”的“原始”，“黑暗大陆”的“黑暗”，这些说法的部分原因就是建立在这种对比之上的。

所以，公众对探险家和那些逐渐被简称为“旅行者”的人——也就是那些前往航海技术所能达到或达不到的边缘地区的人——充满热情。在那些地方，他们享受不到汽船的头等舱、火车的卧铺服务（两者都是那个时期发明的），也没有接待旅行者的旅馆和民宿。福格便是在这样的边缘地带旅行。他这样做的目的有二：一是向人们展示铁路、轮船和电报如今几乎包围了整个地球；二是想了解还有哪些未确定的边缘地带和残存的地理鸿沟，仍然阻碍着世界旅行的顺利进行。

然而，那些冒险探索未知世界的人，得不到什么现代技术的帮助，充其量只能找到几个健壮原住民帮他们挑背行囊。正是对这些“旅行者”事迹的描写，成为世人最愿意阅读的文章。这些人物包括：探险者和传教士，尤其是那些深入非洲内陆的探险者和传教士；冒险家，尤其是那些闯入伊斯兰教未定地域的冒险家；博物学家，他们深入南美丛林或太平洋岛屿捕捉蝴蝶和鸟类。19 世纪第三个 25 年，就像出版界很快便发现的那样，开启了新一类旅行家的黄金时代。这类坐享其成的新旅行者，循着伯顿（Burton）、斯皮克、斯坦利和利文斯通所开辟的道路，进入荒原丛林和原始森林。

## 3

然而，正在绷紧的国际经济网，甚至也把那些地理上极其遥远的地区拉入整体世界之中，使两者之间产生直接而不仅是字面意义上的联系。对此发挥重要作用的不单是速度——虽然日益增长的业务量的确产生了加快速度的要求——而且还有影响的范围。这种现象可从下面这个经济事件中生动地体现出来，它叩开了一个新时代，而且在相当大的程度上决定着新时代的轮廓：它就是加利福尼亚的金矿新发现和不久后的澳大利亚金矿新发现。

1848 年 1 月，一个名叫詹姆斯·马歇尔（James Marshall）的人，在加利福尼亚的萨克拉门托（Sacramento）附近的萨特磨坊（Sutter's Mill）发现了看似数量极大的黄金。该地是墨西哥北部的延伸带，才刚刚归并美国，除了对少数墨西哥—美国大地主、大牧场老板、利用旧金山湾便利港口的渔民和捕鲸者而外——有一个拥有 812 位白人居民的村庄在此地谋生——本来是块没什么重要经济价值的地方。由于该地濒临太平洋，大片的山岭、沙漠和草原，将它与美国的其他地方隔绝开来，因此它所显露的自然财富和诱人之处，并没有立即得到资本主义企业家的利用，尽管人们已经有所认识。淘金热立即改变了这一切。不时传来发现黄金的消息，到八九月已传遍了美国其他地方。然而直到美国总统波尔克（Polk）在他 12 月的总统咨文中予以肯定之前，并未引起多大的兴趣。因此，淘金热遂被划归成“四九年的所有物”。到 1849 年年底，加利福尼亚的人口从 1.4 万人增加到近 10 万人，到 1852 年下半年，增加到 25 万人；旧金山已成为人口近 3.5 万的城市。在 1849 年的后 9 个月里，大约有 540 艘船只进入该港，其中半数来自美洲，半数来自欧洲。1850 年，有 1 150 艘船只进入该港，总吨位接近 50 万吨。

有关加利福尼亚和 1851 年起澳大利亚突然发展所造成的经济影响，已经有过很多争论。但当代人对它的重要性毫不怀疑。恩格斯在 1852 年写给马克思的信中尖锐地指出：“加利福尼亚和澳大利亚是《（共产党）宣言》没有预料到的两个情况：从一无所有，发展成新的庞大市场。我们应当把这种情况考虑进去。”[10] 淘金热究竟对于美国的普遍繁荣，对于全世界的经济发展（见第二章），对于突然出现的庞大移民潮（见第十一章）发挥了多大的促进作用，我们不必在此定论。但无论从哪方面看，有一点是清楚的：在远离欧洲几千英里外的地区性发展，在能干的观察者眼中，都可能会对欧洲大陆产生几乎直接而且深远的影响。世界经济的依存关系可见一斑。

因此淘金热会影响到欧洲和美国东部的大都市，同时影响到具世界头脑的商人、金融家和船业大亨，自然不足为奇。但淘金热对地球其他地方所造成的影响，则相对出乎意料，但也不难想象，因为对其他地区而言，加利福尼亚只能从海上接近，而在海上交通中，距离并不构成严重障碍。因此，淘金热很快就越过大洋。太平洋上的海员们纷纷弃船而去，到淘金场去试运气，就像大批的旧金山人在一听到消息以后所做的那样。1849 年 8 月，有 200 艘船被它们的船员所弃，搁置在水边，最后船只的木头被当成建筑材料用掉了。当桑威奇群岛（Sandwich Islands：夏威夷群岛的旧称）上的中国和智利的船员听到这个消息时，精明的船长——就像英国人在南美西海岸所做的以物易物那样——拒绝原本有利可图的诱因，改而向北航行，带着货物、工资以及一切可以出卖的有价物品——没有什么是卖不掉的——去了加利福尼亚。到1849年年底，智利国会已发现大量的国内船只都已遗弃在加利福尼亚海边，所以只好暂时授权外国船只进行沿海贸易。加利福尼亚第一次促成一个连接太平洋沿岸的商业网，利用这个商业网，智利的谷物、墨西哥的咖啡和可可、澳大利亚的马铃薯和其他粮食产品、中国的糖和稻米，甚至日本在1854年之后的一些出口商品，都纷纷运到了美国。[1850年的波士顿《银行家杂志》（*Bankers Magazine*）写道："有关我们将把企业和商业扩展到日本的预测，并不是没有理由的。"][11]

从我们的观点看来，更重要的是人而不是商业。智利人、秘鲁人和"属于不同岛屿的太平洋岛屿人（Cacknackers）"，这些移民的到来在初期虽然也曾引起注意，但在人数上并不重要。（1860年时，不包括墨西哥人，加利福尼亚仅有大约2 400名拉丁美洲移民和不到350名太平洋岛屿移民。）[12]在其他方面，"这一惊人发现的最意外后果之一，是它对中国清朝企业的促进。中国人，直到那时还是人类世界活动性最低、最固守家园的民族，在采矿潮流的冲击下开始进入新的生活，成千上万地涌入加利福尼亚。"[13]1849年只有76名中国人来到加利福尼亚，到1850年年底已有4 000人，1852年不少于2万人，截至1876年，大约有11.1万名中国人，占当时所有非加利福尼亚本地出生居民的25%。他们带来了自身拥有的技术、智慧和创业决心，并且随之让西方文明见识到东方最有力的文化输出——中国餐馆。中国餐馆在1850年已在该地逐渐兴旺。中国人在那里受到压迫，受到仇视，受到嘲弄，甚至不时受到私刑残害——在1862年的萧条时期，有88人被杀害——但他们表现出这个伟大民族通常所具有的谋生和发愤能力。1882年《排外法案》（*Exclusion Act*）的颁布，是一系列排华运动的顶点，也结束了历史上第一次在经济诱惑下，东方民众自愿向西方社会大迁徙的潮流。

在另一方面，淘金热的刺激却只是促使以往的移民向美洲西海岸迁徙，其中主要有英国人、爱尔兰人、德意志人和墨西哥人。

他们绝大多数是漂洋而来，只有少数北美人例外（主要是指得克萨斯、阿肯色、密苏里以及威斯康星和艾奥瓦，这些州有人批移民前往加利福尼亚），这些人必须跨越大陆，穿过布满艰难险阻的路途，花上 3 到 4 个月的时间从一个洋岸到另一洋岸。前往加利福尼亚的最现成的路线，是向东超过 1.6 万英里—1.7 万英里的大洋，大洋的一端连接欧洲大陆，另一端连接美国东海岸，可经由好望角到达旧金山。在 19 世纪 50 年代，从伦敦、利物浦、汉堡、不来梅、勒阿弗尔和波尔多前往加州，已有直接的海上通航。但要缩短原本 4 至 5 个月的航程并使之更加安全，是项非常艰难的尝试。由波士顿和纽约造船业为广东—伦敦茶叶贸易建造的快船，当时已对外载货航行，但在淘金潮之前只有两艘绕过好望角；在淘金潮开始之后，光是 1851 年下半年，就有 24 艘（3.4 万吨）抵达旧金山，减掉从波士顿到西海岸不下于 100 天的航程，其中有一次仅用了 80 天。理所当然，人们正在寻求开辟一条更短的可能航线。巴拿马地峡再次回到西班牙殖民时期的盛况，成为主要的转载点，至少一直到地峡运河开通为止。由于 1850 年英美《布尔沃-克莱顿条约》（*Bulwer-Clayton Treaty*）的出现，使开凿巴拿马运河即将成为事实；而且法国的圣西门主义者雷赛布，实际上已经开始着手施工——不顾美国反对——他刚在 19 世纪 70 年代苏伊士运河的开凿中获得成功。美国政府促成了一项通过巴拿马地峡的邮政服务业，使得建立从纽约至加勒比海沿岸、从巴拿马至旧金山和俄勒冈每月一次的汽轮服务业务成为可能。这项计划开始于 1848 年，原本是出于政治和帝国主义的目的，随着淘金潮的到来，其经济需求变得更为必要。巴拿马变得如其所展示的那样，成为美国人掌控的繁荣城市。在那里，那些未来将以不择手段致富的美国资本家，例如范德比尔特和加利福尼亚银行的创建人拉尔斯顿（W. Ralston，1828—1889），已经崭露头角。由于可以节省大量时间，巴拿马运河不久就成为国际船运枢纽：利用运河航线，从英国南安普敦（Southampton）到悉尼（Sydney）只需 58 天；而 19 世纪 50 年代初在另一个大金矿中心澳大利亚开采的黄金，更不用说墨西哥和秘鲁旧有的贵金属，也都可经由此地以较短的航程运到欧洲和美国东部。伴随着加利福尼亚的黄金，每年大约有 6 000 万美元通过巴拿马运河。无怪乎早在 1855 年 1 月，穿越巴拿马运河的铁路便已通车。这条铁路原本是由一家法国公司设计，但特别的是，却是由一家美国公司铺设完成的。

以上就是发生在世界最遥远角落里的某一事件，及其所产生的几乎是立即可见的后果。难怪观察家会认为经济世界不仅是一个彼此关联的集合体，而且在这个集合体中，每一部分都会感受到其他任何部分所发生的一切。通过这个集合体，在供求、得失的刺激以及现代科学技术的帮助下，金钱、货物和人员都可以自由而且日渐快速地移动。如果连那些最懒惰的人（由于其“经济性”极差）也在这种刺激下与别人一起响应——在澳大利亚发现黄金之后，英国移民该地的人数在一年中从 2 万上升到几乎 9 万——那么，没有任何东西和任何人能够阻挡人们前去。从表面上看，地球上仍有许多地方或多或少远离这项运动，甚至在欧洲的一些地方也是如此，但他们迟早会被卷入这场运动中，对此我们能表示怀疑吗？

## 4

今日的我们比 19 世纪中期的人们更能感受到地球所有部分正在联合成单一的世界。然而，我们今天所经历的过程和本书所论时期的人们所经历的有着根本的不同。20 世纪下半叶最显著的统一是国际的一体化，而非纯经济和技术方面的标准化。在这方面，我们的世界可说比福格的世界更统一、更标准，而且程度超出甚远，但这只是由于我们这个时代拥有更多的机器、生产装置和业务的关系。作为国际“模型”，1870年的铁路、电报、船舶不会比1970年的汽车和飞机更难辨识，无论它们出现在哪里。当时不太可能出现的是文化的国际化以及语言的一体化，而在今日，顶多只需一会儿工夫，就可以把同样的电影、流行音乐、电视节目和生活方式传播到世界各地。这种一体化并没有影响到数量上不多的中产阶级和一些富有者，因为它的出现并未打破语言藩篱。先进国家的“模式”被较落后国家抄袭，出现了一些主要的翻版形式——英国的模式被其整个帝国、美国以及欧洲大陆少数地区所采用；法国的模式被拉丁美洲、地中海东岸和东欧一部分地区所采用；德国—奥地利模式被整个中欧和东欧、斯堪的纳维亚所采用，美国也在某种程度上采取了这种模式。某种共同的外观风格，例如过度复杂、过度装饰的中产阶级住宅，巴洛克建筑的剧场、戏院，这些都是很容易辨识的，尽管从实际意义上看，只有在欧洲人和欧洲殖民后代生活的地方，才会确立这样的风格（见第十三章）。然而，除了美国和澳大利亚之外，这种生活方式仍然只限于相当小的圈子。美国和澳大利亚的高工资，使一般经济阶层也可进入市场，享受那种生活方式。

19世纪中期的资产阶级预言家们，无疑渴望一个统一的、或多或少标准化的世界，在那个世界里，所有的政府全都承认政治经济学和自由主义的真理。这些真理已经被那些无私的传教士带到地球的各个角落，他们的传道力量比基督教和伊斯兰教最盛时期还来得强大。他们预想的世界是以资产阶级的模式为原型，他们预想的甚至也可能是一个民族国家最终消亡的世界。国际交通的发展，已经使新形态的国际合作和标准化机构变成必备的一环——1865年的“国际电报联盟”（International Telegraph Union），1875年的“万国邮政联盟”（Universal Postal Union），1878年的“国际气象组织”（International Meteorological Organization），这些机构到今天仍然存在。当时已经提出了使用国际标准“语言”的问题——1871年的“国际通信密码”

（International Signals Code）提供了一小部分解决之道。短短几年间，设计人造世界语言的尝试变得盛行起来，其中比较突出的是一个名字很怪的语言，叫“沃拉卜克语”（Volapük），是由一名德国人在1880年发明的。[这些发明没有一个成功，甚至最杰出的竞争者“世界语”（Esperanto）也不成功，这种语言也是19世纪80年代的另一产物。]工人运动已经着手建立一个全球组织，这个组织将以日益统一的世界观点提出自己的政治主张——此即“第一国际”（见第六章）。[“国际红十字会”（International Red Cross，1860年）也是这个时期的产物，它是否属于这个范畴更值得怀疑，因为它是建立在缺乏国际主义的最极端形式之上，即国家之间的战争基础上。]

然而，这种意义的国际标准化和统一化，仍然是脆弱无力而且非全面性的。实际上，从某种意义上说，以民主为基础的新国家和新文化的兴起，亦即使用各自民族的语言，而非受过教育的少数人使用的国际惯用语，使这项工作更加困难，或者说更加遥不可及。例如欧洲或世界名著便得经由翻译才能普世共赏。截至1875年，使用德语、法语、瑞典语、荷兰语、西班牙语、丹麦语、意大利语、葡萄牙语、捷克语和匈牙利语的读者都能够欣赏到狄更斯（Dickens）的部分或所有著作[保加利亚语、俄语、芬兰语、塞尔维亚—克罗地亚语、亚美尼亚语和意第绪语（Yiddish，犹太人使用的国际语）的读者在19世纪末也可读到]，这一方面意味着文化的世界性，但同时也显示出日益增加的语言隔阂。无论未来的远景如何，当时的自由主义观察者都会承认，在短期和稍长一段时间内，不同的或对立的国家仍将继续存在（见第五章）。人们最大的希望是这些国家会体现出相同的制度、经济和信仰形式。世界的统一就意味着划分。资本主义的世界体系是由互相对立的“国家经济”构成的。自由主义在全世界的胜利是建立在所有民族的转变上，至少是那些被视为“文明”民族的转变上。在19世纪第三个25年，进步倡导者理所当然地深信，这种改变迟早会发生。但他们的信心是建立在不够牢固的基础之上。

他们确实有可靠的理由指出，由于全球交通网越来越紧密，使得货物和人员的国际交换——贸易和移民——日益广泛。这点我将在其他章论及（见第十一章）。然而，甚至在最明白不过的国际商业领域，全球统一也不是绝对有利的。因为，即使全球统一会带来一个世界性的经济，这个世界性经济也不过是一个其中各个组成部分紧密依赖，只要牵动一个部分，其他所有部分都一定会受到牵连的经济体。这方面的典型表现就是国际性的大萧条。

就像上面已经提到的那样，19 世纪 40 年代，影响世界形势的经济波动有两种：一种是古代的农业周期，那是建立在庄稼和牲畜的收成好坏之上；另一种是新出现的“商业周期”，那是资本主义经济机制必不可少的组成部分。在 19 世纪 40 年代，前者仍然处于世界主导地位，尽管其影响大多是地方性的，而非全球性的，因为即使大自然的变化广泛一致——恶劣的气候，植物、动物和人类的灾病——但也不可能在全世界同时发生。工业化的经济已经受到商业周期的制约，至少从拿破仑战争结束以后是这样，但实际上，这种商业周期只影响了英国，或许还包括比利时和其他一些与国际体系密切相连的经济区。经济危机并没有与同时发生的农业歉收携手肆虐，例如 1826 年、1837 年或 1839—1842 年发生的经济危机，虽然打击了英国和美国东部沿岸或汉堡的经济圈，但绝大部分的欧洲都没有受到损害。

1848 年后的两项发展改变了这一切。其一，商业周期性的危机变成名副其实的世界性。1857 年的商业周期危机开始于纽约一家银行的倒闭，这可能是第一个现代形式的世界经济萧条。（这或许不是偶发事件，马克思注意到，交通把商业动荡的两个主要发源地印度和美国更紧密地拉近欧洲。）这场危机从美国传入英国，然后又进入北部德意志，然后进入斯堪的纳维亚，又折回汉堡，其所经之地留下一连串破产的银行和失业工人，然后又跨越大洋进入南美洲。1873 年的经济萧条始于维也纳，向相反的两个方向传播，并且范围更广。这场长期的萧条，如我们将见到的那样，影响更加深远，这是可以预料的。其二，至少在工业化国家，旧式的农业波动失去了往昔的打击力。这是因为可以把大量的食物运进，减少当地的粮食短缺，有助于平衡价格；也是由于这种粮食短缺的社会影响，可以被工业产业所创造的良好就业所抵消。一连串的歉收仍然会破坏农业，但不一定会破坏国家的其他方面。此外，当世界经济牢牢掌握形势之后，农业的命运甚至不再主要依赖于大自然的变化，而是更依赖世界市场价格的变化，如 19 世纪 70 和 80 年代的农业大衰退所显示的那样。

上述各项发展只影响到世界上那些已经被卷入国际经济的地域。由于广大的地区和人口——所有的亚洲和非洲，大多数拉丁美洲，甚至相当一部分的欧洲地区——仍然处于国际经济之外，只具有纯粹的地方交易，这些地区远离港口、铁路和电报网，所以，我们不应夸大 1848—1875 年间世界所达到的统一程度。毕竟如某位当代的编年史家所指出的那样："世界经济才刚刚起步；"但是也像他补充说明的那样："即使这些发展才刚刚起步，但我们已可猜想出它们在未来的重要意义，因为它们在现阶段已经展示出真正惊人的生产变革。"[14] 举例而言，只要考察一下地中海南岸和北非这类离欧洲最近的地方，我们就可发现：在 1870 年，上面所言除了适用于埃及和阿尔及利亚的法国殖民者定居区外，其他地方几乎都不适用。摩洛哥要到 1862 年才准许外国人在其全境自由进行贸易；突尼斯和埃及一样糟糕，一直到 1865 年后才考虑用贷款的方法来加快其缓慢的发展。也差不多是同一时期，一项不断增长的全球贸易产品——茶叶——才首次出现在阿尔及利亚的瓦尔格拉（Ouargla）、马里的廷巴克图（Timbuctoo）和塔菲拉勒（Tafilelt）南部，但仍然是一种相当奢侈的食用品：一磅茶的价格相当于一位摩洛哥士兵一个月的薪水。一直到 19 世纪下半叶，伊斯兰教国家的人口都没有明显的增长。相反，在整个撒哈拉地区和西班牙，1867—1869 年同时发生——自古以来两者总是同时发生——的饥荒和瘟疫（与此同时，两者已在印度造成极大的灾难），无论是在经济上、社会上，还是在政治上，比任何与世界资本主义兴起有关的发展进步所造成的影响都要大得多。而且这些饥荒和瘟疫还可能被资本主义兴起所带来的发展弄得更加剧烈，例如在阿尔及利亚。

## 第四章

# 冲突与战争

英国历史大声地对国王们疾呼：

如果你们走在时代观念之前，这些观念就会紧随并支持你们。

如果你们走在时代观念之后，它们便会拉着你们向前。

如果你们逆着时代观念而行，它们就将推翻你们。

——拿破仑三世[1]

人类的军事本能在船主、商人和贸易家的国度中发展，其速度人所共知。“巴尔的摩枪炮俱乐部”只有一个兴趣：为了仁慈的目的而毁灭人类；同时这个俱乐部也着手改进武器，因为他们把武器视为文明工具。

——凡尔纳，1865 年[2]

## 1

在历史学家看来，19 世纪 50 年代的繁荣标志着全球工业经济和单一世界历史的基础已告奠定。在 19 世纪中期欧洲统治者的眼中，就像我们已经讲过的那样，这场繁荣提供了一个喘息机会。在这一繁荣时期，那些不管是 1848 年革命还是镇压革命都没能解决的问题，若不是已被遗忘，至少也由于繁荣富足和牢固统治而告淡化。确实，由于经济高度扩张，由于采用适合于无限制资本主义发展的制度和政策，由于社会问题安全阀的敞开——例如良好的就业机会和自由向外移民——足可以减轻群众不满的压力，凡此种种使得社会问题看起来易处理得多。但是政治问题仍然存在，而且在 19 世纪 50 年代结束之前，政治问题已经无法再回避了。对单一的政府而言，这些政治问题本质上是内政问题，但是由于从荷兰到瑞士一线以东的欧洲国家制度的独特性质，遂使国内与国际事务纠缠在一起。在德国和意大利，在奥地利帝国，甚至在奥斯曼帝国和俄罗斯帝国的边缘地带，自由主义与激进民主，或是最起码的对民权和代表的要求，无法与民族的自治、独立或统一问题区分开来。如此一来，内政问题便很可能导致国际冲突；就德国、意大利和奥匈帝国而言，更必然会造成国际冲突。

暂且不提任何欧洲大陆边界的重大改变都会涉及几个大国的利益，光是意大利的统一就意味着得把奥地利帝国排除在外，因为北部意大利的大部分地区都是属于奥地利帝国的领地。德国的统一则会导致三个问题：(一)要被统一的德国到底包括哪些地方［日耳曼邦联包括奥地利帝国少部分地区、普鲁士的大部分地区以及荷尔斯泰因—劳恩堡（Holstein-Lauenburg），后者也属于丹麦和卢森堡，也有非德语系的居民，但不包括那时属于丹麦的石勒苏益格（Schleswig）。不同的是，原本在 1834 年形成的德意志关税同盟，到 19 世纪 50 年代中期已包括了整个普鲁士，但不包括奥地利，也没包括汉堡、不来梅和北部德意志的大部分区域（麦克伦堡、荷尔斯泰因—劳恩堡以及石勒苏益格）。

这种状况的复杂性是可想而知的］；（二）普鲁士和奥地利这两大强权都是日耳曼邦联的成员，假如两者一起加入未来的德国，应当如何协调；（三）对于其他为数众多的小君主国将如何安排，这类君主国从中等大小的王国到舞台般的袖珍小国不等。像我们已经看到的那样，德国和意大利在自然边界上都与奥地利帝国有着直接关系。实际上，两者的统一就意味着战争。

对于欧洲统治者而言，幸运的是，这种国内问题和国际问题的混合碰撞，在当时已经不具爆发性，或者更恰当地说，是紧随着革命失败而来的经济繁荣，拆去了爆发的导火线。总而言之，从 19 世纪 50 年代末期开始，各国政府发现他们面临着国内的政治动荡，这些动荡不安是由温和的自由中产阶级和较激进的民主主义者掀起的，有时甚至是被新兴工人阶级运动的力量激起的。其中一些政府甚至比从前更易受到内部不满的打击，特别是当他们在对外战争失利之时，例如俄国在克里米亚战争和奥地利帝国在萨奥战争之后。但是，除了一两个地方以外，这些新的动荡不具革命性质，而即使在这一两个特殊地方，动荡也可以被孤立和限制。这期间最具特色的插曲，是发生在 1861 年选出的强硬自由派普鲁士国会和普鲁士国王与贵族之间的对立。在这场对立中，普鲁士国王和贵族完全没有对国会让步的想法。普鲁士政府非常清楚，自由主义者的威胁仅仅是口头上的，于是主动挑起争执，然后干脆任命当时最保守的人物——俾斯麦——担任首相，实行没有国会或者把拒绝投票赞成征税的国会置于不顾的统治。俾斯麦这样做了，而且毫无困难。

然而，在 19 世纪 60 年代，具重要意义的事情并不是政府始终处于主动地位，也不是政府几乎不曾丧失过他们对金融形势的控制，相反，却是反对群众的要求总有一部分会被政府应允，至少在俄国以西的欧洲是如此。这是一个改革的 10 年，一个政治自由的 10 年，甚至是向所谓的“民主力量”让步的 10 年。英国、斯堪的纳维亚和低地国家已经实行议会制度，选举权已经扩大，更不用说还有一系列同步进行的相关改革。英国 1867 年的《议会改革法》，实际上已将选举权交到工人阶级手中。在法国，拿破仑三世政府在1863年显然失去了城市选票——它只能在巴黎的15个代表中获得一个席次——于是逐渐采取广泛措施，加速帝国政府的管理制度“自由化”。在非议会制的君主国家中，这种态度上的变化甚至更为明显。

1860年之后，哈布斯堡王朝干脆放弃统治，好像它的臣民们完全没有政治意见一样。此后，它致力于在其为数众多而且吵闹不休的民族之间，寻找一些联合的力量，这种力量应该强大到足以克制住其他政治力量，使之无法发挥政治作用，尽管眼前对所有民族都不得不做出某些教育上和语言上的让步。一直到1879年之前，这个王朝都可以在其说德语的中产阶级自由主义者中，找到最便利的统治基础。但在控制马扎尔人这方面，则不见成效，马扎尔人在1867年的《妥协方案》(*Compromise*)之前，已经赢得了不亚于独立的地位，这个《妥协方案》将帝国转化为奥匈二元君主国。然而，在德国发生的转变甚至更能说明问题。1862年，俾斯麦当上普鲁士王国首相，着手施行一项方案，旨在维持传统的普鲁士君主和贵族统治，抵制自由主义、民主主义和日耳曼的民族主义。1871年，他出任由他一手统一而成的德意志帝国的宰相，帝国同时设立一个由全体成年男子普选产生的国会(显然是不具作用的)，依靠(温和的)德国自由主义者的热情支持。俾斯麦本人绝不是个自由主义者，而且在政治上也远不是一个日耳曼民族主义者(见第五章)。他聪明得足以认识到，与自由主义和民族主义者拼死对立，是无法保住普鲁士地主阶级的统治地位的，应该设法与两者周旋，使他们为自己服务。这意味着他将按照英国保守党领袖本杰明·迪斯累里(Benjamin Disraeli，1804—1881)所说的去做，迪斯累里在采用1867年《议会改革法》时说过：“要在辉格党人(Whigs)洗澡的时候赶上去，穿上他们的衣服走开。”

所以，19世纪60年代统治者的政略，是基于三方面考虑而制定的。其一，他们感受到自己处于一个经济和政治双重变化的形势之下，这种形势是他们无法控制的，必须去适应。唯一的选择——政界要人对此认识得非常清楚——就是能否航行在这道劲风前面，或者像水手一样凭借他们娴熟的技术把航船驶往另一个方向。风本身只是一个自然因素。其二，他们必须决定要对新势力做怎样的让步，才不至于威胁到他们的社会制度，或者在特殊情况下，不威胁到他们有责任防御的政治结构；他们也必须决定该让步到什么程度，超出这种安全程度，就必须收手。其三，他们非常幸运，能够在他们拥有主动操控优势的环境中，做出上述两项决定，而且在某些情况下，他们甚至能完全自由地控制事态的发展。

因而，在传统的欧洲历史中，这一阶段表现最突出的政治家，是那些能够有条不紊地将政治管理与政府机器的外交控制相结合的人，例如普鲁士的俾斯麦、皮埃蒙特的加富尔伯爵、法国拿破仑三世；或是那些精于妥善掌控上层统治阶级不断扩大这一艰难过程的人，例如英国自由党人格莱斯顿（W. E. Gladstone，1809—1898）和保守党人迪斯累里。最成功的是那些知道如何把新旧非正规政治力量转向有利于他们自己的人，不管那些力量是否赞成他们。拿破仑三世之所以在1870年垮台，正是因为他最终还是没有做到这点。但当时有两个人对这个棘手问题具有非凡的处理能力，即温和的自由主义者加富尔和保守主义者俾斯麦。

他们两人都是特别清醒的政治家。这一点在加富尔的清明无欲和俾斯麦那种德意志人的平凡务实中充分展现。俾斯麦是个更复杂、更伟大的人物。他们两人都是彻底的反革命者，完全缺乏对各种政治势力的同情，然而却有办法接收这些政治势力的计划，在意大利和德国贯彻施行，并抹去其中的民主和革命成分。两者都注意把民族统一和民众运动区别开来：加富尔坚决主张把新建立的意大利王国变成皮埃蒙特王国的延续，甚至拒绝把其（萨伏伊）国王伊曼纽尔二世（Victor Emmanuel Ⅱ）的称号改成（意大利）国王伊曼纽尔一世；俾斯麦则将普鲁士的霸权扩建成新的德意志帝国。两者都非常灵活圆融，成功地把反对派吸收到政府当中，却又使他们无法实际控制政府。

两者都面临着艰巨复杂的国际策略和（就加富尔而言）民族政策问题。俾斯麦不需要外界的帮助，也不必担心内部的反对，所以他认为统一的德意志是可行的，只要统一后的德意志国家既不是民主的，也不是过大的，因为如果太庞大，普鲁士就无法发挥主导作用。这意味着：其一，须把奥地利排除在外，俾斯麦凭着 1864 年和 1866 年发动的两次漂亮短暂的战争达到这项目标；其二，必须排除奥地利在日耳曼的政治影响力，他借着支持和保证让匈牙利在奥地利帝国境内获得自治（1867 年），而达到此目的；其三，与此同时必须保留奥地利，我们可以看到他此后倾其卓越的外交才能，来完成这项目标。[ 如果哈布斯堡王朝崩溃，落入其境内各民族手中，就不可能阻止奥地利的日耳曼人加入德意志帝国，这样就会打乱俾斯麦精心构筑的普鲁士优势地位。这也正是 1918 年后发生的情形。而且如事实所显示，希特勒“大日耳曼”（1938—1945）政策最深远的结果，正是普鲁士的完全消失。今天，甚至普鲁士的名字亦不复存在，除了在历史书中。] 这也意味着必须使那些反普鲁士的小侯国觉得一个优势的普鲁士要比优势的奥地利更易接受，为此，俾斯麦在 1870—1871 年以同样漂亮的手段挑起并进行反法战争。与俾斯麦不同，加富尔得要动员同盟（法国）来替他把奥地利赶出意大利，而当统一进程超出拿破仑三世所能信守的情况时，他又得解散这个同盟。更为严重的是，他发现自己所看到的意大利，一半是由上操控的统一，一半是由下进行的革命的统一。由下进行的革命战争是民主共和反对派所领导的，由饱受挫折的 19 世纪菲德尔·卡斯特罗（Fidel Castro）——红衫军首领加里波第——担任军事领导。1860 年，经过简短考虑、快速会谈和妥善谋划之后，加里波第才在劝说之下把权力交给国王。

这些政治家的所作所为仍然值得赞赏，这纯粹是由于他们的杰出能力。然而，使他们获得如此惊人成就的，不仅是个人才能，还包括当时那种非比寻常的回旋余地，这种回旋余地是由当时不具严重的革命危险和无法控制的国际对立所提供的。群众的运动，或者说非正规的运动，在这个时期十分软弱，单凭自身无法有多大的作为，他们不是失败就是沦为由上而下的改革的附和者。日耳曼的自由主义者、民主激进主义者和社会主义革命者，除了在德国统一的实际进程中表示欢呼或异议，别无实际贡献。意大利左派，就像我们看到的那样，扮演了一个较重要的角色。加里波第的西西里远征，迅速征服了意大利南部，逼迫加富尔立即采取行动。虽然这是一项极具意义的成就，但若不是加富尔和拿破仑三世所造就的局势，这种成就是不可能出现的。无论怎么说，左派终究未能如愿建立意大利民主共和国，对他们来说，那是统一的必要成分。温和的匈牙利贵族在俾斯麦的庇护下，为其国家争取到自治，但激进主义者却感到失望。科苏特继续过着流亡生活，客死他乡。19 世纪 70 年代巴尔干人民的造反结果，是保加利亚获得某种形式的独立（1878 年）。但只有在合乎强权利益的时候才能获得独立：波斯尼亚人在 1875—1876 年开始掀起一些起义，结果只是以奥斯曼统治代替了哈布斯堡王朝的统治，而且哈布斯堡王朝的统治可能还好一点儿。与此相反，像我们将要见到的那样，独立革命的结局终归惨败（见第九章）。甚至 1868 年的西班牙独立革命，也只在 1873 年造就了一个短命的激进共和国，不久便因君主复辟告终。

我们不应低估 19 世纪 60 年代伟大政治操作者的功绩，但必须指出，由于可以采取重大的制度变化而不会招致激烈的政治后果，而且甚至可以准确恰当地说，还由于他们几乎可以随意发动和停止战争，他们的事业遂变得更加容易。所以，在这一时期，无论是国内秩序还是国际秩序，只需冒极小的政治风险，就可以做出极大的更改。

## 2

这就是为什么 1848 年后的 30 年间，在国际关系形式上，而不是国内政策上，将是一个变化更加显著的时期。在革命的年代，起码是在拿破仑失败之后（见《革命的年代》第五章），大国政府已经极其小心地避免彼此之间发生大型冲突，因为经验似乎已经证明：大型战争和革命是如影随形的。既然1848年革命已匆匆来去，限制外交活动的因素便大大减弱。1848年之后的30年，不是革命的时代，而是战争的时代。其中有些战争实际上是内部矛盾、革命，或接近于革命现象的产物。严格地说，这些——中国的太平天国运动（1851—1864）和美国内战（1861—1865）——不属于本章讨论范畴，除非涉及这一时期的战争技术与外交问题。我们将在别处加以探讨（见第七章和第八章）。在此，我们关心的主要是国际关系体系中的紧张和变化，并留意国际政策和国内政策间的奇妙交织。

假如我们能够询问一位在1848年前实际处理国际外交问题的生还者——比如说能够询问帕默斯顿子爵（Viscount Palmerston），他在革命很久之前就担任英国外交大臣，其间除短暂间断，直到1865年去世为止，都持续处理外交事务——他肯定会做如下之类的说明：唯一可以算作世界事务的是五个欧洲“大国”之间的关系，它们的冲突可能会导致一场大规模的战争，这五个大国是英国、俄国、法国、奥地利和普鲁士（见《革命的年代》第五章）。五强之外，唯一具有足够野心和力量的国家是美国，但它可暂时忽略，因为美国把其注意力放在另一个大陆，而欧洲大国中没有一个对美洲有积极的野心，除了经济利益之外，这些经济利益是私人企业家关心的事，而不是政府的事。实际上，迟至1867年，俄国仍以700万美元的价格将阿拉斯加卖给了美国，并加上足够的贿赂金，以说服美国国会接受普遍被认为是一片乱石、冰川和北极苔原的地区。欧洲大国本身和那些占有重要地位的国家——英国，因其庞大的财富和海军；俄国，因其广阔的土地和强大的军队；法国，因其国土辽阔，军队强大，还有着相当惊人的军事业绩——有充分的野心和理由互不信任，但不至于无法达成外交上的妥协。在1815年拿破仑失败后的30多年间，欧洲大国没有使用过武力相互对抗，而是把他们的军事活动限制在镇压国内或国际的颠覆活动上，限制在一些地方骚乱上，限制在向落后国家的扩张上。

当时确实存在一个相当持续的摩擦根源。一方面是一个缓慢解体的奥斯曼帝国，另一方面是俄国与英国在该区的野心冲突，这两方面的结合遂形成了摩擦的根源。在奥斯曼帝国的解体过程中，一些非土耳其部分争取摆脱出去，而俄国和英国则对东地中海地区、现在的中东地区和介于俄国东部边界与英印帝国西部边界的地区，同样抱有争夺野心。只要外交大臣们不必担心国际体系有被革命打乱的危险，他们就可以一直忙于所谓的“东方问题”（Eastern Question）。所幸，事态并没有失去控制。1848 年革命证明了这一点，因为尽管 5 个大国中的 3 个遭到革命颠覆，大国的国际体系仍然得以恢复，而且实际上并没有被革命所改变。事实上，除了法国之外，各国的政治制度也没有发生变化。

然而，接下来的 10 年将是显著不同的。首先，各大国（至少英国）把法国看成是搅乱国际体系的最大潜在祸害。法国在 1848 年革命后，以人民帝国的面貌在另一位拿破仑统治下出现。而且更严重的是，1793 年雅各宾主义再现的恐惧，已不再是这个人民帝国害怕的事。拿破仑三世虽然偶尔宣称“帝国意味着和平”，但却特别喜欢干涉世界事务：远征叙利亚（1860 年），加入英国对中国的战争（1860 年），征服印度尼西亚南部地区（1858—1865），甚至当美国正在忙于其他事务时，冒险出兵占领墨西哥（1861—1867），但法国的附庸皇帝马克西米连（Maximilian，1864—1867）并没有执掌到美国内战结束。在这些横行霸道的举动中，法国并没有获得什么特殊利益，其出兵动机或许只是因为拿破仑三世认为这些活动可以增添帝国的光荣，有利于他的选举。法国只是强大到足以做出牺牲所有非欧洲国家利益的事。至于西班牙，尽管它也存有野心，想要恢复它在美国内战期间在拉丁美洲失去的某些影响，但已无能为力。只要法国的野心放在海外，就不会特别有害于欧洲大国体系；但是，一旦法国在欧洲大国间有争执的地区采取行动，就会扰乱到已经相当不稳的平衡体系。

这种扰乱的第一大结果是克里米亚战争（1854—1856），这是在

1815—1914 年间最接近欧洲大战的事件。导致这场战争的因素中没有什么新鲜和意外，这是一场重大、拙劣的国际大屠杀，一方是俄国，另一方是英国、法国和奥斯曼。在这场战争中，据估计约有 60 余万人死亡，其中将近 50 万死于疾病。在这些死亡者中，22% 是英国人，30% 是法国人，大约一半是俄国人。在这场战争之前或之后，俄国无论是瓜分奥斯曼还是把奥斯曼变成附庸国，都无须考虑会因此导致大国之间的战争。在奥斯曼解体的下一个阶段，即 19 世纪 70 年代，大国之间的冲突实际上是发生在两大宿敌之间，即英国和俄国，其他大国除了象征性的举措外，或是不愿干涉，或是无力干涉。但是在 19 世纪 50 年代，法国以第三者的身份加入战场，而且其采取的方式和战略都是不可预料的。毫无疑问，没有人想要这样一场战争，于是一旦大国们能够摆脱，便草草结束这场战争，对“东方问题”没有留下任何可见的持久影响。结果是，纯粹为对抗而设计的“东方问题”外交机制，就此暂告崩溃，但付出了几十万人的生命代价。

这场战争的直接外交结果是暂时性的，或者说不具重要意义，尽管罗马尼亚因此变成既成事实的独立国家。但其更深远的政治后果却仍较严重。在俄国，沙皇尼古拉一世（Nicholas I，1825—1855）坚硬的专制外壳宣告破碎，当然在此之前该体制已受到了日益沉重的压力。一个危机、改革和变化的时代开始了，它最终将导致解放农奴（1861 年）和 19 世纪 60 年代晚期俄国革命运动的出现。欧洲其余地方的政治地图不久也将更改。克里米亚战争带动了大国国际体系的变迁，就算它不是动因，至少也是催化剂。就像我们所注意到的那样，一个统一的意大利王国在 1858—1870 年间出现；一个统一的德国在 1862—1871 年间形成，其间拿破仑第二帝国崩溃和巴黎公社出现（1870—1871）；奥地利被排除在德国之外，并进行了根本性的改建。简而言之，在 1856—1871 年间，除英国之外，所有的欧洲“大国”都发生了彻底的变化，甚至绝大多数是在领土方面。一个新兴大国建立了，那就是意大利，并且不久就将跻身于它们的行列之中。

这些变化的绝大多数，都间接或直接起源于德国和意大利的政治统一。不管这些统一运动的原始动因是什么，其过程都是由政府操持的，例如适时地使用军事力量。套用俾斯麦的名言，统一问题是用“铁和血”解决的。在12年间，欧洲经历了四场大战：法国、萨伏伊和意大利对奥地利的战争（1858—1859），普鲁士和奥地利对丹麦的战争（1864年），普鲁士和意大利对奥地利的战争（1866年），普鲁士和日耳曼诸邦对法国的战争（1870—1871）。这些战争的时间都不长，而且以克里米亚战争和美国内战的标准来衡量，耗费并不特别大，虽然在普法战争中大约有16万人战亡，多数是法国士兵，但这些战争有助于形成一个独特的欧洲历史阶段。正因为如此，本书才以一个类似战争的开端为引子，否则本书本来是论述一个极其太平的世纪（1815—1914）。然而，尽管在1848—1871年间，战争是相当普遍的事，但全面战争的恐惧——20世纪的人们实际上一直生活在这种恐惧之中，自从20世纪初以来从未间断过——还没有笼罩在资产阶级世界的公民心上。直到1871年后，这种恐惧才开始慢慢出现。政府仍然可以随意发动和结束国家之间的战争，俾斯麦正是擅用这种状况的绝佳好手。只有内战和极少数的冲突会演变成真正的人民战争，例如巴拉圭（Paraguay）与邻国的战争（1864—1870），演变成无限制的屠杀和毁灭事件，就像我们所处的世纪非常熟悉的那样。没有人能够知道太平天国运动的伤亡人数，但是据称中国的一些省份直到今天还没有恢复到内战之前的人口数。美国内战杀死63万士兵，伤亡总数是联邦军队和邦联军队总人数的33%—40%。巴拉圭战争杀死33万人（假定拉丁美洲的统计数字准确无误），主要受害国的人口减少约20万人，其中可能只有3万人是男性。无论怎么看，19世纪60年代都是血腥的10年。

是什么因素使得这一历史阶段相对来说如此血腥呢？其一，正是全球资本主义的扩张加剧了海外世界的紧张对立，助长了工业国家的野心，增加了由此引起的直接和间接冲突。正是这样，美国内战中工业化的北部战胜从事农业生产的南部，不管战争的政治因素是什么。

我们可以说，美国内战几乎可以被视为是南方从非正式的从属于英帝国转而从属于美国新兴的大工业经济，因为南方原本只是大英帝国棉花工业的经济附庸。在 20 世纪把全美洲从英国的经济附庸转变成美国的经济附庸，美国内战可以被视为最初的一步，但却是巨大的一步。巴拉圭战争最好是被看作使拉布拉塔河（River La Plate）流域融入英国经济世界的事件：阿根廷、乌拉圭和巴西，他们的展望和经济皆转向大西洋，逼迫巴拉圭从自给自足的经济走出来。巴拉圭是拉丁美洲唯一一个印第安人能有效抵制白人定居者的地区，这也许得感谢耶稣会的最初统治，才使得这个自给自足的地区得以长期维持（见第七章）。[其余抵抗白人征服的印第安人，受到四周白人定居者的逼迫而后退。只有拉布拉塔河流域的印第安人尚保持独立。瓜拉尼语（Guarani）是原住民和外来居民实际使用的沟通用语。] 太平天国运动及其镇压，与西方的枪支和资本从第一次鸦片战争（1839—1842）以来便迅速渗入中华帝国一事，是分不开的。

其二，就像我们已经看到的那样——尤其是在欧洲——这是由于各国政府复归到从前那种把战争看成一种正当的政治工具。这些政府现在不再认为由于害怕跟随而至的革命而应极力避免战争是正确的做法。这些政府也有理由相信，大国机制能够把战争限制在一定范围之内。在扩张的时代，每一个国家似乎都拥有足够的空间，所以经济上的对立很难导致超出地方范围的冲突。此外，在这典型的经济自由主义时代，商业竞争比以往或之后更接近于不需要政府的支持。没有人——甚至马克思也未能，与人们普遍认为的相反——认识到这一时期的欧洲战争，主要是出于经济原因。

其三，这些战争可以用资本主义的新技术来进行。（由于相机和电报的使用，新技术也变革了报纸上的战争报道，现在可以把战争现场的真实情况，更生动地展现在受过教育的公众面前。但是，除了 1860 年建立并在 1864 年取得《日内瓦公约》承认的“国际红十字会”之外，战争并没有得到有效的控制。19 世纪未能有效控制可怕的血腥战争。）亚洲和拉丁美洲的战争，除了小规模的欧洲军事干涉外，基本上仍然是前技术时代的战争。克里米亚战争进行得极其拙劣而无力，而且未适当应用已经出现的当代技术。但是19世纪60年代的战争，已经有效地利用铁路动员和运输军队，使用已有的电报进行快速通信，开发出装甲战舰并附载穿甲火炮，可以使用大量生产的火药武器，包括盖特林机关枪（1861年）和现代炸药包——炸药发明于1866年——这对于工业经济的发展影响巨大。从此，工业比其他行业更全面与现代化的武器生产紧密结合。美国内战动员了其大约3 300万总人口中的250万人；其余工业化国家的战争规模仍然较小，在1870—1871年的普法战争中，即使动员了170万人，也还不到两国大约7 700万居民的2.5%，换句话说，只占能够扛枪入伍的2 200万人口中的8%。即便如此，仍然值得注意的是，从19世纪60年代中期以来，投入30多万人的巨大战役已不再罕见［萨多瓦（Sadowa，1866年）、格拉韦洛特（Gravelotte）、色当（Sedan，1870年）］。在整个拿破仑战争的过程中，只有过一次这种规模的战役（莱比锡）。甚至1859年意大利战争中的索尔费里诺（Solferino）会战，也比拿破仑战争中所有会战的规模都大，除了莱比锡会战之外。

我们已经观察了这些政府的肇端和战争在国内产生的影响和作用。然而，从长远的观点来看，他们造成的国际后果却更为显著。因为在19世纪第三个25年间，国际体系发生了根本的转变，这种有着深远意义的转变，是超出大多数现代研究者所认识到的。先前的国际体系只有一个方面尚未改变：即先进国家对落后国家的绝对优势，而且由于日本的加入，使得这种优势更加突出。日本是其中唯一一个非白人的国家，它在这段时间成功地仿效了西方。现代技术使得任何不具有这种技术的政府，受到具有这种技术的政府的摆布。

另一方面，大国之间的关系也发生了变化。在拿破仑失败后的半个世纪里，只有一个大国是真正的工业国和资本主义国家，而且也只有一个国家拥有真正的全球政策，例如一支分布于全球的海军，此即英国。在欧洲大陆有两个大国具有潜在的决定性军队，尽管它们的军事力量实质上不具有资本主义性质，即俄国和法国。俄国有着数量庞大且体质强壮的人口，法国凭借着可以动员革命大众，而且大众也有着革命动员的传统。奥地利和普鲁士比较而言，在政治军事上不具重要意义。在美洲，只有一个无敌大国——美国。就像我们已经看到的那样，美国没有闯入大国对立的重要地区中（在19世纪50年代之前，这些地区不包括远东）。但是在1848—1871年之间，或者更具体地说在19世纪60年代，发生了三件事情。第一件，工业化的扩张在英国之外造就出另一些本质上属于工业资本主义的大国：美国、普鲁士（德国）、比以往更强大的法国和稍后的日本。第二件，工业化的进展使得财富和工业生产能力日渐成为国际争霸力量中的决定因素，因此，俄国和法国的力量在相对降低，而普鲁士（德国）的力量则大大增强。第三件，这10年间出现了两个非欧洲的独立大国，美国（内战后统一在北方领导之下）和日本（随着1868年明治天皇的复位而有条不紊地着手于“现代化”）。凡此种种，第一次使全球大国的冲突成为可能。欧洲的商业和政府日益将它们的活动扩张到海外的趋势，以及它们在诸如远东和中东（埃及）等地区与其他大国的冲突，更增强了全球冲突的可能性。

在海外，这种大国结构上的变化，还没有产生重要影响。在欧洲，这种变化却立即发生了作用。俄国就像在克里米亚战争中所表现的那样，在欧洲大陆上已不再是潜在的决定性力量。同时，就像普法战争所显示的那样，法国也是如此，不再是潜在的决定性力量。相反，德国作为新兴大国，兼有强大的工业力量与技术力量，拥有比除俄国以外任何其他欧洲国家都多的人口，成为欧洲地区新生的决定性力量，而且一直保持到1945年。奥地利以奥匈二元帝国（1867年）的面目再现，但它之所以仍能长期充当“大国”，靠的只是其疆域的辽阔和国际交往上的方便而已。但奥地利还是比新统一的意大利强大。意大利为数庞大的人口及其外交雄心，也使它被视为大国角逐游戏中的一员。

所以，正式的国际结构逐渐从原来的国际结构中脱胎而出。国际政治变成全球政治。在这个全球政治中，至少有两个非欧洲大国发挥着有效作用，尽管一直到20世纪以前，它们的表现尚不太明显。再者，这也形成了资本主义工业寡头对国际市场的控制，它们联合一致在全世界施行垄断，却在彼此之间进行竞争。但这种状况在“帝国时代”来临之前，表现得并不突出。大约在1875年左右，这一切确实还很难发现。但新的大国结构基础已在19世纪60年代形成，其中包括对全欧战争的恐惧，这种恐惧从19世纪70年代起，已经浮现在国际事务观察者的脑海之中。实际上，在未来的40年间并未发生这样的战争。这40年对于当时人来说，比对我们这个时代的人更加漫长艰难。然而，回顾过去，有超过30年的时间，在大国甚至中等国家之间并未发生任何战争（除美国和中国在1950—1953年间发生过冲突，但当时中国还算不上大国），处于这个时代的我们比任何其他时代的人都更清楚，在没有战争时总是害怕发生战争。尽管有冲突存在，这个自由主义赢得胜利的时代，基本上是平安稳定的。1875年以后，情况就不复如此了。

# 第五章

# 民族的创建

然而……何谓民族？为什么荷兰是民族，而汉诺威（Hanover）和帕尔马大公国（Grand Duchy of Parma）却不是？

——埃内斯特·勒南，1882年[1]

什么是民族特征呢？当你说的语言别人一个字也听不懂的时候。

——约翰·内斯特罗，1862年[2]

一个伟大的民族如果不坚信只有在它身上才能找到真理……如果不坚信只有它是天降大任，将以其真理唤醒和拯救芸芸众生，这个民族会立即沉沦为人种学材料，而不再是一个伟大的民族……一个失去这种信念的国家，也不再是一个国家。

——陀思妥耶夫斯基，1871—1872年[3]

民族。所有的民族联合起来（？）

——古斯塔夫·福楼拜，约1852年[4]

## 1

如果说这时期的国际、国内政治是紧密交织在一起的话，那么联系国际和国内政治的最明显因素，就是我们今天所谓的“民族主义”，不过19世纪中期人们称之为“民族原则”（the principle of nationality）。若问1848年到19世纪70年代的国际政治如何，传统的西方编年史家会毫不迟疑地说：是创建民族国家的欧洲。创建民族国家是这个时代的一个倾向，此外还有与民族国家有明显联系的其他倾向，例如经济、自由，也许还有民主。它们之间的关系可能存在相当多的未知数，但有一点是毫无疑问的，那就是民族扮演了中心角色。

民族何以能具有这样的地位呢？1848年这个“民族的春天”不管还有什么其他特点，它显然是（用国际术语说）各民族或相互竞争的民族坚决维护自己民族的年代。日耳曼人、意大利人、匈牙利人、波兰人、罗马尼亚人以及其他人等，坚决认为自己有权成立独立的、统一的国家，并团结民族的所有成员反抗高压政府。捷克人、克罗地亚人、丹麦人以及其他人等，也为自己的独立而奔走呼号，他们对较大民族的革命抱负日益增强，而那些较大的民族看来已准备牺牲他们的愿望。法国已经是个独立的民族国家，但其民族主义并未因此减弱。

革命失败了。但此后25年欧洲政治的主题，仍是追求这种理想和抱负。正如我们所看到的，这些理想后来果真一一实现，实现的方式不一，但都是通过非革命手段。法国模仿伟大的拿破仑恢复了“伟大民族”的地位；意大利和德意志分别被萨伏伊和普鲁士王国统一；匈牙利因签订1867年的妥协方案而获得实际自治；罗马尼亚与两个“多瑙河公国”合并成一个国家。唯独波兰例外。1848年革命时它没有积极参加，1863年的起义也未能为它赢得独立或自治。

在欧洲的极西和极东南地区，“民族问题”最为突出。爱尔兰芬尼亚勇士团成员（Fenians），以激进的暴动形式提出了民族问题，数百万为饥荒所迫、因仇恨英国而移居美国的同胞，全力支持他们。多民族的奥斯曼帝国爆发危机，受帝国长期统治、信奉基督教的巴尔干各民族，也纷纷揭竿而起。希腊和塞尔维亚已经独立，但国土比它们自认为应有的要小得多。罗马尼亚在19世纪50年代赢得某种独立。19世纪70年代奥斯曼人民群众的几次造反，预告了奥斯曼另一次国内外危机的到来。这场危机使保加利亚人在19世纪70年代晚期获得独立，巴尔干人的"巴尔干化"也因此加速。所谓"东方问题"（这是外交首长们一直绞尽脑汁的问题）现在看来主要是如何在领土数量不定的新国家中，重新划分奥斯曼在欧洲部分的版图（这些国家都声称有权、别人也相信它们确实有权代表"民族"）。再往北去一点儿，就是奥地利帝国。它的内部麻烦更加明显，同样也是民族问题。有几个民族——潜在而言，是所有民族——提出许多要求：从温和的文化自治到脱离帝国。

甚至在欧洲以外地区，民族的组建也明显展开。美国内战如果不是为了维护美国统一、反对分裂，又会是为了什么呢？日本明治维新如果不是为了使一个新的、自豪的"民族"得以在日本崛起，又会是为了什么呢？白哲特（1826—1877）将这种现象称为"制造民族"。看来无法否认，"制造民族"已在全球展开，这是这个时代占主导地位的特征。

这个现象的性质显而易见，无须再做探讨和调查。"民族"是顺理成章的事。白哲特说："我们无法想象有人对这个问题还难以理解，你们不问我们也知道是怎么回事，但我们无法很快解释清楚，无法很快说得明明白白。"[5] 很少有人认为需要解释。英国人肯定知道什么是英国人，那么法国人、日耳曼人、意大利人或俄国人对他们的集体特性难道还有疑问吗？恐怕不会有。但在"制造民族"的时代，也意味着"民族"必须同时合乎逻辑、顺乎自然地转变为有主权的民族国家，每一个国家有其连成一片的领土，领土则由"民族"成员居住的地方划定，民族又由其过去的历史、种族成分、共同文化以及语言（这点越来越重要）来确定。然而上述的含义并不合逻辑。人分不同群体，每个群体各有不同标准，因而能与其他群体明显区别开来。如果说不同群体的存在是无法否认的事实，且自古以来便是如此，但若据此认为这些不同群体就是 19 世纪所谓的“具有国家地位的民族”，却是不合实情的。同理，若认为这些不同群体会组成 19 世纪的领土国家，甚至组成与“民族”相吻合的国家，更是完全不具事实基础的推论。须知民族的创建还是不久前的历史现象，虽然有些较古老的领土国家——英格兰、法国、西班牙、葡萄牙，也许还有俄国——可以并不十分荒唐地被认定为“民族国家”。更有甚者，就整体进程而言，希望从缺乏“民族国家”传统特征的国家中组成民族国家，乃是法国大革命的产物。所以我们必须相当清楚地将民族的组成与“民族主义”区分开来，只要它们是发生在本书所述时代，发生在民族国家的制造过程之中。

这不只是如何分析的问题，还是个实际的问题。因为欧洲（世界其他地区就更不必说）明显分成两种“民族”：一种是对它们的国家或对它们成立国家的愿望几乎不存在什么怀疑的民族（而且不论其对与错）；另一种是对它们的国家或对它们成立国家的愿望存在相当多疑问的民族。判断是否属于第一类的最安全办法是看政治事实、机制历史以及有文字记载的文化史。法国、英格兰、西班牙和俄国，不可否认的是“民族”，因为它们有与法国人、英国人……相一致的国家；匈牙利、波兰也是民族，因为匈牙利王国即使隶属于奥地利帝国，也是一个分离存在的实体；一个波兰国由来已久，直到 18 世纪末才被消灭。日耳曼是个民族，理由是：（一）虽然它有无数大公国，也始终未统一在一个领土国家之内，但它们早就结成所谓“日耳曼民族的神圣罗马帝国”，并结成日耳曼联邦；（二）同文，所有受过教育的日耳曼人都使用同一书写语言，共享同一种文学。意大利虽然终未组成一个政治实体，但意大利上层人物共享同一种文学文化，也许是最古老的文学文化（现代的英国人、德国人或法国人，谁也看不懂他们国家 14 世纪所写的文学作品，除非他们专门学习，而这种学习等于是学一门新语言。但是今天所有上过学的意大利人在阅读但丁作品时的困难，要比现代熟读英语之人看莎士比亚作品的困难更少些），如此等等。

因而民族资格的“历史”标准，意思就是指统治阶级或有教养的精英们的机制和文化，这个机制和文化具有绝对重要的意义。（假定统治阶级、精英与普通百姓打成一片，或不是与百姓明显格格不入。）然而民族主义的意识形态论据与此不同，要激进得多，民主得多，也革命得多。其论据是基于这样的事实：不管历史或文化如何，爱尔兰人是爱尔兰的，不是英国的；捷克人是捷克的，不是德国的；芬兰人不是俄国的，一个民族绝不应该被另一民族剥削、统治。这种说法可以找到（或发明出）历史的支持——想找总能找到——但捷克运动基本上不是依靠这种说法而恢复温塞斯拉斯（St. Wenceslas）的王位；爱尔兰独立运动也未依此说法而废除1801年（与英国的）联合。这种分裂意识的基础不一定是“种族”（这里是说从不同的体征外貌甚至语言很容易区分开的种族）。在本书所述时期，爱尔兰运动（大多数爱尔兰人已说英语）、挪威人（他们的文学语言跟丹麦语差不了多少）、芬兰人（他们有操瑞典语的，有操芬兰语的）均不以语言作为支持他们分裂意识的根本理由。分裂意识的基础如果是文化，那也不是“高级文化”（high culture），而是口头文化——民谣、叙事歌谣、叙事诗等等——以及“老百姓”的风俗习惯和生活方式，老百姓实际上就是农民。“民族复兴”的第一阶段，就是从民间流传下来的遗产中搜集、恢复和吸取自豪感，历来都是如此（参见《革命的年代》第十四章）。但它本身不是政治性的。首先挖掘民间口头文化的人，经常是外国统治阶级里的文化人士，例如日耳曼路德宗牧师和巴尔干的知识型绅士，他们搜集拉脱维亚和爱沙尼亚农民的民间传说以及古代民间风俗习惯。爱尔兰人不是民族主义者，因为他们信仰矮妖精（译者注：爱尔兰民间传说中常变成小老人指点宝藏所在的妖精）。

他们为什么是民族主义者，民族主义到什么程度，下面将进行探讨。在此必须郑重指出的是，所有典型的“不符合历史事实的”或“半符合历史事实的”民族乃是小民族，这使19世纪的民族主义面临一个迄今很少认识到的困惑。因为拥护“单一民族国家”并为之奋斗的斗士，所设想的国家不仅是民族的，而且必须是“进步的”，也就是说能够发展出一个具生存力的经济、技术、政府组织机构以及军队的国家。事实上，这就是一个发展现代化、自由、进步，也就是资产阶级社会的自然单位。“统一”是它的原则，就像独立一样，凡统一的历史论据不存在的地方——例如意大利和德国就具有这些论据——那么，只要可行，就制定一个统一纲领。没有任何证据说明巴尔干的斯拉夫人曾经认为他们是同一民族的一部分，然而民族主义意识形态家（他们出现于19世纪上半叶）却设想有个“伊利里亚”，一个“南斯拉夫”国，这个国家将把塞尔维亚人、克罗地亚人、斯洛文尼亚人（Slovenes）、波斯尼亚人、马其顿人以及其他人等统一起来。这个设想并不比莎士比亚的想法更接近事实。今日的情况表明，南斯拉夫民族主义与克罗地亚、斯洛文尼亚等人民的感情是相悖的（这已是很温和的说法）。

朱塞佩·马志尼（1805—1872）是“民族的欧洲”（Europe of nationalities）最典型、最雄辩的卫士。他于1857年提出一份他理想中的欧洲地图[6]：仅由11个这类联邦组成。他的“民族国家”的想法显然与伍德罗·威尔逊（Woodrow Wilson）的想法大相径庭。伍德罗·威尔逊于1919—1920年主持凡尔赛会议，这是根据民族原则有系统地重新划分欧洲地图的一次会议。威尔逊的欧洲由26个或27个（包括爱尔兰）主权国家组成。按威尔逊的标准，还有理由再增加几个。小民族怎么办呢？显然它们得并入有生存能力的“民族国家”去成立联邦或其他什么，有或没有某些自治还有待确定。马志尼看来忽略了这点。他曾提出将瑞士与萨伏伊、德国的蒂罗尔（Tyrol）、卡林西亚（Carinthia）和斯洛文尼亚合并成一个联邦，如此他遂很难有立场去批评，比如说，哈布斯堡王朝践踏民族原则。

主张“民族国家”必须与进步相一致的人，最简单的论据，或是否认落后的小民族具备“真正”民族的特性；或是辩说由于进步，落后的小民族必定降为更大的“真正”民族之内的一个地方性局部；或是谎称由于同化，他们甚至已经消失，成了某种地方文化了。这似乎不是不切实际的。梅克伦堡人加入德国之后继续使用他们的方言。这种方言与高地德语（High German，现在的标准德语）区别较大，与荷兰语较接近，巴伐利亚人一句也听不懂。同样讲劳济茨语的斯拉夫人（Lusatian Slavs），并未因语言问题而不加入一个基本上讲德语的国家（现在仍是）。布列塔尼人，一部分巴斯克人（Basques）、加泰罗尼亚人（Catalans）以及佛兰德斯人，更不必说操普罗旺斯语和朗格多克语（Langue d'oc）的人都是法兰西民族的一部分，他们看来与法兰西民族非常融洽。阿尔萨斯人有点儿麻烦，那是因为另一大国——德国——对他们的忠诚存有戒心。此外还有一些例子说明小语言集团里受过良好教育的上等人，毫无伤感地盼望他们的语言消失。19 世纪中期许多威尔士人听任他们的语言消失，有些人还表示欢迎，认为这是使进步推广到落后地区的好办法。

这种论点很不平等，还有一种特别论点更不平等。有些民族——大的、“先进的”、一致公认的民族，当然包括思想家自己的民族——是历史命定的胜利者或将成为生存竞争下的优胜者（如果这些思想家喜欢达尔文术语的话），其他民族则不然。不过，这种论点绝不能简单解释为是某些民族意欲压迫其他民族的阴谋，当然未被承认的民族的代言者也不能因为有此看法而受到责难。这种论点之所以不是阴谋，是因为它既反对异民族的地方语言和地方文化，也反对本民族的地方语言和地方文化；同时也因为这种论点并不主张消灭地方语言与文化，只是要将它们降格，从“语言”降为“方言”。加富尔并不曾剥夺萨伏伊人在统一的意大利内使用自己语言的权力（萨伏伊语跟法语更接近，跟意大利语差别较大）。他本人在多数的内部事务发言中，也使用萨伏伊语。他和其他意大利民族主义者，只是坚持只能有一种官方语言，只有一种下达指示的语言工具，亦即意大利语，至于其他语言是沉是浮，只能听天由命。碰巧西西里人和萨丁尼亚人在此阶段均未坚持其分离的民族地位，所以它们充其量被划为“地方行政区”。只有当小民族要求承认其民族地位时，它们在政治上才会显出重要性，就像 1848 年的捷克人那样，当时捷克人的代言人拒绝日耳曼自由人士邀请，不去参加法兰克福国会。日耳曼人并不否认捷克人的存在，他们只是觉得所有受过教育的捷克人都会德语，会写会说，都分享德语高级文化（这是千真万确的），所以他们就是日耳曼人（这就错了）。事实上，捷克上层人物也说捷克语，也跟当地普通百姓共享同一文化，然而这个事实在日耳曼人眼中似乎与政治无涉，就像普通百姓的一般态度和农民的特殊态度一样。

“民族欧洲”的思想家们对付小民族的民族愿望只有三种选择：否认他们的合法性，甚至索性否认其民族的存在；把他们的强烈愿望变成要求地方自治的运动；将他们作为不可否认但又不能处理的事实接受下来。日耳曼人对斯洛文尼亚等民族以及匈牙利对斯洛伐克人的处理是采取第一种方式。[ 这种态度一定要与社会革命家的态度区别开来。社会革命家根本不承认民族主义有何重要意义，因而他们对民族主义采取单纯的实用观点。对马克思来说，1848 年匈牙利人和波兰人的民族主义是好的，因为是站在革命那边；捷克人和克罗地亚人的民族运动是坏的，因为客观上是站在反革命那边。但我们无法否认这些观点里包含一种大民族成分，尤以极端沙文主义的法国革命家最为突出（布朗基主义者就很明显）。甚至在恩格斯的看法里也不能轻易否认具有这种成分。] 加富尔和马志尼对待爱尔兰运动是采取第二种方式。然而这样一个具有不容怀疑的广泛群众基础的民族运动，竟被加富尔和马志尼排除在他们的民族主义模式之外，实在是非常自相矛盾、非常荒谬之事。形形色色的政治家被迫对捷克人采取第三种方式。1848 年后，捷克人的民族运动不是辩论一下就能了事的，虽然他们并未想到要争取完全的独立。政治家们对这种运动只要可能，便会根本不予置理。几个最早得到一致公认的“单一民族”国家中，有几个实际上是“多民族”国家（例如英国、法国、西班牙），几乎没有外国人会不怕麻烦地去注意这点，因为威尔士人、苏格兰人、布列塔尼人、加泰罗尼亚人等等，既没有造成国际风波，也没有对他们本国的政治造成很大的麻烦（也许加泰罗尼亚人是个例外）。

## 2

因此，创造民族国家的运动与“民族主义”有着根本区别。前者是缔造一个政治产物的纲领，声称它是建立在后者的基础上。毫无疑问，许多人出于某种目的认为自己是“日耳曼人”，但他们所指的日耳曼并不是单一的日耳曼国家，一个特别样式的日耳曼国家，更不是指一个涵括所有日耳曼人居住地的地方，就像过去民族歌谣里唱的，西起默兹河（Meuse），东到涅门河（Niemen），北自丹麦海峡［贝尔特（Belt）］，南至阿迪杰河（Adige）。如果说俾斯麦拒绝接受“大日耳曼”计划就意味着他不是一个日耳曼人，而是一个普鲁士“容克”和国家公仆，俾斯麦是不会承认的，与俾斯麦情况相似的人也会加以否认。俾斯麦是日耳曼人，但不是一个日耳曼民族主义者，或许他也不是一个“小日耳曼”民族主义者，虽然他统一了全国。（除了原属神圣罗马帝国的奥地利帝国地区，但包括普鲁士从波兰取得的土地，这块土地从未成为德国的组成部分。）民族主义和民族国家发生歧异的最严重例子是意大利。意大利的大部分地方是萨伏伊国王于1859—1860年、1866年和1870年统一的。从阿尔卑斯到西西里的整个地区，只有在古罗马时代才有单一的行政管辖（梅特涅非常正确地将其称为“仅仅是地理名词”），在此之前历史上别无先例。在1860年统一运动进行之际，日常生活中真正说意大利语的人估计不超过2.5%，其余人说的方言与意大利语相距甚远，远到意大利政府在19世纪60年代派往西西里的学校校长，竟被当地人误认为是英国人。[7] 在当时认为自己基本上是意大利人的比例也许比以往要高，但仍是少数。无怪乎马西莫·德·阿泽利奥（Massimo d’Azeglio，1792—1866，意大利复兴运动主要人物，萨丁尼亚王国首相）会在1860年惊呼："我们已经缔造了意大利，必须接着缔造意大利人。"

尽管如此，代表"民族理想"的运动，不论其性质、纲领如何，都发展壮大了。及至20世纪初，民族纲领已形成了标准模式（和极端模式），这就是各"民族"有必要完全独立，成立领土上、语言上同属一个民族的世俗国家，也许是共和制或代议制。[犹太复国主义（Zionism）以其非常极端的主张清清楚楚地说明了这点，因为犹太复国主义的意思，就是一个历史上完全是在共同宗教活动中形成统一的民族，要拥有一块领土、创造一种语言并使这个民族的政治结构永久化。] 不过，19世纪中期的民族运动经常不（甚至正常情况下也不）代表这个模式。不过这些运动或多或少包含某些模棱两可的政治变革，也正是这些变革才使它们成为"民族主义"运动。我们现在就来看看这些变革，但是要避免"后见之明"的错误，同时要避免将振臂高呼、口若悬河的民族主义领袖的思想，与其实际追随者的思想相混淆。

我们也不应该忽略新旧民族主义的本质区别。后者不仅包括尚未建立国家的"历史的"民族，也包括早已建立国家的民族。英国人的英国意识到底有多强呢？并不很强，尽管所有争取威尔士、苏格兰自治的运动此时实际上已经偃旗息鼓。英格兰民族主义是存在的，但岛上的小民族并不持英格兰民族主义。旅居美国的英格兰移民为其国籍而骄傲，所以不愿成为美国公民，而威尔士和苏格兰公民就没有这份忠心了。他们成为美国公民后仍是骄傲的威尔士人和苏格兰人，就像他们当英国公民时感到自己是自豪的威尔士人和苏格兰人一样。他们自由自在，不受国籍束缚。法兰西这个伟大民族的成员又有多浓的民族情感呢？我们不知道。但这个世纪初法国逃避服兵役的统计数字告诉我们，西部和南方某些地方（科西嘉人情况特殊，更不必提了）将服兵役视作强加在他们身上的讨厌东西，而不是法兰西公民的国民义务。至于日耳曼人，我们知道他们对未来统一的德国的规模、性质和结构有不同的看法，但究竟有多少日耳曼人关心德国统一？一般说来，农民不关心，甚至1848年革命之际，当民族问题成为政治的中心问题时，他们也不关心。就这些国家的群众而论，其民族主义和爱国主义是不可否认的，但这些国家的情形又说明，如果认为其人民会理所当然、异口同声地表示他们是同种同族，显然是不够明智的。

至于其他民族，特别是大多数突然出现的民族，在19世纪中期，唯有神话和宣传才会说它们的民族主义毫无问题。这些民族的“民族”运动，在经历情绪阶段和民间传说阶段之后趋向政治化，因为涌现出大批致力于“民族理念”的骨干，他们出版民族杂志及其他出版物，组织民族社团，试图建立教育和文化机构，进行各种更直率的政治活动。但整体而言，这时期的运动缺乏群众的认真支持。运动成员主要是介于一般民众和当地资产阶级或贵族（如果存在的话）之间的人士，特别是文化人士：教师、低层神职人员、某些城市店主和独立手工业者，以及那些在阶级社会里处于从属地位为了儿子而尽力往上爬的农民。最后还有学生，他们来自某些民族意识强烈的院校、神学院和中学，并成为积极战士的现成来源。对那些具有“历史的”民族而言，只要赶走外来的上层统治者，便可成立国家，而地方的精英分子——匈牙利和波兰的士绅，挪威的中级官僚——更直接地提供了政治骨干，有时还提供了一个更大的民族主要基地（参见《革命的年代》第七章）。整体而言，这个阶段的民族主义于1848年至19世纪60年代于北欧、西欧和中欧宣告结束，然而许多巴尔干和斯拉夫小民族的民族运动，此时才刚刚开始。

在一个民族当中，最传统、落后、贫穷的那些人，通常是最后卷入这种民族运动的人，即工人、佣人和农民。原因不言而喻，他们是跟在“满腹经纶的”精英人物后面。群众性民族主义阶段的到来，一般是在自由民主派的民族主义中产阶层的组织影响之下发动起来的，除非是受到独立工党和社会党的冲击。这个阶段在某种程度上与经济和政治发展息息相关。在捷克，群众性民族主义阶段始于1848年，复苏于专制主义的19世纪50年代，但取得巨大进展的时期，还是在经济高速发展的19世纪60年代。19世纪60年代的政治条件也更为有利。一个土生土长的捷克资产阶级，此刻已积累了足够财富，得以开设一家有效率的捷克银行，国家剧院等耗资巨大的设施也终于建立起来（国家剧院于1862年临时开幕）。群众性文化组织（例如1862年建立的训练协会）深入农村，奥匈帝国分立之后，许多政治运动都是通过一系列规模很大的露天集会进行的。1868—1871[8]年间总共约有140次集会，参加人数估计有150万人，这些集会将群众性民族运动的新奇之处和文化“国际主义”表现得淋漓尽致。由于这些活动缺少一个合适的名称，捷克人遂从爱尔兰运动中借来“集会”（meeting）这个词，爱尔兰运动是他们要想复制仿效的。（“集会”一词也将被法国人、西班牙人借用于工人阶级的群众集会，这或许是从英国经验中借来的。）不久，一个合适的传统名字发明出来了，叫作“塔博尔”（tabor），其构想是来自15世纪的胡斯（Hussite）运动。“塔博尔”是捷克战斗精神的典范。克罗地亚民族主义者用“塔博尔”来称呼他们的集会，虽然胡斯运动与他们并无关系。

这类群众性民族主义是新鲜事物，明显不同于意大利、德国上层精英或中产阶级的运动。此外还有另一种早已存在的群众性民族主义运动。这两种民族主义运动都更加传统，也更加革命，跟地方上的中产阶级毫无关系，因为他们在政治和经济上都无足轻重。但我们能把反对外国统治的农民和山民，那些只是由于感到自己受压迫，由于仇外，由于眷念古老传统、眷念古老信仰，以及模糊的相同种族感才团结起来的农民和山民称为“民族主义者”吗？农民和山民的民族主义只有与现代民族运动紧密联结（原因不计）之时，才称得上是民族主义运动。东南欧这类民族主义是否已与现代民族主义运动紧密相关，这个问题还有待商榷。这类民族主义在东南欧的兴起，使奥斯曼帝国的许多部分被毁，特别是在19世纪70年代（波斯尼亚、保加利亚），当然它们也产生了自称的民族性国家（罗马尼亚、保加利亚）。然而，充其量我们只能说那是一种原始的民族主义，就像罗马尼亚人意识到他们的语言与周围的斯拉夫人、匈牙利人和日耳曼人不同；或是斯拉夫人感觉到某种“斯拉夫成分”的存在，在本书所述时期的知识分子和政治家，曾试图将这种“斯拉夫成分”发展成泛斯拉夫主义（Panslavism），其中甚至有些人觉得，东正教徒若团结在俄国这个伟大的东正教帝国之下，将可使泛斯拉夫主义在这个时期成为一股现实力量。[泛斯拉夫主义对保守的俄国王室政治家和哈布斯堡王朝统治下的几个小斯拉夫民族是有利的，因为泛斯拉夫主义可扩大俄国的影响力，可为哈布斯堡王朝统治下的小斯拉夫民族提供一个强大的同盟军，也许还可提供一个希望组织“适当的”大民族而非一群没有生存能力的小民族的希望，但这个希望很渺茫（对巴枯宁那个革命的、民主的泛斯拉夫主义，大可嗤之以鼻，斥之为乌托邦）。所以左派强烈反对泛斯拉夫主义，因为俄国被认为是国际反动势力的主要堡垒。]

然而，这些运动中有一个却毫无疑问是民族主义运动，即爱尔兰。爱尔兰在1848年前就有个秘密的兄弟会革命组织“爱尔兰共和兄弟会”（The Irish Republican Brotherhood，即芬尼亚勇士团），至今仍然存在的爱尔兰共和军，就是这个秘密革命组织的后代，是同类组织中存在时间最久的一个。农村广大群众支持民族主义政治家，这本身毫无新鲜之处，因为爱尔兰被外国征服，遭受压迫，又很贫困，再加上地主阶级将英国新教强加在信奉天主教的爱尔兰农民头上，光是这点就足以将最不关心政治的人都动员起来。在19世纪上半叶，这些群众运动的领导人都属于爱尔兰中产阶级，他们的目标相当温和，只希望与英国取得妥协（教会支持这一目标，它是那时唯一具有作用的全国性组织）。芬尼亚勇士团是以反抗英国、争取独立为宗旨，最早出现于19世纪50年代后期。它的不同凡响之处便是完全不和中产阶级温和派发生关系，其支持完全来自广大群众，尽管有教会和部分农民公开表示敌意。它是第一个提出脱离英国，争取完全独立的组织，并主张以武装暴动达到此目标。虽然它的名称来自爱尔兰古代神话故事，它的思想却是非传统的。虽然它那世俗的甚至反教会的民族主义无法掩盖下列事实：对爱尔兰芬尼亚勇士团的广大群众而言，爱尔兰人的标准是（今天仍是）信仰天主教。他们全心投入一个由武装暴动赢得的爱尔兰共和国，完全忽视了社会计划、经济计划，甚至国内政治计划，而那些持枪起义者与殉国者的英雄传奇，直到今天对那些想要清楚陈述其内容的人而言，仍旧太过强烈。这就是持续至20世纪70年代的“爱尔兰共和传统”，它在北爱尔兰的内战和“临时”的爱尔兰共和军中又重新出现。芬尼亚勇士团的成员准备与社会主义革命者结盟，有些人准备承认芬尼亚主义的革命性质，不过奉劝诸君不要因此产生幻想（马克思鼎力支持他们，并与芬尼亚勇士团领导人保持通信）。

但是我们也不应低估一个受到广大爱尔兰劳工大众经济支持的运动（这些劳工大众因贫穷所逼、因仇恨英国而跑到美国），不应低估它的独特之处和历史意义，须知这个运动的成员均来自移居美国和英格兰的无产阶级——在现今的爱尔兰共和国当时几乎没有什么产业工人——以及来自爱尔兰历史十分悠久的“农村恐怖主义”（agrarian terrorism）大本营里的年轻农民和农业工人，这个运动的骨干就是从这些人当中成长起来的，此外还有具革命性的下层城市白领工人。这个运动的领导人已将自己的生命献给起义暴动。这个运动预见到20世纪低开发国家革命式的民族运动而抢了先机。这个运动缺少社会主义工人组织作为核心，有的或许只是社会主义意识形态的激励，它使得民族解放与社会改造结合在一起，并在这个世纪演变成一支令人生畏的力量。爱尔兰根本没有社会主义，更不必说社会主义组织了，芬尼亚勇士团的成员（他们也是社会革命者）只是将土地联盟（Land League）里关于群众民族主义与农村群众不满两者之间含糊不清的关系搞得明确无误而已，迈克尔·达维特（Michael Davitt，1846—1906）便是其中著名的一位。甚至这点也是在本书所述时期结束后，在19世纪70年代晚期和19世纪80年代的美国大萧条时期才做到的。芬尼亚主义是自由主义胜利时代的群众民族主义运动。它只想通过革命手段赶走英格兰，为被压迫民族取得完全独立，希望如此可一举解决所有的贫穷、剥削问题，除此之外别无其他事情可做。但其效果不佳，因为尽管芬尼亚勇士团的成员有自我克制精神和英雄主义精神，但他们组织的暴动（1867年）和侵略（例如从美国入侵加拿大）明显成效不佳。他们偏好突击，像通常那样一下取得了轰动的效应，但也只是一时宣传而已，有时只是喧嚣一阵儿。他们创建了一股为大部分爱尔兰天主教徒争取独立的力量，除此之外，他们提不出其他计划，于是只得把爱尔兰的未来拱手让给一个小农业国家的中产阶级温和派、有钱的农场主和小城市里的商人，这些人接收了芬尼亚勇士团长期奋斗的成果。

虽然爱尔兰的问题很独特，但不可否认的是在本书所述时期，民族主义日益成为一支群众力量，至少在白人国家是如此。《共产党宣言》说"工人无祖国"，这个说法虽然不像有些人认为的那样不切实际，但是工人阶级的这种意识只能随着政治意识的提高而提高，因为从传统上看，革命本身历来就是非常民族性的事（例如法国），而且新工人运动的领导者和意识形态家本身也都深深卷入民族问题之中（1848年几乎各国皆是如此）。从实际运作的层面来看，替代"民族"政治意识的，不是"工人阶级国际主义"，而是次政治（sub-political）意识。次政治意识涉及的范围比民族国家的政治意识范围要小得多，甚或完全无涉。曾在民族忠贞和超民族忠贞（例如国际无产阶级事业）之间做出明确选择的左派人士几乎没有。左派的"国际主义"在运作层面上，意味着支持为同一事业进行斗争的其他民族，与他们团结一致，如果本身是政治难民，就准备就地参加斗争，不论身处何方。这跟非常强烈的民族主义信仰也不抵触，就像加里波第、巴黎公社的克吕瑟雷（Cluseret，他曾在美国协助芬尼亚勇士团）以及数不清的波兰战士所表现的那样。

这也可能意味着拒绝接受政府及其他人提出的"民族利益"，然而，在1870年抗议"手足相残"的普法战争的德国和法国社会主义者，并非像他们自己所说的对民族主义无动于衷。巴黎公社从雅各宾爱国主义那里获得的支持不亚于社会解放口号；马克思主义者李卜克内西

（Liebknecht）和倍倍尔（Bebel）领导的德国社会民主党，也从1848年配合激进民主派的民族主义对抗普鲁士式的民族计划中，获得许多支持。德国工人愤恨的不是爱国主义，而是反动派，而他们对反动派最最不能接受的地方之一，就是反动派将社会民主党人称作没有祖国的家伙，这不仅剥夺了他们当工人的权利，也剥夺了他们做个好日耳曼人的权利。当然，政治意识若不经过某种民族式的界定几乎是不可能的。如同资产阶级一样，无产阶级作为国际事实而存在的仅仅是个概念。现实中它是不同民族国家或不同种族语言群体的聚合体：英国、法国或多民族的德国、匈牙利或斯拉夫。只要“国家”和“民族”在思想意识上与已经建立组织、统治民间社会的国家和民族相吻合，那么国家方面的政治就是民族方面的政治。

## 3

然而，不论人们的民族感情有多强烈（当民族变成国家和国家变成民族时），不论对民族的忠诚度有多高，“民族”不是天生的，而是人为的。从历史上看，它是个新事物，虽然它体现出人类群体某些非常古老的反对“外人”所具有的或他们认为他们具有的共性的东西。实际上，民族是需要被建造的。因此，建立强制推行民族一致性的机制至关重要。机制主要是指国家，尤其是国家教育机制、国家就业机制和军队（法国、德国、意大利、比利时和奥匈帝国皆实行了征兵制）。这一时期先进国家的教育制度发展迅速。用现代标准衡量，大学学生人数仍不是很多。19世纪70年代，德国除神学院学生外，约有大学生1.7万人，居领先地位。其次是意大利和法国，各有9 000—10 000名大学生，远远落在德国后面。再其次是奥地利，约8 000名大学生。[9]除非是受到民族主义的压力，否则大学生的数量增长不大。美国是个例外，美国高等教育机构在这个时期成倍增长。1849—1875年间，全世界新建了18所新大学，其中9所在欧洲之外（5所在美国，2所在澳大利亚，阿尔及利亚和日本各1所），5所在东欧，2所很小的大学在英国。中等教育随着中产阶级的成长而发展。中学基本上仍是社会精英们的领地（像大资产阶级，学校是为他们而设的）。在此美国又是个例外，美国的公立“中学”已开始其民主胜利的生涯（1850年美国全国只有100所中学）。在法国，接受中等教育的人所占比例从1842年的1/35增加到1864年的1/20。但是中学毕业生——19世纪60年代上半叶平均每年约有5 500人——只占达到服役年龄人数的1/55—1/60。当然这比19世纪40年代强多了，那时只有1/93。[10]大多数国家处于两极之间：完全没有教育或教育完全受到限制的国家，例如英国；办教育如饥似渴的国家，例如德国。19世纪80年代德国高中生很可能已达25万人。英国却只有2.5万名男生分布在225所纯私立的学校里，而这些私立学校又被阴差阳错地称为“公学”（public school）。

然而主要的进展是在小学方面。小学教育一般说来不仅是向学生传授语文和算术的基础知识，而且是（也许这点更为重要）向学生强行灌输社会价值观（道德规范、爱国主义等）。这个部分的教育正是以往世俗国家所忽视的，而它的发展恰与群众进入政治密不可分。从英国在1867年改革法案通过后三年便建立国立小学教育体系，以及法国在第三共和国头10年间教育的巨大发展，便可见一斑。进步确实令人耳目一新：从1840年到19世纪80年代，欧洲人口增加33%，而学校里的小学生人数增加了145%。普鲁士学生就学率一向很高，但在1843—1871年间，小学生人数还是增加了50%。在本书所述时期之内，学生人数增加最快的是意大利，增加了460%。统一后15年间，小学生人数增加一倍，其中的原因该不仅是由于它的教育水准落后吧。

对新成立的民族国家来说，这些教育机构至关重要，因为通过学校教育，“国语”便可真正成为其民族的口头和书面语言（在此之前通常得经由个人努力），至少为达到某些目的时必须使用（当广大公众能阅读和书写标准国语时，“大众媒体”——在此阶段也就是新闻界——也就只能使用这种语言了）。学校教育对为了“文化自治”而抗争的民族运动也至关重要。“文化自治”亦即相关的国家机制，例如学校教学和政府行政应使用民族自己的语言。这个问题对文盲并无影响，因为文盲说的方言是从母亲那儿学来的；它也不影响少数民族，少数民族是全盘吸收统治阶级的语言。欧洲犹太人因保住自己的本族语言——从中世纪的日耳曼语衍生出来的意第绪语和从中世纪西班牙语衍生出来的拉迪诺语（Ladino）——而感到满足。母语是他们内部使用的语言，与非犹太人邻居交往时便使用其他方言；一旦他们成为资产阶级，便放弃自己古老的语言，而使用周围贵族和中产阶级的语言：英语、法语、波兰语、俄语、匈牙利语，特别是德语。[一场树立意第绪语和拉迪诺语为标准语的运动开始于19世纪中期，后来是（马克思主义）革命运动而非犹太民族主义（犹太复国主义）继续进行这场运动。]但此时的犹太人还不是民族主义者。他们未能给予民族语言足够的重视，也未能占有一块领土，致使许多人不相信他们能成为一个民族。另一方面，这个问题对来自落后民族或次要民族的中产阶级精英们也十分重要。他们对有些本地人靠其母语便是官方语言遂能占据要职的现象感到不平，即使他们（例如捷克人）被迫具备的双语才能使他们在事业上比只会说德语的波希米亚人占有优势，他们仍然耿耿于怀。为什么克罗地亚人要成为奥地利海军就得学会意大利语，一个小的少数民族的语言呢？

然而，当民族国家建立后，当公职和伴随着进步文明而来的职业大量增加时，当学校教育更加普及时，尤其是当人口流动促使农业民族都市化时，这种不平便得到日益增多的普遍共鸣。对学校和教育单位来说，强行使用一种语言授课，也就意味着将某种文化、某种民族意识强加在众人身上。这在单一民族的地区毫无问题：奥地利1867年宪法承认小学教育可用“当地语言”。但是移居到德国城市里的斯洛文尼亚人或捷克人为什么要被迫成为德国人后才能学会识字呢？他们开始要求到本族学校上学，即使他们是少数民族。为什么布拉格或卢布尔雅那（Ljubljana），即莱巴赫（Laibach）的捷克人或斯洛文尼亚人要用外国语来读马路上的街名和市里的法令法规呢？需知他们已将日耳曼人从多数民族减到最小的少数民族了。哈布斯堡王朝的奥地利那一半问题十分复杂，以致政府不得不考虑到多民族问题。如果其他政府利用学校教育这个强大无比的武器来组建民族，系统地进行马扎尔化、德国化、意大利化，那又将怎么办呢？民族主义的一大怪事是，在组织自己的民族时，其他人就会面临或被同化，或接受屈辱地位的处境，因而这部分人便自动产生反民族主义。

自由主义时代并未真正弄懂这个似怪不怪的问题。其实自由主义时代并不理解它所批准的“民族原则”要靠它自己去体现，并在适当情况下给予积极支持。当时的观察家认为（好像也这样做了）民族和民族主义大体说来尚未形成，但可铸成。毫无疑问，他们是对的。例如美国这个民族就是在这样的假设基础上建立的：数百万欧洲人远涉重洋来到美国，他们很轻易地便快速放弃对其祖国的政治忠诚，也不要求承认自身语言、文化的正式地位。美国（或巴西，或阿根廷）不是多民族，而是将移民吸入自己的民族。在本书所述时期，事实就是这样发生的，虽然移民社团并未在新世界这个“大熔炉”里失去自己的特性，他们仍然清醒自豪地成为爱尔兰人、德国人、瑞典人、意大利人等等。移民社团可能是他们原来祖国的一支重要民族力量，就像美国的爱尔兰人在爱尔兰政治中所发挥的作用一样；然而在美国，他们的重要性主要只针对参加城市选举的候选人。居住在布拉格的德国人，光是他们的存在就给哈布斯堡王朝造成影响深远的政治难题；然而居住在辛辛那提或密尔沃基（Milwqukee）的德国人就没有为美国造成任何问题。

所以，民族主义看来在资产阶级自由主义的框架内还是容易处理的，而且与资产阶级自由主义是一致的。据说民族的世界就是自由的世界，一个自由的世界是由民族组成的。未来将显示，两者之间的关系并非如此简单。

# 第六章

# 民主力量

资产阶级应该知道，民主力量已在第二帝国期间应运而生了。资产阶级将发现，这种力量根深蒂固，重新发动反对民主的战争无疑是极不理智的。

——亨利·阿兰·塔尔吉，1868 年[1]

但是，由于民主的进程是社会整体发展的结果，所以一个掌控较大政治权力的进步社群，必须在此同时保护国家免于民主的暴行。民主力量无论在什么地方一时占了上风，都应立即加以镇压。

——T. 厄斯金·梅爵士，1877 年[2]

## 1

如果民族主义是这个阶段各国政府所承认的一种力量的话，那么，民主，或者说一般人在国家事务中日益增强的作用，就是另一种历史力量了。在本书所述时期，民族主义已成为群众运动，就此而言，民族主义和民主这两种力量又是同一回事。毫无疑问，就这点来说，几乎所有激进的民族主义领导者，都认为民族主义和民主是同一种力量。然而，我们认为，尽管以新兴工人阶级为代表的其他团体，主张发起至少在理论上将共同的国际阶级利益置于民族利益之上的运动，但实际上，由农民等普通人组成的大团体，仍然没有受到民族主义的影响，甚至在参政受到高度重视的国度亦然。在统治阶级眼中，重要的并非群众所信奉的事物，而是他们的信念如今已成为政治必需的考虑之一。从定义上讲，群众是为数众多、愚昧而且危险的，正是由于他们十分单纯，眼里看到什么就信什么，所以也最危险，因为他们看到的是统治者对他们的痛苦漠不关心，看到的是一条简单的逻辑：既然他们占人民群众的大多数，政府就应当首先为他们的利益服务。

在西方先进的工业国家里，这一点已经显得越来越清楚，即政治制度迟早将不得不让“群众”占有一席之地。此外，以下这点也很清楚，即构成资产阶级社会基本意识形态的自由主义，已经无力从理论上防止这种情形发生。自由主义政治组织的特有形式，就是经由选举产生的议会来组成代议政府。此政府代表的（如同封建国家一样）不是社会或集体的利益，而是个人的总和以及法律上平等身份的总和。当政者从自身利益考虑，也出于小心谨慎和某种普通常识，很可能得出下列看法：并非所有人都有能力决定政府的重大政策。不识时务者不如大学毕业生；因循守旧者不如思想开明者；无所事事的穷人不如那些可以通过正当手段发家致富的干练之士。然而，这种论点不仅缺乏说服力，而且在社会底层民众眼中，它有两大弱点（对最保守的人来说，情况当然又很不同了）。如果法律上人人平等，那么在理论上就不能将人做出这种区分。尤为重要的是，由于社会流动和教育进步（两者对资产阶级社会来说都是必要的），使得中产阶层与下层社会之间的界线模糊不清，因此在现实社会中也很难将人们清楚划分。我们可以看到越来越多“值得尊敬的”工人与中产阶级一道接受了资产阶级的价值观，也在条件允许的范围内采纳了资产阶级的行为标准，那么这条界线应画在哪里呢？无论这条界线画在哪里，只要它是涵括了多数的那边，其中就可能包括相当一部分不支持资产阶级自由主义若干观点的公民，以及竭力反对资产阶级自由主义的人（而资产阶级认为这些观点对社会繁荣是不可或缺的）。此外，最具决定性的一点是，1848年革命已经证明，群众已有能力冲入统治者的封闭圈内；工业社会带来的进步，更使他们造成的压力甚至在非革命时期也越来越大。

19世纪50年代给了大多数统治者一个喘息机会。十余年间，他们不必再为欧洲会发生这类问题而忧心忡忡。然而，当时已有一个国家，其政治和宪法的时钟已经无法逆转。在法国，由于过去已经发生过三次革命，因此想再把群众排除在政治之外无疑是一种不切实际的幻想，他们从今往后都必须受到“驾驭”。路易·拿破仑（即拿破仑三世）的第二帝国从此成了更具现代性的政治试验场，尽管其与众不同的特殊性对日后的政治管理形式启发不大。这种试验迎合了那些不可思议的头面人物的口味，只是与他们的才智不太相称。

拿破仑三世在与公众的关系方面一直很不顺利。他很不幸，因为他未能把他那个时代最具影响力的能言善辩之士全都纳入旗下。光是马克思和雨果的联合抨击，就足以消除人们对他的记忆，这还不包括那些次要但在当时也同样具战斗力的新闻界人才。他在国际和国内政治事业中的失败，也使他臭名昭著。希特勒之所以能够幸免世界舆论的一致谴责，是因为这个恶棍、疯子和令人恐怖的人物，在通往或许是不可避免的大灾难的道路上，做出了不同凡响的事情，最难能可贵的是他始终得到其随从人员的忠诚支持。拿破仑三世显然不像希特勒那么非凡，也不像希特勒那么疯狂。一个在谋略上败给加富尔和俾斯麦，一个才打了几个星期的仗其政治支持便下降到危险点的人，一个把“拿破仑主义”从作为法国的一支主要政治力量到变成一桩历史逸事的人，当然不可避免地会被讥讽为是“无足轻重的拿破仑”而黯然退出历史舞台。拿破仑三世根本没有扮演好自己的角色。他原想借助普法战争重建自己和法兰西的声名，却被这场战争吓得瑟瑟发抖。这位不够坦诚、表情阴沉却经常展示其魅力的人，这位留着络腮胡、健康状况每况愈下的人，似乎只是因其官阶最高而成为帝国的当权者。

他基本上是一位失败的政治家。然而，命运和个人背景使他扮演了一个全新的角色。在1848年之前，作为法兰西帝国皇位的觊觎者，他不得不从非传统的角度来思考问题，尽管人们对他声称他是波拿巴家族成员表示怀疑。他成长于民族主义鼓吹者和圣西门主义者的社会环境中[他本人加入过烧炭党（Carbonari）]。这种经验使他坚信，或许过分坚信民族主义和民主等历史力量的必然性，也导致他对社会问题和后来对他有所裨益的政治手法坚信无疑。革命给他带来了机会，因为革命以压倒性多数选举姓波拿巴的人为总统，当然，动机各不相同。事实上他不需要通过选举掌权，1851年政变后，他也不需通过选举宣布自己为皇帝。但是，如果他不先取得选票的认定，光凭他耍阴谋诡计的能力是不可能说服那些将领和所有有权力、有野心的人支持他的。除美国之外，他是第一个通过全民（男性）选举当政的大国统治者，这点是人们永志不忘的。当政之后，他继续像最早经由公民投票产生的恺撒，更确切地说像戴高乐将军（General de Gaulle）那样运用选举制度（选举产生的代表制议会根本无足轻重），1860年以后，也越来越常采用当时已习以为常的议会制度。由于他相信这是当时业已为人们所接受的历史事实，因此，他也许认为，他也不可能抗拒这种“历史力量”。

拿破仑三世对选举政治的态度是模棱两可的，人们对这一点饶有兴趣。作为一名“议会政治家”，他玩了当时一般政治家都玩的政治游戏，即把议会中足够多数通过选举产生的议员纠集起来，组成松散易变的联盟，给它贴上一个绝不可能与现代政党相混淆的、含糊不清的意识形态标签。因此，例如阿道夫·梯也尔（Adolphe Thiers，1797—1877）之类的七月王朝政治家，以及未来第三共和国的杰出人士如法弗尔（Favre，1809—1880）、费里（Ferry，1832—1893）和甘必大（Gambetta，1838—1882），才得以在 19 世纪 60 年代或恢复其名誉地位，或自此名闻遐迩。拿破仑三世在玩弄这种游戏方面并非特别成功，尤其是当他决定放松对选举和新闻出版机构实施有力的官方控制之后。另一方面，作为一名为选举制度而奋斗的人，他还保留了公民投票这项武器（这点又像戴高乐将军，只是比戴高乐更加成功）。在 1852 年的公民投票中，他一鸣惊人地以压倒性多数或者说权威性的票数获胜。尽管那次公民投票受到了相当严密的“监控”，他还是以 780 万赞成票、24 万反对票和 200 万弃权票的绝对优势取胜，甚至在他垮台前夕的 1870 年选举中，他仍能保持一种日趋恶化的议会制局面，以 740 万票对 160 万票的多数获胜。

这种公众支持是没有经过政治组织的（当然，通过官僚政治施加的压力除外）。拿破仑三世不像现代民众领袖那样，他没有进行“运动”。作为国家元首，他当然也不需要。公众的支持也不是整齐划一的。他本人就很希望得到“进步人士”的支持——雅各宾共和派总是那么高不可攀，他们的选票集中在城市里——同时他也希望得到工人阶级的支持。与正统的自由党人相比，他更加重视工人阶级的社会和政治重要性。然而，虽然他有时也得到诸如蒲鲁东之流的无政府主义重要代言人的支持，而且也的确为调停、平息 19 世纪 60 年代日益高涨的劳工运动做过认真的努力——他于 1864 年使罢工合法化——但还是未能打破劳工与左派之间传统契合的密切关系。因此，他实际上依靠的是保守势力，特别是占这个国家 2/3 的西部农民。鉴于这些理由，他毕竟还是拿破仑，是坚决反对威胁财产的反动政府，是罗马教皇的保护者——这是拿破仑三世出于外交原因竭力想要避免，但由于国内政治原因又无法避免的局面。

但是，从拿破仑三世与法国农民之间的实质关系来看，他的统治似乎更具意义。马克思曾对法国农民做了以下评述：

> 无论是经由议会还是政治会议，农民都不可能以他们自己的名义加强他们自身的阶级利益。他们不可能代表他们自己，他们必须由别人代表。他们的代表必须同时是他们的主人，是他们的权威，是保护他们免遭其他阶级的损害，并给他们送来雨露和阳光的无限政治力量。操纵权力的人即将自己与他们联系在一起，小农终于在这些人身上找到表达政治影响的方式。[3]

拿破仑三世就是这种权力的执行者。他是第一个与“不能以自己阶级名义获得本阶级利益”的广大群众建立关系的政治人物。20世纪的许多政治家——民族主义者、民粹主义者以及以最危险形式出现的法西斯主义者——都将再次发掘他所倡导的那种与民众的关系。他们还将发现，还有其他的阶层在这方面与大革命后的法国农民极其相似。

在19世纪50年代，除了瑞士的革命宪法保持不变外，其他欧洲国家都不是在成年男子普选的基础上当政的（瑞士国会议员是由不受财产资格限制的20岁及20岁以上的男性公民选出，但上议院议员是由州代表选出）。有一点也许是人们应该注意的，即甚至在民主进展顺利的美国，选举投票率也要比法国低得多：1860年美国大选共有470万选民投票，林肯仅以不到其中半数的选票当选总统。一般说来，除了在英国、斯堪的纳维亚诸国、荷兰、比利时、西班牙和萨伏伊公国之外，议会在其他国家几乎都不具真正的权力或影响力，它们的情形都非常相似，或是通过非常间接的选举产生，或是有点儿类似古老的“等级会议”，或是对选民和候选人的年龄、财产做出或多或少的严格规定。这种选举而成的议会，几乎不可避免地都受到更加保守的上议院的攻击和制约。上议院议员大多数是指派的，或是世袭的，或是由于官职而自然成为上院议员。在英国的2 750万总人口中，约有100万人拥有选举权，其选举限制肯定比比利时少，比利时的 470 万人口中，只有大约 6 万具有选举资格，但英国既不民主，也不打算实行民主。

19 世纪 60 年代群众运动的复苏，使政治不可能脱离民众压力。到本书所述的这个时期末，欧洲只有沙皇俄国和奥斯曼帝国继续维持纯粹的专制制度，而普选权再也不是革命政权的显著特点了。新的德意志帝国便是采用普选制选举其国会议员，但很大程度是出于装饰目的。在这 10 年间，没有几个政府能逃得过人民参政权的明显扩张，只是程度强弱不等。在此之前，选举只在少数几个国家具有实际意义。这些国家曾为之绞尽脑汁的问题已成了大多数国家的头痛问题——是采用名单比例代表制，还是候选人制；是按“几何图形划分选区”，还是为某一方的利益擅自改划社会和地理选区；上院凌驾下院的审核制度；把权力留给最高行政长官，等等。所幸这些问题在当时还不十分尖锐。英国的第二次改革法案虽将选民人数增加了一倍左右，但仍然不超过人口总数的 8%。而在不久前统一的意大利王国，选民仅占人口总数的 1%。（根据 19 世纪 70 年代中期法、德、美的选举情况判断，这个时期拥有选举权的成年男子实际上只占总人口的 20%—25%。）尽管如此，情况还是有了变化。而进一步的变化只能暂被推迟而已。

由于朝代议制政府方向取得不少进展，政治上又有两个问题凸现出来：即中上层社会精英的问题和还未能参与官方政治的贫民问题。用当时英国的术语来说，就是“阶级”和“民众”的问题。在他们之间还有一个中间阶层——小店主、手工业者，以及其他“小资产阶级”和拥有地产的农民等——他们已经以财产所有人的身份部分卷入这种业已存在的代议政治。无论是旧式庄园贵族和世袭贵族，还是新生资产阶级，都不具数量上的优势。对于这种优势，贵族阶级并不需要，但资产阶级却很需要。由于两者（至少他们的上层）都拥有财富，并在其社群中拥有使他们成为至少是潜在“名流”的个人权势和影响力，因而他们都是政治上举足轻重的人物。唯独那些贵族阶级，为了维护他们的利益仍顽固反对选举制度：英国坚持上议院制，普鲁士和奥地利国会用臭名远扬的额外代表制方式坚持“阶级选举权”，有的则坚持残存的——但很快便消失的——古老封建阶级制度。此外，他们作为一个阶级，在君主政体中一般仍能获得有系统的政治支持。君主政体毕竟仍是欧洲国家的主要政体形式。

另一方面，由于资产阶级拥有巨大财富，他们已是不可或缺的，他们肩负历史的使命，因而他们以及他们的思想已成为这个时期的“现代”基础。但是，真正使他们变成政府体制中的一股力量的，是他们动员非资产阶级支持的能力。因为非资产阶级拥有人数上的优势，当然也就拥有选票上的优势。如果丧失这一点，如同19世纪60年代末在瑞典所发生的那样，又如同后来在其他地方因真正的群众政治高涨而很快发生的那样，他们就会在选举方面，至少在全国政治中，沦为势单力薄的少数（在地方政治方面，他们还能维持一种较好的局面）。因此，对他们来说，至关重要的是继续得到小资产阶级、工人阶级和农民（比较少见）的支持，至少要当这些阶级的霸主。广义上来说，在这个历史时期，他们是成功的。在代议政体中，一般都由自由党（通常为城市工商阶级的政党）掌权或执政，仅偶尔有所中断。在英国，从1846—1874年间一直都是自由党执政；在荷兰，至少1848年以后的20年间是这样；在比利时，1857—1870年间是如此；在丹麦，直到1864年令人震惊的失败之前，也或多或少是如此。在奥地利和法国，从19世纪60年代中叶到19世纪70年代结束，他们一直是各届政府的主要正式的支持者。

然而，自此以后，来自下面的压力越来越大，更民主激进的一翼从他们之中分裂出来。这种激进派是进步的、主张共和的，但此时尚未成为独立的势力。在斯堪的纳维亚，农民团体从自由党退出，变成“左派”，例如1848年的丹麦，19世纪60年代的挪威；或者变成反对城市的压力团体，例如1867年的瑞典。在普鲁士（德国），以西南部非工业区为基地的民主激进派余党，1866年后拒绝跟随资产阶级的国家自由党人（National Liberals）与俾斯麦结盟，他们当中有些人加入了反普鲁士的马克思主义社会民主党。在意大利，当温和派成了这个新近统一的王国的中流砥柱之际，共和党人仍继续扮演其反对者的角色。在法国，资产阶级长期无法在自己的旗帜甚至在自由党的旗帜下行进，其候选人打着越来越具煽动性的旗号来寻求民众支持。“改革”和“进步”让位给“共和”，“共和”又让位给“激进”，甚至在第三共和国时期，又让位给“激进的社会主义”。在一次次的变化中，每次都隐藏了一批新一代具有相同本质的蓄着络腮胡、身着礼服外套、能言善辩和夸夸其谈的立法改革者。当他们在选举中战胜左派之后，便迅速地转向温和。唯独在英国，激进派长期属于自由党的一翼。也许这是因为在英国，农民和小资产阶级并未形成一个阶级，不像其他地方，农民和小资产阶级已取得政治独立地位。

不过，实际上自由党仍然是有权势的，因为它提出了唯一一套被认为是有利于经济发展的政策（德国人称之为“曼彻斯特主义”）；也是因为在科学、理性、历史和进步等问题上，无论持何种观点的人，几乎都一致认为它代表了这些事物的力量。从这个意义来说，19 世纪 50 年代和 60 年代的政治家和文职人员，无论其意识形态为何，几乎都是自由党人，就像当今的政治家和文职人员都不是自由党人一样。激进派拿不出一套能够取代资产阶级的理论体系。在那个时期，要他们和真正的反对党联手反对自由党，即使并非不可能，但至少对他们来说在政治上是不可思议的。激进派和资产阶级都是“左派”的组成部分。

真正的反对党（“右派”）来自那些反抗这种“历史力量”的人（不论他们持什么观点）。在欧洲，很少有人真正希望如 1815 年后的浪漫反革命分子一样恢复到旧制度时代。他们的目的全在于阻止，或者说仅在于减慢目前这种令人恐惧的进步。我们可从那些主张“运动”和“稳定”、“秩序”和“进步”不可偏废的知识分子身上找到最佳诠释。因此，保守主义的主张往往很容易赢得自由资产阶级中某些派别的赞赏，因为他们已感到进一步发展将会有引狼入室的危险，使革命再度逼近。有些特殊团体的眼前利益与自由党现行政策直接发生冲突

（例如农民党和保护主义者）；也有些派别并不是出于反对自由党政策而反对自由党，如比利时的佛兰德斯人，他们憎恨本质上是瓦龙人的（Walloon）资产阶级以及瓦龙人的文化统治。保守党自然得到这部分人的支持。还有一点也是毋庸置疑的，特别是在农村社会中，亦即家庭或地方敌对势力自然会被与他们关系不大的意识形态二分法所同化。加西亚·马尔克斯（Garcia Marquez）的小说《百年孤独》（*A Hundred Years of Solitude*）中的奥雷里亚诺·布恩迪亚（Aureliano Buendía）上校，在哥伦比亚的穷乡僻壤组织了总共32次自由党起义中的首次暴动，这并不是因为他是自由党人，也不是因为他懂得这个词的含义，而是因为他曾遭到一位当地官员的凌辱，而这位官员恰好也是保守党议员。可能出于逻辑上或历史上的原因，维多利亚时代中期的英国肉商大都为保守党人（是否与农业有关？），而杂货商又绝大多数为自由党人（是否与外贸有关？），但其中的原因都未得到证实。然而，需要解释的也许不是这一点，而是为什么这两类无所不在的店主不持同一种观点呢？按常规，无论什么样的观点，他们都应能求得一致才是。

从本质上看，保守主义者依靠的力量是：强调传统、坚持陈旧而且秩序井然的社会以及墨守成规、不求改变且反对新兴事物的人群。因此，在这方面，发挥官方教会和官方组织的作用至关重要，因为凡是自由主义赞成的，都对两者形成威胁；同时两者还能动员十分强大的力量去反对自由主义。还有一点就更不用提了，即组织第五纵队打进资产阶级权力中心，办法就是利用资产阶级妻女遵从孝道、恪守传统美德的特点以及利用牧师控制婴儿的洗礼、结婚典礼和葬礼，教会基本上掌握控制了一大部分教育优势。双方都在激烈争夺这些领域的控制权，事实上，这场争夺战成了许多国家保守派和自由派之间政治斗争的主要内容。

所有官方教会实际上都是保守的，罗马天主教尤其如此，因此，它自然成为坚决与不断高涨的自由浪潮作对的阵地。1864年，罗马教皇庇护九世（Pius IX）在《现代错误学说汇编》（*Syllabus of Errors*）中，明确提出他的观点。此汇编谴责了 80 条错误，宣称它们都是不可饶恕的，其中包括“自然主义”（因为自然主义否认上帝创造人类及世界）、“理性主义”（使用与上帝无关的推理）、“温和的理性主义”（拒绝基督教对科学和哲学的监督作用）、“信仰无差别论”（indifferentism，因为它主张自由选择宗教或者不信宗教）、世俗教育、政教分离，并对下述观点（第 80 条）进行总批判：“罗马教皇可以并应当与进步、自由主义和现代文明协调一致。”于是，右派与左派之间的界线就不可避免地成为教权与反教权之间的主要界线，后者在天主教国家主要是指公开表示不信教之人，也包括信奉国教之外的小宗教或独立宗教者（英国最为明显，见第十四章）。（一般而言，国教属于少数宗教的情况是异常的。荷兰天主教徒可能就是站在自由党那边反对居主导地位的加尔文教徒。德国的天主教徒既不能参加俾斯麦帝国的基督教右派，也不可能参加自由党左派，遂于 19 世纪 70 年代组成一个特殊的“中央党”。）

这个时期在“阶级”政治方面的新产物，主要是自由资产阶级开始成为立宪政治舞台上的一股力量。其原因是专制主义在德国、奥匈帝国和意大利（即在占欧洲人口 1/3 的地区）的明显衰落（在欧洲大陆，大约有不到 1/3 的人口还生活在资产阶级尚无法发挥这类作用的政府统治之下）。定期刊物的发展情况——除了英、美之外，定期刊物几乎仍全是以资产阶级为读者——生动地反映了这种变化：1862—1873 年间，在奥地利（不含匈牙利），定期刊物的数目从 345 种增加到 866 种。而定期刊物的宣传内容对 1848 年前通过选举产生的议会来说，并没有什么不熟悉之处。

在大多数情况下，公民权仍然受到极大限制，因而不可能实行现代政治或其他任何群众政治，其实，中产阶级的生力军往往可以取代他们声称要代表的真正的“人民”。在 19 世纪 70 年代初期那不勒斯和巴勒莫的选举中，分别有 37.5% 和 44% 的选民资格是得自他们大学毕业生的身份。但这是极其个别的例子。即使在普鲁士，如果我们回顾一下 1863 年的选举，自由党虽然获胜，但情况并不令人难忘。在那次选举中，选民资格已受到严格限制。即使如此，只有 2/3 的选民才会不厌其烦地到城里去投票，结果是自由主义者获得 67% 的选票，实际上只代表 25% 的选民。[4]19 世纪 60 年代，自由主义者在这些选举权受到限制、选民反应冷淡的国家中取得如此辉煌的胜利，除了说明这个选举结果只能代表那些体面的自由市民的观点外，难道还能说明其他问题吗？

在普鲁士，至少俾斯麦就认为选举结果无法说明其他问题。因而他只管统治，不与议会商量，从而简单地解决了自由党议会和王室之间的本质冲突（双方曾在 1862 年的军队改革方案中发生冲突）。由于支持自由党的人，除资产阶级以外再无他人，而资产阶级是不可能也不愿动员任何真正的力量（无论是武装的还是政治的），因此任何有关 1640 年长期国会（Long Parliament）或者 1789 年三级会议的说法，也都只能是不切实际的幻想。（相反，在一些落后国家，自由党人虽然处于少数派地位，但仍极具实力。其原因在于这些国家存在着自由党地主，他们对所在地区的控制实际上超过了政府的影响；或者说存在着已经声明代表自由党利益的官员。这种情况只在几个自由党执政的国家出现过。）俾斯麦认识到，“资产阶级革命”完全是不可能的，因为只有资产阶级以外的阶级都动员起来，才可能爆发真正的革命；同时也因为商人和教授在任何情况下都绝不会自动去设置路障。但这并未妨碍俾斯麦实施自由资产阶级的经济、法律和意识形态纲领，只要这些纲领能与信仰新教的普鲁士君主国的政治实情相配合，即地主贵族阶级占支配地位的政治实情。他不希望迫使自由党人和广大群众结成令人失望的联盟。总之，资产阶级的纲领显然是当代欧洲国家必然要经历的发展程序，或者说，这至少似乎是不可避免的。诚如我们所知，他赢得了辉煌的胜利。大多数自由资产阶级接受了俾斯麦提出的“纲领减去政治权力”的方案——他们也没有多少选择的余地——并于 1866 年改称为国家自由党。该党在本书所述时期的剩余时间里，成了俾斯麦在国内玩弄政治花招的基本力量。

俾斯麦和其他保守党人都懂得，无论是什么样的群众，都不是可以和城市商人相提并论的自由党人。所以，俾斯麦和保守党人有时候认为，他们能够抑制自由党人扩大公民权的威胁。他们甚至可能像英国保守党创始人之一的迪斯累里在1867年和比利时天主教在1870年所做的那样，将这种想法付诸实现。他们的错误在于把群众想象成跟他们同样的保守主义者。毫无疑问，欧洲大部分地区的大多数农民还是传统主义者，他们向来自动支持教会、国王或者皇帝以及僧侣统治集团，反对城里人的邪恶图谋。在法国，西部和南部的广大地区甚至在第三共和国时期，还投票选举波旁王朝的支持者。还有一点也是毋庸置疑的，如同英国的民主无害理论家白哲特在1867年颁布改革法案之后指出的那样，包括工人的多数群众，他们的政治行为是受到“他们上司”控制的。但是，群众一旦登上了历史舞台，他们早晚会做一个具有自主性的正式演员，不会永远像个单纯的临时演员，在戏剧中扮演精心设计的不重要角色。此外，许多落后地区的农民可能还是保守党的依靠对象，但在工业日渐繁荣的城市地区则非如此。城市居民所希望的不是传统的自由主义，但是，传统的自由主义也不一定就受到保守主义统治者的欢迎，特别是不一定受到那些致力于真正的自由经济和社会政策者的欢迎。在1873年之后的经济萧条和不稳定年代里，这一点变得特别明显。

## 2

在政治领域异军突起并发挥重要作用的最危险社群，是新生无产阶级，其数量因20年的工业化而壮大。

工人运动没有因为1848年革命和此后10年经济发展的失败而遭到致命摧毁。那些研究新社会的未来，将19世纪40年代的动乱转变成“共产主义幽灵”，给无产阶级提出一个有别于保守派、自由派或激进派政治前景的各式理论家，有的被捕入狱，例如布朗基；有的被流放，例如马克思和布朗；有的被人遗忘，例如皮奎尔（Pecqueur，1801—1887）；有的三者兼而有之，例如卡贝（Cabet，1788—1857）；有些人甚至与当局言归于好，就像蒲鲁东在拿破仑三世统治下占有一席之地一样；有人相信资本主义即将灭亡，但时代显然不站在他这边。马克思和恩格斯在1849年后的一两年内曾希望再次爆发革命，后来又曾把希望寄托于下一次大规模的经济危机（即1857年那次），但自那以后，他们也顺应潮流，将革命视为一种长期的打算。如果说社会主义已经彻底消亡，或许稍嫌夸张，然而甚至在英国，那些土生土长的社会主义者，在19世纪60年代和70年代也许都舒舒服服地进入略嫌窄小的官邸享福去了，也许1860年的社会主义者，没有一个不是在1848年就已经是社会主义者了。也许我们应该感谢这个间歇期强迫他们暂时脱离政治。这个隐晦时期使马克思得以将其理论锻炼成熟，并为其《资本论》打下基础，但马克思本人不知感恩。与此同时，幸存下来的工人阶级政治组织以及为工人阶级事业奋斗的政治组织都纷纷垮台了，例如共产主义者同盟垮于1852年；或者逐渐沦为默默无闻、无足轻重的组织，例如宪章运动。

然而，工人阶级的组织依然存在，而且只会渐渐壮大，但他们的经济斗争和自卫行动比以往更有节制了。除了英国部分的明显例外之外，工会和罢工几乎在欧洲所有地方都是为法律所禁止的。但是，那些互助会（Mutual Aid Societies）和合作组织——在欧洲大陆一般为生产组织，在英国一般为商店——被认为是可以接受的，不过谈不上特别兴盛：在意大利这类互助会势力最强的皮埃蒙特地区，1862年互助会的平均人数也不足50人。[5] 只有在英国、澳大利亚和（奇怪得很）美国，工人的工会组织才具有重要意义。澳大利亚和美国的工人工会，主要是由具有阶级意识的英国移民组织而成的。

在英国，除了机器制造工业的熟练工匠和较古老行业的手艺人之外，棉纺工人也保持了强大的地方工会，这些工会在全国建立起有效的联系，而且有一两次，即1852年的工程师联合工会、1860年木匠和细木工人联合工会，它们曾在财政上（如果不能说在战略上的话）协调了全国社团。它们虽然只是少数，却不是可以忽略的少数，而且在熟练工人中它们有时还占多数。此外，它们还为工会制度的迅速扩大打下了基础。美国的工会组织比起其他地方算是比较强的，尽管后来证明，它们未能抵挡住19世纪末那场真正飞快发展的工业化冲击。然而，与组织有序、有劳动者天堂之称的澳大利亚殖民地工会相比，美国工会只能算是小巫。澳大利亚的建筑工人实际上早在1856年就赢得了八小时工作制，很快其他行业也都实行此制度。在这个人口稀少而经济蓬勃发展的国家中，工人讨价还价的地位高于其他任何国家。19世纪50年代的淘金热将数以千计的人们引至他方，留下来没跟着去冒险的工人，其工资却因之提高了。

敏感的观察家并不认为这类不甚重要的工人运动会维持很久。其实，大约从1860年起，形势已经很明显，无产阶级正与19世纪40年代的风云人物一道重返历史舞台，不过情绪不是那么狂暴。它以未曾预料到的快速度出现了，接着又很快形成了与其后来运动相一致的思想体系——社会主义。这种成长过程是政治行为和工业行为的奇怪结合，是各种激进主义从民主主义到无政府主义的奇怪结合，是阶级斗争、阶级联盟和政府或资本家让步的奇怪结合。但是，首先它是国际性的，这不仅因为它像自由主义的复活那样，在各个国家同时产生，而且也因为它与工人阶级的国际团结密不可分，或者说与激进左派（1848年前那个时期的遗产）的国际团结密不可分。国际工人运动实际上组建为国际工人协会（International Workingmen’s Association），即马克思的第一国际（First International, 1864—1872），并受其领导。《共产党宣言》中“工人无祖国”的提法是否确切，可能尚有争论：法英两国有组织的激进工人必定都是爱国者，法国革命传统向来就是众所周知的民族主义（见第五章）。但是，在生产要素自由移动的经济领域中，即使连不注重意识形态的英国工会，也已意识到制止雇主引进劳工的必要性，因为这些劳工会破坏罢工的效果。对于所有的激进者来说，无论什么地方的左派成败，都似乎与他们自己的成败有着非常直接的关系。在英国，国际工人协会是再度复活的选举改革活动和一系列国际团结运动相结合的产物——1864年与加里波第的意大利左派相结合，美国内战期间与林肯及北方相结合，1863年与不幸的波兰人相结合，等等。所有这类运动都曾以最少的政治色彩和最多的“工会主义”加强了工人运动。不同国家之间的工人所进行的有组织接触，必然会对各自的运动产生反响。譬如，拿破仑三世在他允许法国工人派遣一个大型代表团赴伦敦参加1862年举行的一次国际展览后，就发现了这一点。

国际工人协会成立于伦敦，并很快落入能干的马克思之手。它是英法工会领导人和旧时欧洲大陆革命总参谋人员的奇怪结合。英国工会领导人有其传统的岛国孤立性和自由激进倾向，法国工会领导人的意识形态相当混杂，但更“左”倾些；而欧洲大陆革命者们则各有各的观点，且越来越无法协调。他们在思想领域的斗争最终毁了第一国际。由于有许多历史学家一直在研究他们，所以我们无须在此多费笔墨。广义而言，第一次重大斗争是发生在“纯粹的”（实为自由或自由激进的）工会主义者和那些更具野心的社会改革者之间，结果社会主义者赢得胜利，尽管马克思小心翼翼地不让英国人（他的主要支持者）参与这场斗争。随后马克思和其支持者又迎接（并击败）了蒲鲁东“互助论”（mutualism）的法国支持者和阶级意识强烈、反对知识分子的好斗手工匠的挑战；接着又遭到了巴枯宁无政府主义联盟的挑战，巴枯宁无政府主义联盟更为可怕，其秘密组织和派别的纪律相当严格，活动方式也绝不是无政府主义的（见第九章）。由于再也无法维持对国际工人协会的控制，马克思遂于1872年不动声色地取消了国际工人协会，将总部迁往纽约。至此，工人阶级大动员的脊梁被折断了，因为国际工人协会既是其中的一部分，又在一定程度上扮演协调角色。但事实证明，马克思主义还是取得了胜利。

在19世纪60年代，这一点是难以预料的。1863年以后，只有一次马克思主义的，其实是社会主义的群众性工人运动在德国得到发展。[如果我们把1872年流产的美国国家劳工改革党（National Labour Reform Party）除外，实际上只有一个不受“资产阶级”或“小资产阶级”政党支配的全国性政治工人运动。美国国家劳工改革党是全国劳工联盟（National Labour Union，1866—1872）的政治延伸，这个野心勃勃的劳工联盟乃是隶属于国际劳工组织。]这指的是拉萨尔（Ferdinand Lassalle，1825—1865）的成就。拉萨尔是一位才华横溢的鼓动家，由于贪恋高度放荡的私生活而自食恶果（他在一次争夺女人的决斗中受伤而死）。如果说他曾跟随过什么人，那么，他自认为是马克思的追随者，但跟随的时间不是很长。拉萨尔的全德意志劳工协会（Allgemeiner Deutscher Arbeiterverein，1863年）是彻头彻尾的激进民主派，而非社会主义派。其当时的口号是普选权，但是，它的阶级意识和反资产阶级情绪都十分强烈，而且，尽管起初它的会员人数不算太多，但从组织上看，却很像一个现代的群众党派。马克思不欢迎全德意志劳工协会，而支持一个与它敌对的组织。这个组织是由他的两个更加忠心耿耿（至少是更加可以接受）的弟子所领导。这两个人一个是记者李卜克内西，另一个是才华出众的年轻车木工倍倍尔。这个组织的基地位于德国中部，虽然它更具社会主义性质，但令人难以置信的是，它竟与（反普鲁士的）1848年旧革命者的民主左派结盟，遵循一条并非毫不妥协的政策。拉萨尔派几乎是一个彻头彻尾的普鲁士运动，它所思考的重心是如何运用普鲁士的方法解决德意志问题。因为这是1866年后明显奏效的一种解决方式，所以在德意志统一的10年间强烈感觉到的那些分歧就不再引人注意了。马克思主义者于1869年和一些从拉萨尔派分裂出来、坚持革命运动的无产阶级纯粹性人士，组成了社会民主党，最后在1875年与拉萨尔派合并——后来证明是接管了拉萨尔派——组成了势力强大的德国社会民主党（SPD）。

值得注意的是，这两个运动在不同程度上都与马克思有关。它们都认为（尤其是在拉萨尔死后），马克思在理论上鼓舞了它们，是它们的领袖。两者都把自己从激进的自由民主中解放出来，从而发挥了独立工人阶级运动的作用。而且，（在俾斯麦于 1866 年赐予德国北部和 1871 年赐予整个德国的两次普选中）两者都立即得到了群众的支持。这两个运动的领导人都当选为议员。在恩格斯的出生地巴门（Barmen），早在 1867 年，社会主义者的得票率就达到 34%，及至 1871 年，更高达 51%。

尽管国际工人协会对工人阶级政党并不具直接的激励作用（甚至德国的两个政党均不是它的正式成员），但是，许多国家的工人运动之所以能以大规模的工业和工会运动形式出现，却与国际工人协会密切相关。国际工人协会至少从 1866 年起，就开始有系统地进行这种促进工作。国际工人协会实际究竟何时开始从事这项工作，现在还不大清楚。（国际工人协会恰好碰上第一次国际工人抗争高潮，其中有一些，如 1866—1867 年的皮埃蒙特毛纺工人罢工等，肯定与国际工人协会无关。）然而，自 1868 年之后，这类抗争就基于共同利益的考虑而与国际工人协会结合在一起。因为这些运动的领导人越来越引起国际工人协会的注意，甚至已经成为国际工人协会的战士。工人骚动和罢工的浪潮席卷了整个欧洲大陆，远至西班牙，甚至波及俄国：1870 年圣彼得堡发生了罢工运动。它在 1868 年袭击了德国和法国，于 1869 年控制了比利时（其势力在此维持了若干年），此后不久又侵入了奥匈帝国，最后于 1871 年到达了意大利（1872—1874 年间在意大利达到高潮），并于同年进入西班牙。与此同时，1871—1873 年间，英国的罢工也达到顶峰。

新的工会不断涌现，它们赋予国际工人协会群众基础：光是奥地利的数字便足以表明，在维也纳，国际工人协会的支持者据报道在 1869—1872 年间，就从 1 万人发展到 3.5 万人；在捷克，从 5000 人增至约 1.7 万人；在施蒂里亚（Styria）和卡林西亚，则从 2000 人增至仅施蒂里亚一地就大约有 1 万人。[6] 用日后的标准来衡量，这些数字还不算多，但它却代表着比数字表面大得多的动员力量。据悉，德国工会只在群众大会上做出罢工决定，而且代表尚未组织起来的群众做此决定。这当然使各国政府惊恐万分，特别是在1871年，当国际工人协会群众运动的洪峰与巴黎公社革命正好碰上的时候，情况更是如此（见第九章）。

早在19世纪60年代，欧洲各国政府，至少是部分资产阶级，就注意到工人阶级正在兴起的问题。自由主义太拘泥于经济自由放任的正统观念，因此不曾认真考虑社会改革政策。但是，一些敏锐意识到有失去无产阶级支持危险的激进民主主义者，甚至准备牺牲这项正统观念，在“曼彻斯特主义”从未赢得彻底胜利的国家里，官员和知识分子越来越认真考虑社会改革政策的必要性。因此，在德国，在日益高涨的社会主义运动影响下，一个称呼很不恰当的“社会主义教授”（Kathedersozialisten）组织，于1872年组成了具有影响力的“社会政策学会”（Verein für Sozialpolitik）。该会提倡用社会改革来代替或者对付马克思主义的阶级斗争。（“社会主义”一词与更具煽动性的“共产主义”不一样，所有提出国营经济和社会改革之人都可以含混不清地使用社会主义这个词，甚至在19世纪80年代社会主义工人运动普遍兴起的时期，该词仍被广泛使用。）

然而，即使把公众对自由市场机制的干预视为某种毁灭性妙方的那些人，现在也都确信，工人组织和活动只要能够驾驭，也必须予以承认。据我们所知，一些更具蛊惑性的政治家，甚至拿破仑三世和迪斯累里等人，都敏锐地意识到工人阶级的选举潜力。在19世纪60年代，整个欧洲都曾修订法律允许某些有限制的工人组织存在以及有限度地举行罢工；更确切地说，就是在自由市场的理论架构中，为工人的自由集体交易留下一席之地。然而，工会的法律地位仍然很不确定。只有在英国，工人阶级及其运动才拥有巨大的政治分量，主要是因为工人占人口多数。在几年的过渡（1867—1875）之后，英国终于建立了一套获得立法通过的完整体制。这对工会主义非常有利，所以工会主义者此后便不断进行尝试，企图削弱工人阶级业已获得的自由。

这些改革的目的，明显在于防止工人阶级以一种独立的，进而是一种革命的力量出现在历史舞台上。这一点在业已建立非政治性或自由激进工人运动的国度里，取得了成功。在有组织的工人力量已经强大的地方，例如英国和澳大利亚，一直要到很后期才出现独立的工人阶级政党，而且即使在它们成立之后，实质上仍然是非社会主义的政党。但是，就我们所知，在欧洲大陆的大部分地区，工会运动是在国际工人协会时期涌现的，大多由社会主义者领导。从政治上看，工人运动与社会主义是一致的，特别是与马克思主义一致。例如，丹麦在1871年成立了以组织罢工和生产合作社为目标的国际工人协会，这个国际组织在1873年遭丹麦政府解散之后，其各派别遂组成了若干独立工会，后来，其中的大部分又重组为“社会民主联盟”。这就是国际工人协会最具意义的成就。它既使工人阶级有了独立性，又使工人阶级具备了社会主义性质。

另一方面，国际工人协会并没有使工人成为造反者。尽管各国政府已经感受到国际工人协会煽起的恐怖，但是国际工人协会并未打算马上发动革命。马克思本人虽然革命性不减当年，但此时也没有把马上革命视为重要的前景。实际上，他对发动无产阶级革命的唯一尝试——巴黎公社——的态度显然是小心谨慎的。他认为，巴黎公社毫无成功的可能性。它可能赢得的最佳效果就是制造一次与凡尔赛政府讨价还价的机会。在巴黎公社遭到不可避免的失败之后，他以最动人的语句为它写了一篇讣闻，但他撰写这本具有重要意义的小册子《法兰西内战》（*The Civil War in France*）的目的，是为了教育未来的革命者。在这方面，他是成功的。但是，当巴黎公社革命正在进行的时候，国际工人协会以及马克思，却保持沉默。在19世纪60年代，他为长远的目标而工作，但对那些短期目标仍持温和态度。只要能建立（至少在主要工业国家）独立的政治性工人运动，（在法律许可的地区）为赢得政权而组织群众，摆脱自由激进主义（含纯粹“共和主义”和“民族主义”）知识分子的影响，解除左翼思想（无政府主义、互助论等）

的束缚，他就感到满足了。他未曾期盼这些运动成为“马克思主义”运动。马克思若真有此想法，他就无异于乌托邦主义者了，因为除了在德国和为数不多的旧时移民当中，马克思并没有什么真正的追随者。他既不期望资本主义立即崩溃，也不期望资本主义面临马上被推翻的危险。他只希望迈出组织群众大军的第一步，若能赢得这第一步，他就能和地位牢固的敌人展开长期斗争。

及至 19 世纪 70 年代初，工人运动看来似乎连这些并不过分的目的也没有达到。英国的工人运动仍牢牢控制在自由党人手中，其领导人太软弱、太腐败，竟然还利用他们掌握的决定性选举力量来索取议会席位。法国的工人运动因巴黎公社失败而全线崩溃，在一片废墟之中，除了陈腐的布朗基主义、激进的共和主义和互助论之外，不可能找到比之更好的东西。1873—1875 年爆发的工人骚动浪潮，并不曾使工会变得比 1866—1868 年更为强大，甚至在某些情况下，还比那时更弱了。国际工人协会自此停止活动，它消除不了旧时左派的影响，因而它的失败已是显而易见。巴黎公社革命被扑灭了。欧洲地区的另一场革命（即西班牙革命）也行将结束：波旁家族已在 1874 年重返西班牙，使下一个西班牙共和国延迟了将近 60 年。唯有在德国，工人运动有了明显的进展。于是众人得出一个新结论：新革命的前景可能会出现在开发程度较低的国家（在此之前，这点尚不很明朗）。因此，从 1870 年起，马克思开始把某些希望寄托在俄国身上。然而，在这些工人运动中最令人感兴趣的是，最可能动摇英国这个世界资本主义主要堡垒的那场革命，也失败了。在爱尔兰芬尼亚勇士团也显然遭到毁灭性的失败（见第五章）。

马克思晚年不乏退缩与失望的情绪。比较而言，他此时的作品很少，而且在政治上也不像以前那样活跃。[ 马克思死后，恩格斯将其遗留下来的大量资料整理成《资本论》第二卷和第三卷。《剩余价值学说史》（*Theories on Surplus Value*）实际上在 1867 年《资本论》第一卷发表之前就已经完成。马克思的主要著作中，除了一些书信之外，只有《哥达纲领批判》(*Critique of the Gotha Programme*，1875 年)是在巴黎公社失败后完成的。] 然而，根据后见之明，我们可以说 19 世纪 60 年代革命有两项成就是永恒的。其一是，从此以后，世界上出现了有组织的、独立的、政治性的、社会主义的群众性工人运动。其二是，前马克思的社会主义左派影响力，已经被大大削弱了。结果是使日后的政治结构发生了永久性的变革。

这些变化绝大部分直到 19 世纪 80 年代末期，亦即国际工人协会再次复苏之际，仍不明显，国际工人协会此刻主要是作为马克思群众党派的共同阵线。然而早在 19 世纪 70 年代，至少已有一个国家面临了这个新问题，这个国家就是德国。德国社会主义者的选票(1871 年为 10.2 万张)在短时间的挫折之后，再度以一种不可抗拒的态势明显上升：1874 年增至 34 万张，1877 年增至 50 万张。对于这种发展，没人知道该如何应付。民众既不保持消极被动的态度，也不准备听从其传统“长官”或资产阶级的领导，而他们的领导者又不可能被同化，因此，他们在这种政治结构中显得无所适从。俾斯麦本来可以为了自身目的而玩弄自由议会主义的把戏，其实他比任何人玩得更好，可是此时他也想不出什么别的高招，只能借由法律手段来禁止社会主义者的活动。

# 第七章

# 失败者

最近（东方）掀起模仿欧洲习尚的风气，包括借用危险的欧洲艺术。然而西方文明在东方统治者手里不会开花结果，不但无法恢复他们摇摇欲坠的国家，反而会加速其灭亡。

——T. 厄斯金·梅爵士，1877 年 [1]

《圣经》不曾对温馨现代的人类生活给予任何保证……我们必须在所有的东方国家中建立恐怖政府。到那时，也只有那时，现代生活的益处方能得到理解和重视。

——J. W. 凯伊，1870 年 [2]

## 1

在资产阶级的世界里，“生存竞争”是其经济思想、政治思想、社会思想以及生物思想的基本隐喻。在“生存竞争”的环境中，唯有“适者”能够生存。适者不仅有权生存，而且有权统治。对世上那些拥有经济、技术以及军事优势的人来说，他们无往不胜。这些胜利者主要分布在西北欧、中欧以及上述两地移民在海外所建立的国度中（主要是美国），占世界绝大多数的其余部分，便成了他们的盘中餐。在19世纪第三个25年期间，除去印度、印度尼西亚和北非部分地区，几乎没有其他国家沦为殖民地或具有殖民地的形式。（我们暂且把盎格鲁-撒克逊人定居的地区，例如澳大利亚、新西兰以及加拿大撇在一边。它们虽然尚未正式独立，但显然不被视为是“原住民”居住的地区。“原住民”是个中性词，但有很强的轻蔑味道。）大家一致承认，这三个例外地区绝不是不值一提的小地方：光是印度一地，便占1871年世界人口的14%。同时，在本书所述时期，虽然没有增加多少新殖民地，但世界其余地区享有政治独立的国家几乎微不足道。在经济上，它们听凭资本主义摆布，只要它们在资本主义所及范围之内。在军事上，它们的劣势更是显而易见。（西方）炮舰和远征军看来所向披靡。

事实上，当欧洲人在恫吓虚弱的传统政权时，并不像表面上那样威风凛凛、不可一世。世界上有许多强悍民族（英国政府官员称他们为“尚武民族”），如果在陆地上与欧洲军队对垒，一定能将欧洲人打得落花流水，虽然在海战中必败无疑。奥斯曼士兵骁勇善战，久负盛名。他们不仅能够镇压反叛苏丹的臣民，将他们斩尽杀绝，而且能够勇敢面对他们最危险的宿敌：俄国军队。奥斯曼帝国因此得以在欧洲列强之间岿然不动，至少延缓了其崩溃。英国士兵对印度的锡克族人（Sikhs）、印度西北部帕坦人（Pathans）和非洲的祖鲁人（Zulus）以及法国士兵对北非的柏柏尔人（Berbers），亦不敢轻视。从经济上看，远征军在非正规战或游击战的不断打击下，遇到严重的麻烦，特别是在边远山区，外国人在这类地区完全得不到支持。俄国人在对付诸如高加索人的反抗中，苦战了几十年。英国人知难而退，放弃直接控制阿富汗的企图，而以监控印度西北边界为满足。最后一点，由少数外国征服者对幅员广阔的大国进行永久性占领是很难如愿的，代价也很高。其实即使不永久占领，先进国家也能将其意志和利益强加在被征服国家身上，因此永久占领看似有些得不偿失。不过从未有人怀疑在必要时永久占领是可以做到的。

因此，对世界大部分地区而言，它们无法决定自己的命运。它们充其量只能对加诸在它们身上那股越来越大的压力做出一些反应而已。大体说来，任人宰割的那部分世界包括下列四个地区：首先，是伊斯兰世界和亚洲地区的残存帝国或大型独立王国，例如奥斯曼帝国、波斯、中国、日本以及一些较小王国，例如摩洛哥、缅甸、暹罗和越南。除日本之外——日本将另行阐述，参见第八章，这些大国日益受到19世纪资本主义新兴力量的破坏；小国则在本书所述时代结束之后，沦为列强殖民地，只有暹罗因作为英法势力缓冲区而未遭占领。其次，是西班牙和葡萄牙先前的美洲殖民地，在这段时间，它们是名义上的独立国家。再次，是撒哈拉以南的非洲地区。对于这个地区不需多费笔墨，因为它在本书所述时期并未引起多大注意。最后，是已被正式殖民化，或被正式占领的国家，主要是亚洲国家。

上述四类国家都面临一个根本问题：对于西方正式或非正式的占领，它们应该持什么态度。呜呼白人过于强大，无法拒之门外，这是再明显不过的事了。墨西哥东南部尤卡坦（Yucatan）丛林里的玛雅（Maya）印第安人，为了恢复自己古老的生活方式，曾在1847年试图把西方人赶走，实际上由于1847年爆发的“种族战争”（Race War），他们或多或少达到了自己的目的，然而最终——到了20世纪——龙舌兰和口香糖又将他们置于西方文明的羽翼之下。不过尤卡坦的情况例外，因为地处偏僻，离它们最近的白人国家（墨西哥）又太弱，英国在它们旁边倒是有块殖民地，近在咫尺，但英国人并没有去恫吓它们。善战的游牧民族和山区部落民族可能吓得白人不敢进犯。我们可以想象，白人之所以很少前往那些地区是由于力量不足，而非山高路远，或是经济效益不高。对于那些不属于资本主义世界但具完善政治组织的国家来说，问题并不是可不可能避开白人文明世界，而是应如何看待它的影响：是照搬照抄，还是坚决抵制，或两者兼而有之，仅此而已。

世界上处于从属地位的地方有两类已在欧洲统治下被迫进行“西化”，或正处于“西化”过程之中：它们就是美洲的前殖民地和实际已成为殖民地的地区。

拉丁美洲已摆脱西班牙、葡萄牙殖民地的地位，而成为法律上众多主权国家的集合体。这些主权国家在西、葡留下的机制上，又加上一套大家熟悉的19世纪（英国和法国）自由中产阶级的机制和法制。西、葡留下的机制主要是带有地方色彩的罗马天主教机制。罗马天主教在当地人民的生活中具有根深蒂固的地位。当地人多半指印第安人，在加勒比海和巴西沿海地区主要为非洲人。[来自非洲的奴隶仍继续信奉他们的宗教（或多或少已与天主教统一），除海地外，看来没有与占统治地位的宗教发生冲突。]资本主义式的帝国主义，不会采取有系统的措施迫使其受害者改信基督教。该地都是农业国家，距离世界市场相当遥远，如果不是靠近河流、海港或火车站，它们实际上也不可能进入世界市场。除了奴隶种植园、难以深入的部落聚居地以及极北极南的边远地区外，这些农业国家的居民主要是各种肤色的农人和牧人。他们住在自治的村社里，直接受雇于大农场主，很少人有本事自力更生。民众受到大农场主的财富奴役，这些有钱人的地位因西班牙殖民主义的废除而得到明显改善。西班牙殖民时期曾企图对大地主维持某种控制，包括给予农民（主要是印第安农民）村社某些保护。此外，他们也受武装集团的统治（地主或其他任何人都可豢养一批武装人员），武装人员是军事首领的基础，这些军事领袖各自统率自己的军队，并已成为拉丁美洲政治舞台上大家相当熟悉的组成要素。这个大陆的所有国家基本上都是寡头政治。在现实中，这代表着民族势力和民族国家的体质都异常虚弱，除非国家面积小，或独裁者凶残到足以使遥远的臣民也慑于其淫威（至少是暂时的）。如果这些国家要与世界经济建立联系，就得通过外国人，因为外国人控制了其粮食的进出口，控制了运输（智利例外，智利有其蓬勃发展的船队）。本书所述时期，这些外国人主要是指英国人，也有一些法国人和美国人。当地政府就靠从对外贸易中进行搜刮，靠借贷发财，当然主要是向英国借贷。

独立后的头几十年里，因经济萧条，许多地区人口下降。巴西、智利幸免于难。巴西在当地一位皇帝的领导下，采取和平手段脱离葡萄牙，免去内战浩劫，因此未遭破坏。智利孤零零地坐落在太平洋沿岸气候温和的一条狭长土地上。新政权——拉丁美洲是世界上共和国最多的地方——进行了自由主义改革，但未取得实际结果。其中有些大国（后来成为重要的国家）实行寡头独裁政治，主政者都是土生土长只关心内政并且敌视创造发明的人，如阿根廷的独裁者罗萨斯（Rosas，1835—1852）。在19世纪第三个25年资本主义向全球扩张的惊人过程中，这种寡头政治的局面必定会因此发生重大改变。

首先是巴拿马以北地区，自从西班牙、葡萄牙消失之后，拉丁美洲面临先进国家更加直接的干涉，这是它们以往未曾经历过的。墨西哥是其中最大的受害者。美国于1846年对它发动侵略，结果墨西哥割让给美国大片领土。接着，欧洲和美国发现这一大片未开发地区，不但物产丰富，而且都很值得进口——秘鲁的海鸟粪，古巴以及其他各地的芋草，巴西以及其他地方的棉花（特别是美国内战期间），咖啡（特别是1840年后的巴西咖啡）以及秘鲁的硝酸盐，等等。其中有些产品受宠时间不长，大起大落，失宠的速度和它们看涨的速度一样快：秘鲁的海鸟粪在1848年前尚未开始出口，到19世纪70年代已告结束。拉丁美洲要到19世纪70年代以后才开始发展相对长期的出口产品，这些产品直到20世纪中叶，甚至今日仍然有一定的市场，经久不衰。外国资本开始投资拉美大陆的基础设施——铁路、港口等公共设施陆续修建；欧洲移民也大规模增加，古巴、巴西是主要移居国，而气候宜人的拉布拉塔河口尤其受移民者的青睐。（据粗略统计，1855—1874年，约有25万欧洲人在巴西定居；在大约同样长的时间里，有80多万欧洲人移往阿根廷和乌拉圭。）

这些情况对于那些献身于拉美大陆现代化的一小部分拉丁美洲人是个鼓舞。这个大陆当时很穷，但资源丰富，潜力雄厚，例如秘鲁，一位意大利旅游者形容它是“一个坐在一大堆金子上面要饭的乞丐”。外国人在某些国家，例如墨西哥，也真正构成了威胁，但与当地崇尚传统的农民、落后边远地区的老式地主以及以教会为代表的可怕惰性相比，其危害就又另当别论了。换句话说，如果不先克服这些落伍势力，几乎没有机会能与外国匹敌。而克服它们的办法，唯有残酷无情地实行现代化和“欧洲化”。

受过良好教育的拉美人所钟爱的“进步”思想，不只是共济会和功利主义者提倡的开明的自由主义（在独立运动中，这种思想甚受欢迎）。19世纪40年代形形色色的乌托邦社会主义（保证既有完美的社会，又有经济发展）深深打动知识分子的心；从19世纪70年代起，奥古斯特·孔德（Auguste Comte，1798—1857）的实证主义深入巴西（时至今日巴西的民族格言仍是孔德的“秩序和进步”）和墨西哥（程度略轻一些）。尽管如此，古典“自由主义”仍旧很有市场。由于1848年革命和世界资本主义扩张，自由主义者有了大展宏图的机会。他们真的砸碎了旧殖民主义的法制秩序。他们进行了两项彼此相关的重要改革：第一项是循序废除土地占有权、使用权（私有财产除外）和土地买卖（巴西在1850年颁布土地法，哥伦比亚则于同年取消对印第安土地分割的限制）；更重要的第二项是对教会进行无情打击，这项改革恰巧也必须取消教会对土地的占有。墨西哥在贝尼托·胡亚雷斯（Benito Juarez，1806—1872）总统领导下，根据1857年宪法，将反对教会的斗争推向最高潮（墨西哥是政教分离的），人民无须再向教会缴纳农产品什一税，牧师被迫宣誓效忠政府，政府官员禁止参加宗教仪式，禁止教会土地变卖，等等。其他国家也争先恐后地发起反教会运动。

原先企图通过政治权力强制实行组织现代化，并进而改革社会的尝试，结果失败了，根本原因在于经济独立无法跟上脚步。自由主义者是这块农业大陆上受过良好教育的城市精英，他们如果享有真正的权势，这权势也是建立在一些靠不住的将军的支持上，建立在当地一小撮地主家庭的支持上。拉丁美洲的地主出于莫名其妙的与约翰·斯图亚特·穆勒（John Stuart Mill）或达尔文毫不相关的理由，将他们的族人聚集在自己的羽翼之下。就社会和经济而言，直到19世纪70年代，拉丁美洲内陆地区的变化甚微，有的只是地主权力加强，而农民处境更糟罢了。由于这个变化是在世界市场对拉丁美洲的冲击之下发生的，因此其结果肯定是传统经济不得不为进出口贸易服务，而进出口贸易却是由外国人或外国殖民者借由几个大型港口或首都进行控制的。只有拉布拉塔河口地区例外，该地集中了大量欧洲移民，最终成为一个全新的、非传统的社会结构下的新居民区。19世纪第三个25年期间，拉丁美洲以无比的热情拥抱资产阶级自由主义模式，从此走上“西化”道路（有时也很残酷），除日本之外，世上其他地区的西化程度无出其右者。然而，结果却颇令人失望。

欧洲殖民帝国主要可分为两大类型（澳大利亚、加拿大暂且不谈，该地主要是欧洲移民居住区，当地居民很少，欧洲人来此也是不久前的事）：一类是白人殖民者（不论他们在当地人口中所占比重多寡）与当地土生土长的主要居民彼此共存的几个地区（南非、阿尔及利亚、新西兰）；另一类是只有少量欧洲移民的多数地区［这些地区人种混杂的情况并不严重，与工业化之前的旧帝国不同。人种混杂的旧帝国殖民地有的依然存在（例如古巴、波多黎各、菲律宾），但从19世纪中期起，殖民者就不鼓励欧洲人与当地人通婚，至少在印度是如此。那些无法轻易被“有色人种”同化（像美国那样），或无法“充作”白人的混血儿，经常成为次级行政官员和技术人员的主要来源，像在印尼、印度那样，这些人在印尼、印度垄断了铁路营运。然而原则上，“白人”与“有色人种”是泾渭分明的］。“白人殖民者”的殖民地制造了殖民主义者最难解决的棘手问题，虽然这在本书所述时期已不具重大国际意义。土生土长的当地人无论如何都得面临一个大问题：如何抵御白人殖民者的进攻。尽管祖鲁人、毛利人和柏柏尔人拿起武器时也非常可怕，但他们在取得某些局部胜利后，就无所作为了。如果殖民地人口中的当地人比重太高，问题就更严重，因为白人太少，需要大量借用当地人代表统治者管理、压迫当地人，而且无可避免地利用当地现有的机制来实行统治，至少在地方层级得如此。换言之，殖民统治者面临两个难题：制造一个被同化的当地人阶层来代表白人以及改造当地远不合于白人利益的传统机制。反之，当地民族所面临的西化挑战是更加复杂的问题，不是抵抗一下便能解决的。

## 2

印度（迄今最大的殖民地）充分说明了这个问题的复杂性和悖论性。外来统治本身对印度而言并不是个大问题，因为在这块次大陆的历史上，许多外国人（多数是中亚人）一次又一次征服过这片广袤地域，外国人在此建立了有效的政权，因而也就合法化了。现在这个欧洲统治者，其肤色比阿富汗人白一些，官方语言比古波斯语稍微难懂些，但这并不会造成特殊困难；统治者没有逼迫当地人放弃他们稀奇古怪的宗教而改信其他宗教（传教士对此伤心不已），反倒给了他们一笔政治财富。然而，欧洲统治者强行带来了翻天覆地的变化，其规模超过以往任何从开伯尔（Khyber）山口之外带来的变化。这些变化究竟是现代统治者有意造成的，还是他们古怪的思想意识和空前的经济活动无心导致的，在此暂且不论。

变化是革命性的，但同时又是有限的。英国人努力使当地人西化，从某些方面说甚至是同化。其原因不仅是当地诸如寡妇须火焚殉葬等陋习使他们打从心里怒火中烧，忍无可忍，更是由于行政管理和经济方面的需要。行政管理和经济秩序打乱了业已存在的经济结构和社会结构，虽然这种破坏并不是统治者的初衷。经过长期辩论，英国终于采纳了麦考莱（T. B. Macaulay，1800—1859）的著名《备忘录》（1835年），选送少数几个印度人接受纯英式教育，英印官方对这几个印度人的教育和培养甚感兴趣，主要是因为他们将成为次要的行政官员。一个小小的英国派精英集团诞生了。这个英国派集团有时与印度大众相去甚远，不但姓名换成英国式的，甚至说起家乡话也结结巴巴。尽管如此，那些被英国同化得最彻底的印度人，也不会被英国人当作英国人看待。（就此，我们应向英国左派致敬，英国左派具有强烈的平等观念，1893年有一个或两个印度移民在伦敦选区当选，进入英国国会，成为印度移民出身的第一个左翼议员。）另一方面，英国不愿或无法使一般印度大众西方化，因为：（一）将印度人收为臣民的目的在于不让他们与英国资本主义竞争；（二）肆无忌惮地干涉老百姓的风俗习惯，要冒很大的政治风险；（三）英国人的生活方式和1.9亿印度人（1871年）差别太大，很难填平这道鸿沟，只靠屈指可数的几个英国行政官员是办不到的。曾在19世纪统治过印度或在印度生活过的英国人，留下了许多极珍贵的文学作品，这些文献对社会学、社会人类学和比较历史的研究具有十分重要的贡献（见第十四章）。在这个水火难容、谁也无能为力的主旋律中，这是唯一令人欣慰的变奏曲。

“西化”最终造就了印度解放斗争的领导人物、意识形态以及行动纲领。解放斗争的文化旗手和政治领袖，都是从与英国合作的人士中脱颖而出。他们以买办资产阶级的身份，从自己控制的领域或从其他支配方式里获益匪浅，决意模仿西方，使自己“现代化”。“西化”逐渐孕育出当地土生土长的工业资产阶级。工业资产阶级为了维护自身利益，逐渐与宗主国的经济政策发生矛盾。必须指出，不管这些“西化”精英在这个时期有什么牢骚怨言，他们还是认为英国人为他们提供了一种模式，同时也为他们造就了新机遇。一位未署真名实姓的民族主义者曾在《慕克吉杂志》（*Mukherjee's Magazine*）上发表一篇大唱反调的文章，上面写道："当地精英被周围虚假的光泽照得头晕目眩……他们全盘接受其上司的观点（并）对他们赋予无限信任，就像是信奉商业《吠陀经》（*Veda*，《吠陀经》是印度婆罗门教的基本经典，吠陀是梵文Veda的音译，意指智慧和光明。这里用商业《吠陀经》含有讥讽之意）一样。然而智慧之光终将把他们脑中的浓雾一扫而光。"[3]这样的民族主义者显然是个特例。一般而言，对英国的抵制均来自传统主义者，然而，当时势演变成如同另一位民族主义者提拉克（B. G. Tilak）所追忆的那样时，传统主义的抵制也告销声匿迹。提拉克说，人们"先是被英国的清规戒律弄得眼花缭乱。接着是铁路、电报、公路、学校使人们目瞪口呆。骚乱停息了，人们享受了和平与安宁……人们开始说甚至盲人也能拿着镶金手杖从贝拿勒斯（Benares，即瓦拉纳西）平安地走到拉梅斯沃（Rameshwar）"。[4]

1857—1858年爆发于印度北方平原的伟大起义，是英国统治史上的转折点，这次起义在英国史上习称为"印度兵变"（Indian Mutiny），至今仍被认为是印度民族运动的先驱。这次起义是传统印度（北方）反对英国直接统治的最后一搏，结果使得古老的东印度公司垮台。东印度公司原是殖民主义者的私营企业，渐渐成为英国政府的附属机构，最终为英国政府所取代。直到此时，印度仍分成若干属地。在印度总督达尔豪西（Dalhousie）爵士的统治（1847—1856）下，英国开始有系统地执行属地合并政策，其中最重要的是1856年对莫卧儿王朝最后一个王国——奥德王国（Kingdom of Oudh）——的合并。[1848—1856年间，英国合并了旁遮普（Punjab）、印度中部大部分地区、西海岸的几个部分，以及奥德王国（北方邦境内，12世纪前的印度教文明中心），从而使英国直接统治下的领土增加了1/3。]英国这种不讲策略只求速度的强行合并，种下了起义的种子。起义的导火线是英国规定军队必须在子弹上涂抹牛油，孟加拉士兵认为这是蓄意用宗教敏感问题进行挑衅。虽然起义之初只是孟加拉军队的兵变[孟买和马德拉斯（Madras）军队仍按兵不动]，但是很快便在北部平原演变成一场大规模的群众暴动（基督教和传教士的机构是群众发泄愤怒的首要目标之一）。这场运动的领导者是传统的王公贵族，目的是恢复莫卧儿王朝。除上述原因外，英国对土地税的修改也具有火上浇油的助燃之效。土地税是公共开支的主要财源，修改土地税遂激化了经济紧张气氛。然而光是这些原因是否就足以产生规模如此庞大、范围如此广泛的造反起义呢？这很令人怀疑。人们之所以起而造反，是因为他们相信一个外来的社会正以越来越快的速度、越来越残酷的手段企图消灭他们的生活方式。

"兵变"虽然在血流成河的情况下被镇压，但这次事件告诫英国必须谨慎从事。合并工作实际上停止了，只有在次大陆的东西边境仍在进行。尚未置于英国直接统治之下的印度广大地区，便交给当地的傀儡土邦王公加以统治，土邦王公实际上受制于英国，但表面上英国还得奉承他们，尊重他们。于是这些土邦王公成为殖民政府的支柱，而殖民政府则保证他们荣华富贵，有钱、有权、有地位。自此，英国统治政策开始转向，他们遵循古代帝国"分而治之"的箴言，倚靠这个国家更为保守的势力，依靠地主，特别是实力雄厚的穆斯林少数民族。随着时间推移，这项政策转变已不仅是对印度传统抗外势力的承认。它已成为印度新型抗外力量的平衡砝码，这种新的抵抗力量是由印度新兴中产阶级精英缓慢发展出来的。印度中产阶级是殖民社会的产物，有时更是其名副其实的仆人。[《印度经济史》（*Economic History of India*）和《维多利亚时代的印度》（*India in the Victorian Age*）的作者杜特（R.C.Dutt），最早从经济角度对英国在印度的帝国主义行径提出批评。杜特在英印政府中所享有的政治生涯，是当时印度人中最辉煌的。同样，印度国歌的作者也是英印官员，亦即小说家查特吉（Bankim Chandra Chatterjee）] 不管英印帝国采取什么政策，它的经济和行政实体仍持续削弱传统势力，持续加强创造发明的力量，并持续强化保守势力与英国之间的冲突。东印度公司的传统结束后，一个新的社会集团成长起来，亦即那些放弃英国国籍带着妻子儿女前来印度定居的英国人。他们日益强调分裂，日益炫耀他们种族的优越性，并与当地新兴中产阶级发生社会冲突。19世纪第三个25年出现的经济紧张关系（见第十六章），更强化了反对帝国主义的因素。及至19世纪80年代末，印度国大党（Indian National Congress）——印度民族主义的主要工具、独立后的执政党——业已成立。到了20世纪，广大的印度群众便已追随在新民族主义的思想领导之下。

## 3

印度1857—1858年的起义，并不是独一无二的殖民地群众反叛。在法兰西帝国境内，1871年爆发了伟大的阿尔及利亚起义，这场起义在普法战争期间加速了法军撤退，同时也促使大批阿尔萨斯人和洛林人移居到阿尔及利亚。这两次起义颇有相似之处。不过整体而言，这类反叛的范围十分有限。究其原因在于遭受西方资本主义迫害的国家，大部分并不是被征服的殖民地，而是那些已经日益衰败、愤怒一触即发的社会和国家。我们接着便看一看其中两个国家在这一时期的命运：埃及和中国。

埃及实际上已是一个独立主权国，虽然名义上还臣属于奥斯曼帝国。由于它的农业资源丰富，战略地位重要，因此注定它要成为牺牲品。牺牲的第一步是把它原有的经济变成农产品出口经济，为资本主义世界提供小麦和棉花，尤其是棉花。棉花的出口急遽上升。在整个经济大繁荣的19世纪60年代，埃及棉花出口总值占其出口总收入的70%（美国棉花出口因内战而中断），甚至农民也能从中获得一时的好处，尽管有半数农民因从事水利灌溉而患上了寄生虫病（在南部埃及）。埃及贸易已扎扎实实地纳入国际（英国）体系，同时也吸引了大批外国商人和冒险家。外国商人随时准备提供贷款给伊斯梅尔（Ismail）总督。埃及早期的几位总督在金融方面反应迟钝。19世纪50年代，埃及国家开支只超出岁入的10%；而在1861—1871年间，其岁入增加将近三倍，但平均开支却超过国家收入的一倍以上，其间的鸿沟则由7 000万英镑贷款来填补，借贷人因之大发其财。形形色色的借贷人，从正经商人到进行不正当交易者，应有尽有。埃及总督希望借此使埃及变成一个现代化帝国，并且依照拿破仑三世的巴黎模式重建开罗。对埃及总督之类的富有统治者而言，巴黎提供了标准的天堂模式。其次是战略形势。埃及的战略地位吸引了西方国家及其资本家，特别是英国。由于苏伊士运河开凿，埃及的世界位置变得举足轻重。此外，世界文化界恐怕也得感谢伊斯梅尔。为庆祝苏伊士运河通航（1869年），伊斯梅尔在埃及新落成的歌剧院上演了意大利作曲家威尔第（Verdi）的歌剧《阿依达》（*Aïda*，1871年）。这是该歌剧院上演的第一个剧目。老百姓为了这场表演背负了沉重的经济负担。

埃及就这样以农产品提供国的角色被纳入欧洲经济体系。银行家通过帕夏（pashas，奥斯曼帝国高级官衔）榨取埃及人民以自肥。总督和帕夏则大举外债，光是1876年一年的贷款总数，便几乎等于是国家年收入的一半。当他们无法偿付利息时，外国人便向他们索讨控制权。[5]欧洲人也许已满足于剥削一个独立的埃及。然而，当总督政府的行政结构和政治结构崩垮之后，经济繁荣宣告结束，欧洲的剥削也就困难了。总督政府是在两种压力下垮台的：一是经济，二是埃及统治者受到的诱惑。统治者对这种诱惑的本质完全无知，更遑论驾驭。于是到了19世纪80年代，英国就成为埃及的新统治者，因为英国的地位已经比以前更强大，与埃及相关的利益也更多。

当埃及暴露于西方面前的同时，埃及也产生了一个由地主、知识分子、文职官员及军官组成的新精英集团。这个精英集团在1879—1882年间领导了埃及的民族运动，该运动既反对埃及总督，也反对外来统治者。在19世纪的发展过程中，旧式的奥斯曼统治集团都已被埃及化，而埃及人的地位则不断攀升，变成有钱、有影响的一群，同时阿拉伯语也取代土耳其语成为官方语言。埃及在伊斯兰知识分子中的地位原本就很重要，现在更获加强，成为伊斯兰知识生活的中心。波斯人哲马鲁丁·阿富汗尼（Jamal ad-din Al Afghani，1839—1897）是现代伊斯兰意识形态的著名先驱，他1871—1879年在埃及讲学，影响深远，并拥有一大批热情听众（阿富汗尼继承伊斯兰知识分子世界主义的传统，漂泊一生，从本国伊朗出发，到过印度、阿富汗、土耳其、埃及、法国、俄罗斯以及其他地方）。关于阿富汗尼有一点很重要，即他不主张一味采取伊斯兰教的否定态度来对抗西方，他的埃及信徒和听众也持同样观点。虽然他很现实，知道宗教是一支强大的政治力量，也知道伊斯兰世界的宗教信仰绝不能发生动摇，但他本人在宗教正统性方面仍一直受到强烈质疑（他在1875年成为共济会成员）。他高唱恢复一个能允许伊斯兰世界吸收西方现代科学、向西方学习的伊斯兰教，期盼伊斯兰国家的确能够掌握现代科学，拥有议会及国民军。[6]埃及的反帝国主义运动是放眼向前，而非向后。

正当埃及的帕夏们效仿拿破仑三世时巴黎的诱人榜样时，19世纪最伟大的一场革命在欧洲以外的最大帝国爆发了，即中国的太平天国运动（1850—1866）。欧洲中心论的历史学家对这场革命一直视而不见。但马克思早在1853年就清楚地看到："欧洲各国人民的下一次起义，在更大的程度上，恐怕要取决于天朝帝国目前所发生的事件，而不是取决于现时的其他政治因素。"这是一场最大规模的运动，不仅因为中国当时拥有4亿民众，是世界上人口最多的国家（太平天国曾一度控制全国一半以上的领土），而且是因为这场运动引起的内战规模、强度实属罕见。约有2 000万中国人在运动期间丧生。而这场运动从几个重要方面来看，无疑是西方对中国冲击的直接结果。

中国素有群众革命的传统，包括思想革命和刀光剑影的革命。在世界传统大帝国中，这也许是独一无二的。从思想方面来说，中国的学者和人民认为他们的帝国理所当然是永存的，是中心。它将永不消亡，在一个皇帝统治之下（除中间偶尔出现的分裂之外），由通过科举考试的士大夫管理。这套科举制度大约一千多年前就有了，直到1910年帝国本身行将就木之际，才告废除。然而中国历史是一部王朝更迭的历史，据说是按兴起、危机、改朝换代的规律循环运转：从获得一位拥有绝对权威的“真命天子”开始，到失去“天子”地位为止。在改朝换代的过程中，人民造反起着重要作用。大规模造反是由社会上的打家劫舍、农民暴动以及群众秘密组织的活动演变而来。事实上，造反成功就代表“天子”快完了。作为世界文明中心的永恒中国，就是这样通过周而复始的改朝换代而延续下来的。这次革命也包括在改朝换代之中。

清王朝是17世纪中叶北方征服者取代明朝而建立的，明朝则是（经由农民革命）于14世纪推翻元代蒙古王朝而建立的。清王朝在19世纪上半叶看来还很明智，统治还很有效，虽然据说贪污之风已经盛行；但是从18世纪90年代起，民间就出现不少危机和造反迹象。不管造成这些危机和造反迹象的原因是什么，有一点是明显的：即18世纪全国人口剧增（人口上升的原因尚未完全剖析清楚）开始产生沉重的经济压力。中国人口据信从1741年的1.4亿增至1834年的4亿左右。而在这个时期，中国历史上也出现了一个新的戏剧性因素，即西方的掠夺和征服。清朝在第一次鸦片战争期间（1839—1842）就被完全打败，向一支规模不大的英国海军投降。这消息使国人震惊无比，因为这暴露了帝国制度的脆弱。消息传开，除少数直接受到影响的地区外，其他地方的群众可能也获悉此事。于是各种反对活动立即有了明显增加，主要是来自长久以来致力于反清复明的秘密组织，例如南方的天地会。帝国政府为对付英国而成立民团，民间因此获得了武器。之后，只要有星星之火，就足以引起燎原之势。

星星之火终于出现了，这就是思想窘困、也许有点儿精神变态的预言家和救世主洪秀全（1813—1864）。洪秀全是科举应试的落第文人，这些落第文人很容易积郁出对政治的不满。洪秀全应试失败后，精神有点儿失常，转而从宗教上结交朋友。1847—1848 年前后，他在广西组织了“拜上帝会”，农民、矿工、大批赤贫游民、各少数民族以及古老的秘密组织支持者蜂拥而至。在洪秀全宣讲的主张中，有个颇有意义的内容，即基督教教义。他在广州时曾与美国传教士共处过一段时间，宣讲的内容大多数是大家熟悉的有关反清、异教邪说和社会革命思想的大杂烩，此外也有一些内容颇具西方色彩。起义于 1851 年在广西爆发，并很快向外蔓延，一年之内便宣告成立“太平天国”，由洪秀全出任最高领袖“天王”。毫无疑问这是一个社会革命政权，它的支持者是人民大众，指导思想是道教、佛教和基督教的平等观念。太平天国实行的是以一家一户为单位的金字塔神权统治，废除了私有财产（土地分给各家耕种，但不属个人所有），实行男女平等，禁止出售鸦片和烈酒，采用新的历法（包括每周七天），进行了各种文化改革，而且没有忘记减轻赋税。到了 1853 年年底，太平天国至少拥有 100 万现役作战人员，控制了华南和华东大部分地区，攻克了南京，虽然未能有效推进到北方（主要由于缺乏骑兵）。中国陷入分裂，即使有些地方不属于太平天国管辖，也因这次大暴动的震撼而引起连锁反应，例如北方的战乱直到 1868 年也未能平定；贵州苗族以及西南、西北的少数民族也纷纷起义。

太平天国未能维持下去，事实上也不可能维持下去。它的激进主张使温和主义者、传统主义者和担心失去财产的人——当然不仅是富人——对它敬而远之；领导人无法信守他们自己制定的清教徒标准，从而对人民大众失去了号召力；领导内部很快分裂，而且愈演愈烈。1856 年后，太平天国便在军事上处于守势，1864 年，其设在南京的首都天京失守。清朝政府得救了，但付出的代价异常沉重，最终更证明是致命性的。太平天国运动同时也说明了西方力量冲击的复杂性。

说句令人难以置信的话，中国统治者对西方文化的吸收情形还比不上惯于生活在意识形态世界里的造反百姓。在百姓的精神世界里，源自外国的非官方思想是可以接受的（例如佛教）。对儒家士大夫来说，凡不是中国的便是野蛮的，他们甚至抵制野蛮人赖以取胜的技术。时至1867年，大学士倭仁还上书朝廷，辩称建立同文馆教授天文、数学，“以诵习诗书者而奉夷为师……恐不为夷人所用者鲜矣”，终将使“诚实殆尽，邪恶横行”。[7]抵制修建铁路等排外事件亦层出不穷。迫于明显的时势，一个主张“现代化”的党派在逐渐形成当中，但我们可以说他们并不想改变旧中国，只是想使旧中国具备制造西方军火的能力而已（正因为如此，他们在19世纪60年代发展军火工业的尝试收效不大）。无论发生什么事，软弱无能的清朝政府都感到无可奈何，它们只有向西方让步，亦只能在让步的程度上进行选择。即使面对这样一个重大的社会革命，清朝政府也不愿去安抚民众强烈的仇外情绪，反将平息太平天国作为它政治上最紧迫的问题。为此，对外国人的帮助，亦是求之不得，最起码得与他们维持友好关系。于是，清朝政府很快就跌入完全依赖外国人的处境。从1854年起，英、法、美三国完全控制了上海海关，第二次鸦片战争（1856—1860）和1860年洗劫北京（结果清朝政府完全投降）之后，英国人罗伯特·赫德（Robert Hart）受命“协助”管理整个中国的关税收入。他于1863—1909年间担任中国海关总税务司。虽然他深受中国政府信任，也和中国人打成一片，但此举实际上等于宣告清朝政府完全屈从于西方人的利益。

事实上，西方人在关键时刻还是会支持清政府，他们不愿看到清政府被推翻，因为否则的话，不是一个好斗的民族主义革命政权上台，便是（这更可能）出现无政府状态和西方还不愿去填补的政治真空。（起初，有些西方人对太平天国里明显的基督教成分还表示同情，但这份同情很快就化为乌有。）而清政府却采取向西方让步的方式平息了太平天国危机，将恢复保守主义与严重削弱中央权力合为一体。中国真正的胜利者是旧士大夫阶层。清王朝和王公贵族在生死存亡之际，被迫向中国精英靠拢，因而丧失了以往的许多权力。当清政府无能为力之时，最能干的士大夫们——例如李鸿章（1823—1901）等人——用各省的人力物力财力组建起新式军队，从而挽救了帝国。但与此同时，他们也预见到中国将分裂成许多由“军阀”当家的独立地区。伟大古老的中华帝国，从此一蹶不振，奄奄一息。

从以上叙述可知，遭资本主义世界践踏的社会和国家，在与资本主义世界取得妥协这点上，是失败的（日本例外，见第八章）。它们的统治者及精英很快便明白，单纯拒绝接受西方白人或北方白人是行不通的；即使行得通，拒绝也只会使他们的国家永远处于落后状态。至于那些被西方征服、主宰和统治的殖民地，它们没有什么选择余地：它们的命运是由征服者决定的。其余国家分成几类情况：有的采取抵抗政策，有的采取妥协让步，有的全心全意西化，有的进行某种改革，以图获取西方的科学技术，又不失去本身的文化机制。整体而言，美洲地区的欧洲前殖民地是无条件学习西方；一系列的独立国家和古老帝国——从大西洋的摩洛哥到太平洋的中国——发现它们再也无法摆脱西方的扩张，遂开始实行某些改革。

中国和埃及的情况虽然不同，但都是第二类国家中的典型例子。它们两个都是独立国家，都有不同于欧洲的古老文明，然而却在西方贸易和金融贷款（有的是自然接受，有的是被迫接受）的大举渗透下国力大衰，无力抵抗西方陆海军的攻击，即使有，也只是做些轻微抵抗。在这个阶段，资本主义国家没有兴趣去占领或统治这两个国家，只要他们的人民能在中国和埃及为所欲为，享有绝对自由就行，包括享有治外法权。他们只是隐隐感觉到他们越来越深陷于这两个国家的内部事务，同时越来越深陷于西方国家彼此的争夺之中。中国和埃及的统治者拒绝采取全国抵抗政策，主张依赖西方——只要他们尚有选择余地——并借此维持自己的统治。在这个阶段，有些国家还想通过民族复兴来抵抗西方。它们之中很少有人主张全盘“西化”，而是进行某种思想改革，希望在它们的文化体系中表现出促使西方强盛起来的某些东西。

## 4

它们的政策失败了。埃及很快便被置于征服者的直接统治之下，而中国只是一个难以救药、处于挣扎之中的庞大帝国。由于政权当局及其统治者采取依靠西方的政策，所以这两国的改革主义者不可能成功。改革成功必须有个前提：革命。然而，革命的时机尚未成熟。

因而，今天称为“第三世界”或“欠发达国家”的地区，当时只能听任西方摆布，成了无可奈何的牺牲品。但是这些国家是否也从臣服西方中获得一些好处呢？我们已经看到，有些落后国家认为它们得到了一些好处。西化是唯一出路，如果西化不仅意味着向西方学习，亦步亦趋地模仿西方，同时也意味着同意与西方结盟以对付当地的传统势力，以维护自己的统治，那么这个代价是必须付出的。在日后的民族运动中，出现了一批竭力推崇“现代化”的人士，如果我们把他们单纯视为叛国者和外来帝国主义的代理人，那就错了。他们也许只是认为外国人除了无法战胜之外，还可以帮助他们摧毁传统势力的堡垒，从而使他们创建一个有能力对抗西方的社会。19 世纪 60 年代的墨西哥精英都是亲西方的，因为精英们对他们自己的国家完全绝望。[8] 西方革命家也支持这种观点。马克思本人对 1846—1848 年美国战胜墨西哥一事表示欢迎，因为这将使历史进步，为资本主义发展创造有利条件，即为最终推翻资本主义创造有利条件。他在 1853 年发表了有关英国之印度“使命”的看法，其中的观点也很相似。他认为英国的“使命”是“在印度消灭古老的亚洲社会，为建立西方式社会奠定物质基础”。确实，他相信：

> 在不列颠本国现在的统治阶级还没有被工业无产阶级推翻以前，或者在印度人自己还没有强大到能够完全摆脱英国的枷锁以前，印度人民是无法从不列颠资产阶级为他们播下的新社会种子中采收到果实的。

不过马克思认为西方资产阶级对其他国家的征服是积极的、进步的，尽管资产阶级已将世界各族人民带进“充满鲜血和尘土的……悲惨屈辱之中”。

不论这些国家的最终前景如何（现代历史学家对此不像19世纪50年代的马克思那般乐观），西方征服活动在当时产生的最明显结果是“失去（整个）……旧世界而未产生一个新世界”，使“印度人民现在所遭受的灾难蒙上一层特殊的悲惨色彩”，[9]其他受西方侵害的人民也是如此。受害国家究竟从西方获得什么，这在19世纪第三个25年里，即使睁大眼睛也很难看得出来，而失去的东西却是太明显了。在积极层面上，西方带来的东西包括轮船、火车、电报、一小群西方教育出来的知识分子，以及比这一小群人数更少的当地地主和商人。地主和商人控制了出口，掌握外国贷款，就像拉丁美洲的大农场主或种植园主那样；或是成为与外国人做生意的中介商，就像印度孟买的祆教（Parsi）百万富翁。此外还有交流——包括物质和文化方面的。有些条件合适的地方还发展出口商品，当然规模还不太大。还有（这点值得商榷）在殖民主义直接统治下，有些地区开始以秩序代替动乱、以安全代替危机。然而，只有生性乐观之人才会说这个时期的西方征服活动所产生的积极作用超过消极作用。

先进国家与落后国家之间最明显的区别，那时是，现在仍然是贫穷与富裕之分。在先进国家当然也有穷人饿死，只是19世纪当时认为饿死的人不很多，比如说，英国平均一年饿死500人；然而印度死于饥饿的人数却以数百万计——1865—1866年，奥里萨邦（Orissa）因饥荒死去的人数占该邦总人口的1/10；1868—1870年，拉杰普塔纳（Rajputana）死去了1/4到1/3的人；1876—1878年，本已灾难深重的印度又发生了19世纪历史上最严重的饥荒，马德拉斯死了350万人（约占当地人口的15%），迈索尔（Mysore）也饿死100万人（约占当地人口20%）。[10]中国在这段时间发生的饥荒多半与其他灾难有关，但1849年的饥荒据说有1 400万人死亡；1854—1864这10年间，另有 2 000 万人死去。[11] 爪哇的部分地区在 1848—1850 年的严重饥荒中被毁。从 19 世纪 60 年代下半叶到 19 世纪 70 年代初，东起印度，西到西班牙的整个地带，饥荒频仍。[12] 阿尔及利亚的伊斯兰教人口在 1861—1872 年间下降 20%。[13] 波斯总人口在 19 世纪 70 年代中期估计有 600 万—700 万，但在 1871—1873 年的大饥荒中，死去将近 150 万—200 万。[14] 至于这种情况与 19 世纪上半叶相比是更糟还是差不多，就很难估计，但对印度和中国而言，可能是变本加厉了。不管怎么说，这种处境与同一时期先进国家的情况形成强烈对比。

总而言之，第三世界的大多数人民尚未从西方那种巨大、空前的进步中获得多少好处。西方进步只是对他们古老生活方式的破坏，他们也只是把它视为不具现实基础的可能榜样，视为那些戴着怪帽、穿着长裤，来自遥远国家或只在大城市出现的红脸汉子，为了他们自己而创造出来的东西。这些进步不属于他们的世界，他们大多数人仍怀疑他们是否需要这种进步。但为维护古老方式而抵制进步的人终于败北。人们拿起进步武器抵制（西方）进步的时机尚未到来。

第八章

# 胜利者

什么样的阶级或社会阶层能在现阶段真正代表文化，能为我们孕育出学者、艺术家及诗人，能为我们提供创作艺术的人才呢？

是否一切都变成商品了，就像美国那样？

——雅各布·布克哈特，1868—1871年[1]

日本政府开明了，进步了；他们以欧洲经验为指引，聘请外国人出任政府顾问，东方的风俗习惯已在西方文明面前臣服。

——T. 厄斯金·梅爵士，1877年[2]

## 1

欧洲人对世界的统治从来不曾像19世纪第三个25年那样全面、那样绝对。更准确地说，应该是欧洲白人祖先传下的后代，从未遇到像这个时期这么少的统治挑战。在资本主义的经济强权世界里，至少包括一个非欧洲国家，或该说联邦，即美利坚合众国。美国那时还没有在世界事务中扮演主要角色，欧洲政治家只有在他们的利益涉及美国直接感兴趣的两大地区（即美洲大陆和太平洋）时，才会注意到它。然而除英国之外，没有任何国家会经常不断地卷入美洲大陆和太平洋这两大地区。英国与众不同，它的眼光一直紧盯全球。拉丁美洲解放运动已将中南美大陆上的欧洲殖民地全部解放，只剩下圭亚那（Guyanas），该地曾是英国的食糖供应基地，是法国关押重刑犯的监狱，也是荷兰人的怀旧纪念物，令他们经常回忆起过去与巴西的关系。加勒比海诸岛屿除伊斯帕尼奥拉岛（Hispaniola，岛上包括海地黑人共和国和多米尼加共和国，多米尼加最终摆脱了西班牙统治，也摆脱了海地的控制）外，其余仍然是英国、法国、荷兰、丹麦以及西班牙的殖民地（古巴和波多黎各）。欧洲各国对西印度群岛殖民地都抱无为而治的态度。只有西班牙例外，它仍沉浸在帝国美梦里。北美殖民地的情况则有所不同，直到1875年仍有许多欧洲人居住在英属加拿大这块殖民地上，它是一个疆土辽阔、人烟稀少、尚未开发的大地。加拿大与美国隔着一条长而开放的笔直边界，东起安大略省边境，西至太平洋，在这条直线似的边界两侧有些争议地区，但都在19世纪经过和平谈判做了调整，当然不乏外交上的讨价还价，调整的结果大部分对美国有利。但在修建横跨加拿大的东西大铁路时，英属哥伦比亚省可能禁不住美国太平洋诸州对它的引诱。至于在亚洲的太平洋沿岸，欧洲大国直接驻扎的地方只有俄国的西伯利亚远东、英国的香港殖民地和英国的马来亚据点。法国此时也开始侵占印度支那。西班牙、葡萄牙以及荷兰殖民主义残留下来的地区，在这个阶段还没有造成国际麻烦（前荷兰殖民地即现今的印尼）。

美国领土扩张并未在欧洲引起重大政治骚动。美国西南部的大部分——加利福尼亚、亚利桑那、犹他、科罗拉多的一部分，以及新墨西哥的一部分——是在1848—1853年间经过一场灾难性的战争从墨西哥手中取得的；阿拉斯加则是在1867年从俄国手中购买的。当这些西部新旧地区在经济上具有足够的利益或影响力时，便被收纳为联邦的一州：加利福尼亚在1850年改建成州，俄勒冈在1859年，内华达在1864年。而中西部的明尼苏达、堪萨斯、威斯康星及内布拉斯加，则是在1858—1867年间成为州的一员。在这个阶段，美国开拓疆土的野心并未超过这个限度，只是奴隶集中的南方数州还希冀将奴隶社会扩大到加勒比海几个大岛上去，甚至对拉丁美洲也怀有野心。美国统治的基本模式是间接控制，因为名义上独立的外国政府知道它们必须与这个北方巨人保持同一立场，它们没有一个能对美国提出直接、有效的挑战。要到19世纪末，帝国主义正式成为国际风尚之时，美国才一度打破它业已成形的传统做法。墨西哥总统波菲里奥·迪亚斯（Porfirio Diaz，1828—1915）曾仰天长叹道："可怜的墨西哥，你离上帝太远，离美国太近。"即使那些觉得万能之主仍能保佑它们的国家的人，也越来越清楚地认识到，在这个世界上，华盛顿才是它们应该睁大双眼密切注视的地方。这个北美冒险家有时试图在连接大西洋和太平洋的那条狭窄陆桥及其周围建立直接统治，但均无结果，后来巴拿马运河凿通了，一个小小的独立共和国从略大一些的南美国家哥伦比亚当中分裂出来，美国遂占领了这个共和国。不过，这是后来发生的事。

世界大部分地区，特别是欧洲，对美国的举动之所以十分关注，原因很简单：一是在这个时期（1848—1875）有数百万欧洲人移居美国；二是由于它的疆土如此辽阔，发展这般神速，已成为全球技术进步的奇迹。美国人自己首先提出，它是集众优之大成的国度。1850年的芝加哥只有3万人口，不到40年它便成为世界第六大城市，拥有100多万人口，谁能在世界其他地方找到像芝加哥这样的城市呢？美国那几条跨越内陆的铁路，其长度不是任何国家可以比拟的，铁路总里程亦不是任何国家可望其项背的（1870 年铁路总里程达 49 168 英里）。世上的百万富翁中，没有像美国百万富翁那样全是靠白手起家、个人奋斗而致富。就算美国百万富翁的钱财还不是世界百万富翁之最——他们很快就会成为首富——但他们的人数之多，则肯定是首屈一指。没有一个国家的报纸像美国那样甘冒风险，把它变成新闻记者们随意说话的天地；没有一个国家的政客像美国那样明目张胆地贪污受贿；也没有一个国家像美国那样握有无限的机会。

美国还是一个新世界，是在开放的国土上建立起来的开放社会。人们普遍相信，身无分文的移民来到这里之后便能获得新生（成为“白手起家的人”），而在每个人致力奋斗的过程中，一个自由、平等、民主的共和国，一个在规模和重要性上都独一无二的国家，便在 1870 年前建立起来了。美国一度标榜它的政治形象是革命的，与欧洲王室、贵族的旧世界，与四下征讨的旧世界迥然不同。旧世界形象可能已不再那样生动，至少在它边界以外的地区已不再是。代之而起的美国形象，是一个摆脱贫困的地方，是一个经由个人致富活动为个人带来希望的地方。相较于欧洲，新世界的新越来越不在于它是一个新社会，而是一个新富起来的社会。

然而在美国国内，革命的美梦离结束尚远。美国仍保持其平等、民主的形象，尤其是不受限制、无政府式的自由形象以及充满机遇的形象（日后变质为“命定论”）。威廉·H. 苏厄德（William H. Seward）1850 年说：“大西洋国家……不断革新欧洲和非洲的政府及社会组成。太平洋国家必须在亚洲发挥同样崇高而仁慈的作用。”[3] 如果不了解这个乌托邦成分，就无法理解 19 世纪的美国，就此而言，也无法理解 20 世纪的美国，虽然这个乌托邦成分日益被志得意满的经济和技术活力所掩盖，也日益转化成经济和技术活力，当然在发生（经济）危机时除外。这种乌托邦成分渊源于自由土地上自力更生农民的农业乌托邦思想，与大城市、大工业世界格格不入，在本书所述时代尚不甘心向大工业世界俯首称臣。甚至像新泽西纺织城帕特森（Paterson）这样典型的美国工业中心，其商业气息也还无法居于统治地位。1877 年爆发纺织工人罢工，厂主们强烈抗议共和党市长、民主党参议员、新闻界、法院以及公众舆论，抗议他们不支持业主。他们的抗议其实不无道理。[4]

此外，美国的主体仍然是农村：1860 年时，只有 16% 的人口居住在总人口 8 000 及以上的城市。这种地地道道的农业乌托邦——自由土地上的自由农民——能比以往的任何时候动员起更大的政治力量，主要是从人口日益增多的中西部。它为共和党的组建做出巨大贡献，对共和党反奴政策的贡献更自不待言。（因为无阶级的自由农民共和国纲领，根本无法与奴隶制度牵扯到一起，对黑人也不感兴趣，因此共和党党纲便排除了奴隶制度。）1862 年共和党在国会通过《公地开垦法》（*Homestead Act*），这是它取得的最伟大胜利。《公地开垦法》规定：凡在美国连续居住 5 年者，每名年满 21 岁的男子可免费获得 160 英亩业经国家丈量的土地；居住满 6 个月者，可以每亩 1.25 美元的价格购买土地。不用多说，这种农业乌托邦失败了。1862—1890 年之间，受惠于该法案的美国人不到 40 万户，而这期间美国人口却增加了 3 200 万，其中西部诸州增加了 1 000 万。光是铁路部门出售的土地就比《公地开垦法》分给农民的土地还要多，售价每亩 5 美元。（铁路部门因获得无数公地，遂做起房地产和投机买卖，以便从房地产和投机的盈利中弥补修建铁路和运营铁路的亏损。）无偿土地的真正得利者是投机商，是金融家和资本主义企业家。到了 19 世纪的最后几十年，自由农民的田园生活美梦已很少被人谈起了。

我们该将美国这种变化看作革命美梦的结束，还是新时代的到来，这不重要，重要的是它发生在 19 世纪第三个 25 年。神话本身便可为这时代的重要性作证，因为美国历史上两件影响最深刻、最久远、最被大众文化视为珍宝的大事，就属于这个时代：内战和西部（开发）。而在涉及西部（更准确地说是南部和中部）开发时，这两大事件又密切关联。西部开发引起了共和国内部的冲突，即代表来美定居的自由移民而且重要性日增的资本主义北方，与奴隶社会的南方之间的冲突。

为了将奴隶制度推行到中西部，在1854年发生了堪萨斯和内布拉斯加之间的冲突。正是这场冲突促使共和党诞生。1860年林肯当选总统，又促使美国南方于1861年从美利坚合众国中独立出去。（脱离联邦的州包括弗吉尼亚、南卡罗来纳、北卡罗来纳、佐治亚、阿拉巴马、佛罗里达、密西西比、路易斯安那、田纳西、阿肯色、得克萨斯。一些边境的州犹豫不决，但是没有脱离联邦，包括马里兰、西弗吉尼亚、密苏里、堪萨斯。）

移民居住区向西延伸本非新的举措，只是在本书所述时期，由于有了火车，也由于加州的发展（见第五章），而使向西部扩展的速度大大加快而已。第一批移民于1854—1856年到达密西西比河，并到河的对岸定居。1849年后，西部不再是一望无际的边境地区，而是夹在两个高速发展地区之间的大片草原、沙漠和群山，那两侧飞快演变的地区，即美国东部和太平洋沿岸。横跨内陆的几条铁路同时建成，东行的铁路始于太平洋沿岸，西行的始于密西西比河，两条铁路在犹他州会合。1847年，摩门教（Mormon）将犹太人从艾奥瓦转移至此，因为他们错认为这里太过偏僻，是非犹太教人到不了的。事实上密西西比和加利福尼亚之间的地区（“蛮荒的西部”），在本书所述时期仍然相当荒凉，和“已开垦的”地区或中西部大不相同。在“已开垦的”地区和中西部地区，定居的人口已经很多，土地成了良田，甚至日益工业化。据估计，1850—1880年，在大草原、西南部以及多山地区建设农场的总劳动力，与同期东南部或早有移民定居的大西洋沿岸中部的几个州相比，几乎不相上下。[5]

密西西比河西部的大草原渐渐被农民占据，这就意味着他们已经把印第安人赶走了（强行转移），把以前根据早期法令移居来此的人赶走了，把印第安人赖以生存的牛群消灭了（全部屠杀）。这种赶尽杀绝的活动于1867年开始，也就是国会设置印第安保护区的那年。及至1883年，约1 300万印第安人被杀死。山区从未成为农业定居区，依旧是“勘探员和矿工”的边疆，直到发现了稀有矿藏之后——大多是银矿区——人们才蜂拥而至。所有矿区中矿藏量最大的是内华达州的康斯托克矿区（Comstock Lode，1859）。这个矿区20年的产值高达3亿美元，造就了6个巨富、20个百万富翁以及许许多多有钱人，他们所发的财虽然比不上前面两者，但是依照当时的标准，那笔财富已经相当可观了。后来矿挖尽了，关闭了，只剩下一座空荡荡的弗吉尼亚城，城里住的都是些康沃尔人（Cornish）和爱尔兰矿工，终日无所事事地在以前的工会大楼及歌剧院里游荡。科罗拉多、爱达荷和蒙大拿也曾发生过人涌如潮的情况。[6]但人口并未因此增加多少。科罗拉多在1870年只有不足4万居民（科罗拉多在1876年升格为州）。

西南部基本上仍是以家畜为主，是牛仔之家。大群的牛——1865—1879年间约有400万头——从那里赶往码头和火车站，然后西运，送到芝加哥的巨大屠宰场。这条运输线使密苏里、堪萨斯和内布拉斯加的移居区［如阿比林（Abilene）和道奇城（Dodge City）］声名远扬，它们的名字将与千部左右的西部电影共存，直至今日，仍未被严厉、正直而且热情无比的大草原农民所掩盖。[7]

“蛮荒的西部”是一个神奇的谜，很难以现实主义的态度加以分析。关于它只有一个非常接近历史准确性的事实，一个已成为一般常识的事实：即其持续的时间很短，全盛时期是在内战和开矿结束、家畜业兴旺的19世纪80年代之间。西部的蛮荒并非印第安人之过，除了在西南部最边远的地区外，印第安人已做好准备与白人和平相处。西南部的部落，例如阿帕契族（Apache，1871—1886）和（墨西哥的）雅基族（Yaqui，1875—1926），他们为了维护独立、不受白人统治，而与白人打了几个世纪之久。西部之所以蛮荒是由于制度的关系，或者说是由于美国缺乏有效的机制、缺少政府权威和法律。加拿大就没有“蛮荒的西部”，加拿大的淘金潮也不像美国那样杂乱无章，苏族（Sioux）印第安人在加拿大生活得很平静，而美国的苏族人则和美国将军卡士达（Custer，1829—1876）激战，并击败卡士达，但最终仍被消灭。人们追求自由、渴望发财的梦想，使无政府状态（或者换个中性说法：对武装自立的强烈嗜好）更为变本加厉（是黄金把人们吸引到西部）。只要出了农业居住区，出了弗吉尼亚城，便看不到任何家庭。1870年的弗吉尼亚城，男女的比例是二点多比一，儿童只占10%。有人说取材于19世纪下半叶美国西部生活的西部电影，实际上降低了自由梦、黄金梦的品位，此话确实不假。电影里的主人公经常是些亡命之徒和酒馆枪手，例如"狂野的比尔"·希科克（Wild Bill Hickok）等，而不是加入工会当了矿工的移民。对希科克之流，人们能说出什么好话呢？不过，我们也不应把自由梦、黄金梦理想化。他们的自由并不及于印第安人和华人（1870年，华人约占爱达荷人口的1/3）。在盛行种族主义的西南部——得克萨斯属于1860—1861年间南部11个州组成的南部邦联——所谓的自由也肯定不是对黑人而言。在我们认为是属于"西部"的东西当中，从牛仔装到"加利福尼亚习惯法"（后来成为美国山区行之有效的开矿法）[8]，有许多是来自墨西哥，具有墨西哥血统的牛仔恐怕也超过任何一个集团的牛仔，然而自由却不适用于墨西哥人。自由是贫穷白人的梦。贫穷白人希望用赌博、黄金和手枪来取代资产阶级世界的私营企业。

如果说"西部开拓"不存在任何含混不清的问题，那么美国内战的性质和起因，却会引起历史学家无止境的争论。争论的焦点是南方奴隶社会的性质，以及南方是否有可能与朝气蓬勃的资本主义北方和谐相处、共存共荣。南方究竟是不是奴隶社会呢？须知黑人在南方各地（除几个小地方外）总是少数，他们不是在典型大种植园里工作的奴隶，而是人数不多的几个黑人在白人农场上劳动或是在白人家里帮佣。毋庸否认，奴隶制度是南方社会的核心机制；我们也不能否认奴隶制度是南北方摩擦和关系破裂的主要原因。然而真正的问题是：为什么南北冲突会导致1861年南方11个州脱离联邦？为什么会导致内战？为什么其结果不是达成某种共处的方案？虽然北方大多数人憎恨奴隶制度，但单单是好斗的废奴主义者毕竟没有足够的力量决定联邦政策。不管商人自己有何看法，但北方资本主义大可先与奴隶制度的南方达成妥协，然后再去剥削南方，就像国际商界与南非“种族隔离政策”达成妥协一样。

当然，奴隶社会注定会灭亡，美国南方奴隶社会也不例外。没有一个奴隶社会的延续时间能超过1848—1890年这段时间——甚至古巴和巴西也不例外（见第十章）。奴隶社会在现实上和道德上都是孤立无援的。在现实上，由于废除了非洲的奴隶贸易（及至19世纪50年代，奴隶贸易相当有效地被制止了），奴隶来源宣告断绝；在道德上，自由主义中产阶级绝大多数一致认为奴隶社会与历史前进步伐背道而驰，在道德上不能允许奴隶制度存在。此外，在经济上，奴隶制度的效益也很差。很难想象美国南方奴隶社会竟能留存到20世纪，很难想象它能比东欧农奴制度存在的时间更长，即使我们认为奴隶制度和农奴制度作为一种生产制度是有能力生存下去的（有几派历史学家持这种看法）。但是促使南方在19世纪50年代走上危机点的，是下面这个更加具体的问题：它难以与朝气蓬勃的北方资本主义共处，以及阻止人口拥向西部。

从纯经济角度来说，北方并不担心南方这个尚未进行工业化的农业地区。时间、人口、资源以及生产力等优势都在北方那边。主要的障碍是政治。南方实际上是英国的半殖民地，南方的大部分原棉都提供给英国，并从自由贸易中取得实惠；而工业的北方很久以来就坚定、激烈地主张保护关税，但由于南方诸州的政治影响（别忘了，南方各州在1850年几乎占联邦半数），北方才无法按其愿望有效实施关税保护政策。北方工业对全国分成一半奴隶社会、一半自由社会的担心绝对比不上对全国分成一半是自由贸易、一半是保护关税的状况。还有一点，南方竭尽全力企图抵消北方的优势，想把北方与内地隔开，企图建立一个面向南方以密西西比河流域为基础的贸易和交通区，而不想面向东方朝着大西洋，而且只要可能就抢先下手，向西发展。这是极自然不过的事，因为南方的贫穷白人早已开始探测和开发西部了。

然而，正因为北方拥有经济优势，所以南方不得不更加顽固地依赖其政治力量，用最正式语言提出其要求和主张（例如坚持一定要正式接受西部新地方的奴隶制度）；不得不强调州的自治权（“州的权力”）以对抗中央政府；不得不在全国性政策问题上行使否决权；不得不对北方经济发展泼冷水，如此等等。事实上，当南方实施其向西部扩张的政策时，它很难不成为北方的绊脚石。它的唯一本钱是政治。它绝对是逆历史的潮流而动（它不能，也不会在一场发展资本主义的游戏中击败北方）。交通运输方面的每项改善都加强了西部与大西洋的联系。铁路系统由东往西的长度基本上与由北往南的长度差不多，不会长多少。而且西部的人，不论他们是来自北方或南方，都不是奴隶，而是穷人，是白人，是自由人，是被这里免费的土地、金子吸引来的，是来冒险的。将奴隶制度正式推广到新的领地和新的州，这对南方极为重要。南北双方的冲突在 19 世纪 50 年代之所以愈演愈烈，主要便是因为这个问题。同时，奴隶制度在西部很难存在，西部的发展事实上的确会削弱奴隶制度。南方领导人曾想要吞并古巴，并建立一个南方—加勒比海种植园帝国，以强化奴隶制度的效果，结果当然未如其所愿。简言之，北方处于能够统一全国的有利地位，南方则不然。南方摆出进攻好斗的架势，但它真正的意图是放弃斗争，脱离联邦。当 1860 年来自伊利诺伊州的林肯当选总统，显示南方已失去“中西部”时，南方所采取的行动明显带有分裂倾向。

内战之火燃烧了四年。就伤亡和损失而言，这是迄至那时规模最大的战争，当然这和那个时代的南美巴拉圭战争相比，多少要逊色一些，与中国的太平天国战争相比，更是黯然失色。北方在军事上表现欠佳，但最终赢得了胜利，因为他们兵源充足，生产力高，而且技术先进。北方毕竟拥有全国 70% 的人口、80% 的壮丁和 90% 以上的工业产品。北方的胜利也是美国资本主义的胜利，是现代美国的胜利。然而，尽管奴隶制度取消了，但这并非黑人的胜利，不管他是黑奴，还是自由人。经过几年“建设”（也就是强制推行民主化），南方恢复了保守的白人统治，也就是说回到种族主义者手中。北方占领军最后于1877年撤出。从某种意义上说，南方似乎达到了其目的：南方清一色是民主党的天下，北方共和党人无法与之共事，只好敬而远之（共和党在1860—1932年的大多数时间里，都把持了总统宝座）；南方因而保留了相当多的自治；南方在国会握有阻止议案通过的票数，从而可发挥某些全国性影响，因为它的支持对另一大党民主党的成功是不可或缺的。事实上，南方仍是农业区，贫穷落后，愤世嫉俗，满腹怨言。白人因永远忘不了战争的失败而耿耿于怀，黑人则因被剥夺公民权和白人的残酷压迫而愤恨诅咒。

内战结束后，一度因战争而减慢速度的资本主义发展，开始以戏剧性的姿态突飞猛进，为海盗式的商人们提供相当多机会［这些商人有个美名，叫作“强盗贵族”（robber barons），原意是封建时代对路过自己领地的旅客进行拦路抢劫的贵族］。这个不同寻常的进展，构成了本书所述时期美国历史的第三个部分。“强盗贵族”时代与内战或“蛮荒的西部”不同，它没有成为美国家喻户晓的神话，只有民主党人和平民党人把它当作魔鬼研究的一部分，但它仍是美国现实的一部分。“强盗贵族”在今日商界仍依稀可辨。他们曾使英语词汇因之改变，如内战爆发之初，“百万富翁”（millionaire）还是个新词，但当1877年第一代“强盗贵族”的头号人物范德比尔特去世时，他的遗产高达1亿美元，需要有个新词来称呼他，于是有了“亿万富翁”（multi-millionaire）一词。有人一直在为这些“强盗贵族”辩护，为他们恢复名誉。有人争辩道，美国大资本家中有许多人是创造发明家，没有他们就没有美国工业化的胜利（而美国工业化胜利是令人难忘的），就没有如此迅速的工业化。所以他们的财产不是来自经济上的抢劫掠夺，而是由于他们的慷慨，以及社会对他们的慷慨的奖励。这种论点并不适用于所有的“强盗贵族”，因为若碰到类似菲斯克或古尔德这类卑鄙无耻的金融家，就算再能干的辩护士也会为之语塞。然而，若硬要否认下列事实也是没有意义的：这时期的许多大亨、巨头，的确对现代工业经济，或对与工业经济颇不相同的资本主义企业运作，做出了积极的，有时是相当重要的贡献。

不过这些辩论都没有触及问题要害，它们只是以不同的说法道出一个明显事实。这个明显事实就是美国是资本主义经济，在这个飞快成长的世界经济里，以合理前瞻的手段有效运用一个幅员辽阔的大国生产资源，并因此致富。美国的“强盗贵族”时代有三大特色不同于同时代其他国家的资本主义，尽管其他国家的资本主义经济也养肥了几代贪得无厌的百万富翁。

第一是对商业买卖完全不加控制、不予管理，不管商场上残酷到什么程度，欺诈之风猖獗到什么地步。而盛行于中央和地方的贪污腐败，着实令人吃惊——尤其是内战后的若干年。用欧洲的标准衡量，美国事实上已无政府可言。真正财大气粗、富到不可思议程度的阔人，实际上只是有限的几个。“强盗贵族”这个词的重点应放在“贵族”上，而不是放在“强盗”上。中世纪弱小王国里的人无法依靠法律，只能依靠自己的力量，而在资本主义社会，谁的力量能超过富人呢？在所有资本主义国家中，美国有个现象是独一无二的：即它拥有私人法庭、私人军队，而私人法庭、私人军队的影响力在本书所述时代达到了前所未有的程度。1850—1889 年间，自行其是的治安义勇队总共枪杀了 530 名真真假假的罪犯。这一特殊现象在美国延续了 100 多年（18 世纪 60 年代至 1909 年）[9]。在这期间，未经任何法律程序便遭治安义勇队打死的人数，竟占所有受害者的 6/7（在治安义勇队有记录可寻的 326 次活动中，有 230 次是发生在这一时期）。在 1865 和 1866 年，宾夕法尼亚的每条铁路、每座煤矿、每家铁厂和每家轧钢厂，依法都有权雇用武装警察，人数不限，任务不限，只要自己认为合适即可，不过其他各州的司法长官和地方官员对这种私人武装警察的人数通常有正式规定。私人武力中最臭名昭著的侦探、枪手，即“平克顿私家侦探公司”（the Pinkertons），便是在这个阶段获得了令人质疑的声望。他们的第一次行动是与罪犯交手，后来主要对付的却都是劳工大众。

美国大企业、大财阀、大亨先驱时代的第二大特征是，他们当中的成功者多数与旧世界的企业家不同，旧世界的企业家经常被技术建设迷住，而美国大亨则是不择手段地赚钱。他们要的只是最大限度的利润，而他们当中的大多数人也正好相聚在伟大的赚钱机器时代——铁路时代。范德比尔特在进入铁路这一行之前只有一两千万美元，16年后就净增8000万—9000万美元。看了下面的例子之后，这个奇怪现象也就见怪不怪了：像科利斯·P.亨廷顿（Collis P. Huntington，1821—1900）、利兰·斯坦福（Leland Stanford，1824—1893）、查尔斯·克罗克（Charles Crocker，1822—1888）、马克·霍普金斯（Mark Hopkins，1813—1878）这类加州帮，居然敢索取中央太平洋铁路实际造价的三倍，而且毫不羞涩；而菲斯克、古尔德之流的骗子，更采取操纵交易和巧取豪夺的手法捞进千百万美元，自己却从未安放过一节车厢，也没有发动过一辆火车。

第一代百万富翁中，几乎没有一个人自始至终是在同一个领域活动。亨廷顿最初是在萨克拉门多淘金潮中为矿主提供五金。他的雇主中有肉类大王菲利普·阿穆尔（Philip Armour，1832—1901）。阿穆尔先是开采金矿，然后在密尔沃基转向食品业，内战时期又突然从猪肉上发了一大笔财。菲斯克在马戏团里干过，当过旅馆侍者，沿街叫卖的小贩，卖过干货，后来发现军火生意油水很多，之后又混进证券交易所。古尔德原是制图员和皮货商，后来在铁路股票上大赚一笔。安德鲁·卡内基（Andrew Carnegie，1835—1919）将近40岁时还没有将精力全部放在钢铁工业上。他最初是当电报报务员，后来做过铁路经理——他的投资迅速增加，收入则从投资而来——也涉猎了石油（石油是洛克菲勒钟爱的领域，他的生涯是从俄亥俄州小职员和书商开始），直到这期间他才逐渐步入后来由他主宰的钢铁工业。这些人基本上都是投机商，只要能赚大钱，不管在哪儿，他们立刻跑去。他们都是无所顾忌的人。在盛行欺诈、贪污、受贿、诽谤的经济环境中，必要时开枪是竞争的正常现象，他们不能因顾及道德而略有迟疑。他们都是冷酷无情之人。若问他们是否诚实，大多数人会认为诚实与他们的生意无关，在生意场上应问他们是否精明。“社会达尔文主义”宣称，在人类丛林中适者生存，能够爬到人堆顶端就是最优秀的人。19世纪的美国之所以把这种信条捧成国家神学，看来并非没有原因。

“强盗贵族”的第三个特征其实相当显著，但被美国资本主义神话过分强调了。这项特征是：美国百万富翁中有相当一部分是“白手起家”、“自学成才”的，他们的财富和社会地位无人可比。当时的确出现过几个“白手起家”、堪称杰出的亿万富翁，但在《美国传记辞典》（*Dictionary of American Biography*）中，本书所述时期商界名人只有42%是来自下层和下中阶级［生于1820—1849年的人也计算在内。这个统计是C.怀特·米尔斯（C. Wright Mills）做的］。其中多数仍出身于商人和专业人员家庭。只有8%的“19世纪70年代工业精英”是工人阶级家庭的儿子。[10] 为了进行比较，我们可以追溯一下英国的情况。在1858—1879年间，死去的英国百万富翁共有189人，其中至少70%是富家子弟，他们的家产是几代，至少是一代人积累起来的，其中50%以上是地主。[11] 诚然，美国也有阿斯特（Astor）和范德比尔特这类富裕家庭出身的百万富翁，而美国最伟大的财政家J. P. 摩根（J. P. Morgan，1837—1913）则是英国银行家第二代，他的家族是将英国资本引入美国的主要中介者之一，并因此发迹致富。然而，美国最吸引人们注意的却是年轻人的生涯，那批年轻人只要一看到机会便会牢牢抓住，并击败所有挑战者。对一批准备遵循利润至上原则，有足够才干、精力，又残酷无情、贪得无厌的人来说，机会的确是多得很，大得很。很少有什么东西能分散他们的注意力。老贵族的爵位或悠然自得的庄园生活，对他们没有多大的吸引力。至于政治，这东西是可以用钱买的，不需亲自费力。当然，如果政治是另一种赚钱途径，那又另当别论。

因此，在某种意义上，强盗贵族认为他们正代表了迄今尚无人能代表的美国。他们这种认识似乎也没错。那些顶级亿万富翁的名字——

摩根、洛克菲勒——已进入神话领域，就像那些西部枪手和将领一样。在本书所述时期，除了那些对美国历史特别有兴趣的人外，这些亿万富翁几乎就是外国人仅知的美国人（也许林肯除外）。大资本家已成为这个国家的标志。《国家劳工论坛》（*National Labor Tribune*）在1874年写道：美国人民曾一度是他们自己的统治者，“没有其他人能够或应该成为他们的主人”，而如今，“这个梦想已无法实现……这个国家的劳动大众……很快就会发现，资本就像专制王朝一样坚不可摧”。[12]

## 2

在所有非欧洲国家中，真正以其人之道还治其人之身，与西方进行较量并打败西方的只有一个国家，那就是令当时人略感惊讶的日本。对他们来说，日本是所有先进国家中他们了解最少的国家，因为直到17世纪初，日本实际上还未与西方进行直接联系，西方在日本只有一个孤零零的观察站：荷兰人被允许在这个观察站上进行限制严格的贸易。到了19世纪中叶，西方觉得日本与其他东方国家无甚区别，至少同样是经济落后、军事脆弱，注定要成为西方的盘中餐。美国舰队司令官佩里（Perry）采取海上威胁的惯用手法，于1853—1854年迫使日本开放了几个港口，不过此时美国对太平洋的野心远超过捕捉几条鲸鱼［在不久前的1851年，鲸鱼刚成为赫尔曼·梅尔维尔（Herman Melville，1819—1891）小说《白鲸》（*Moby Dick*）的主角，该书堪称美国19世纪最伟大的艺术创作］。1862年，先是英国人，后是西方联军，随心所欲地用炮轰击了日本：鹿儿岛遭到西方攻击，只因为有一个英国人被杀害，西方要为这个英国人报仇。没想到隔了不到半个世纪，日本居然变成一个强国，能够单枪匹马与欧洲国家进行一场大战，并赢得胜利；居然在不到3/4个世纪里马上要与英国海军一争高低；更有甚者，20世纪70年代有些观察家竟然预测日本经济将在几年之内超过美国！

有些历史学家成了事后诸葛亮。他们对日本成就的惊讶程度比他们原先可能感到的要小一些。他们指出，日本在文化传统方面与西方完全不同，但在社会结构方面却与西方有许多惊人的相似之处。不管怎么说，它有一种与中世纪欧洲封建秩序非常相像的社会秩序，有世袭的地主贵族，半奴隶的农民，一个由商人、企业家以及金融家组成的群体，加上群体周围异常活跃的工匠，这个群体和工匠的基础便是正在形成发展中的城市。与欧洲不同的是，日本城市不能独立，商人没有自由。但是由于武士阶层日益往城市集中，他们对非农业人口的依赖日益增加，因而逐步形成一个封闭式的、没有任何对外贸易的国民经济，因而产生一个企业家群体，这个企业家群体对全国市场不可或缺，与政府的关系也十分密切。比如三井，17 世纪之初只是地方上一个酿造日本米酒的小厂，后来开了钱庄，1673 年到江户（东京）开了几家店，在京都和大阪设了分店。到 1680 年，他们已活跃在欧洲人称之为证券交易的领域。在这之前不久，他们已成了天皇和幕府将军（日本事实上的统治者）的财务代理，也是几个大封建领主的财务代理（三井至今仍是日本资本主义的重要力量之一）。另一至今仍占有重要地位的公司是住友，它起初是在京都做药材和五金生意，很快成为巨商并开始进入炼钢业，18 世纪晚期他们着手开采铜矿，并成为管理铜矿的地方官员。

如果让日本自行其是，它会独立自主地沿着资本主义经济方向演变吗？这并非不可能，虽然这个问题即使提出也永远得不到解答。不过有一点却是毫无疑问的：与许多非欧洲国家相比，日本更愿意向西方学习，也更有能力学好。中国显然具有在西方擅长的领域击败西方的能力，只要它充分掌握为达此目的而须具备的技术、知识、教育、管理和商务等条件。但是中国幅员太大，自给自足能力太强，太习惯于将自己看成是世界文明中心，以致它无法接受高鼻深目野蛮人的危险文明，认为这种文明的流入会使中国立即全盘放弃自己古老的生活方式。因此中国不想学习西方。反之，如果学习西方只是为了使国家富强，以便抵御北方邻国的话，受过教育的墨西哥人确实会想要向以美国为典范的西方自由资本主义学习。然而，墨西哥的传统势力太强，墨西哥人无力打破，无力摧毁，于是他们无法有效学习西方。教会以及农民的传统势力，不论是印第安式的，还是中世纪西班牙式的，对于愿向西方学习的墨西哥人来说都太过强大（他们势单力薄，心有余而力不足），但日本既有愿望，又有能力。日本精英知道日本是许多面临被征服、被统治的国家之一，在漫长的历史中他们一直正视这种危险。日本是个潜在的“民族”（用那时欧洲人的术语来说），还不是一个真正的帝国。与此同时，日本拥有19世纪经济所需要的技术和其他能力以及一支骨干队伍。也许更重要的条件是，日本精英拥有一套能够控制整个社会运动的国家机器和社会结构。一个国家能进行由上而下的改革，且不会导致消极抵抗，四分五裂，或引起革命，一般而言是极难做到的。日本统治集团居然能够动员起传统机器进行突如其来、激烈但在掌控之下的“西化”运动，同时没有引起大型反抗，只有零星的武士不满和农民造反，这在历史上实属罕见。

如何对付西方这个问题已使日本苦思冥想几十年——至迟从19世纪30年代已开始考虑。英国在第一次鸦片战争中战胜中国，充分展现了西方的成功之道及其潜力。如果连中国都打不过它们，它们不就是世界无敌了吗？加州发现金矿这件震动当时的世界大事，不但把美国带进太平洋地区，同时也使日本成为西方想要“开放”的市场中心，就像鸦片战争所打开的中国市场一样。直接抵抗毫无获胜希望，几次软弱无力的抵抗运动，已经完全证明了这一点；一味让步和外交回避也不过是权宜之计。受过教育的政府官员和知识分子于是就是否需要进行改良，采纳西方相关技术，同时恢复（或创立）民族救亡信心进行激烈辩论，结果产生了1868年的“明治维新”运动，开始进行一场激烈的“由上而下的革命”。在西方开始入侵的1853—1854年间，统治集团对于如何应付外来侵略意见分歧，莫衷一是。政府首次征询“大名”的意见，多数“大名”主张抵抗或虚与应付。幕府此举说明它本身已不能进行有效统治，其军事政策不仅无济于事，而且开支庞大，使日本行政管理体系的财政紧张愈益加剧。当幕府官僚暴露其笨拙无能之时，当其内部派系斗争日益加剧之时，中国适巧在英法联军攻击下再次败北，中国战败同时凸显出日本的弱点。然而由于对外来侵略的妥协让步，也由于国内政治结构日益严重的四分五裂，年轻的武士阶层知识分子开始有了强烈反应。武士在1860—1863年间，掀起日本历史上著名的恐怖暗杀浪潮（既杀外国人，也杀不得人心的领导人）。自19世纪40年代起，爱国积极分子随时准备战斗，他们聚集在各藩和江户（东京）的武馆里研究军事和思想，在武馆受哲学家的适当影响后，又各自回到封建藩国，提出“攘夷”、“尊王”两句口号。这两句口号很合逻辑：日本绝不能成为外强的牺牲品，幕府既然无能，保守派自然就将注意力转向依然存在的传统政治力量，即天皇。天皇是理论上的最高权威，但实际上是无所作为、无足轻重的。保守派改革（或谓自上而下的革命）想要采取的方式可以说是利用恢复王权来反对幕府。外国对极端分子的恐怖主义做出的反应（例如英国炮打鹿儿岛），更激化了日本的内部危机，在内外交迫之下，幕府政权摇摇欲坠。1868年1月（即德川庆喜继任将军、孝明天皇驾崩、太子睦仁即位之后）终于宣布恢复王政，在某些强大势力和对幕府不满的地方官员支持下，经过短暂的内战，最终建立了王政，开始了“明治维新”。

如果说“明治维新”只是保守势力的仇外反应，那么它的意义相对来说就不太重要。日本西部的强藩和皇室公卿，特别是萨摩藩和长州藩，一向厌恶垄断幕府的德川家族，他们推翻了旧的幕府政权，但拿不出一套具体计划，好战而且代表传统势力的年轻极端主义者也拿不出一套计划。此刻掌握日本命运的主要是年轻武士（1868年时，他们平均年龄为30岁），他们在这个经济和社会形势日趋尖锐的历史时刻登上舞台。紧张的形势反映在两方面：一是政治色彩不太明显的地方农民起义风起云涌；二是出现了由豪商豪农组成的中产阶级。但是掌握国家命运的武士阶层，他们代表的并不是社会革命力量。从

1853—1868年，年轻武士（其中有几个最仇外的已在恐怖活动过程中被消灭）大多数已认识到，他们的救国目的需要靠有步骤地进行西化才能实现。及至1868年，他们当中已有几个人与外国建立联系；还有几个人到国外进行考察。他们一致认识到救国意味着要进行改革。

在改革上，日本与普鲁士有不少相似之处。两个国家都正式确立了资本主义制度，但都不是借由资产阶级革命，而是通过自上而下的革命，即通过官僚贵族的旧秩序，因为旧秩序认识到舍此无法图存。两国后来的经济政治制度也都保留了旧秩序的重要特征：一个纪律严明的民族，一个具有自尊的民族。这两项重要特征不但根植于中产阶级和新兴无产阶级的灵魂之中，同时也帮助资本主义（虽然并非故意）解决了劳动纪律的难题；解决了私营企业经济在很大程度上依赖官僚政府协助和监督的难题，以及经久不散的军国主义难题。军国主义可在战时显示其强大威力，也是激昂、病态的政治右翼极端主义的一股潜在力量。然而日本和普鲁士的改革仍然有所区别。在德国，自由资产阶级的势力相当强大，同时也意识到自己是个阶级，是支独立的政治力量。正如1848年革命显示的那样，"资产阶级革命"的确是可能的。普鲁士是借由下列两股力量的联合而走上资本主义道路的：一是通过不愿意发动资产阶级革命的资产阶级，二是准备在不发动革命的情况下给予资产阶级大部分他们想要得到的东西的容克政府，容克政府以此为代价保存了地主贵族和官僚君主政体的政治控制权。这项变革并非容克阶级倡议的，他们之所以愿意改变只是为了确保他们不会被打倒，不会被变革埋葬（这得感谢俾斯麦）。而在日本，"自上而下的革命"的倡议、指令和骨干力量，都是来自部分封建领主和皇室公卿。日本资产阶级（或与资产阶级相等的阶级）只能在一个方面发挥作用：商人和企业家阶层的存在使得从西方学来的资本主义经济制度行之有效。所以"明治维新"不能被视为真正的"资产阶级革命"，甚至不能被称作不彻底的资产阶级革命，不过倒可看作与资产阶级革命相等的、行得通的革命的一部分。

因此，“明治维新”的变革竟然还能十分激进，就更令人刮目相看。维新运动废除了旧封建领主的领地户籍，并代之以中央政府管理体系；中央政府发行了十进制的货币；借用美国方式建立起银行系统，然后在银行基础上，通过向公众借贷，打下财政基础；并（在 1873 年）实行一项全面的土地税收制度。（不要忘记，在 1868 年时中央政府尚无独立收入，只能暂时依靠封建诸藩帮助，而诸藩不久便告撤销，于是只能强行借贷，只能依靠前德川幕府将军的私人庄园。）这项财政改革意味着另一项激进的社会改革，即《土地财产法》（*Regulation of Landed Property*，1873 年）的出台。《土地财产法》规定了个人（不是集体）纳税义务，最终并允许土地私有和自由买卖。至于以前的封建权利就像逐渐缩小的耕地那般，终归全部抛弃。大贵族和少数武士仍保有一些山地和森林，但在政府接管了以前的集体财产，农民日益成为富有地主的佃户之后，大贵族和武士遂失去其经济基础，当然他们曾获得政府的赔偿和帮助，但由于他们的处境变化太过剧烈，政府的补偿帮助显然是不够的。军事改革对他们震动更大，特别是 1873 年征兵令的颁布。征兵令按照普鲁士模式，实行征兵制，其影响最为深远的结果是平等主义，因为它取消了武士作为一个阶层单独享有的更高地位。总之，农民反抗和武士暴乱都不太困难地被镇压下去了。（从 1869—1874 年间，平均每年约有 30 次农民起义，武士则于 1877 年发动一场相当大规模的叛乱。）

取消贵族和阶级区别不是新政权的目的，虽然新政权使得这方面的问题简化了、现代化了。当时甚至出现了新的贵族统治。与此同时，西化意味着废除旧的社会阶层，也就是说社会地位应由财产、教育和政治影响力来决定，而不是由家庭出身来决定，这种纯正的平等主义倾向，对每况愈下的武士十分不利，他们当中已有很多人沦为一般工人；不过对普通百姓却挺有利，他们自 1870 年起获准拥有自己的姓氏，能够自由选择职业和居住地。对日本统治者来说，这些措施本身并不是他们的计划，而是达到民族振兴计划的工具，这是不同于西方社会的。这些措施因为是必要的，所以必须采取。对旧社会的骨干分子来说，这些措施还算合理，在“为国服务”这个传统观念的强烈影响下，他们认为“加强政府的力量”是必需的；加上新日本为其骨干中的多数人在军界、管理界、政界、商界提供了大量机会，因此这些措施也就不那么难以推行了。传统的农民和武士则不然，特别是新日本根本没有为他们提供任何光明前途的武士，他们反对这些举措。然而，那些本身构成旧社会、属于旧社会显赫军事贵族阶级的人，竟能在几年的时间里如此大刀阔斧、如此激进地推行改革，甚至今天来看也仍是异乎寻常、独一无二的现象。

改革的动力是西化。西方显然拥有成功的奥秘，所以日本必须向西方学习，而且要不惜一切代价地学。将另一个社会的价值观、组织机构全盘接收过来，其前景会如何呢？这个问题对日本来说不像其他国家那样不可想象，因为日本已经从中国引进过一次，但无论如何这次的举措仍是令人震惊，造成的伤害很大，问题也很多。向西方学习是无法浅尝辄止、搞些表面文章，或有选择、有控制地引进，特别是对文化与西方有如此巨大差别的日本而言。所以许多为西化而奔走呼号的人，便以极大热情全心投入这项使命。对有些人来说，西化看来得放弃日本的一切，因为日本的过去种种全都是落后的、野蛮的：日语太烦琐，要简化，甚至索性放弃；要利用与优秀的西方人通婚来改良日本人种……他们如饥似渴地吞下了西方社会达尔文主义的种族歧视理论，而这种种族主义理论在日本最高层居然一度受到支持。[13] 日本接受西方服饰、发式、饮食的热情不亚于接受西方的技术、建筑风格和思想。[14] 不过日本并未全盘西化，他们没有采纳西方的意识形态（然而包括基督教在内的西方意识形态对西方的进步却具有根本意义），没有放弃所有古老的包括天皇在内的机制。

然而西化与早期的中国化不同，西化在这里有个很为难的问题。“西方”不是一个单一协调的体系，而是许多相互竞争的机制和思想复合体，日本该效法其中的哪一个呢？实际上，日本并未踌躇太久，便做出选择。英国模式自然作为铁路、电信、公共建筑和市政工程、纺织工业以及许多商业方法方面的模范；法国模式用来改革法制、改革军事（后来采取普鲁士模式），海军当然还是学习英国；大学则归功于德国和美国的榜样；小学教育、农业革新和邮政事业则归功于美国。日本聘请的外国专家——在日本人的监督下——从1875—1876年的五六百人，上升到1890年的3 000人左右。然而政治和意识形态方面的选择就困难了。英国和法国都是资产阶级自由主义国家，但它们是两个相互竞争的体系；德国则是较为独裁的君主国家，日本该选择哪一个呢？尤其是在以传教士为代表的知识型西方和以斯宾塞（Spencer）、达尔文为代表的科学型西方之间，日本又该如何选择？（武士作为一个阶层已被消灭。失去方向和判断力的武士已准备将他们传统的忠诚从世俗的主转到天上的主。）在互为对手的世俗和宗教之间，又应如何抉择呢？

于是不到20年便出现一股反对极端西化、极端自由化的势力。这股势力一方面受助于向来对完全自由化持批判态度的西方国家，例如德国（1889年《明治宪法》的观念便是来自德国），但主要是来自以新传统主义为诉求的反对势力。新传统主义实际上是想制造一个新的以崇拜天皇为核心的国教，即神道教。最终获胜的是新传统主义加上选择过的现代化的结合体（1890年颁布的《帝国教育敕令》是两者相结合的典型）。然而日本对西化的态度仍然分成两派：一派认为西化应该进行根本性革命；另一派认为西化仅是为了建设一个强大的日本。革命没有到来，而将日本改造成一个令人敬畏的现代化强国的愿望的确实现了。19世纪70年代的日本在经济方面取得的成就还较有限，而且几乎完全建立在与经济自由思想大相径庭的“政商”基础上。而此际日本新军队的军事活动更完全是为了对付旧日本的顽固斗士，虽然早在1873年军方便策划了朝鲜战争，但因明治政府里的冷静精英认为这种冒险一定要等（朝鲜）内部改革明朗化后再做计议，于是暂缓。因此西方遂低估了日本改革的意义。

西方观察家很难理解这个陌生而奇怪的国家。有些观察家在日本身上除了看到颇具异国情调的美感以及优雅、顺从的女人外，其他就看不到什么了，而日本女人又特别容易让人联想到男人和西方的优越性（当时认为西方是优越的），他们看到的是一个平克顿和蝴蝶夫人的国度。其他观察家则太相信凡不是西方人就是劣等人，因而对日本视而不见。《日本先驱报》（*Japan Herald*）在 1881 年这样写道："日本是个快乐的民族，即使没有多少东西也会感到满足，因而他们也不会有多大的成就。"[15] 西方人认为日本的技术只能造出廉价的西方复制品，这种看法一直到第二次世界大战结束，仍是白种人虚假宣传的一个部分。然而那时已经有些精明实际的观察家——主要是美国人——看到日本在农业方面的高效率（"日本农民务农时非常节俭、经济，很会干农活，他们没有牲畜，没有轮作制度，但他们把荒地上茂盛的草变成自己田里的肥料……他们没有任何机器，但每英亩土地每年收获的庄稼，在美国得要四个耕作季才种出来"[16]），看到日本手工业者的技巧，看到日本军人的潜力。早在 1878 年一位美国将军就曾预言，有这样的军人，这个国家"注定要在世界历史上发挥重要作用"。[17] 当日本人证明他们能够赢得战争之后，西方人对他们的看法马上变了，自鸣得意的成分也减少了许多。然而直到本书所述时期结束之际，日本人仍被视为西方资产阶级文明胜利的活见证，是西方资产阶级文明比其他文明优越的活见证；而这个阶段的日本人对这样的看法想来亦无异议。

# 第九章

# 变化中的社会

根据（共产主义）原则，应是“各尽其能，各取所需”。换言之，谁也不能因为自己力气大、能力强或工作勤奋而得到任何利益，而是要去照顾弱者、愚者和懒汉的需要。

——T. 厄斯金 · 梅爵士，1877 年[1]

政府正由拥有财富之人的手中传到一无所有者手中，正从那些基于物质利益致力维护社会之人的手中，交到那些对秩序、稳定以及现状漠不关心之人的手中……也许，依照地球变化法则，工人赞成我们这个现代化社会，而过去的野蛮人则赞成古老社会，赞成分化、瓦解的骚动因素！

——龚古尔兄弟，巴黎公社期间[2]

当资本主义和资产阶级社会高唱胜利凯歌之际，虽然出现过一些群众性政治运动和工人运动，但希望有个新社会能取而代之的前景是非常暗淡的，尤其是在1872—1873年间。然而几年之后，这个曾经取得如此辉煌胜利的社会再一次发生动摇，在其前途迷茫之际，它必须再一次严肃对待那些想要取代它、推翻它的运动。所以我们有必要检视一下发生在19世纪第三个25年的激进社会改革和政治改革运动。这样的检视不能只根据后见之明，当然历史学家也没有理由放弃这项最强大的武器，还必须通过当时人的眼光。今天有钱有势的人信心十足，他们不怕其统治会因为翻旧账而结束。而且革命是不久前发生的事，记忆犹新。1868年时，任何一个40岁的人，在欧洲发生最伟大的革命之时，他已将近20岁；50岁的人则已经历了19世纪30年代的革命，虽然那时他还是个孩子，但在1848年革命时他已成年。意大利人、西班牙人、波兰人以及其他人等都曾在本书所述时期的最后15年里经历过动乱、革命以及其他颇具动乱意味的大事，例如加里波第解放意大利，等等。无怪乎当时的人们会对革命抱有强烈深刻的希望或恐惧。

我们知道，这种情况不是1848年后若干年里的主流。这几十年的社会革命就像英国的蛇一样：有是有，但不是英国动物里非常重要的部分。在那充满希望和失望的伟大一年，欧洲革命曾经近在眼前——也许非常真实——但又转成过眼烟云。我们知道马克思和恩格斯曾希望革命之火能在几年后再度燃烧。例如1857年发生全球性经济萧条之时，马克思和恩格斯便真切盼望经济萧条能引发革命的再次总爆发。但革命没有发生。自此，他们不再期待革命会在可预见的未来爆发，更肯定1848年革命不会再度重演。但若因此认为马克思变成某种渐进式的社会民主党人（按照这个词的现代意义），或认为马克思希望以和平方式过渡到社会主义，那就错了。就算有些国家的工人能借由选举获胜，用和平手段取得政权（他提到美国、英国，也许还有荷兰），但在他们夺得政权、砸碎旧政治和旧机制（马克思认为这是必不可少的）的时候，也必然会导致旧统治者的暴力反抗。毫无疑问，马克思在这方面是很现实的。政府和统治阶级可能准备接受一个不会威胁到其政权的工人运动，但是没有任何理由认为他们会接受一个会威胁其政权的工人运动，特别是在巴黎公社遭到血腥镇压之后。

因此，在欧洲先进国家发动革命不再是可行的政治活动，遑论社会主义革命。诚如我们已看到的，马克思对革命前途深感怀疑，甚至认为在法国也行不通。欧洲资本主义国家眼前的发展取决于工人阶级独立的群众性政党组织，而群众政党组织近期的政治要求却不是革命。马克思向采访他的美国记者口述德国社会民主党党纲时，删掉了其中设想社会主义未来的一条（“建立社会主义生产合作社……在劳动人民的民主管理下”），以作为对拉萨尔派的让步。他认为社会主义“将是运动的结果。但仍需取决于时间、教育，以及社会新形态的发展”。[3]

前途遥远，不可预测，但仍有望通过资本主义社会边缘地区，而非中心地区的演变，大大缩短其距离。从19世纪60年代晚期，马克思开始从三个方向认真设想采取间接方法推翻资本主义社会的战略，其中两个已证明是正确的预测，而另一个是错误的。这三条思路是：殖民地革命、俄国以及美国。殖民地革命是他分析爱尔兰革命运动（见第五章）的结论之一。英国那时对无产阶级革命具有决定性意义，因为英国是资本的中心，是世界市场的统治者，同时又是“革命物质条件已发展到一定成熟度的唯一国家”。[4] 所以国际工人协会的主要目标必须是鼓励英国革命，鼓励的唯一办法便是协助爱尔兰独立。爱尔兰革命（或更笼统地说，各附属国人民的革命）不是为了爱尔兰自己，而是希望它能在资产阶级国家的中心地区扮演革命的催化剂，或成为资本主义宗主国的阿喀琉斯之踵（意为致命的弱点）。

俄国的角色也许更具野心。从19世纪60年代起，如我们将看到的那样，一场俄国革命已不仅是一种可能，而且是非常可能，甚至是肯定的。俄国革命若发生在1848年，当然也会受欢迎，因为它可搬掉西方革命胜利道路上的主要绊脚石，但若发生在此时，其本身就具有重大意义。一场俄国革命也许真的是“西方无产阶级革命的信号，双方并可进而互相补充”（摘自马克思和恩格斯为俄国版《共产党宣言》所写的“序言”）。[5]我们还可进一步推想，俄国革命也许能直接导致俄国的土地公有制，越过成熟的资本主义发展阶段，成为共产主义发展的起点，但马克思对此推论从未表示完全支持。马克思的推测非常正确，革命的俄国的确改变了世界各地的革命前景。

美国的作用将比核心角色差一些。其主要功能是消极性的：凭借自己神速的发展，打破西欧，特别是英国的工业垄断；并由于大量农产品出口，砸碎了欧洲大小土地产业的基础。这个评估当然是正确的。但它是否也能对革命胜利具有积极贡献呢？在19世纪70年代，马克思和恩格斯肯定认为美国政治制度会出现危机。这种推论并非不切实际，因为农业危机将削弱农民的力量，削弱“整个宪法的基础”；而投机商和大财阀所攫取的政治权力越来越大，也将使人民产生反感。他们还指出美国的群众性无产阶级运动正在形成。也许他们对这种趋势不抱太多期望，但马克思表示过某些乐观态度，说“美国人民比欧洲人民更加坚决……每样东西都成熟得更加快些”。[6]然而他们把俄国和美国这两个《共产党宣言》原先删去的大国相提并论就不对了：俄国和美国未来的发展将有天壤之别。

马克思的观点在他逝世后被证明是正确的，但在当时，他的思想尚不是重要的政治力量，尽管在1875年已有两个迹象能说明他后来的影响：其一是一个强大的德国社会民主党，其二是他的思想深入俄国知识分子心中。这些他本人从没想到，但若追溯当时情况，这也不是非常出人意料的。19世纪60年代末到70年代初，这位“红色博士”常为国际工人协会筹划活动（见第六章），同时也是该协会最具影响力的地位崇高之士。但是我们已经看到，国际工人协会在任何意义上都不是马克思主义运动，甚至也说不上是涵括足够马克思主义者的运动（这些马克思主义者大多数是移居国外的德国人，是马克思的同代人）。国际工人协会由许多左翼团体组成，它们之所以组成联盟，主要是（也许完全是）因为它们都想把“工人”组织起来。国际工人协会取得了很大的成功，但不全是一劳永逸的成功。国际工人协会的思想代表了两类人士的思想：一是1848年革命的幸存者（甚至是在1830—1848年间经过改造的1789年革命幸存者），他们代表的是某种改良式工人运动的期望；其二是无政府主义，那是一种乖戾革命理想的亚变种。

从某种意义上来说，所有革命理论都要也必须与1848年革命经验相吻合，马克思是如此，巴枯宁、巴黎公社社员以及俄国民粹派皆如此（关于俄国民粹派我们将在下文续论）。有人也许会说，他们都是从1830—1848年的动荡岁月中走过来的，但他们没有把1848年前的那面大旗，即空想社会主义，从左派队伍里永远砍除。主要的乌托邦倾向已不复存在。圣西门思想已割断了与左派的联系，转入孔德的实证论，而且变成一群资产阶级冒险家（主要是法国人）共有的不成熟经验。罗伯特·欧文（Robert Owen，1771—1858）的追随者将他们的理论研究转向唯心论和世俗主义，将他们的实践活动转向合作商店这一不大的领域。傅立叶（Fourier，1772—1837）、卡贝以及其他提倡共产主义社区的人物（主要是生活在自由土地上，享有无限机会的人）都被淡忘了。格里利（Greeley，1811—1872）提出"年轻人，往西走"的口号，这比他早期的傅立叶式口号强多了。空想社会主义到1848年时已告销声匿迹。

法国大革命的后代在1848年后仍活跃在舞台上，其类型从激进的民主共和派到布朗基式的雅各宾共产党人都有。民主共和派时而强调民族解放，时而强调对社会问题的关心。他们是传统左派，既未学到什么，也未丢失什么。巴黎公社的某些极端分子，除了想再发动一次法国大革命外，根本别无他求。布朗基主义靠着它顽强的决心和巧妙的组织，终于在法国生存下去，并在公社里发挥重要作用，但这是它最后一次亮相机会，此后再也未曾扮演过重要角色，且即将在法国新社会主义运动的不同趋势撞击下消失陨灭。

民主激进主义的生命力较为顽强，因为它的主张真正表达了各地"小人物"（店主、教员、农民）的愿望，亦即工人的基本要求，同时也投自由主义政客所好，希望自由主义政客支持他们。自由、平等、博爱也许不是具有精确意指的口号，但面对有钱有势的大人物，穷人和普通百姓仍知道这个口号的含义。然而即使民主激进主义的正式纲领实现了，一个像美国那样借由平等、无条件普选产生的共和国成立了［所谓无条件普选是针对男子选举权而言，当时尚无任何国家认真考虑妇女的公民权，只有美国富战斗精神的斗士开始为此努力，维多利亚·伍德哈尔（Victoria Woodhull）便于1872年参加总统竞选］。民主的热情也不会因之降温，因为“人民”需要行使真正的权利来对付富人和贪官，光是“人民”的需要就足以使民主热情存在并继续下去。不过，民主激进主义的纲领当然还未成为现实，甚至是在规模不大的地方政府当中，也不曾实现过。

然而这个时期，激进民主本身已不再是革命口号，而成为为达到目的而采用的一种手段。革命的共和国就是“社会的共和国”，革命的民主就是“社会的民主”，这些是马克思主义政党越来越常采用的标题。不过民族主义的革命家对此还不很了然，例如意大利的马志尼党人，他们认为既然独立和统一是建立在民主共和主义之上，那么取得独立和统一之后，一切问题也都解决了。真正的民族主义当然会是民主的、社会的；如果不是，那它就不是真正的民族主义。马志尼党人并没有不主张社会解放，加里波第就宣称他本人是社会主义者，暂且不论他所说的社会主义者是指什么。在人们对统一、共和大失所望之后，新社会主义运动的骨干便将从以前的激进共和分子中脱胎而出。

无政府主义显然是1848年后的产物，更准确地说是19世纪60年代的产物，虽然我们可以从19世纪40年代的革命骚动中找到它的踪迹。无政府主义的奠基人是蒲鲁东和巴枯宁。蒲鲁东是位法国印刷工人，自学成才，后来成了多产作家，不过他从未实际进行过政治宣传鼓动工作。巴枯宁是位俄国贵族，他随时都准备投身到无政府主义运动中（我们可以列出一个无政府主义的“家谱”，但这与真正的无政府运动发展没有多大关系）。他们两人在早期就受到马克思的注意。马克思不喜欢他们，他们敬重马克思，但也回敬了马克思的敌意。蒲鲁东的理论本身并没多少有趣之处，系统紊乱，偏见太深，毫无自由主义色彩，他既反对女权主义，又反对犹太人，反倒是极右派对他推崇有加，但他的理论对无政府主义思想有两大贡献：其一相信小型的互助生产组织，而不相信没有人性的工厂；其二痛恨政府，痛恨所有政府。这对自力更生的工匠，自主权较高、抵制无产化的技术工人，尚未忘记其农村小镇童年生活的城里人以及邻近工业发达地区的居民特别有吸引力。无政府主义正是对这些人，对这些地方有最大的号召力。国际工人协会当中最忠实的无政府主义者，正是瑞士小村庄“侏罗联合会”（Jura Federation）里的钟表匠。

巴枯宁对蒲鲁东的思想没有什么新的补充，他只是一味鼓动革命热情，想实际进行革命。他说：“破坏的热情同时也是创造的热情。”殊不知其所鼓动的只是罪犯和社会边缘人的革命潜力，是一种鲁莽的热情，一种农民的、直观的意识。他根本不是什么思想家，而是一个预言家、一个煽动家、一个诡计多端的恐怖组织家。尽管无政府主义在纪律严明的组织里没有市场，无政府主义也等于提前警告政府应该进行专政。巴枯宁将无政府主义运动扩大到意大利、瑞士，并借由其门徒扩展至西班牙，并于1870—1872年组织了分裂国际工人协会的活动。他实际上创造了无政府主义运动，因为（法国）蒲鲁东主义团体只是一个不甚发达的工会互助组织，在政治上它们的革命性格并不太强。上述所言并不表示无政府主义在本书所述时期结束之际已是一支强大的力量，而是说它在法国以及法属瑞士已有一些基础，在意大利已播下某些种子，尤其是在西班牙已取得惊人的进展，西班牙加泰罗尼亚的手工业者和工人以及安达卢西亚的农业劳动者都相当欢迎这个新福音。它与西班牙国内滋长出来的思想一拍即合，合而为一，认为如果能将国家的上层建筑摧毁，将富人消灭，农村和工厂自然能治理好，一个由自治城镇构成的理想国家自然很容易实现。这种“小行政区主义”（cantonalism）运动居然试图在1873—1874年的西班牙共和国实现这种“理想国”。小行政区主义的主要理论家是马加尔（F. Piy Margall，1824—1901）。马加尔将与巴枯宁、蒲鲁东以及斯宾塞一起被迎进无政府主义的万神殿。

无政府主义既是前工业时期对现代的反叛，同时又是那个时代的产物。它反传统，然而其直觉和本能又使它保留甚至更加强调许多传统成分，如反犹太人，或更笼统地说，仇恨一切外国人。蒲鲁东和巴枯宁两人身上都有这些因素。与此同时，无政府主义十分痛恨宗教、教会，颂扬进步的事业，包括科学、技术、理性，尤其颂扬“启蒙运动”和教育。由于无政府主义反对一切权威，它便奇怪地与主张自由竞争的资产阶级极端个人主义沆瀣一气。主张自由竞争的资产阶级也反对一切权威。从思想上说，斯宾塞跟巴枯宁一样，也是无政府主义者［他曾撰写《反对政府的人》（*Man against the State*）］。无政府主义唯一不去阐述的是未来。关于未来它无话可说，他们认为在革命发生之前没有未来。

无政府主义一旦出了西班牙就根本不具政治重要性，对我们来说它只是那个时代歪曲现实的哈哈镜而已。这个时代饶有趣味的革命运动是一个完全不同的革命运动——俄国的民粹主义。民粹主义在当时并非群众运动，也从来没有形成群众运动。它最引人注目的是进行恐怖活动，这是本书所述时期结束以后的事，结果暗杀了沙皇亚历山大二世（Alexander Ⅱ，1881年）。然而它是20世纪落后国家许多重要运动的先驱，也是俄国布尔什维主义（Bolshevism）的先驱。它把19世纪30年代和40年代的革命与（俄国）1917年革命直接联系起来，我们可以说它们之间的关系比巴黎公社更为直接。由于这场运动几乎清一色全由俄国知识分子组成，而俄国所有严肃知识分子的生活亦都带有政治色彩，所以它便借由同时代的俄国天才作家如屠格涅夫（Turgenev，1789—1871）、陀思妥耶夫斯基（1821—1881）等人的作品立即反映到国际文坛之上。西方同代人很快便听到民粹主义者（the Nihilists）这个名词（译者注：该词亦有“虚无主义者”、“无政府主义者”之意），甚至把他们与巴枯宁的无政府主义相混淆。这也不难理解，因为巴枯宁曾像插手其他国家的革命运动那样插手俄国的运动，并一度和另一位真正的陀思妥耶夫斯基式的人物、年轻的涅恰耶夫（Sergei Gennadevich Nechaev）纠缠不清。涅恰耶夫提倡不顾一切地进行恐怖和暴力活动。然而，俄国民粹主义根本不是无政府主义。

俄国“应该”有场革命，欧洲从最温和的自由主义者到最激进的左派，没有人对此提出质疑。尼古拉一世政权（1825—1855）是十分露骨的独裁，他是阴错阳差上台的，从长远看不可能维持很久。政权之所以未倒，是因为俄国还没有出现强大的中产阶级，尤其是因为落后的农民对沙皇依旧保有传统忠诚或逆来顺受的消极态度。俄国农民主要是农奴，他们接受“贵族老爷”的统治，因为他们认为这是上帝的旨意，因为沙皇代表神圣的俄罗斯，同时因为他们大多甘愿平静地在村社里做好自己的点滴小事。俄国和外国观察家从 19 世纪 40 年代起，就注意到俄国村社的存在及其意义。农民确实不满。尽管他们很穷，尽管贵族老爷不断压迫，但他们从不同意贵族有权占据庄园里的土地。农民是属于贵族老爷所有，但土地是属于农民的，因为是农民在耕种土地。农民是因为无能为力，所以才无所作为。如果农民能摆脱消极情绪，起而抗争，那么他们会使沙皇和俄国统治阶级坐立难安。如果思想左派和政治左派将农民潜在的动乱因素鼓动起来，其结果将不只是一场 17 世纪、18 世纪式的伟大起义——俄国统治者始终觉得“普加乔夫起义”（Pugachevshchina）阴魂不散——而是一场社会革命。

克里米亚战争结束后，一场俄国革命已不再是幻想，而是日渐具有可能性。这是 19 世纪 60 年代最重大的变化之一。俄国政权既反动，又无能，但在 1860 年之前，它给人的印象是：从内部看，它固若金汤；从外部看，它强大非凡。当欧洲大陆于 1848 年深陷革命浪潮之时，俄国政权却能幸免于难。然而到了 19 世纪 60 年代，它的弱点暴露无遗，内部很不稳定，对外则比想象中虚弱许多。其关键弱点既是政治的，又是经济的。亚历山大二世所推行的改革与其说是振衰起敝的灵丹妙药，不如说是暴露疾病的症状。我们将会看到，解放农奴（1861年，见第十章）事实上是为农民创造了革命条件，而沙皇在行政管理、司法以及其他方面的改革（1864—1870），非但没有克服沙皇专制统治的弱点，更不足以补偿它日渐失去的农民忠诚，在俄国爆发一场革命已不再是乌托邦遐想。

由于资产阶级和（这个时期）新兴工业无产阶级的力量还很弱小，因此当时只有一个人数极少但很是能说会道的社会阶层能够承担政治鼓动任务：知识分子。在19世纪60年代，这个阶层业已觉醒，与政治激进主义发生联系，并享有"知识分子"的美名。正是因为它的人数极少，所以这个阶层里受过高等教育的人深深感受到他们是紧密相连的团体：迟至1897年，全俄受过教育的男性不超过10万，妇女约6 000多一点儿。[7]人数确实不多，但增加速度很快。1840年莫斯科的医生、教师、律师以及各种艺术工作者总数不超过1 200人，但到了1882年，莫斯科已有5 000名教师、2 000名医生、500名律师以及1 500名艺术界人士。关于他们有一点相当重要：他们既不加入商业阶层（19世纪各国商界除德国外，均不需要学历，除非为了提高社会层次），也不参加官僚队伍（官僚机构是知识分子的唯一大雇主）。1848—1850年间，圣彼得堡大学毕业生共有333人，其中只有96人加入文官队伍。

俄国知识分子有两点不同于其他国家的知识分子：首先，他们承认自己是一个特殊的社会集团，其次，在政治上他们多半是激进主义者（为了社会而非为了民族）。第一点与西方知识分子不同，西方知识分子很容易被独领风骚的中产阶级所吸收，很容易接受占主导地位的自由主义思想和民主思想。除了文学艺术上的放荡不羁（见第十五章），除了一些得到批准、勉强可以忍受且与众不同的特殊文化外，在西方知识界看不到太多满腹牢骚的政治异议者，而放荡不羁的牢骚话与政治关系不大。直到1848年（包括1848年），大学一直是颇富革命性的，如今他们在政治上也已循规蹈矩了。在这个资产阶级大获全胜的时代，知识分子何苦再另提一套呢！第二点又使俄国知识分子有别于那些刚形成的欧洲民族国家的知识分子，他们的政治热量几乎完全消耗在民族特征上，也就是说消耗在为建设一个能够将他们整合进去的自由资产阶级社会的斗争上。俄国知识分子不能遵循（西方）第一条道路，因为很明显俄国不是资产阶级社会，对沙皇制度来说，即使是温和的自由主义也会被当作政治革命口号。沙皇亚历山大二世在 19 世纪 60 年代进行的改革——解放农奴、司法改革、教育改革以及为贵族士绅建立某种地方政府（1864 年的地方自治会）和城市（1870）——都过于羞羞答答，拖泥带水，不足以长期激励改革主义者的潜在热情，而且改革的时间太短，只是昙花一现。俄国知识分子也无法遵循欧洲知识分子的第二条道路，倒不是因为俄国已是一个独立民族，也不是因为他们缺乏民族骄傲，而是因为俄国民族主义的口号——神圣的俄罗斯、泛斯拉夫主义，等等——已经被沙皇、教会以及所有的反动力量扼杀了。在托尔斯泰（Tolstoi，1828—1910）文学巨著《战争与和平》（*War and Peace*）的所有人物当中，最典型的俄国人别祖霍夫（Pierre Bezuhov）不得不去寻求世界主义的思想，甚至不得不为侵略者拿破仑辩护，因为他对这样的俄国无法满意；而他精神上的侄、孙辈（全是 19 世纪 50 和 60 年代的知识分子）也被迫走上同一条道路。

他们要求现代化，亦即要求“西化”，作为生长在欧洲落后国家的有志之士，他们也非如此不可，但他们不能只进行“西化”，因为西方自由主义和资本主义此刻还不能为俄国提供一个有活力的模式，也因为俄国此刻唯一潜在的群众革命力量是农民。结果是他们只能进行民粹主义，民粹主义可使矛盾一时勉强得到解决。民粹主义充分说明了 20 世纪中叶第三世界的革命运动。在本书所述时代结束后，俄国资本主义发展突飞猛进，也就是说能组织起来的工业无产阶级已迅速成长。资本主义的发展消除了民粹主义时代的种种疑团，而民粹主义英雄阶段的崩溃（民粹主义大约始于1868年，终于1881年）又使大家从理论上对它重新进行评估。从民粹主义废墟上生长起来的（俄国）马克思主义者，是地地道道的西化论者，至少理论上是。他们认为俄国应走西方道路，聚集同样的社会和政治变革力量——一个将建立民主共和国的资产阶级和一个为资产阶级挖掘坟墓的无产阶级。然而有些马克思主义者在1905年的革命过程中很快便认识到这种前景是不切实际的。俄国资产阶级太过软弱，不堪担此历史重任，而无产阶级在“职业革命家”领导下，在农民阶层不可阻挡的力量支持下，势将推翻沙皇统治，也将埋葬尚未成熟便注定死亡的俄国资本主义。

民粹主义者主张现代化。他们梦想中的俄罗斯是一个全新的社会主义国家，而非资本主义国家，是一个进步的、科学的、教育发达且生产革命化的俄国。新俄国将建立在俄国最古老、最传统的民间机制之上，它将因此成为社会主义社会的母体和模型。民粹派知识分子在19世纪70年代再三询问马克思他们的设想是否可能实现，马克思苦苦思索这个诱人的但按其理论是不可能的想法，最后只能吞吞吐吐地说，也许可能吧。另一方面，俄国必须拒绝西欧的传统，包括西欧自由主义和民主理论的模式，因为俄国没有这种传统。民粹主义有一点与西欧1789—1848年的革命传统直接相连，但即使是这一点，在某种意义上说来也与西欧革命传统不同，是新的。

如今聚集在一起密谋暴动、暗杀、推翻沙皇统治的男女知识分子，他们不只是雅各宾派的继承人，也不只是衍生自雅各宾派的职业革命家，他们将砸碎与现有社会的一切联系，将把自己的生命完全献给“人民”，献给革命，将深入人民当中，表达人民的愿望。于是，他们拥有强烈的情感，极度的自我牺牲精神，毫无浪漫之处，这种情形在西方很难找到。他们更接近列宁，而不是法国革命家博纳罗蒂（Buonarroti）。他们也像后来众多的革命运动一样，在学生当中培养了第一批骨干，特别是在已经进入大学的新生和穷学生当中，而不再局限于贵族子弟。

这个新革命运动里的积极分子的确是“新”人，而非贵族子弟。1873—1877 年间，关在牢房或遭流放的政治犯共有 924 人，其中只有 279 人出身贵族家庭，117 人出身非贵族的官僚家庭，33 人来自商贾家庭，68 个犹太人，92 个城市小资产阶级或说城里人（meshchane）的子弟，138 个出身所谓的农民家庭——可能是与城市环境相似的农民家庭，其中不下于 197 人是牧师的孩子。民粹派中年轻妇女的人数多得惊人。在约 1 600 名被捕的宣传员中，女性的比例不低于 15%。[8] 民粹派运动起初在无政府主义恐怖活动（受巴枯宁和涅恰耶夫影响）和到“人民”当中进行群众政治教育之间摇摆不定，但最终却成为雅各宾—布朗基式纪律严苛的秘密阴谋组织。不管他们的理论如何，在现实上他们都自认为是高人一等的杰出人物。他们预见到布尔什维克的问世。

民粹派之所以重要，倒不是因为他们取得什么伟大成就，他们实际没取得什么成就；也不是因为他们动员了多少人（充其量也不超过数千人）。民粹派的意义在于他们标志着俄国连续不断（50 年）的革命鼓动工作从此揭开序幕，最后推翻了沙皇统治，建立起世界史上第一个致力于社会主义建设的政权。民粹派是沙皇俄国注定将被革命推翻的征兆，他们在 1848—1870 年间，以极快的速度将沙皇俄国从世界反动力量不可动摇的支柱变成一个泥足巨人（对大多数西方观察家来说也是出乎意料的）。民粹派的意义还不止于此。他们好像建立了一座化学实验室，把 19 世纪主要的革命思想都放到这里进行试验、综合，然后发展成 20 世纪的各种思想流派。毫无疑问，在某种程度上这是由于运气不错——其原因倒是相当令人费解——世界历史上有几次最光辉、最令人吃惊的知识和文化创作的大爆炸，而民粹主义正好与其中一次爆炸巧遇。落后国家在寻求现代化的道路时，通常是从国外引进思想。其思想不是土生土长的，当然实践时不一定是如此。它们在向外援借之时，不带偏见，不持保留。巴西、墨西哥的知识分子不加批判地接受孔德的思想，[9] 西班牙知识分子也在这个时期接受了 19 世纪初德国二流世俗哲学家卡尔·克劳斯（Karl Krause）的思想。俄国左派不只接触了这时期最好、最先进的思想，并把这些思想变成自己的思想——喀山（Kazan）的学生在《资本论》译成俄文之前便阅读了马克思著作——而且几乎立即将先进国家的社会思想加以改造，大家也承认他们确实有此能力。当时出现了几位赫赫有名的人物，虽然他们的知名度仅限于国内——车尔尼雪夫斯基（N. Chernishevsky，1828—1889）、别林斯基（V. Belinsky，1811—1848）、杜勃罗留波夫（N. Dobrolyubov，1836—1861），还有杰出的亚历山大·赫尔岑（Alexander Herzen，1812—1870）。其他还有一些人只做了改造西方社会学、人类学和编年史的工作——也许这是一二十年以后的事——例如在英国的维诺格拉多夫（P. Vinogradov，1854—1925）以及在法国的卢钦斯基（V. Lutchisky，1877—1949）和卡雷辽夫（N. Kareiev，1850—1936）。马克思本人对俄国读者取得的成就立即表示赞赏，这不仅因为他们是他学术思想上的最早知音。

我们已经讨论了社会革命家，那么革命又如何呢？这时期最伟大的一次革命实际上大多数西方观察家却一无所知，而且肯定与西方革命思想毫无联系的，那就是中国的太平天国革命（见第七章）。革命最频繁的地区是拉丁美洲，它们的革命多半是发表一份（军事政变）檄文或是地区性的夺权篡位，国家局势很少因革命而明显改变，以致其中有些国家的社会要素常被忽略。欧洲的革命或是以失败告终，例如1863年的波兰暴动；或是被温和派自由主义同化，例如1860年加里波第征服西西里和意大利南部的革命；或是虽然成功，但纯粹是一国一族之事，例如西班牙1854年革命和1868—1874年的革命。1854年革命如同哥伦比亚19世纪50年代初的革命一样，只是1848年大革命的夕阳余晖。伊比利亚世界的节拍总比欧洲其他部分慢一些。1868—1874年的革命则使当时人紧张了一阵，因为当时正处于政治动荡和国际工人协会的活跃期，因此担心它会是新一轮欧洲革命的预兆。但是新的1848年没有到来，来的却是1871年的巴黎公社。

就像这个时期的许多革命一样，巴黎公社的重要性不在于它取得了什么成就，而在于它预示的信息；作为一个象征它确实十分可怕，但作为事实则不然。巴黎公社在法国以及（通过马克思）国际社会主义运动中产生了无与伦比的神话，一个直到今天还响彻云霄的神话。[10]巴黎公社是异乎寻常的、重要的、激烈的、悲壮的，但也是十分短暂的，大多数严肃的观察家都认为它注定会失败。巴黎公社是由城市工人造反所成立的政府，公社的主要成就是它确实是个政府，尽管它只存在不足两个月。列宁在十月革命成功后开始数日子，直到他高兴地宣布：苏维埃政府已比巴黎公社存在的时间还长了。然而奉劝历史学家在回忆往昔之际不要低估巴黎公社。虽说巴黎公社并没有严重威胁到资产阶级秩序，但光是它的存在就足以把资产阶级吓得魂不附体。恐慌和歇斯底里包围了巴黎公社的诞生与死亡，尤其是国际舆论界。国际舆论界指责公社建立共产主义，没收富人财产，分占富人妻子，进行恐怖大屠杀，制造混乱和无政府主义以及其他一切缠住高贵阶层不放的噩梦。毋庸多言，这一切都是国际工人协会故意策划的。各国政府感到有必要采取行动来对付危及秩序和文明的国际威胁。于是，警察进行国际性合作，剥夺逃亡的公社社员作为政治难民所应接受的保护地位（当时人对这项举措的反感更甚今日，认为十分无耻）。除此之外，奥地利首相建议——俾斯麦全力支持，须知此公不是容易惊慌失措的——组织一个资本主义反国际工人协会。德国、奥地利、俄国出于对革命的恐惧，于1873年组织了“三皇同盟”（Three Emperors' League），这就是被人们视为“为了对付已经威胁皇帝和政府的欧洲激进派”的新神圣同盟，[11]但是等到这个同盟签约之际，国际工人协会已迅速削弱，因而同盟的任务已不具紧迫性。不过紧张毕竟是事实，其意义在于它说明了各国政府如今所惧怕的不是一般社会革命，而是无产阶级革命。马克思主义者认为国际工人协会和巴黎公社本质上是无产阶级运动，因此在这一点上，他们与各国政府和此时“值得尊敬的”舆论看法是一致的。

事实上，公社是一场工人暴动，如果工人是指介于“人”和“无产者”之间的男女，而不是工厂工人，那么这个词也适用于这个时期其他工人运动的积极分子。[12] 被捕的 3.6 万公社社员，实际上都是巴黎各阶层的劳动人民：8% 是白领工人，7% 是仆人，10% 是小商店店主之类，其余绝大多数是工人——来自建筑业、冶金业、一般劳动行业，紧接他们之后的是更加传统的、懂技术的手工业（家具、奢侈商品、印刷、制衣）工人，许多革命骨干也出自这部分人（在国民军中，被捕的印刷工人有 32% 是军官和士官，木材工人占 19%，建筑工人只占 7%），还有一向激进的鞋匠。然而巴黎公社是不是一场社会主义革命呢？差不多肯定是的，虽然公社的社会主义基本上仍是 1848 年前的梦想，即自我管理的生产者合作社或社团单位，不过公社此时也开始有系统地强力干预政府。公社的实际成就非常有限，不过这不是公社的错。

因为公社是个被包围的政权，它对打仗没经验；由于巴黎被围困，起义是拒绝投降之举。当 1870 年普鲁士人向法国挺进之时，拿破仑三世帝国的脖子便被折断了。推翻拿破仑三世的温和共和派，起初仍半心半意地继续将战争打下去，然后当他们认识到要抵抗普军只剩下一个办法，亦即对群众进行革命动员，建立一个新的雅各宾社会共和国，于是他们便放弃对德作战。政府和资产阶级放弃了被围困的巴黎，巴黎实权自然落入各个区（arrondissements）的区长和国民军手中，实际上也就是落入人民和工人阶级之手。法国政府与德国订立城下之盟后，便立刻宣布解散国民军，此举触发了革命，巴黎独立的城市组织（公社）遂告成立，公社几乎立即被凡尔赛的全国政府包围——巴黎四周的普鲁士胜利之师则作壁上观。公社在其存在的两个月期间，几乎一刻也没间断对占绝对优势的凡尔赛军队作战。公社 3 月 18 日宣布成立，不到两个星期公社便失去主动。5 月 21 日敌人进入巴黎，最后一个星期只是向世人表示巴黎劳动人民活得艰难，死得壮烈。凡尔赛军队的阵亡和失踪人数大约是 1 100 人，公社或许还杀了 100 个人质。

但，有谁知道多少公社社员在战斗中牺牲了吗？公社被镇压后，无数社员遭屠杀。凡尔赛方面承认它们杀了 1.7 万人，但这个数字连实际被害的半数都不到。4.3 万人被俘，1 万人被判刑，其中一半被流放到新喀里多尼亚（New Caledonia），其余一半被监禁，这就是那些“受人尊敬之人”所进行的报复。从此，巴黎工人和他们“上司”之间就被一条血河隔开。从此，社会革命家知道，如果他们无法保住政权，等待他们的将是什么。

# 第三部分

# 结果

# 第十章

# 土地

印第安人现在每星期能挣九个小银币。一旦他们每天能挣到三个小银币，他们每周的工作时间便绝对不会超过一半，因为这样他们仍能拿到九个小银币。当你改造了一切之后，你还得回到你的起点：回归自由，不需要为发展农业而制定赋捐、法律条令和规章制度的真正自由；回到无限美好的、堪称政治经济最高境界的放任自由。

——墨西哥一地主，1865年[1]

所有过去用来反对大众阶级的偏见，今日仍用在农民身上。由于农民得不到中产阶级所受的教育，所以就得忍受不同待遇，忍受别人的轻视，于是乡下人遂强烈渴望摆脱这种轻蔑的压迫，于是就发生了咄咄怪事：我们旧有的风俗习惯蜕化了，我们的种族腐朽变质了。

——曼图亚一家报纸，1856年[2]

## 1

1848 年时，世界人口，甚至欧洲人口中绝大部分都居住在农村。即使在第一个工业化经济的英国，城市人口在 1851 年前仍未超过农村人口，1851 年也只刚刚超过——51%。除了法国、比利时、萨克森、普鲁士和美国外，没有一个国家的城市人口超过其总人口的 10%，而那时全世界的城市不过 1 万多个。到 19 世纪 70 年代中后期，情况大有改观。然而除个别例外，农村人口仍雄居城市人口之上。所以直到那时，大部分人的生存运气仍取决于土地庄稼的好坏。

土地收成好坏一方面有赖于经济、技术和人口因素，这些因素存在于全球各地，至少存在于地理—气候的大区域里。即使各地有其特殊性和落后现象，这些因素同样在发挥作用。另一方面，土地收成也取决于社会、政治、立法等机制因素。这些因素千差万别。即使世界通过这些机制的运转，形成了一致的发展趋势，但各地的机制因素仍是迥然不同。从地理上看，北美大草原、南美大草原、俄罗斯南部和匈牙利南部的无树林大草原，有很多相似之处：都程度不同地处于温带，都是大平原，都适宜于大规模开垦种植。从世界经济角度来看，它们也都发展了相同类型的农业，成了主要粮食出口国。但从社会、政治和法律上看，北美草原与欧洲草原就有很大区别：北美草原上除狩猎的印第安人外，基本上无人居住；欧洲草原很早就有人来定居务农，即使人烟还不算很稠密；新世界（美洲）的自由农和旧世界（欧洲）的农奴有天壤之别；1848 年后匈牙利发生的农奴解放形式与 1861 年后俄罗斯发生的农民解放形式截然不同；阿根廷的大庄园主与东欧的贵族地主和乡绅也不一样；各有关国家的法律制度、行政管理和土地政策也各不相同。对历史学家来说，忽略它们的区别跟忽略它们的共性一样，都是不应该的。

不过全世界的农业在下列这点上的确越来越相似：服从工业世界经济的需要。由于工业世界的需求扩大，农产品商业市场遂成倍增加——多数是粮食和纺织工业的原料以及工业用粮，不过这一点的重要性不大——国内外市场同时增加。国内市场增加是因为城市迅速发展。工业世界所拥有的技术，使通过铁路和汽船将迄今未遭剥削地区有效地纳入世界市场范畴成为可能。当农业采取资本主义经营方式，或至少是改用商业化大规模经营的方式后，社会受到强烈冲击，人与土地之间那种代代相传的密切关系松懈了，特别是当他们发现自己家无寸地，或只有极少土地，无法养家糊口的时候。与此同时，新兴的工业和城市又贪得无厌地渴求劳动力，先进的城市与落后的、“黑暗的”农村之间，距离日益增大，终于迫使他们离乡背井，远走他方。在这个时期，我们见到农产品贸易（这是农产品使用范围明显扩大的标志）与较大范围的“从土地上远走高飞”的现象——至少是在受世界资本主义发展直接影响的国家里——同时增长，而且增长幅度极大。

在19世纪第三个25年里，这个进程显得特别迅速，其原因有二，即世界经济在广度和深度两方面的急速发展。这两方面的急速发展，是这个时期世界历史的主旋律。拜科技进步之赐，偏远以及无人地区的开拓度大增，原本的不毛之地，如今已成为粮食出口区，其中最为突出的是美国中部平原和俄国东南部。1844—1853年间，俄国每年出口粮食约1 150万公石，但到了19世纪70年代下半叶，出口已达4 700万到8 900万公石。在19世纪40年代，美国出口的粮食几乎可忽略不计（也许只有500万公石），此时却向国外出售1亿多公石。[3] 与此同时，我们也发现“先进”世界已开始尝试将国外某些地区变成其特殊产品的供应地——孟加拉的靛青和麻，哥伦比亚的烟草，巴西和委内瑞拉的咖啡，埃及的棉花更不用提了，如此等等。这些新的出口作物取代或补充了当时同类的传统出口农产品——加勒比海和巴西正在减少的糖、内战时期美国南方诸州的棉花。整体而言，除了个别例外（例如埃及的棉花和印度的麻），这些经济特殊作物并非一成不变，即使有些固定不变，其规模也不能与20世纪相比。恒久不变的世界农业市场模式，在帝国主义经济于1870—1930年间形成之前，尚未确立。看似欣欣向荣的产品也可能潮起潮落，时升时降；19 世纪第三个 25 年期间生产这类出口农产品的主要地区，后来不是停滞不前，便是完全放弃。圣保罗州（São Paulo）曾是这个时期生产咖啡的主要基地。如果说巴西已成为主要咖啡生产国，圣保罗的咖啡产量充其量只占全国产量的 1/5，只及里约（Rio）的 1/4，印度尼西亚的一半，锡兰（Ceylon）的两倍。锡兰的茶叶种植业在这段时间还无足轻重，19 世纪 70 年代晚期茶的出口还未单独注册，19 世纪 70 年代后也只少量出口。

尽管如此，农产品此时已成为主要的国际贸易项目，这通常会导致农业高度专业化，甚至使出口农产品的地区只种植单一作物（其理由显而易见）。技术的发展使这种局面成为可能，因为大量散装货物在进行长距离陆上运输之时，其主要运输工具只能依靠铁路，而铁路在 19 世纪 40 年代之前尚未问世。与此同时，技术显然随需求而诞生，或预测到市场需求而加以开发。这在美国南部的辽阔平原和南美若干地方最为明显。那些地区的牲口实际上并不需要人们精心饲养，只要由高卓人（gauchos）、拉内洛斯人（llaneros）、瓦克罗人（vaqueros）和牛仔放牧就行。然而成倍增加的牲口，正大声呼喊着唯利是图的城里人找个运输途径把它们转换成钱。得克萨斯人将牲口赶到新奥尔良，1849 年后又进而赶到加利福尼亚。促成农场主人长途跋涉开拓这条牲口之路的原因，正是东北部已显示出它将成为一个大型市场。这条牲口之路成了“蛮荒的西部”英雄浪漫史的组成部分。这条路将偏僻的西南部与缓慢延伸过来的大车站连接起来，又借由一座座火车站与芝加哥相联系。1865 年芝加哥的储货场开放了。内战爆发之前，每年有成千上万头牲口来到这里；内战结束后的 20 年里，每年来到这里的牲口更不下几十万头，这种盛况一直延续到铁路网络的完成，延续到 19 世纪 80 年代“蛮荒的西部”因耕种技术提高而告别了它的古典时期，告别了以畜牧为主要经济的时期。与此同时，人们也开始试探新的家畜利用法：一是传统的方法，即在家畜屠宰后将肉腌制并风干；二是某种浓缩法［1863年拉布拉他河诸州已开始把李比希（Liebig）的肉类萃取法应用到生产上］；三是制成罐头；四是冷藏法，也是最具决定性的方法。波士顿在19世纪60年代后期开始收到一些冷冻肉，伦敦也自1865年起从澳大利亚运来少量冷冻肉，但在19世纪第三个25年结束之前，冷冻肉并没有很大的进展。不过这也没什么好奇怪，因为美国企业的两大先驱，即美国两大包装公司巨头斯威夫特（Swift）和阿穆尔，直到1875年还未在芝加哥站稳脚跟。

因此，农业发展的活跃因素是需求，是世界各城市和工业地区对食品需求的日益增长，对劳动力需求的不断增加。这两项与日俱增的需求结合在一起，遂出现了欣欣向荣的经济。经济增长促进了大众消费水准的提高，也提升了每个人的平均需求。随着名副其实的全球性资本主义经济的建立，新市场仍无处可寻（诚如马克思和恩格斯指出的），但老市场却方兴未艾。自工业革命以来，新资本主义经济提供就业的能力首次与其扩大再生产的能力并驾齐驱（见第十二章）。结果是，举个例子来说，英国在1844—1876年间，每人平均的茶叶消费量增加三倍，同期的每人平均食糖消费量从大约17磅增加到大约60磅。[4]

于是，世界农业日趋分成两个部分：一部分是由国际和国内资本主义市场所垄断，另一部分是基本上独立于资本主义市场之外。所谓的独立农业并不意味着不进行任何买卖，更不代表那里的农业生产者过的是自给自足的生活。它指的是在这片农民拥有的土地上，自然经济很可能占相当高的比例，交易行为可能局限在邻近的狭窄范围内，而这些地区的小城市粮食是由方圆一二十英里的农村所供应。这两种农业经济尽管都有买卖，却有本质上的区别：一种是向外界出售的东西十分有限，且有选择；另一种则是自己的命运是由外部世界主宰。换句话说，一种是被歉收和因歉收而必然造成的饥饿幽灵所困扰，另一种则是被相反的情况，即被丰收或突然出现的市场竞争以及价格急遽下降的鬼魅所纠缠。到了19世纪70年代，造成全球性和具有政治爆炸性的农业萧条的原因很多，世界农产品充足是其中的第二大原因。

从经济角度看，传统农业是股消极力量，它对大市场的波动无动于衷，如受波及，也会竭尽全力进行抵制。在条件好的地方，土地能使男男女女维持生计，传统农业能把他们束缚在土地上，或是季节性地派出多余人手沿着传统小路出去找工作，就像巴黎的许多建筑工地吸引了法国中部的小自耕农一样。有些骇人听闻的乡间事情，城里人根本无法想象。巴西东北部的旱灾就像降下杀人刀般，迫使足不出户但又饥肠辘辘、骨瘦如柴、与其豢养的瘦小家禽相差无几的男男女女外出逃荒；等到旱灾过后，他们又回到龟裂、长满仙人掌的故土，而任何“文明的”巴西人是从来不屑去那种地方的，除非他们要对某个住在穷乡僻壤、眼里布满血丝的救世主进行军事讨伐。在喀尔巴阡山区，在巴尔干，在俄罗斯西部边陲地区，在斯堪的纳维亚以及在西班牙［我们只举世界上最先进的（欧洲）大陆的几个地区］，世界经济，也就是除了这些地区以外的现代世界，包括物质和精神两方面，对这些地区来说意义不大。时至 1931 年，当波兰人口统计官员进行人口普查，问波利西亚（Polesia）居民属于哪个民族时，他们根本不懂民族是什么意思，只能回答说“我们是这一带的人”，或说“我们是本地人”。[5]

市场方面的情况就更复杂，因为市场的命运既取决于市场的性质（某种情况下是取决于市场供销机制的性质），取决于生产者专业化的程度，也取决于农业的社会结构。新的农业地区有可能出现一种极端：单一经济。这是为了满足遥远的世界市场需求所造成的。这些地区的出口贸易受控于大型港口，而大型港口里的外国贸易公司又以其独特机制加剧了（如果不是制造了）这种单一经济。守旧的希腊人经由敖德萨（Odessa）控制俄国的玉米贸易，来自汉堡的邦奇（Bunge）家族和博恩家族也即将通过布宜诺斯艾利斯和蒙得维的亚（Montevideo）对拉布拉塔河诸国发挥同样的作用。当大型农牧地区的产品也到了像热带产品（如蔗糖、棉花等等）一样，总是为了出口而生产的时候（国外大牧牛场和牧羊场的产品几乎毫无例外都是为了出口，但农作物的出口产品略少一点儿），专业化的分工局势便告完成。在这种情况下，大规模的农牧生产者（土生土长的当地人，而非外国人）、大商行、买办以及代表欧洲市场和供应商的政府政策，都会由于利益一致而形成一种共生现象。美国南方拥有奴隶的种植园主、阿根廷的大农场主以及澳大利亚的大牧场主，他们对自由贸易和外国企业的热情丝毫不亚于英国人，因为他们依靠英国，他们的收入完全依赖自由出售农场里的产品，又准备不顾一切地买回他们客户出口的任何非农业产品。一旦大农场主、小农场主，乃至农民都准备出售农产品时，情况就显得愈加复杂。当然，在农民的经济体系中，由大农场主投放到世界市场（此处是尚未被占领的市场）的产品，绝对比农民投放到世界市场的产品来得多，这是不言而喻的。

另一种极端的情况是：由于城市地区扩大，食品的需求也变得五花八门，成倍增长。这些食品需要精心培植，运输费用高昂，而且技术不易掌握。农村耕地面积的大小与能否充分利用这些机会并无特殊关系。生产粮食作物的人，可能要为国内以及国际市场竞争而忧心忡忡，而出售乳制品、鸡蛋、蔬菜、水果，甚至鲜肉（或是任何容易变质不能长途运输的农业副产品）的人，则不需对市场竞争太过担心。19世纪70年代和80年代的农业萧条，基本上是国内和国际粮食作物的萧条。开展多种经营的农民，特别是以经商为主的富裕农民，在农业萧条期间，多半仍能发财。

这也就是为什么在这个阶段，某些最先进、工业化程度最高的国家，它们对农民破产所做的预测通常不准的原因所在，有的甚至不像要发生危机。如果某农户的土地和其他自然资源（这因土质、气候、产品种类等因素不同而异）在某个最低限度的水平之下，要断定他无法生存，是轻而易举的事。但是，如要说明大农场经济一定比拥有中等或小块土地农民的经济优越，这就困难得多了，特别是这些中小农户的劳动力大多数是来自大家庭成员，不需另付工资；有的农民土地太少，不足以养活自己，因而不断无产阶级化。有些农民由于家里人口增加，吃饭的嘴多了，自己田里所种的粮食不足以让他们填饱肚子，只得离乡背井，出去寻找生计。农民阶层的队伍因此削弱。农民阶层当中多数人比较贫困，占有小块土地的农民和贫困农民的比例日渐上升。然而占有中等数量土地的农民，且不论在经济上他们的重要性有多大，就人数而言，他们不仅没有下降，有时还有增加。[在莱茵地区和威斯特伐利亚（Westphalia），从1858—1878年，占有极少量土地的农民，数量大规模下降；占有较少土地（1.25公顷—7.5公顷）的农民，数量亦明显下降，而拥有大量土地的农民，数量则稍有增加。由于数量众多的小农消失——可能进入工业部门——占地稍多的农民就占了总数的一半以上，而以前他们只占1/3。在比利时，从19世纪40年代到70年代的农业危机期间，这部分农民的数量仍持续增加，到了1880年，估计这部分农民拥有的耕地（2公顷—50公顷）占总数的60%，其余40%为大农场主和小农所有，两者大致平分秋色。在典型的工业化国家中，小农农业只能维持原有的地位。][6]

资本主义经济的增长靠着其大量需求改造了农业，因此，我们无须惊讶于本书所论时期农业用地的增加，也无须为因生产力提高而大增的产量感到诧异。但是农业用地究竟扩大到什么程度，这是一般人无从认识的。从已有的统计资料看，从1840—1880年，种植农作物的土地增加了一半，或者说从5亿英亩增加到7.5亿英亩[7]，其中又有半数位于美洲。美洲耕地在这段时间增加了3倍（澳大利亚增加5倍，加拿大增加2.5倍），增加的方式主要是从地理上将农业地区往内地拓展。从1849—1877年，美国小麦产区的经度往东推了九度，而其中主要发生在19世纪60年代。当然，密西西比河以西地区相对而言尚未开发，这是值得牢记的。“圆木小屋”现在成了农民开拓者的标志，这个事实说明：在这一望无垠的大草原上，那时木材并不丰富。

不过，欧洲耕地增加的数字更令人吃惊，尽管不是一眼就能看出，因为增加的部分多半分散在耕地之中和耕地周围。瑞典的耕地在1840—1880年间增加一倍，意大利、丹麦增加一半以上，俄国、德国和匈牙利增加约1/3。[8] 增加的耕地有许多是由于放弃休耕，由于将荒地、沼泽变成良田以及由于毁坏森林。在意大利南部以及邻近诸岛屿上，约有60万公顷的森林——是这片干枯土地上尚存的、总数并不可观的树木的1/3——在1860—1911年间全告毁灭。[9] 在一些得天独厚的地区，包括埃及和印度，大规模兴建的水利灌溉工程意义也很重大，虽然由于盲目迷信技术，而产生了灾难性和难以预见的副作用，这种情形在今日依然可见。[10] 只有英国才拥有风靡全国的新农业，而英国种植谷物的农业用地只增加不到5%。

光是罗列农业产量增加和生产力提高的统计数字是件非常乏味的事情。如果能进一步查看一下农业产量和生产力的提高在多大程度上是由于工业化的关系，在多大程度上是因使用了与改造工业相同的方法和技术，这将更为有趣。在19世纪40年代以前，这个问题的答案会是：依靠工业化、依靠类似改造工业的方法和技术的程度非常小。甚至在19世纪第三个25年期间，绝大多数的农民仍采用100年前，甚至200年前大家所熟悉的耕作方法。这种情形其实是很自然的，因为光是将前工业时期的最佳方法加以普及，便能取得惊人的效果。美洲的处女地是用火与斧开垦出来的，与中世纪一模一样。用炸药清除树桩充其量只是辅助手段。灌溉水渠是用铁锹挖出来的，是用马和牛套上犁拉出来的。就提高农业生产力而言，用铁犁取代木犁，甚至——这一点很重要，但被忽视了——用大镰刀取代镰刀，其意义比使用蒸汽动力更为重要，蒸汽动力在农村永远找不到情投意合的伙伴，因为蒸汽动力大体说来是固定不动的。收割是唯一的重要例外，因为收割包含一整套标准程序，需要临时增添很多劳力。劳动力从来就贵，那时劳动力又日益缺乏，其费用当然是直线上升。先进国家广泛采用收割机来收割粮食。收割机的重大发明大体上局限于地广人稀、劳动力奇缺的美国。不过大体说来，农业采用的创造发明的确明显增加。1849—1851年，美国平均每年通过191项专利；1859—1861年则平均每年增加到1 282项；1869—1871年平均最少不低于3 217项。[11]

不过，从整体上看，世界绝大多数地方的农田和农业耕作方法仍然一如既往。随着先进地区的农业日趋繁荣，于是有越来越多的金钱得以投资在农业改进及大兴土木等方面，然而这些改变还不至于使传统的农村面目全非，无法辨认。甚至在新大陆以外的地区，工业以及工业技术也还是原地爬行。陶瓷排水管大规模生产并埋入地下，这恐怕是工业对农业做出的最大贡献；挂在墙上、灌木树篱上、木制围墙上的金属细网和带刺的铁丝网，只有在澳大利亚和美国的牧场才派得上用场。因铁路而开发出来的波状铁皮，迄今也未从铁路上解放出去。纵然如此，工业生产此刻对农业资本的贡献已十分巨大，现代科学也在有机化学（主要是德国的）方面对农业做出很大的贡献。化学肥料（碳酸钾、硝酸盐）尚未大量使用。智利出口到英国的硝酸盐到 1870 年尚不到 6 万吨。但在另一方面，有项大宗买卖正在形成和发展之中，这宗买卖对秘鲁财政暂时有利，对几家英国和法国公司则是长期的滚滚财源，那就是海鸟粪这种自然肥料。从巅峰之初的 1850 年到巅峰结束的 1880 年，短短 30 年间，秘鲁总共出口约 1 200 万吨海鸟粪。在全球性的大规模运输时代到来之前，这项贸易的规模之大是无法想象的（海鸟粪于 1841 年开始出口，到 1848 年出口额已达 60 万英镑。19 世纪 50 年代平均每年出口额 210 万英镑，19 世纪 60 年代达 260 万英镑，此后便逐年下降）。[12]

## 2

农业有些部门容易接受改革，推动这部分农业前进的经济力量是一种蓬勃向上的力量。然而，在世界绝大部分地区，这种农业经济力量不可避免会遇到社会和机制方面的障碍，使其前进受阻，或使其完全停顿。同时受到影响的还有资本主义工业（其实是所有一切工业）发展为土地部门规定的其他伟大使命。农业在现代经济中所扮演的角色不仅是提供数量急速增加的粮食和原料，同时还要为非农业部门提供一部分（实际上是唯一的）劳动力资源。它的第三个作用是为城市以及工业发展本身提供资金。这对农业国家而言几乎是义不容辞的，即使它完成得很吃力，很不完全。须知在农业国家，政府和富人舍此之外，几乎没有其他收入来源。

发展资本主义的阻力来自三个方面：农民本身，农民的社会、政治和经济领域的领导人，以及组织健全的整个传统社会。在前工业时期，农业既是社会的心脏，又是社会的躯体。所有这三者注定要成为资本主义的牺牲品，虽然，诚如我们已经看到的，农民阶层还没有立即遭到灭顶之灾的危险，以农村为基地、骑在农民身上的社会统治结构亦无马上崩溃的危险。然而归根结底，这三者结合起来的特殊整体与资本主义无论如何是水火不相容的，是肯定要与资本主义抗衡的。

对资本主义来说，土地是一种生产因素，是一种商品，如果有何特殊的话，就是土地不可移动，而且，土地有一定数量，不能再生，尽管那时新开拓了许多土地，“不能再生”一时显得不很重要，当然，这也只是比较而言。那些垄断这种“天然专卖品”的人，因而能对经济的其他部门进行勒索。那么应该拿这些人怎么办呢？既然土地也是商品，这就比较容易处理。农业是一种“工业”，像其他经济部门一样，是以利润最大化这个原则为指导的，农场主人则是企业大亨。整个农村是一个市场，是劳动力的源泉，是资金的源泉。农业因为具有顽固的传统习惯，因而无法遵循政治经济的要求，但最终一定要使农业服从于政治经济的要求。

要使农民和地主的观点与上述观点妥协、调和，根本是不可能的。对农民和地主来说，土地不仅是最大限度的收入来源，同时也是生活的基本框架。而要使这种社会制度与上述观点妥协也是不可能的，因为在这种社会制度中，人与土地的关系以及人与人的关系（就土地而言），是不能自由选择，而是必须服从的。政府和政治思想可能会越来越容易接受“经济法则”，但即使在这一层次，冲突也相当尖锐。

传统的地主所有制在经济上也许谁也不喜欢，但正是这样一个制度把整个社会结构紧紧地粘在一起，少了它，这个社会便会陷入混乱和革命之中（英国在印度施行的土地政策正是在这个头疼的问题上吃尽苦头）。从经济上说，如果没有农民也许问题会简单得多。然而，难道不正是农民坚定不移的保守思想才确保了社会的稳定吗？身强力壮，一代又一代绵延不绝的农民子孙不正是绝大部分政府军队的主要成分吗？当资本主义显而易见地在蹂躏和毁灭其工人阶级之时，难道能有一个政府敢坐视不管，不从力大如牛的乡下人中储备起人力资源以满足城市的需要吗？［康拉德（J. Conrad）写道："……就体质而言，农民是全民中最棒、最强壮的，城市特别需要从他们之中招募人员。"这段话代表了欧洲大陆普遍存在的看法。"农民是军队的核心……从政治上来说，农民一成不变的性格和与土地相依为命的特点，使他们成为繁荣中的农村公社基础……农民无论在哪朝哪代都是全国最保守的部分……由于农民舍不得割弃其家产，舍不得离开他们生长的土地，他们自然成为城市革命思想的敌人，成了反对社会民主力量的坚强堡垒。所以难怪农民被说成是每个稳健国家里最坚定的支柱。随着大城市的飞速发展，农民作为稳定社会中坚的影响力也不断增加。"］[13]

纵然如此，资本主义仍不得不摧毁政治稳定的农村基础，特别是与先进西方毗邻或在先进西方所属边陲地区之内的农村基础。正如我们所见，在经济上，向市场生产过渡，特别是向出口型单一经济过渡，既打破了传统的社会关系，又打乱了经济秩序。在政治上，"现代化"对要进行现代化的人来说，意味着要与传统主义的主要支柱、与农村社会进行正面冲突（见第七章和第八章）。英国、德国和法国的统治阶级，可以信赖农民的耿耿忠心。在英国，前资本主义的地主和农民已不复存在；德国和法国已与农民在繁荣国内市场的基础上达成暂时妥协。而意大利、西班牙、俄国、美国、中国以及拉丁美洲，则发生了社会骚动，甚至暴乱。

由于种种原因，使下列这三种土地经营方式遭受到特别强大的压力：奴隶制种植园、农奴制庄园和传统非资本主义的农民经济。在19世纪第三个25年期间，美国以及除巴西、古巴之外的大多数拉丁美洲国家都取消了奴隶制度（巴西和古巴奴隶制度的日子也屈指可数），因此第一种土地经营方式便不复存在。巴西和古巴于1889年也正式宣布取消奴隶制度。出于实际原因，在19世纪第三个25年晚期，奴隶制度的阵地已退缩到更为落后的中东和亚洲地区，而中东和亚洲农业的地位在此时已不很显著。至于第二种土地经营方式，已于1848—1868年间正式从欧洲消失，虽然南欧和东欧大庄园里的农民，尤其是无地农民，仍处于半奴隶状态，因为他们仍受到非经济性的强大压力。只要农民在法律上和公民权益上享有的权利低于那些有钱有势的人，不管理论上怎么说，农民事实上就是饱受经济之外的强大压力，瓦拉几亚（Wallachian）和安达卢西亚的情形就是如此。许多拉丁美洲国家并未废除强制性劳役，事实上似乎愈益加剧了，以致我们无法笼统地宣称该地已经取消了农奴制度。（当地对强制性劳役有许多不同称呼，此等强制性劳役不可与其他作用相似的奴役，如债务奴役等相混淆，就如不可将从国外引进的契约劳工与奴隶制度等同一样。这两种劳役都承认以前的奴隶制和农奴制已告废除，却又都企望在契约的基础上重新建立起奴隶制和农奴制，而这个契约从文字上看又都是严格按照法律规定的“自由”原则制定的。）不过，强制性劳动看来似乎越来越局限于印第安农民身上，剥削印第安农民的乃是非印第安地主。第三种土地经营方式，即传统农民经济，正如我们看到的那样，仍能维持。

前资本主义的土地隶属关系，即非经济性的隶属形式基本上废除了。废除的原因很复杂，有些情况显然是政治因素起了决定性作用。1848年的奥地利帝国就像1861年的俄国一样，废除前资本主义依附形式的原因与其说是农民对农奴制度极不赞成（农民毫无疑问是不支持农奴制度，农民在农奴解放运动上扮演了决定性角色），倒不如说是因为惧怕非农民革命。非农民革命运动若能将农民的不满情绪动员起来，便可立即获得一支横扫千军的力量。农民造反的可能性随时存在，例如1846年加利西亚农民起义，1848年意大利南部农民起义，1860年西西里农民起义以及克里米亚战争结束后那几年俄国的情形。然而使各国政府惶惶不可终日的不是盲目的农民起义，农民起义无法持久，甚至自由党人都能用火与剑将其扑灭，就如我们在西西里见到的那样。[14]他们害怕的是农民骚动被一股向中央当局提出政治挑战的力量所动员。奥地利帝国统治者于是竭尽全力将各种要求自主权的全国运动与农民根据地隔离开来。俄国沙皇在波兰的做法也如出一辙。在农业国家，若没有农民支持，自由激进主义者的运动是掀不起大风大浪的，至少是可以对付的。奥地利帝国的统治者与（俄国沙皇）罗曼诺夫（Romanovs）家族都深知这一点，也都采取了相应的对策。

但无论是农民或是其他阶级发动的暴乱和革命，都无法说明任何问题，更不能解释奴隶制度的废除，而只能说明若干农奴解放的时机。奴隶造反与农奴暴动不同，奴隶造反相对说来并不多见——美国发生的奴隶起义更少，比其他任何地方都少[15]——奴隶起义在19世纪从未构成非常严重的威胁。那么，要求取消农奴制度和奴隶制度的压力是不是经济因素呢？就某种程度而言当然是的。现代经济史学家引经据典，说明奴隶制度和农奴制度下的农业实际上比自由劳动者的农业利润更高，甚至效益更好。（这个高论在奴隶制度问题上说得详尽无遗，头头是道，而对农奴制度的阐述就不似这等详尽了。）[16]这种说法当然是有可能的，论据也颇充足，不过结论还得由具有数学头脑的历史学家以及其他人进行热烈辩论之后方可得出。而另一方面不可否认的是，以现代方法和现代审计标准进行工作的当时人深信，奴隶制度和农奴制度下的农业比不上自由劳动者的农业。他们对奴隶制度和农奴制度是深恶痛绝的。至于他们的感情色彩在他们的计算工作中究竟占了多少分量，我们就不得而知了。不过，铁路企业家布拉西以商界人士切合实际的判断力对农奴制度进行观察后说，实行农奴制度的俄国粮食产量只及英格兰和萨克森的一半，也比其他任何欧洲国家来得低。他在谈到奴隶制度时说，奴隶制度的生产力明显低于自由劳动者，成本也比人们想象的高，别忘了把采购、饲养和维修保养的费用都包括在内。[17]英国驻伯南布哥的领事估计（毋庸讳言，他是在向竭力反对农奴制度的政府做报告时说这番话的），奴隶主人若将购买奴隶的钱改作他用，将可多得12%的利润。暂且不论这些看法是对是错，它们都是除了奴隶主人之外的其他人的共同看法。

很明显，奴隶制度确实在一步步退出历史舞台，其原因并非出于人道主义。由于英国的施压，国际贩奴贸易迅速趋向终结（巴西被迫于1850年废除奴隶制度），供应奴隶的路线显然被切断了，因此奴隶价格飞涨。1849年从非洲卖到巴西的奴隶约有5.4万人，到了19世纪50年代中期，实际上已降为零。虽然主张禁止贩卖奴隶的人士宣称国内的贩奴贸易依然存在，但在那时，这点儿活动已无伤大雅了。从另一方面看，奴隶转为非奴隶劳动者的速度也是惊人的。及至1872年，巴西有色人种的自由劳动者几乎是奴隶总数的三倍，即使在纯黑人当中，自由劳动者与奴隶的人数也几乎相等。1877年古巴奴隶人数已减至一半，从40万下降到20万。[18]蔗糖业传统上是使用奴隶最多的领域，从19世纪中叶起，糖厂由于实行机械化，糖在加工过程中所需要的劳动力也减至最低程度，尽管在古巴等蔗糖业快速发展的国家，其甘蔗田里所需要的劳力相应增加了。不过，由于欧洲甜菜糖的竞争力越来越强，而蔗糖生产所需要的高劳动力，使蔗糖业面临亟须降低劳动成本的压力。雇用奴隶的种植园主，他们能在为机械化进行大量投资的同时又购买和养活一大批奴隶吗？略加计算之后，种植园主自然选择以雇工取代奴隶，不过他们雇用的倒不是自由劳动者，而是种族战争（见第七章）中的受害者，即从尤卡坦地区的玛雅印第安人当中雇用契约劳工，或从门户刚被打开的中国雇用契约劳工。毫无疑问，拉丁美洲甚至在奴隶制度废除之前，剥削奴隶的方式已不时兴了；同样毫无疑问的是，1850年后，以奴隶充当劳动力在经济上也越来越不合算。

至于农奴制度，在经济上要求废除它的理由既有一般的，又有特殊的。一般说来，工业发展需要自由劳动力，而将农民普遍束缚在土地上显然对工业发展不利，取消农奴制度，使劳动力自由流动，便成了工业发展必须具备的先决条件。再者，农奴制度的农业在经济上怎能行得通呢？借用19世纪50年代俄国某位捍卫农奴制度人士的话说，农奴制度“排除了准确核算生产成本的可能性”。[19]农奴制度也剥夺了对市场需求进行充分、合理调整的能力。

主张废除农奴制度的特殊原因是，如果要为各式各样的粮食产品和农业原料开拓国内外市场（主要是粮食），那么农奴制度就得被摧毁。俄国北部从来就不是非常适合大面积种植粮食，于是小农便将庄园式生产丢在一旁，种起大麻、亚麻和其他精耕细作的作物；而手工艺品又同时为农民进一步打开了市场。充当劳动力的农奴一直为数不多，此刻总数又更下降。农奴只要按市场要求，将劳务折成租金，付钱给地主即可。空旷的南部大草原是片未开垦的处女地，后来变成牧场，而后又变成麦田，农奴在这里更是微不足道。地主的出口业务日益昌盛，他所需要的是更好的交通条件、贷款、自由劳动者，甚至机器。农奴制度在俄国还得以一息尚存的地区，如同罗马尼亚一样，主要是在人口稠密的粮食产区。这些地方的地主或是以增加农奴劳动量的办法来弥补自身竞争力不足的缺陷，或是以同样的方法廉价地挤进粮食出口市场，不过所谓的廉价也是暂时的。

然而，不能自由流动的劳动力的解放，不能单单从经济角度来分析。资本主义社会之所以反对奴隶制度和农奴制度，不只是因为它们认为奴隶制度和农奴制度在经济上不可取，也不是由于道德上的原因，而是因为奴隶制度和农奴制度无法与市场社会并存，市场社会是以个人自由追逐私利为基础的。奴隶主和农奴主则相反，他们之所以在整体上坚持其制度不放，是因为他们看到这项制度正是其社会和阶级的基石。一旦奴隶和农奴确立他们自己的地位之后，奴隶和农奴主人也许根本无法想象他们该怎样活下去。俄国地主没有造，也不能造沙皇的反，因为只有沙皇能赐予他们压迫农民的某些合法性，农民则执迷不悟地认为土地是沙皇的，由沙皇支配；农民还虔诚地相信他们世世代代都得服从上帝的代表和沙皇的统治。他们还相当固执地反对解放，解放是外部和上面以极大压力强加给他们的。

奴隶制度的废除和奴隶、农奴的解放，如果只是经济力量的产物那就好了，俄国和美国就不会产生如此无法令人满意的结果。奴隶制度和农奴制度在那些薄弱环节和确实“不起经济作用”的地区——即俄国北部和南部、美国西南部几个边境州——很容易进行调整，实现解放；然而在核心地区，问题就没那么容易解决。19 世纪 80 年代晚期，在俄国的纯“黑土带”各省（与乌克兰和边境大草原明显不同），资本主义农业发展缓慢，长工劳役依然相当普遍，耕地面积的扩大也远远落后于南方粮食产区［19 世纪 60—80 年代，黑土带耕地平均增加 60%。乌克兰南部、伏尔加河（Volga）下游、高加索北部和克里米亚，耕地增加了一倍，而库尔斯克（Kursk）、梁赞（Ryazan）、奥廖尔（Orel）和沃罗涅什（Voronezh）（1860—1913），其耕地只增加了不到 1/4］[20]，而扩大的耕地又是以牺牲近河草地和山区草地、强化旧式的三年轮耕为代价。总而言之，结束强制劳动经济，其所获得的纯经济效益究竟有多大，还是个值得研究的问题。

这种现象在先前的奴隶制经济之下，是很难从政治角度清楚剖析的，因为美国南方被征服了，旧式的种植园贵族至少暂时处于无权状态，尽管时间不长，他们的权力不久又告恢复。俄国地主阶级的利益当然得到无微不至的照顾和保护。这里的问题是：为什么贵族和农民对奴隶解放在农业方面所产生的结果都不满意；为什么这种结果对名副其实的资本主义农业发展前景也不尽理想。对这两个问题的回答要看究竟是什么样的农业，特别是什么样的大型农业，是资本主义条件下的最佳模式。

资本主义农业主要有两种模式，列宁称它们为“普鲁士模式”和“美国模式”：一种是资本主义地主企业家经营的大农场，雇用劳工；另一种是独立农场主经营的规模大小不等的农场，他们以销售为目的，必要时也雇工，只是雇佣的人数少得多。两种模式都包含市场经济成分。然而甚至在资本主义大功告成之前，作为生产单位的大农场（土地当然不一定就是生产单位。地主可将土地出租，从租赁人手中收取租金，或收取实物，或收取一定比例的农作收成，承租人则是真正的生产单位），多半都将自己收成的很大一部分拿去出售，而大多数拥有土地的农民则主要还是自给自足，不靠出售产品维生。因此从经济发展角度来看，大农场的优势与其说是在于其具有技术优势、高生产力和经济规模等等，倒不如说在于其拥有为市场需要而生产剩余农产品的非凡能力。当农民仍处于“前商业”阶段的时候，例如俄国大部分地区农民，以及美洲获解放的奴隶（他们进入了实质上是小农经济的队伍），大农场此刻已取得这种优势，只是当时已无农奴或奴隶可供强制性劳动之用。大农场要在农奴或奴隶当中寻觅劳动力，变得比以前更困难了，除非前农奴或奴隶没有土地，或土地很少，不得不去当雇工，以及除非他们找不到有吸引力的工作。

然而整体说来，被解放的奴隶确实获得了一些土地（虽然没有他们朝思暮想的“40英亩地加一头骡子”），农奴也变成了自耕农，虽然他们的一部分土地被地主夺去，特别是在商品农业不断扩大的地区。（但是在黑土带中央地区，农民损失的土地较少，甚至有人还增加了一些土地。）事实上，旧的村社保存了下来，甚至强化、壮大了。村社不时进行公平的土地再分配，小农经济因之得到保护。所以地主更加倾向于出租土地、收取田租，而非从事他们感到更难进行的农产品生产。至于俄国的地主贵族和庄园主人，如托尔斯泰笔下的罗斯托夫（Rostov）伯爵和契诃夫（Chekhov）笔下的雷奈夫斯卡雅（Ranevskaya）夫人，他们是否更有可能或更不可能将自己改造成资本主义农业企业家，而不是美国南北战争前的农场主人［这却是沃尔特·司各特（Walter Scott）最得意的生活模式］，则是另一个问题了。

不过，如果说“普鲁士模式”未被有系统地全盘接受的话，那么“美国模式”也未被采纳。要采取这些模式必须要有一个由小农场主组成的大群体，这些小农场必须是以企业模式经营的，而且基本上是种植棉花、烟草、蔬菜等经济作物。种植经济作物必须要有一块最低限度面积的土地，大小则视作物不同而异。内战后的美国南方，“经验证明，农人每年收成如不足50捆（每捆约500磅），他是否还有利可图，就非常令人怀疑了……一个人若不能赚至少八捆或十捆，根本就难以维生，更谈不上追求生活品质。”[21]所以大部分自耕农仍选择种粮食来养家糊口，如果他们的土地够多，足以养家的话；若土地不多，不足以养家，他们就出卖劳动力以弥补不足的部分（他们不仅土地少，经常也没有牲口，没有大车）。在自耕农内部，毫无疑问，已有相当一部分人发展成为商业性的农场主，到19世纪80年代，这部分人在俄国具有相当重要的意义；但是由于种种原因，使得阶级之间的区分受到压制，例如美国的种族主义和俄国顽强坚持的有组织村社。使得农村当中那些完全商业化和资本主义化的人士，多半是外地商人和贷款者（商业公司和银行）。（在俄国，农奴解放产生的结果——从自由主义观点看有点啼笑皆非——确实是将自耕农带出政府的法律王国，使他们正式服从农民的习性，而这种习性对资本主义远非有利。）[22]

所以，无论是奴隶制度的废除还是农奴的解放，均未使“农业问题”取得令人满意的结果，顺利走上资本主义道路，甚至究竟是否能够走上资本主义道路也颇令人怀疑，除非是在那些已具备发展资本主义农业条件，并处于奴隶制或农奴制经济边缘的地区，例如得克萨斯州、（欧洲的）波希米亚和匈牙利的一部分地区。在这些地区我们可以看到“普鲁士模式”或“美国模式”正在演进。当贵族大庄园转变成资本主义企业之时，有时他们可因失去奴隶或农奴劳动力而获得赔偿［在捷克农村，施瓦森贝格（Schwarzenberg）家获得220万盾（Gulden）的赔偿，洛布科维茨（Lobkowitz）家得到120万盾，瓦尔德施泰因（Waldsteins）家和李希滕斯坦因（Alois Liechtenstein）家各得约100万盾，金斯基（Kinsky）家、迪特里希斯坦因（Dietrichstein）家、科洛雷多-曼斯费尔德（Colloredo-Mansfeld）家，各得约50万盾］。19世纪70年代初期，庄园贵族在捷克农村里拥有43%的啤酒厂、65%的制糖厂和60%的酒厂。当地需要密集劳力的农作物不仅使雇用农工的大庄园发了财，也使土地较多的农民致了富。（在19世纪第三个25年，以匈牙利为例，约0.6公顷的土地，如果用作牧场，只需要一个劳动日；如果种牧草，则需要6个劳动日；如果种谷类作物，则需要8.5个劳动日；如果种玉米，则需要22个劳动日；如果种马铃薯，则需要23个劳动日；如果种块根植物，则需要30个劳动日；如果做花圃，则需要35个劳动日；如果种甜菜，则需要40个劳动日；如果做酒坊，则需要120个劳动日；如果种烟草，则需要160个劳动日。）[23]在匈牙利，农民占有主导地位，寸土全无的农奴获得的只是自由，没有半片土地。[24]将农民区分成富农、贫农和赤贫农的情形，在先进的捷克农村也可看到，山羊的头数也可反映这项事实。山羊是穷人拥有的典型家畜，1846—1869年间，山羊的数量整整增加了一倍。（另一方面以农村人口计算，平均每人的牛肉产量也增加了一倍，这反映出城市食品市场需求的增加。）

然而在强制性劳动根深蒂固的核心地区，例如俄国和罗马尼亚（农奴制度在这两国的寿命最长），农民阶层却相当一致，有同病相怜之感（除非因民族、国籍不同而有隔阂），他们都表现出相同的不满，也都潜伏着革命的种子。他们或是在民族压迫下，或是由于缺少土地、种子而变得软弱无力，他们只得忍气吞声，就像美国南方农村中的黑人和匈牙利平原上出卖劳动力的人一样。然而从另一方面来说，传统的农民却可能成为更可怕的力量，特别是通过村社把他们完善组织起来之后。19世纪70年代的大萧条，开创了农村动荡和农民革命的时代。

如果采取一种“更为合理的”解放形式，是否就可避免这种情况呢？谁也无法肯定。有些地区为了给资本主义农业发展创造条件，而采取一种更为一般的程序，即采取资产阶级自由主义的法律形式：将土地变成个人财产，使土地像其他东西一样，成为可以自由出售的商品，而不是简单地出张告示，宣布全盘废除强制性劳动制度。然而其结果跟上述结果大同小异，就如我们所看到的那样。从理论上来说，这个演进过程在19世纪上半叶已广泛实施（见《革命的年代》第八章），但从实践情况来看，1850年后这个演进过程又因自由主义的胜利而得到极大加强。这意味着，首先也是最重要的，旧有村社组织的解体，即是对集体所有的土地和教会等非经济机构所有的土地进行重新分配或没收。这项活动在拉丁美洲进行得最激烈，也最残酷。例如，19世纪60年代胡亚雷斯统治下的墨西哥和独裁者梅尔加雷约（Melgareio）统治下的玻利维亚（1866—1871）。经过1854年革命后的西班牙以及统一在皮埃蒙特自由机制领导下的意大利，也都曾发生这类大规模事件，而且在自由主义经济体制高奏凯歌的所有地方，也都发生过此类事件。自由主义勇往直前，即使在那些政府致力于维护村社组织和集体土地的地方，自由主义依然所向披靡。阿尔及利亚的法国当局采取一些措施保护其穆斯林臣民的村社财产，尽管拿破仑三世（在1863年元老院法令中）认为，“凡有可能及条件成熟的地方”，便应在穆斯林社群中正式确立私人土地所有权。1863年措施的实际效果，是首次允许欧洲人用钱购买土地，不过这项措施远不同于1873年的法律，还不是土地大批转让的宣言。1873年的法律（于1871年大暴动之后实施）要求立即将当地地产转让给有法国合法身份的人，这项措施“除了对（欧洲）商人和投机商有利外，对任何人都没有好处”。[25]政府支持也好，不支持也罢，反正穆斯林的土地终究都进了白人殖民者和地产公司手里。

人性的贪婪在这场土地转让中起了推波助澜的作用。政府期望从出售土地和其他收入中获取利润，地主、殖民者和投机商企图轻而易举又极其廉价地获得地产。不过立法人士认为：若能将土地变成可以自由出售的商品，将公有的、教会所有的、限嗣继承的以及业已过时的历史遗产转变成私人财产，便可为农业发展打好令人满意的基础。立法人员的这项信念倒是发自真心，我们如不承认这点便有失公正。然而无论真诚与否，这种信念并未给农民阶层带来好处。大体而言，农民并不愿变成蓬勃发展的商业农场主人，即使有机会他们也不想（大多数农民并无此机会，因为他们买不起投放在市场上的土地，甚至也弄不懂转卖过程中一系列非常复杂的法律问题）。“大地主领地”——这一用语非常含糊，在政治词汇里它又包上了一层厚厚的外衣——或许也未从中获得加强。不管是谁从中得到好处，反正受益的不是自给自足的农民。无论是原有的还是新生的农民，他们都住在村边上，种的是公有土地，或是住在有待砍伐森林或土壤冲蚀的地方，即那些不再由村社控制用途的地方。[雷蒙德·卡尔（Raymond Carr）指出，自19世纪中叶起，“森林问题在西班牙复兴主义者的作品中开始成为中心话题。”][26] 自由化的主要效果是加剧了农民的不满。

农民不满的奇妙之处在于左派可进行煽动和利用。事实上，这种不满在南欧部分地区尚未煽动起来。1860年西西里和意大利南部的农民暴动，与加里波第密不可分。加里波第是个金发神奇人物，爱穿一件红衬衫，看上去是十足的人民解放者。他的信仰是建立一个激进、民主、贴近人民，甚至带点模糊社会主义色彩的政府。然而他的信仰与农民的信仰居然水火不容。农民信仰的是圣母马利亚、教皇和（西西里以外地区）波旁王朝国王。共和主义、国际社会主义（巴枯宁式）和共产主义，在西班牙南部取得了飞速进展：1870—1874年间，安达卢西亚每座城市都不乏“劳工协会”的组织。[27]（当然，1848年后，作为左派最时髦政治信仰的共和政体，在法国某些农村地区已站稳脚跟，而且1871年后，又在某些地区赢得大多数人的适度支持。）随着19世纪60年代芬尼亚运动而出现的爱尔兰农村革命左派，在19世纪70年代末到80年代，也曾突然出现在令人生畏的土地联盟中。

我们应该承认，欧洲许多国家——以及实际上欧洲大陆以外的所有国家——的左派，不论是革命或非革命的，在农民阶层中都还没有什么影响力，正如19世纪70年代，当俄国民粹主义者（见第九章）决定“到人民中去”时发现农民对他们的态度一样。只要左派还局限在城里，还是世俗主义者，与教会势不两立（见第十四章），对农村问题一无所知，因农村“落后”而对农村抱不屑一顾的态度，那么农民对他们就仍可能满腹狐疑，充满敌意。西班牙好斗的反基督无政府主义者和法国共和主义者确实取得了胜利，但他们是例外。不过在这个时期，农村的旧式暴动也很罕见，至少在欧洲是如此，这类旧式暴动多半是为拥戴教会、国王，反对不信上帝的城市自由派。甚至在西班牙，其第二次王室正统派战争（Carlist War，1872—1876）比起19世纪30年代的第一次，其广度已大为逊色，只限于巴斯克（Basque）人聚居的省份。不过，当19世纪60年代到70年代初的经济繁荣让位给19世纪70年代末到80年代的农业萧条时，我们再也不能理所当然地将农民阶层视为保守的政治成分了。

农村生活结构被新世界的力量撕碎了，但究竟碎到什么程度，站在20世纪末的我们是很难衡量出来的，因在本世纪下半叶，农村生活已经彻底改造，其变化之大超过农业问世以来的任何时期。回首过去，我们会觉得19世纪中期的农村男女在生活方式上没有什么变化，仍然是古色古香，或是变化十分缓慢，宛如蜗牛爬行。当然这只是错觉。至于变化的确切性质现在实难辨明，除非是对那些基本上属于新一类的农人，例如美国西部的殖民者，他们已有机器设备，已通过新发明的邮购目录从城里购买物品，能根据价格走向重新安排自己的农田和作物，也能进行一些投机。

然而农村毕竟有变化。农村中有了铁路，有了小学。小学增加的速度越来越快，学校里教授全国通用的语言（对大多数农家子弟来说这是新的语言，是第二语言）。在学校教育、国家行政管理和全国政治的综合影响下，代表个人的称谓也变了。过去在诺曼底山区里，人们彼此之间或以绰号相称，或使用当地非正式姓氏。据报道，到了1875年，这些绰号、姓氏实际上已完全消失。这“完全是由于校长不允许在校学生使用除正式姓名以外的任何名字”。[28] 也许绰号和非正式姓氏并未完全绝迹，在教育落后、农民尚无阅读能力的地方，人们用当地语言进行私人交谈或非正式谈话时仍旧使用。农村中的教育水准参差不齐，而这种差距正是人们求变的巨大力量。因为，在教育落后靠口语传播的地方，除了少数因工作关系必须具备读写能力的人外（这些人很少是务农的），一般人不识字、不懂国语、不知国家机制为何物根本无关紧要；然而在文化发达的社会里，文盲必定遭到蔑视，他们会强烈希望消除这种羞耻，至少希望他或她的孩子不必再忍受这种耻辱。1849 年，当匈牙利革命领袖科苏特起兵举事之时，摩拉维亚（Moravia）的农民政治很自然地采取传说形式，宣称匈牙利这位领袖是“人民皇帝”约瑟夫二世的儿子，而约瑟夫二世又是古代国王斯瓦托普卢克（Svatopluk）的近亲。[29] 到了 1875 年，捷克的农村政治就没这么简单了，如果还有人希望“人民皇帝”（不管是古代的还是现代的）的亲戚来拯救全国的话，他们在承认这点时可能会感到有点儿尴尬。抱有这种希望的人越来越局限于文化比较落后的国家，俄国便是其中之一。俄国的民粹派革命党人此刻正试图——未遂——以“人民国王”取代沙皇的口号来组织农民革命。这种举措甚至连中欧农民也觉得落伍了。[30]

相对而言，除了西欧和中欧部分地区（主要是新教地区）以及北美之外，世界各地的乡下农民几乎皆是目不识丁的［1860 年的西班牙，有 75% 的男人和 89% 的女人是文盲；1865 年的意大利南部，居民 90% 是文盲，甚至在最先进的伦巴第和皮埃蒙特地区，文盲亦高达 57%—59%；1870 年前后，在达尔马提亚（Dalmatia）的士兵中，文盲占 99%。法国情况则相反，到了 1876 年，乡下 80% 的男人和 67% 的女人受过教育；荷兰几乎 84% 的士兵受过教育（在荷兰和格罗宁根省，这个比例为 89%—90%）；甚至在教育明显落后的比利时，能看书写字的士兵亦高达 65%（1869 年）。至于识字程度，当然是十分一般 [31]］。然而即使在落后守旧的地区，也只有两种乡下人才是继承古老文化的主要支柱——老年人和女人。他们将“老太太的神话故事”一代又一代传下去，有时连城里搜集民间故事、民间歌曲的人也来听。然而说也奇怪，所有的新事物在这段时间也是通过妇女传到乡村。在英格兰农村中，女孩子比男孩子识字多——这种情形似乎开始于 19 世纪 50 年代。在美国，“文明方式”的代表非妇女莫属——读书、讲究卫生、

"漂亮"的房屋、按城里样式布置的住宅以及端庄、不酗酒——与男人粗野、凶暴、醉酒的方式恰成对比；哈克贝里·费恩（Huckleberry Finn）便是在吃了大亏后才明白这点。母亲督促儿子"检点、长进"的可能性远远大于父亲。也许此等"现代化"的最佳途径，是年轻的乡下姑娘进城里为中产阶级和下中产阶级家庭当女佣。事实上，对男人和女人而言，伟大的提升过程不可避免的便是破坏古老方式和学习新方式的过程。接着我们就谈谈这方面的情况。

第十一章

# 流动的人

我们问她："你丈夫在哪儿？"

"在美国。"

"他在美国做什么？"

"当沙皇。"

"犹太人怎么能在美国当沙皇呢？"

"在美国又有什么事是不可能的。"她答道。

——尚勒姆·阿莱切姆，1900 年左右[1]

我敢说，普天下给人家当仆役的爱尔兰人比比皆是，他们开始在各地取黑人而代之……这是普遍现象，世界各地几乎没有一个仆役不是爱尔兰人。

——A. H. 克拉夫给卡莱尔的信，波士顿，1853 年[2]

## 1

历史上最伟大的一次移民浪潮始于19世纪中叶。移民的具体情况无法确知，因为那时的官方统计数字反映不出男女老幼在国内乃至在国际之间流动的全部情况。从农村涌向城市，跨地区以及跨城市的人口流动，漂洋过海的移民，前往边远地区定居的人们，如此等等，川流不息。至于流动的方法，现在更难以说清楚。尽管如此，有关这次移民的大致轮廓还是可以勾画出来。1846—1875年间，约有900多万人离开欧洲，其中大部分到了美国。[3]这个数字等于是1851年伦敦人口的四倍。在此之前的半个世纪里，离开欧洲的总人数不超过100万。

人口流动与工业化形影相随。现代世界的经济发展需要大量流动人口，而新式改良的交通条件又使人口流动更加容易、更加便宜。当然，现代经济发展又使世界能够养活更多人口。在本书所述时期发生的大规模迁徙并非突如其来，没有征兆。早在19世纪30和40年代，就已有人预测到不久必定会有大迁徙爆发（见《革命的年代》第九章），然而预测毕竟是预测。原本还是潺潺流动的小溪，如今一下子似乎突然变成了滔滔不息的急流。1845年前，每年前往美国的外国人数只有一年超过10万人；但在1846—1850年之间，平均每年离开欧洲的人数多达25万人以上，此后五年平均每年达35万；仅1854年，前往美国的人数就不下42.8万。移民继续以空前规模发展，数量大小不等，随迁出国和接受国的经济好坏而定。

当时的移民不可谓不多，但与以后的移民规模相比，却是小巫见大巫。19世纪80年代，平均每年移居国外的欧洲人达70万—80万，1900年后，平均每年达100万—140万。因此光是1900—1910这10年间移居美国的人数，便远高于本书所述的整个时期。

对移民最明显的限制因素是地理条件。暂且撇开因贩卖非洲奴隶而造成的移民不谈（奴隶贸易此时已属非法，英国海军相当有效地切断了奴隶贸易路线）。我们可以说国际上的移民主体是欧洲人，或者更确切地说是西欧人和德国人。当然中国人此时也在流动当中，流向中国北部边境，流向中央帝国的边缘地区，流入汉族故乡以外的地区；住在南方沿海地区的人则移入了东南亚的半岛和岛屿上，但人数究竟有多少，我们还说不准。也许人数不是很多。1871 年在海峡殖民地（即马来亚）大约有 12 万人。[4] 印度人在 1852 年后开始向邻国缅甸移民，不过数目不大。因禁止奴隶贸易而造成的劳动力短缺，在某种程度上由主要来自印度和中国的“契约劳工”填补了，他们的状况比起奴隶实在也好不了多少。1853—1874 年，约有 12.5 万中国人移居古巴。[5] 他们在印度洋群岛以及太平洋地区与印度人组成少数民族的杂居区，与古巴、秘鲁和英属加勒比海的华人组成规模较小的华人区。一些具有冒险精神的华人已为美国太平洋沿岸最早开拓的地区所吸引（见第三章），他们为当地报纸提供了不少有关洗衣工和厨师的笑料［旧金山的中国餐馆是他们在淘金潮期间开创的（波士顿《银行家杂志》说：“此地最好的餐馆是从中国来的冒险家开设的。”）[6]］在经济萧条时期，他们又成为政客们进行种族排外的宣传材料。国际贸易使得世界性的商船队发展神速，商船队船员大部分是“东印度水手”，他们在世界各大港口都滞留和储备了一批数量不多的有色人种。在殖民地招募军队又使一部分有色人种首次踏上欧洲土地。（这时期英国的殖民部队绝大部分是从印度招募来的，并用于印度，或用于英印政府统治范围之内、伦敦英国政府统治范围之外的一些地区。）征召殖民军的国家主要是法国。法国希望借由此举抵消德国在人口上的优势（这是 19 世纪 60 年代的热门话题）。

就欧洲移民而言，大规模漂洋过海的洲际移民仅局限于少数国家，在本书所述时期，绝大部分移民是英国人、爱尔兰人和日耳曼人，从 19 世纪 60 年代起还有挪威人和瑞典人，丹麦人从未达到类似的移民高潮。由于挪威、瑞典移民的绝对数字不大，从而掩盖了它们在其总人口中实际所占的巨大比重。在挪威新增的人口当中，约有 2/3 跑到了美国，超过其比例的只有不幸的爱尔兰。爱尔兰移居国外的人数已超过其人口增长总额。自1846—1847年的大饥荒之后，爱尔兰每一个10年的人口均呈下降趋势。英国和日耳曼的移民虽没超过其人口增长部分的10%，但从绝对数字上看，这仍是一支非常庞大的队伍。1851—1880年，约有530万英国人离开了英伦三岛（其中350万去了美国，100万去了澳大利亚，50万去了加拿大），这是直到那时为止世界上最大规模的越洋移民大军。

南欧的意大利人和西西里人，很快也会像潮水般涌向美洲大城市，但此刻他们尚未从其土生土长的贫穷农村向外挪动。东欧人，包括天主教和东正教徒，基本上也稳坐不动，只有犹太人渐渐渗入或蜂拥奔向省城，此后又进入大一点儿的城市（匈牙利城市直到1840年才对犹太定居者开放），在此之前，犹太人从未能在大城市定居。俄国农民在1880年前尚未移入西伯利亚的广阔天地，但他们已大批流入俄国欧洲部分的大草原，到19世纪80年代基本上完成了在草原定居的过程。1890年前鲁尔矿区几乎还见不到波兰移民，不过此时捷克人已向南移入维也纳。斯拉夫人、犹太人和意大利人向美洲移民的热潮约始于19世纪80年代。大致说来，英国人、日耳曼人和斯堪的纳维亚人构成了国际移民的主力军，此外便是自由自在的加利西亚人、巴斯克人等少数民族，他们在拉丁美洲世界无所不在。

由于大多数欧洲人是乡下人，所以大多数移民也是乡下人。19世纪是一部清除乡下人的庞大机器。多数乡下人都进了城，至少是离开了乡下传统的饭碗，尽其所能地在陌生的、可怕的，但也充满无限希望的新天地里寻找生计，在据说遍地是黄金的城里寻找出路，不过这些新来的移居者充其量只能偶尔捡到几块铜片。有人认为乡下人的蜂拥进城与都市化是同一回事，这话不完全正确。因为有几批移民是从较糟糕的农业环境离开，迁移到较好的农业环境定居，这些人主要是在美国大湖区定居的日耳曼人和斯堪的纳维亚人，以及稍早来到加拿大定居的苏格兰人。1880年前往美国定居的外国移民当中，只有10%从事农业。一位观察家说，“从购买和装备一个农场所需的资金来衡量”，他们“或许”还称不上是农场主。[7]19世纪70年代初期，仅农场设备一项就要花费900美元。

乡下人从地球表面的这一边跑到了另一边，如果说这种人口重新安置的现象已不容忽视，那么乡下人成群结队脱离农业的情况就更令人吃惊了。人口流动与都市化形影相随，19世纪下半叶处于都市化过程中的主要国家（美国、澳大利亚、阿根廷），其城市人口集中的速度超过了除英、德工业区以外的任何地方（1890年人口数量排名前20的西方城市中，有五个在美国，一个在澳大利亚）。男男女女不断拥进城市，虽然其中有越来越多人也许是（在英国则一定是）来自其他城市。

如果他们只是在国内移动，那么他们并不需要借助新技术和新发明。在绝大多数的情况下他们都走不远，如果要远行，那么那条连接其居住地和城市之间的小路一定早已被亲朋邻居踩平了，就像法国中部的叫卖小贩和农闲季节去巴黎充当建筑工的人们早已走惯的路一样。随着巴黎建筑业的兴盛，这类季节性雇工的人数也不断增加，直到1870年后他们才在巴黎永久定居。[8]新的路线有时会因新技术，例如铁路的问世而开辟。铁路把布列塔尼人带到巴黎，他们在抵达巴黎蒙帕纳斯（Montparnasse）火车站出入口时便放弃了自己的信仰，便把最具姿色的女孩儿提供给巴黎妓院。布列塔尼姑娘们从此替代了洛林姑娘，成了巴黎烟花巷里人所皆知的妓女。

在国内流动的妇女绝大部分成了家庭女佣。她们的女佣生活通常要到她们与同乡结婚后，或找到其他的城市职业后方告结束。举家出走或夫妇同行的例子并不常见。男人在城里从事的职业，有的是他们家乡世代相传的传统职业——卡迪根郡（Cardiganshire）的威尔士人不管跑到哪儿都是卖牛奶、奶油、干酪；奥弗格纳特人（Auvergnats）也总是经营燃料生意，有的干自己的老本行，如果他们有一技之长的话；有的去做买卖，开个小铺子，经营食品和饮料。除此之外，其他人就在建筑和运输两大部门就业。这两种行业不需要乡下人具备他们所不熟悉的技术。以1885年的柏林为例，计有81%的食品供应人员，以及 83.5% 的建筑工人和 85% 的运输工人是外地移民。[9] 虽然他们很少有机会能从事技术性较强的体力劳动（除非他们在家乡学过某种手艺），他们的生活还是比最穷的柏林本地人略好一些。最低工资阶层和接受临时救济的贫困大军更可能是由当地人，而不是外来移民所组成。在本书所述时期，工厂生产这种方式在许多大城市里还不多见。

而此等纯属工业生产形式的工厂——主要是采矿业和几种纺织工业，大部分集中在中等规模但发展极快的城市里，甚至是在农村和小城镇里。这些工业生产不需要多少外来妹（纺织工业除外），外地男工所能从事的也只有不需要技术的粗活，工资非常微薄。

穿越国境和大洋的移民造成了一些比较复杂的问题，而且这些问题根本不是由于他们移入一个语言不通的国家所引起的。事实上，移民中最大的一部分来自英伦三岛，他们没有严重的语言障碍问题，不像某些国家（例如中欧和东欧的多民族帝国）的移民容易在新移居地遇到语言困难。不过，暂且撇开语言问题不谈，移居国外的侨民带来一个尖锐的问题：他们的国籍归属（见第五章）。侨民如留居在新国家，他们是否要割断与祖国的关系，如要割断，移民愿意吗？侨民如居住在本国的殖民地，这问题自然就不存在，例如住在新西兰的英国人或住在阿尔及利亚的法国人，他们只是把原来的国当作“家”。问题最尖锐的地方是美国。美国欢迎移民，但又对移民施加压力，要他们尽快变成使用英语的美国公民，理由是任何一个理智的公民都希望成为美国人。事实上多数移民也的确如此。

改变国籍当然并不意味着与原先国家一刀两断。恰恰相反，移民们典型的例子是，当他们到了一个新的环境后，便很自然地与命运相同的人抱成一团，原因是新环境对他们太冷淡了。19 世纪 50 年代，美国当地人对如潮水般涌来、饥肠辘辘、“愚昧无知”的爱尔兰人的反应，就是仇视和排斥。于是，他们自然而然地退到他们的同胞当中，同胞是他们唯一熟悉的、能够给予帮助的群体。美国对移民而言不是一个社会，而是一个挣钱的地方，它教给移民的第一句正式英语是：

“我听到笛声响，必须赶快进工厂”（这句顺口溜刊登在国际收割机公司为波兰劳工学习英语而印制的小册子上。这是第一课，随后的句子是：我听到五分钟的笛声／是去上工的时候了／我从大门口的墙上拿了牌子，把它挂到工作部门的墙上／换好衣服，准备工作／午饭铃响了／赶快吃饭／不打铃不准吃饭／五分钟后铃又响了／丢下饭碗准备上工／专心做工，直到铃响才下班／换上干净衣服／我必须回家）。[10] 第一代移民，不论男女，不论如何勤奋学习新生活的技巧，他们仍强迫自己聚居在一起，从古老的习惯中，从自己的同胞中，从对他们轻率抛弃的故国怀念中，获取支持和安慰。生活豪放不羁的爱尔兰江湖艺人，即将在美国大城市创立现代流行音乐这一行，他们那对天生会笑的眼睛使他们发财致富，但其成功不是无缘无故的。甚至富庶的纽约犹太金融家，例如古根海姆家族（Guggenheims）、库恩家族（Kuhns）、萨克斯家族（Sachs）、塞利格曼家族（Seligmanns）以及莱曼家族（Lehmanns）的人，他们腰缠万贯，凡能用钱买到的东西他们都有，而一切东西几乎都能用钱买到，但他们还不是美国人，不像住在维也纳的沃特海姆斯泰因家族（Wertheimsteins）自认是奥地利人，住在柏林的布莱克鲁德尔家族（Bleichroeders）自认是普鲁士人，甚至已经国际化了的罗斯柴尔德家族，住在伦敦的便自认为是英国人，住在巴黎的便自认为是法国人，而住在美国的既是美国人，又是德国人。他们说话用德语，书写和思维也用德语，参加德国的结社，倡议发起德国人的组织，他们常把孩子送回德国上学。[11]

然而移民出国需要克服数不胜数的基本物质困难。他们首先要弄清楚该去哪儿以及到了那里能做什么。他们必须从遥远的挪威石质高原前往明尼苏达，从波美拉尼亚（Pormerania）或勃兰登堡（Brandenburg）前往威斯康星州的绿湖地区，从爱尔兰凯里郡（Kerry）的某个市镇到芝加哥。要花多少钱还不是一个不可克服的难关，然而远洋邮轮统舱的条件，却是极其糟糕，就算还未置人于死地，但也恶名远扬，特别是在爱尔兰大饥荒后。1885 年移民从汉堡到纽约的船票是 7 美元。从南安普敦到新加坡的船票价格，已从 19 世纪 50 年代的 110 英镑减少到 19 世纪 80 年代的 68 英镑，当然，这条航线的客轮是为身份较高的旅客所提供的。[12] 船票之所以便宜，不仅是因为身份低贱的船客不会要求比猪狗好多少的吃住条件，他们也不允许，也不是因为移民所占空间较少；甚至也不是因为交通量的增加而降价，而是由于经济原因：移民是非常合算的散装货。也许对大多数移民来说，到达登船口岸——勒阿弗尔、不来梅、汉堡，尤其是利物浦——的路费，要比横渡大西洋的费用贵得多。

即便如此，对许多非常贫穷的人来说，这笔钱也未必拿得出来，虽然他们在美国、澳大利亚工资较高的亲戚能轻易筹措这笔费用，寄回国内。事实上，这笔钱只是他们从国外汇回祖国的众多汇款中的一部分，因为移民不习惯国外新环境中的高消费，遂都成了储蓄能手。仅以爱尔兰人为例，19 世纪 50 年代早期，他们一年汇回的钱款便有 100 万英镑到 170 万英镑之巨。[13] 然而，如果穷亲戚爱莫能助，形形色色的承包商、中介人便会为了赚钱而出面安排。只要一方需要大量劳动力（或土地，住在威斯康星州普林斯顿市的一位德国铁匠买了一块农田，然后以信贷方式出售给自己的移民同胞）[14]，另一方对接纳国的情况又一无所知，双方远隔重洋，代理人或中介人便可从中大发其财。

这些人把人像牲口一样往轮船上赶。轮船公司急于填满统舱里的空隙，政府则希望把移民送到杳无人烟的广阔天地里去。中介人便与政府和矿厂、铁砂公司联系，将人送到矿主、铁厂厂主以及其他亟须劳动力的雇主手中。中介人从矿主、厂主处获得报酬，也向可怜的男女移民索钱。这些孤立无援、不知所措的男男女女，可能得被迫穿越半个陌生的欧洲大陆，才能抵达大西洋登船港口。从中欧到勒阿弗尔，或渡过北海，穿过云雾缭绕的本宁山脉到达利物浦。我们可以猜想出，这些中介商是如何利用移民举目无亲，对情况一无所知、手足无措的困境进行盘剥勒索，虽然那时的契约劳工、负债农奴可能已不多见，只有一船船从国外运到农场充当劳工的印度人和华人（这么说并不表示受骗的爱尔兰人不够多。不少爱尔兰人曾在故乡付钱给某个“朋友”，但这笔钱却无法帮他在新世界找到一份工作）。大致说来，移民中介人的活动是控制不了的，顶多只能对海运条件进行某些检查，这项工作还是因为19世纪40年代末发生了可怕的流行性传染病后才开始进行的。中介人的背后通常有大人物支持。19世纪的资产阶级仍然认为，欧洲大陆人口过剩是因为穷人太多，穷人输出越多，对资产阶级越有利（因为他们可以进一步改善自己的生活条件），对留下的人也越有利（因为劳工市场上劳动力过剩的情况可获纾缓）。慈善机构，甚至工会组织对付贫穷和失业的唯一可行办法，就是帮助那些向他们求援的穷人或是工会会员移居到国外去。在本书所述时期，工业化进展最快的国家也就是那些对外移民的大户，如英国和德国。这项事实证明，慈善机构和工会组织的做法似乎不无道理。

从今天的观点来看，那时提出的移民论据是错误的。整体而言，输出移民的国家如果将其人力资源予以利用，而不是将他们赶走，对国家的经济会更有利。新世界（美国）却与它们相反，它从蜂拥而至的旧世界（欧洲）移民中，获得了无法估量的经济好处。当然，移民自己也获得莫大好处。移民在美国穷困潦倒、惨遭剥削的最严重阶段，要到本书所述时期结束之后才出现。

人们为何要移居国外呢？绝大部分人是出于经济原因，也就是说因为他们贫穷。尽管1848年后加上了政治迫害因素，但在庞杂的移民大军中，政治和意识形态难民只占很小一部分，甚至在1849—1854年间也是如此，虽然移民中的激进分子一度控制了美国的半数德文报刊，利用报刊控诉自己国家对难民的迫害。[15]激进分子中的基本群众，像大多数不带意识形态的移民一样，很快便在国外定居下来，其革命热情也转移到反奴运动上。出于宗教原因而到美国寻求更大自由并进行相当古怪的宗教活动的移民不能说没有，但与半个世纪前相比也许不太突出，如果其原因是在于维多利亚政府对正统的看法不像以前那么严厉就好了。不过对于国内摩门教教徒的逃往国外，英国和丹麦政府倒是挺高兴的，摩门教的一夫多妻制为它们带来不少麻烦。东欧的反犹太人运动也是后来的事，该运动造就了大规模犹太移民。

人们移居国外是为逃避国内的贫穷境况，还是为了到国外寻求更好的生活条件？这个问题争论已久，意义不大。毫无疑问，穷人移居国外的可能性比富人出走的可能性更大，如果他们的传统生活难以维持或根本无法维持时，移居国外的可能性就更大。因而在挪威，工匠移居国外的可能性比工厂工人大；船民、渔民在他们的小帆船无法与新问世的汽船匹敌之后，便准备一走了之。同样毫无疑问的是，在这一时期，任何抛弃祖辈居住地方的想法都被认为是大逆不道的。因而要想把人们从故乡推进一个未知的世界，就需要有某种变革的力量才行。一位原本在英国肯特郡农场出卖劳力的雇工从新西兰写信回家，感激原先的农场主人采用停业的办法迫使他远离家园，因为他现在的境况比以前好多了。要不是迫于无奈，他是不会离乡背井的。

当大规模移民成为普通人经历中的一部分时，当基尔代尔郡（Kildare）的每个孩子都有表兄、叔叔或哥哥在澳大利亚或美国时，离家出走（不一定永不复返）便成为人们常见的选择。选择的依据是对前景的估计，而非单凭命运，如果有消息说澳大利亚发现金矿，或美国就业机会很多，待遇很高，移民便蜂拥而至。反之，1873 年后的若干年里，移民人数急转直下，因为当时美国经济极不景气。还有一点也毫无疑问，本书所述时期的第一次移民狂潮（1845—1854），基本上是因为饥荒和人口增加对土地造成的压力而引起的，主要发生在爱尔兰和德意志。在这波移民狂潮中逃往大西洋彼岸的移民，爱尔兰人和日耳曼人便占了 80%。

移民并不一定一去永不返。许多移民梦想在国外赚足钱，然后回到家乡，接受家乡父老的尊敬，这部分人占多大比例我们尚不得而知。其中有相当一部分人——约占 30%—40%——也的确回到老家的村子里，回国最常见的原因是他们不喜欢新世界，或无法在美国立足。有些人回去后又移居国外。由于交通领域的革命，劳工市场终于扩大到囊括整个工业世界。特别是对有技术的男性工人而言。以英国行业工会的领袖为例，他们可能在美国和国外某地工作过一段时间，也可能在纽卡斯尔和巴罗（Barrow-in-Furness）工作过一段时间。事实上，对意大利和爱尔兰那些随季节移居他国的农民和铁路工人而言，在这个阶段，利用农闲淡季前往大西洋对岸工作，已经是可能的事了。

实际上，在这场大幅度增加的移民浪潮中，也有相当数量的非永久性活动——临时的、季节性的或仅仅是流浪性的活动。这种活动本身并无新鲜之处。在工业革命之前，收完庄稼的农民、流浪汉、走街串巷的修补匠、沿街叫卖的小贩、运货的马车夫以及牲畜贩子，早已屡见不鲜。新经济的飞速发展以及向全世界的辐射，肯定需要——因此也产生了——新形式的行踪不定之人。

首先让我们考察一下新经济扩展和辐射的象征——铁路。铁路是以全球作为业务扩展范围的企业。企业家带着工头、技术工人和核心工人（大多数是英国人和爱尔兰人）前往国外创建公司，其中有一部分人就此定居国外，娶妻养子，他们的孩子就成了下一代的英裔阿根廷人。（印度铁路当局主要招聘欧亚混血儿当雇员，即招聘印度妇女与英国工人生的孩子。英国工人与当地人通婚不像中产阶级和上层阶级的顾虑那么多。）他们有时还会从一个国家跑到另一个国家，像当时为数不多的石油开采工人一样。铁路到处都要兴建，但铁路公司不一定能在每个地方都找到工人，于是只好建立一个流动的劳工队（这些劳工在英国被称作 navvies，即挖土工，无特殊技术之工人）。直至今日，许多大型工程计划依然沿袭这种做法。大多数国家是从边远地区招募无家庭牵累，能说走就走的人。他们不怕工作苦，只求工资高，能拼命干活，也能拼命玩，把挣到的每个铜板都喝光赌光，不想未来。这些浪迹天涯的劳工跟海员一样，不愁没活干。这艘船干完了，还有下一艘；这个工程结束后，自然还有其他大工程等着。他们是尚待进一步开发的铁路工业里的自由人，是民间传说中的铁骨铮铮英雄汉，会令各阶级的体面人物同感震惊。他们扮演的角色跟海员、矿工、勘探工一样，只是挣的钱比他们多，而且根本不存发财致富的指望。

在更为传统的农业社会里，这些四海为家的铁路工人，在农业生活和工业生活之间搭起重要桥梁。意大利、克罗地亚和爱尔兰等地的贫穷农民，他们于农闲时结成一群，或组成一队，在选出来的队长带领下穿山越岭，为城市、工厂和铁路的建造商提供劳务（队长负责洽谈招工条件和分配劳动所得）。19 世纪 50 年代，这类移民在匈牙利平原上发展起来。组织较差的农民对那些效率高、纪律强（或是更温顺驯服）以及准备接受更低工资的农民愤懑不已。

不过，单只考察这支被马克思称为资本主义“轻骑兵”的队伍是不够的，我们还没观察先进国家之间的差异，更准确地说，还没看到旧世界和新世界之间的重要区别。经济扩张在世界各地竖立起了一道道“疆界”。在某些情况下，一个矿区就是一个“新世界”，例如德国的盖尔森基兴（Gelsenkirchen）便是一个可以同布宜诺斯艾利斯和宾夕法尼亚州工业城相提并论的新世界，这个矿区在半辈子的时间里（1858—1895），便从 3500 人增加到 9.6 万人。不过整体而言，旧世界对流动人口的需求，只要一支规模不大、非长期流动的人口队伍便能满足。当然，大港口除外，那些地区的人口似乎总在流动，而人们又无计谋生的传统中心地区（例如大城市）也除外。这也许是因为旧世界的成员多半结成了社群，或者能够很快在这些社群里扎根，而这些社群又是结构严密的社会组织中的一部分。只有在海外移民区的边缘或附近地带，由于那里人烟稀少，流动人口尚无雇主，所以人们才会感受到这群真正的独立流动个人是一个群体，至少是人们肉眼可见的群体。旧世界不乏牧人和牲畜贩子，但在本书所述时期，他们谁也没像美国“牛仔”那样吸引了众多人的注意，虽然澳大利亚的牧人，在内地专门为人家剪羊毛的流动剪羊毛手以及其他的农业劳动者，他们也都在各自的区域内创造了惊心动魄的传说和故事。

## 2

穷人出门远行的特有方式是迁徙，中产阶级和富人则是为了旅游。旅游从本质上说，乃是铁路、汽船和邮政事业达到新规模、新速度后的产物（邮政事业随着1869年万国邮政联盟的建立而完成全球系统化）。住在城里的穷人，他们出门远行通常是为了生活，很少是为了休闲，而且时间多半不长。乡下的穷人根本不会为了游山玩水而出门远行，充其量是在赶集或到市场上做买卖时顺便游玩一下。贵族出门远行大多是基于非实用的目的，然而与现代的旅游也无共同之处。贵族家庭每年到一定季节便从城里的府第移到乡下去住，随从的仆人和行李车足可排成长长一列，仿佛一支小部队［克鲁泡特金（Kropotkin）亲王的父亲，事实上就像军事指挥员一样为妻子和佣人下达恰当的行军口令］。他们会在乡下住上一阵，然后才返回城中。他们也可能在适当的社交生活圈子里暂时安顿下来，就像下面那个拉丁美洲的贵族家庭一样。据1867年的《巴黎指南》（*Paris Guide*）记载，这家贵族下乡时整整带了18车行李。按传统习惯，年轻贵族都会展开一趟大旅行（Grand Tour，指旧时英国贵族子弟的欧陆之旅，其目的在完成自己的教育阶段，他们通常下榻在豪华的旅馆内）。但即使是这类贵族青年的旅行，也与资本主义时代的旅游业不同。一方面是因为旅游业此时正处在开发阶段——最初通常是与铁路的发展联系在一起——另一方面是因为贵族不会屈尊在小酒店里过夜。

工业资本主义产生两种奇妙的享乐型旅行：为资产阶级设计的旅游和夏日假期，以及某些国家（例如英国）为广大群众所设计的一日游，人们乘坐机械化交通工具，于旅游地当天往返。这两种旅行都是蒸汽机运用在运输方面的直接结果。有史以来人们首次可以定期、安全地运载众多的旅客和行李，不论地形如何复杂，不论水域是深是浅。火车和公共马车很不一样，公共马车只要到了稍微偏僻的地方，便很容易被盗匪抢劫，而火车只要开动之后，就不会有这种意外——除美国西部外——即使在治安坏得出名的西班牙、巴尔干等地区亦可幸免此难。

如果把游艇除外，以广大群众为服务对象的一日游活动，是19世纪50年代——更准确地说是1851年万国博览会——的产物。这场博览会吸引了许多人前来伦敦欣赏令人惊叹的景观，数不胜数的地方协会、教会以及社团为群众组织了这场活动，由于火车票减价，因而来的人更多。以安排郊游活动起家的托马斯·库克（Thomas Cook），更利用1851年的机会发展出庞大的旅游业，此后25年，他的名字就成了有组织旅游团的代名词。此后万国博览会（见第二章）一场接一场举办，每次博览会都将大批参观者带到各主办国首都，使各国首都获得重建，焕然一新。各省省会受此启发，纷起效法，期望创造类似奇迹。除此之外，这个时期的大众旅游便毋庸多说了。大众旅游业仍局限于短途游览，即使以现代标准来看也常常是客满的，小小的"纪念品"工业也因此兴盛起来。铁路部门一般说来对出售三等车票不感兴趣，英国铁路公司尤其如此，但政府勒令它们提供最低限度的三等车票。直到1872年，英国铁路公司普通客票营业额方达到客运总收入的50%。其实，三等车票的运输量增加后，短途旅游专车的重要性就下降了。

中产阶级更把旅行当作重要大事。就数量而言，旅行的最重要形式是全家的夏日假期，或（对更富有和身体太胖的人来说）每年到某个温泉疗养地去疗养。这种度假、疗养胜地，在19世纪第三个25年蓬勃发展。英国的多位于海边，欧洲大陆的则多集中于山上。[显然由于拿破仑三世的眷顾，毕亚里茨（Biarritz）在19世纪60年代已很时髦，印象派画家对诺曼底沙滩也表现出明显兴趣，但欧洲大陆的资产阶级还没有下定决心去尝尝苦咸的海水滋味和海边阳光。] 到了19世纪60年代中期，中产阶级掀起的旅游热已使英国沿海部分地区改观，海边的景观步道、栈桥以及其他美化设施，都一一修建。原本在经济上毫不起眼的山谷和海滩，如今却可让土地商人神不知鬼不觉地从中获得大量利润。海边活动可说是中产阶级和下中阶级的特有休闲。在

19 世纪 80 年代之前，工人阶级到海边休闲的情形还不很明显，而贵族和绅士们几乎不可能考虑将伯恩茅斯［Bournemouth，法国诗人魏尔伦（Verlaine）常去之处］或文特诺（Ventnor，屠格涅夫和马克思常来此处呼吸新鲜空气）作为合适的夏日度假场所。

欧洲大陆的温泉度假胜地可说是各具风格（英国的度假场所无法与之媲美），它们竞相为阔绰的旅客准备了豪华旅馆，提供各种娱乐场所，如赌场以及相当高级的妓院等。维希（Vichy）、斯帕（Spa）、巴登巴登（Baden-Baden）、艾克斯（Aix-les-Baines）名噪一时，尤其是哈布斯堡王室常去的著名国际度假胜地加施泰因（Gastein）、马林巴德（Marienbad）温泉、卡尔斯巴德（Karlsbad）等等，它们对 19 世纪的欧洲来说，就像巴斯（Bath）对 18 世纪的英国一样，贵族在这些度假胜地举办时髦聚会，在聚会上可以免喝难以下咽的矿泉水，尽情享受某种由仁慈的医学独裁者监制的饮料。［来这里度假的达官贵人，其地位可从他们在这时期外交活动中扮演的角色来判断。拿破仑在毕亚里茨会晤俾斯麦，在普隆比耶（Plombières）会晤加富尔，在加施泰因举行过一次会议，这次会议开了在河上或湖上举行外交会议的先河。1890—1940 年的半个世纪里，这种河上外交会议举不胜举］然而不争气的肝脏扮演了伟大的协调者，使温泉游览胜地不致被冷落。许多非贵族出身的有钱人和中产阶级专业人士，由于事业兴旺，财源滚滚，因而吃得太多，喝得太多，于是便热衷于前往矿泉胜地度假。库格尔曼医生（Dr. Kugelmann）曾推荐一位极不具阶级代表性的中产阶级——马克思——到卡尔斯巴德疗养。马克思为避免被认出，遂在旅馆登记时小心翼翼地写下“自由职业者”，后来他发现以“马克思博士”的身份住店可免缴一部分高得惊人的税款，他才又更改过来。[16] 在 19 世纪 40 年代简单得一目了然的乡村里，绝不会发现这种类型的温泉疗养地，直到 1858 年，《默里指南》（*Murray's Guide*）还说马林巴德温泉的开发时间是“不久前的事”，并说加施泰因只有 200 间客房，但到了 19 世纪 60 年代，这些温泉疗养地的旅游业已如鲜花怒放。

索默弗里西奇（Sommerfrische）和库罗特（Kurort）是一般资产阶级光顾的地方。崇尚传统的法国和意大利，直到今天仍证实说每年保养一次肝脏是那时资产阶级的习惯。弱不禁风的人需要多一点儿温和的太阳，因此冬天应到地中海去。蔚蓝海岸（Côte d'Azure）是布鲁厄姆（Brougham）爵士发现的，这位激进政客的塑像今天仍矗立在戛纳（Cannes）。虽然俄国的贵族士绅成了最爱光顾此地、花钱如流水的常客，然而尼斯（Nice）的"英国俱乐部"之名，已明白点出是谁开辟了这块新的旅游金矿区。蒙特卡洛（Monte Carlo）于1866年落成其巴黎饭店（Hõtel de Paris）。苏伊士运河通航后，特别是沿尼罗河的铁路修好后，埃及便成了那些抵御不了北国潮湿秋冬者的游览胜地，这是一个集温暖气候、异国情趣、古代文化遗址和欧洲统治（此刻尚没有正式统治）于一身的度假胜地。永不疲倦的贝德克尔（Baedeker），于1877年出版了他的第一本《埃及指南》。

对当时人而言，在夏天前往地中海仍是疯狂之举，除了为寻找艺术和考古的人外。直到进入20世纪很长一段时间后，人们才开始崇尚太阳和晒黑的皮肤。在炎热的夏天里，只有少数几个地方，如那不勒斯湾、卡普里岛（Capri）等，是勉强可以忍受的，这些地方由于俄国女皇的钟爱而兴盛起来。19世纪70年代地中海国家的便宜物价，预示着早期旅游业即将到来。富裕的美国人，当然，不管有病没病，都开始追踪欧洲文化的中心，到本书所述时代结束，沿新英格兰海湾修建夏季别墅的举动，已成为美国百万富翁的标准生活之一，而炎热国家的富人则躲进深山里去。

我们必须将两种不同的假日作个区别：时间较长的（夏天或冬季）定点式度假，和越来越实际快速的旅游。旅游的热门焦点总是浪漫的风景区以及文化古迹遗址。不过在19世纪60年代，英国人（像往常一样，又是先驱者）开始热衷在瑞士高山上进行体育锻炼，并将对体育锻炼的热情传播给其他人。他们后来在瑞士山上发明了冬季体育活动：滑雪。阿尔卑斯俱乐部（Alpine Club）成立于1858年，爱德华·怀伯尔（Edward Whymper）于 1865 年攀上了马特洪峰（Matterhorn）。在令人心旷神怡的景色里进行这种颇消耗体力的运动，对盎格鲁-撒克逊族的知识分子和自由主义专业人士具有很大的吸引力，个中原因很模糊，说不清也道不明（也许有个原因，即与他们做伴的当地导游个个年轻力壮，富有阳刚之气）。爬山加上长距离健行，已成了剑桥学界、高级文官、公学校长、哲学家以及经济学家特有的活动，拉丁语系和日耳曼语系的知识分子（虽然不是全体）对这种现象惊奇不已。对活动量少一些的旅游者来说，他们的脚步是在库克以及这时期出版的厚重导游书的指导下迈开的。《默里指南》是导游书的先驱，但旅游者的"圣经"当数德国的《贝德克尔》(*Baedekers*)。《贝德克尔》在当时已被翻译成多国语言，《默里指南》在它面前黯然失色。

这样的旅游并不便宜。19 世纪 70 年代，两个人从伦敦出发，经比利时、莱茵山谷、瑞士和法国，最后返回伦敦，六周的行程——也许现在仍是这个标准路线——要花费 85 英镑。这大约是一个周薪 8 英镑的男人全年收入的 20%。那时候周薪 8 英镑是相当令人羡慕的收入，已可在家里雇个女佣。[17] 这笔数目可能要占一个收入甚丰的技术工人年收入总额的 3/4 以上。很显然，那些被铁路公司、旅馆、旅游指南瞄准的旅游者，是属于生活优裕的中产阶级。这些中产阶级里的男男女女，毫无疑问对尼斯的高昂房租也是牢骚满腹：1858—1876 年，不带家具的房子年租金从 64 英镑增加到 100 英镑，女佣的年工资从 8 英镑—10 英镑增加到离谱的 24 英镑—30 英镑。[18] 但我们可以非常有把握地说，这些人是付得起这笔钱的。

19 世纪 70 年代是不是已完全被移民、旅行以及人口流动所主宰了呢？人们很容易忘记，地球上大多数人仍生活在而且最后死在他们的出生地，说得更准确些，他们的活动范围比工业革命之前大不了多少，甚或说没有什么变化。法国的统计数字显示，1861 年有 88% 的法国人生活在他们出生的地方，若根据教会记事簿记载，更有高达 97% 的人生活在他们出生的教区。世界上跟上述法国人相类似的人数，也肯定多于流动人数和移民人数。[19] 不过，人们渐渐抛开了他们魂系梦牵、精神依托的地方。他们看见的事物是他们父辈从来未曾见过的，甚至他们自己也想不到他们会亲眼看见，他们已习惯于在这样的环境中生活。在本书所述时期行将结束之际，移民不仅构成了诸如澳大利亚等国，构成了纽约、芝加哥诸城市人口的多数，而且也成为斯德哥尔摩、克里斯蒂安尼亚［Christiania，现奥斯陆（Oslo）］和布达佩斯的人口多数，外来移民占柏林和罗马总人口的55%—60%，巴黎和维也纳的移民约占65%。[20] 整体而言，城市和新工业区像块磁铁一样吸引了他们。那么，等待他们的是怎样的生活呢?

第十二章

# 城市·工业·工人阶级

如今我们每人所吃的面包，
都用蒸汽机和涡轮机烘烤；
也许有朝一日，面包
将由机器塞进我们嘴里。
特劳泰诺有两个教堂墓地，
一是穷人的，一是富人的；
即使在阴曹地府里，
穷鬼与富鬼也分成贵贱高低。

——《特劳泰诺周报》
（*Trautenau Wochenblatt*）上的一首诗，1869 年 [1]

从前如果有人把富有手艺的工匠叫作工人，他会跟你反目……如今人们告诉工匠，工人是国内最高职衔，于是，工匠都说他们要做工人。

——梅爵士，1848 年 [2]

贫穷问题就像死亡、疾病、严冬以及其他自然现象问题。我不知道如何结束贫困。

——萨克雷，1848 年 [3]

## 1

如果说“新移民来到了工业和技术世界”，或说“工业和技术世界的新一代诞生了”，这话显然都是对的，但都无法生动描绘出工业和技术世界是怎样的一个世界。

首先，这个世界与其说是由工厂、工厂主、无产阶级组成的世界，倒不如说是一个被工业的巨大进步改造过的世界。工业遍地开花，城市拔地而起，变化翻天覆地。然而变化无论如何巨大，其本身都不足以成为衡量资本主义影响的尺度。1866 年，波希米亚纺织中心赖兴贝格［Reichenberg，今利贝雷茨（Liberec）］的产量，有一半是手工业工人用手摇出来的。当然，如今大部分产品都是从几个大工厂生产出来的。从工业组织上来看，赖兴贝格显然不如兰开夏先进。兰开夏最后一批使用手摇纺织机的工匠，已于 19 世纪 50 年代转至其他部门就业了。但我们如否认赖兴贝格的纺织业是工业，这便有失偏颇。捷克蔗糖业在 19 世纪 70 年代早期蓬勃发展，在其巅峰时期，全国蔗糖厂里雇用了 4 万人。这个数字貌不惊人，但从甘蔗田面积的扩大便可看出新兴蔗糖工业所产生的巨大影响。从 1853—1854 年到 1872—1873 年间，波希米亚农村的蔗田面积增加了 20 多倍（从 4 800 公顷增加到 12.38 万公顷）。[4] 从 1848—1854 年，英国乘坐火车的人数几乎增加一倍——从大约 5 800 万人次增加到大约 1.08 亿人次——同时铁路公司货运收入也几乎增加了两倍半。这个数字比工业产品或公务旅行的准确百分比更能说明问题。

再者，我们可以断言，工业工作本身特有的组织结构以及都市化——急速发展的城市生活——可说是新生活最戏剧化的形式。说它新，是因为当时仍有某些地方性职业和城镇继续存在，掩盖了它的深远影响。在本书所述时代结束后的若干年（1887 年），德国教授费迪南德·滕尼斯（Ferdinand Tonnies）划分了礼俗社会（Gemeinschaft）和法理社会（Gesellschaft）之间的区别，这对孪生兄弟如今已成为每位社会学学生耳熟能详的名词。滕尼斯的划分与他同时代学者的划分（即后来习惯上称之为“传统社会”和“现代社会”的划分）很相似——例如梅爵士将社会的进步总结为“从身份决定一切到契约决定一切”。问题核心在于滕尼斯的分析不是以农民社团和都市化社会之间的区别为基础，而是以老式城镇和资本主义城市之间的区别为基础，他称资本主义城市“基本上是商业的城镇，由于商贸控制了生产劳动，因此也可说是工厂的城镇”。[5] 这个工厂城市的新奇环境及其结构正是本章所要探讨的问题。

除铁路外，城市是工业世界最突出、最明显的外部象征。都市化的现象在 19 世纪 50 年代后发展神速。19 世纪上半叶，只有英国的都市化年增长率高于 0.2。（这代表了这一时期内第一次人口普查和最后一次人口普查之间以年为单位的城市人口百分比的变化水平。）[6] 比利时几乎可以达到这个水平。但在 1850—1890 年之间，奥匈帝国、挪威和爱尔兰的都市化已达到了这个增长率，比利时和美国的增长率则在 0.3—0.4 之间，普鲁士、澳大利亚和阿根廷在 0.4—0.5 之间，英格兰、威尔士（仍以微弱优势领先）以及萨克森的年增长率更在 0.5 以上。如果说人口往城市集中是“19 世纪最突出的社会现象”[7]，这只是道出了有目共睹的事实。以今日的标准来看，这种进展还不算很快——直到 19 世纪末，都市化速度达到 1801 年英格兰和威尔士水平的国家还不到 12 个。然而，自 1850 年起，所有国家（除苏格兰和荷兰）均达到了这个水平。

这个时期典型的工业城镇，从现代标准来看，也只是一个中等规模的城市。中欧和东欧有些首都（它们都向特大城市发展）也成了主要制造中心——例如柏林、维也纳和圣彼得堡。1871 年奥尔丹（Oldham）的人口有 8.3 万人，巴门 7.5 万人，鲁贝 6.5 万人。事实上，前工业时期的著名老城市，没有几个能吸引新型产品前去安家落户，因而典型的新工业区，一般说来是先由几个村子共同发展成小城市，几个小城市又进而发展成较大的城市，但它们和 20 世纪的工业区还是不一样（20 世纪的工业区是一大片紧密连在一起的地区），虽然它们的工厂烟囱（经常是耸立在河谷边、铁路旁）、褪了色的单调墙面以及笼罩其上的烟幕，的确也使它们有种连贯性和一致性。城里居民离田野很近，只要步行便可到达。直到19世纪70年代，德国西部的工业大城，例如科隆和杜塞尔多夫（Düsseldorf），都是靠其四周农村提供食粮，农民每周一次把物品送到市场上卖。[8] 在某种意义上，工业化的冲击确实造成一种反差强烈的对照：一面是灰暗、单调、拥挤和伤痕般的居民区，一面是色彩绚丽的村庄以及与村庄紧密相连的山峦，就像英国的谢菲尔德（Sheffield），"人声嘈杂，浓烟滚滚，令人厌恶，但其四周却是世上最迷人的乡村景色"。[9]

这就是为什么工人可以在新工业化地区保持半农半工状态的原因。1900年以前，比利时矿工在农忙期间是不下矿的，他们要到田里照看他们的马铃薯。必要时，他们还会举行一年一度的"马铃薯罢工"。1859年兰开夏帕迪汉姆（Padiham）纺织工人罢工，原因是他们要翻晒干草。甚至在英格兰北部，城里失业人员夏天也可轻而易举地在附近农场找到工作。不过，这种半农状态很快便告消失。[10]

大城市——不过，这一时期的大城市也只有20多万人，加上城市周围的小城镇人口也不过50余万［在19世纪70年代中期，欧洲四大城市（伦敦、巴黎、柏林、维也纳）人口超过100万；6个城市有50多万人口（圣彼得堡、君士坦丁堡、莫斯科、格拉斯哥、利物浦、曼彻斯特），25个城市有20多万人口。这25个城市中，5个在英国，4个在德国，3个在法国，2个在西班牙，1个在丹麦，1个在匈牙利，1个在荷兰，1个在比利时，1个在俄属波兰，1个在罗马尼亚，1个在葡萄牙。41个城市有10万以上人口，其中9个在美国，8个在德国］[11]，它们没有多少工业（尽管市内也许有不少工厂），城市是商业、交通、行政和服务业的中心。许多人加入服务业，而服务业本身的发展又使其从业人员的数字进一步膨胀。城市的大多数人的确是工人，工种五花八门，还包括一大批仆人，伦敦几乎每五个人当中就有一个是佣人（1851年，令人惊讶的是巴黎佣人所占的比例要小得多）[12]。仆人队伍如此庞大，说明了中产阶级和下中产阶级的人数一定很多，一定占有相当比重，在伦敦和巴黎都占了20%—23%。

城市发展神速。维也纳的人口从1846年的40多万人增加到1880年的70万人，柏林从37.8万人（1849年）增加到近100万人（1875年），巴黎从100万增加到190万人，伦敦从250万人增加到390万人（1851—1881）。虽然这些数字与海外几个城市如芝加哥、墨尔本相比又相形见绌，但是城市的形状、形象和结构都改变了。改变的原因有出于政治考虑而加以重新规划和建设的（巴黎和维也纳最为明显），也有因企业追逐利润而造成的。政府和企业都不欢迎城里的穷人，但由于穷人是城市居民的绝大多数，政府和企业只能不无遗憾地承认穷人是必不可少的。

对城市规划当局来说，穷人是种危险。由于他们居住集中，闹事的可能性大。城市规划当局希望能拆迁贫民区，修筑马路，或盖高楼，然后把拥挤不堪的居民随便赶到某些卫生条件可能好些，危险程度低些的地方。铁路公司也竭力鼓吹这种做法，它们处心积虑想将铁路铺进城里，最好是穿越贫民窟，因为贫民窟地价便宜，居民提出的抗议亦可充耳不闻。对建筑公司和房地产公司来说，穷人是个无钱可赚的市场，是从特种商店和商业区里，从中产阶级的坚固宅邸里以及从郊区开发区里扔出来的垃圾。只要穷人不挤进旧区，不住进比他们有钱一点儿的人放弃的房子，他们就可以搬进新住宅。新住宅或由小投机营造商承建，这些人跟乡下工匠差不了多少；或由专造干瘪狭小的一排排街区房屋的建筑商承建，德文当中有个极其生动的名词可以形容这些房子，即"出租的兵营"（Mietskasernen）：格拉斯哥在1866—1874年间造了不少这类住房，其中三分之二是两室一厅。然而，即使这样简陋的房子，也很快就挤满了人。

人们谈起19世纪中叶的城市，总喜欢用下面这句话概括："贫民窟人满为患，拥挤不堪。"城市发展越快，拥挤情况便越严重。尽管有个粗略的卫生改革规划，但城市过于拥挤的问题仍然有增无减。有些地方的卫生问题没有恶化，死亡率没有增加，但情况也丝毫没有改善。卫生健康状况要到本书所述时期结束后，才开始有了较大、较明显、持续的改善。城市仍在拼命吸收外来人口，也许只有英国例外。作为工业时代资格最老的国家，英国城市此时已很接近自体繁殖，换言之，它已进入不需要靠绵绵不绝的大量移民便能自行发展的阶段。

就算要满足替穷人建造房屋的需要，伦敦建筑设计师的人数也不会在 20 年里增加一倍（即从 1 000 多一点增加到 2 000，19 世纪 30 年代建筑设计师总数也许只有不到 100 人），尽管营造和租赁贫民区房子非常有利可图，因为地价便宜，收入相当可观。[13] 当时没有任何力量企图将资金流向转移到为城市穷人的服务上，因为穷人显然根本不属于这个世界。其实，建筑业和房地产兴盛发达的确切原因，是有钱人要盖房子，正如 1848 年《建设者》（*The Builder*）杂志所说："世界的这一半不断在寻求合适的家庭住宅，世界的另一半……密切注视着将资金投在这一方面。"[14]19 世纪第三个 25 年是全世界城市房地产和建筑业第一个飞速发展的、为资产阶级盖房造楼的时代。巴黎的房地产和建筑业历史已反映在小说家左拉（Zola）的作品里。只见房屋在地价昂贵的工地上不断升高，"电梯"或"升降梯"诞生了，19 世纪 80 年代美国第一批摩天大楼也落成了。值得一提的是，当曼哈顿（Manhattan）的建筑业营业额开始高入云霄之际，纽约下东城恐怕是整个西方世界最为拥挤的贫民窟，每英亩挤了 520 人，谁会为他们盖摩天大楼呢？不过，不盖也许还是好事。

说也奇怪，中产阶级队伍越庞大、越兴盛，花在住宅、办公室、百货公司（这一时期极具特色的事物）以及足以炫耀的大楼上的钱越多，工人阶级的获益也就相对越少，除了最最一般的社会开支之外，它们包括马路、下水道等环境卫生、照明以及公共设施。在包括建筑业的所有私营企业当中，唯一（市场和小店除外）以大众为主要诉求的是小酒馆以及从中衍生的剧场、音乐厅。小酒馆成了 19 世纪 60 年代和 70 年代的"豪华酒馆"。人们进城之后，他们从乡下或前工业小城镇里带来的古老习气，因无法与城市生活取得协调，便难以为继了。

## 2

大城市的人口在总人口中虽然只占少数，但许多稀奇古怪的事将在这里发生。大型工业企业尚不很多，按现代标准衡量，这些企业的规模并不非常令人敬畏，当然它们会继续发展。在19世纪50年代的英国，一家300人的工厂就算是非常大的厂了。直到1871年，英国棉纺厂平均只有180位员工。中等规模的机械制造厂只雇用85人。[15] 众所周知，重型工业是这个时期具有代表性的工业部门，其规模比起一般企业要大得多，它们不但集中资金（这些资金足可控制整个城市甚至地区），更将极为庞大的劳动大军置于其掌控之下。

铁路公司是一种规模庞大的企业。在19世纪60年代晚期英国铁路系统达到稳定之前，从苏格兰边境到本宁山脉，从海边到亨伯河（Humber），这中间的每一英尺铁路都是控制在东北铁路公司（Northeast Railway）之下。煤矿大体上属于大型个体企业，虽然偶尔也有规模很小的公司。我们可从不时发生的煤矿伤亡事故中，一窥它们的规模：1860年里斯卡（Risca）事故中有145人丧生；1867年芬代尔（Ferndale，也在南部威尔士）事故中有178人死亡；1875年约克郡（Yorkshire）的一次事故造成140人毙命；在蒙斯（Mons，比利时）事故中110人被埋在矿井里；1877年在苏格兰海布兰泰尔（High Blantyre）事故中共有200人饮恨黄泉。企业兼并日益兴盛，尤其是在德国，这种同行之间与不同行业之间的合纵连横，使它们成为控制千万人生命的企业王国。这种现象自1873年便开始受到关注，因为Gutehoffnunshütte A.G.这家位于鲁尔区内的公司，此时已从单纯的炼铁业发展到采掘铁矿和煤炭——实际生产21.5万吨铁矿和它自己需要的41.5万吨煤的半数——并扩展到交通运输、桥梁、造船和各种机器制造业。[16]

位于埃森（Essen）的克虏伯军工厂，在1848年只有72名工人，1873年已增加到几乎1.2万人；法国的施奈德（Schneider）公司也以几何级数增长，及至1870年已增至1.25万人，以至于克勒索（Creusot）市有半数居民是在高炉、轧钢、锻造以及工艺加工等部门工作。[17] 重工业并没有造就出像“公司城镇”那么多的工业区，在这类“公司城镇”里，男女老幼的命运都取决于同一个主人的盛衰荣辱和喜怒哀乐，这位主人背后有法律和国家权力的支持，政府认为他的权威是不可或缺的，是造福众生的。（1864年修订的《法国刑法典》第414条规定，任何人为达到增加或削减工资目的，而企图或真正造成，或继续维持集体停工，或采取暴力、威胁，或施展阴谋诡计干涉工业自由操作，或干涉劳动，都构成犯罪。有些地方的立法，例如意大利，并不以此为典范，但即使在这些地方，这部法国法典几乎仍然代表了法律的普遍态度。）[18]

原因在于，统治企业的不是非人格化的“公司”权威，而是企业“主人”，不论企业是大是小。甚至连公司也是认同于某一个人物，而非董事会。在多数人的头脑里和现实生活当中，资本主义仍意味着由一个人或一个家族拥有和管理的企业。然而这种情形为企业结构带来两个非常严重的问题。这两个问题关系企业资金的提供和企业管理。

整体而言，19世纪上半叶大部分具有特点的企业都是由私人筹措资金——资金是来自自家财产——并利用利润的再投资来扩大规模，这意味着，由于大部分资金已投注在这上面，所以企业为维持当前的运作必须依赖相当数量的贷款。但是对那些规模以及产值不断提升的企业，如铁路、冶金以及其他投资巨大的工业，资金筹措是个相当困难的问题，特别是在一些刚开始进行工业化且缺少大量私人资金的国家。当然有些国家已储备了大量资金，不仅能充分满足自己的需要，而且期盼其他国家前来借贷（从中获得适当的利息）。英国在这一时期的国外投资可说是空前的，或相对而言——据某些人说——也是绝后的。法国亦然。法国的国外投资恐怕已损害了本国工业，致使法国工业发展速度落后于它的竞争对手。然而即使在英国和法国，也必须设计一个新的办法来调动这些资金，去引导这些资金流向需要的企业，并将这些资金组织成联合股份，而不是私人筹资的活动。

所以19世纪第三个25年，可说是为工业发展测试资金调动的结果期。除英国这个明显的例外，大多数调动资金的做法无论如何都会直接或间接涉及银行。所谓间接就是通过当时很时髦的动产信贷银行，这是一种工业金融公司，它们认为正统银行不很适合为工业筹措资金，银行对此也不感兴趣，于是它们便与银行展开竞争。受到圣西门启发并获拿破仑三世支持的工业先锋佩雷尔兄弟，率先开发了这种金融机构的模式。他们将这类机构扩展到整个欧洲，并与他们的死对头罗斯柴尔德展开竞争。罗斯柴尔德并不喜欢这种构想，但却被迫奉陪，而其他国家则纷纷仿效，尤其是德国——这种一窝蜂模仿的现象在金融资本家踌躇满志、趾高气扬、财源滚滚的繁荣时期，是司空见惯的事。不动产银行自此风靡一时，直到罗斯柴尔德击败了佩雷尔兄弟后方告结束，其间——又如繁荣时期屡见不鲜的那样——有些人做得太过火，越过了生意上的乐观主义与欺诈行为之间永远存在的模糊界线。不过其他各种金融机构也纷纷面世。它们异曲同工，目的相似。其中最著名的是投资银行。当然，证券交易所也呈现了前所未有的兴旺景象。在这一时期，它主要是经营工业和交通方面的股票。1856年，仅巴黎证券交易所便提供了33家铁路和运河公司、38家矿产公司、22家冶金公司、11家港口和海运公司、7家公共马车和公路运输公司、11家煤气公司和42家各色各样、范围极广、从纺织到马口铁和橡胶应有尽有的工业公司，总价值约550万金法郎，占所有证券交易额的四分之一强。[19]

这类调动资金的新方法，其需要程度究竟有多高？效用又有多大呢？企业家素不喜欢金融家，而具有实力的企业家也尽其可能不跟银行家打交道。里尔的一位当地观察家于1869年写道："里尔不是一个资本主义城市，它是一个伟大的企业和商业中心。"[20]里尔的人们不断将利润投入自己的企业中，他们不玩弄赚来的钱，也希望永远不必去借债。没有一个工业家会将自己置于贷款人的股掌之上。当然企业家也许不得不举债。例如克虏伯在1855—1866年间，便曾因发展太快而导致资金短缺。历史上有个令人信服的模式：经济越落后、工业化起步越晚的国家，越依赖大规模调动、引导储蓄流向的新方法。西欧先进国家已有足够的私人财力和资本市场。在中欧，银行以及与银行相似的机构，不得不更有系统地充当起历史的"开拓者"角色。在南欧、东欧以及海外，政府不得不进行干预，一般是加入争取国外援助的工作，为贷款作担保，或（这个可能性更大）设法保证使投资者有利可图，至少使投资者认为其利润已有保证。光是利息这项诱因便足以动员投资者掏钱，或令投资者投入经济活动。不管这个理论正确到什么程度，有一点是毫无疑问的，即在本书所述时期，银行（或类似机构）所发挥的工业开发者、导演和指挥者的作用，在德国这个伟大的工业化新兵身上，要比在西欧国家大得多。是否银行的本意就是要充当工业的开拓者和导演——就像信贷公司那样——或只是因为它们擅长此道？这个问题就更难说清楚了。答案很可能是当认识到如今确实需要一个更为精密复杂的融资机构，当大企业家已将大型银行纳为其殖民地后，银行才成为精通此道的专家，1870 年后的德国便是如此。

金融对企业的政策也许会有某些影响，但对企业的组织影响不大。企业面临的管理问题困难更多。个人所有或家庭所有的企业，其基本管理模式是家长统治。对 19 世纪下半叶的企业来说，家长作风的管理是日益行不通了。1868 年一本德国手册上说："最好的指导是口述，是由企业主亲自讲解，所以东西都放在面前，一应俱全，一目了然。业主并应亲做示范，当雇员经常可亲眼看见雇主以身作则，那么雇主的命令也就更有力量了。"[21] 这一金玉良言对小作坊的雇主和农场主人是合适的，对大银行、大商人的办公室或许也有意义，而且对刚步入工业化的国家来说，只要指导还是企业管理必不可少的一部分，这条经验也将继续有效。有些人即使当过小作坊（最好是金属制造方面）的工人，受过基本训练，但还是得学会熟练工人应具备的特定技术。克虏伯公司的绝大部分技术熟练工人以及德国所有机器制造业的技术工人，都是这样在其岗位上培训出来的。只有英国例外。英国雇主可招到现成的、大部分是自学成材的、具有工业经验的技术工人。欧洲大陆许多大企业里的工人跟企业的关系非常密切，他们几乎是随企业长大，并将继续依赖企业。这种情况的存在与众多大企业所采取的家长管理制不无关系。然而，人们不会期盼铁路、矿山及铁厂的大老板们时时像家长一样照看其工人，而他们当然也不会这样做。

取代或补充指导的是指挥。家长式统治或小规模作坊工业的营运或商业活动，对真正大型的资本主义工业组织均无指导意义。说来也许不信，当私营企业处于最杂乱无章、最无政府状态时，它们还是愿意采取当时仅存的一种大型企业管理模式：军事加官僚。铁路公司是最极端的例子。它们那些呈金字塔形分布的工人，身穿制服，纪律严明，工作有保障，晋级看工龄，甚至享有退休金。早期英国铁路公司的负责官员和大港口的经理，普遍都佩戴军衔。但人们偏爱军衔的原因，并不是像德国人那样为自己的军阶感到自豪，军衔之所以有吸引力，是因为私营企业迄今尚未设计出一套大型企业特有的管理方式。从组织观点来看，军衔显然有其优势，但不能解决如何使工人埋头苦干、勤奋老实、忠于企业的问题。军衔在崇尚制服的国家里——英国和美国肯定不属此列——是行得通的，能使工人养成军人的优秀美德，而对低工资无怨言显然是这些美德中必不可少的一项。

我是一个兵，一个工业大军里的兵，
跟你一样，我也有战旗飞扬。
我的劳动使祖国繁荣富强，
我会让你知道，我的生命无限光荣。[22]

这是法国里尔一位蹩脚诗人唱的一首赞歌。然而仅靠爱国主义是不够的。

在资本主义时代，这个问题很难解决，资产阶级想方设法使工人埋头干活，高唱忠贞、守纪、知足的高调，但其真正用意却是另一回事。是什么呢？从理论上说，资产阶级要工人努力劳动，是为了使工人可尽早脱离工人生涯，跨入资产阶级天地，正像“E.B”在1867年《英国工人高唱的歌》中所说：

好好干，小伙子们，好好干。
只要有顿饭，吃苦也心甘。
这个你可信赖的人，
将越来越有钱，
只要他能全心把工干。[23]

对少数即将跳出工人阶级队伍的人来说，这点儿希望也许足矣；对更多只能在塞缪尔·斯迈尔斯（Samuel Smiles）《自助》（*Self-Help*，1859年）或其他类似手册当中梦想成功的人来说，这点儿希望也许也够了。然而事实证明，绝大多数的工人一辈子仍是工人，现存的经济体系也要求他们一辈子当工人。“每个人的背囊里都有根元帅权杖”的诺言，从来就不是为了把每个士兵都提升为元帅。

如果升迁的刺激还不够使工人拼命干活，那么钱呢？对19世纪中期的雇主而言，“尽可能的低工资”是其坚信不疑的定理。当然有些开明的、具有国际经验的企业家，如铁路巨头布拉西已开始指出，对于英国企业家来说，雇佣高工资劳动力事实上比雇佣工资低得不可再低的苦力还要合算，因为前者的产值高得多。但这个似是而非的观点是不可能说服经营者的。深受“工资基金”（wages-fund：一定时期、一定社会的总资本中用于支付工资的部分）经济理论熏陶的经营者认为，“工资基金”已通过科学数据证明提高工资是不可能的，工会也注定要失败。然而到了1870年前后，“科学”已变得更有弹性，因为那时有组织的工人看来已成为工业舞台上的终身演员，而不是偶尔上台客串的临时角色。经济学的伟大权威穆勒（此君碰巧同情劳动大众），已在1869年就此问题修改了他的立场，自此，“工资基金”理论再也不是经济学里颠扑不破的真理。然而经营原则仍一如既往。很少有雇主愿付高于他们不得不付的工资。

暂时撇开经济不谈，旧世界国家的中产阶级认为：工人理应贫穷，这不仅是因为他们一直就穷，也因为他们的经济状况应该就是其阶级地位的指数，阶级地位越低的人，经济自然越差。如果有些工人钱挣多了　　例如在1872—1873年的大繁荣时期，不过为时很短，而且这等好事发生的概率也极低——居然买起奢侈品来，雇主会打从心底感到不舒服。他们认为奢侈品只有他们才有权购买，矿工怎么能跟钢琴、香槟扯在一起呢！他们确实恼怒了。有些国家劳动力缺乏，社会阶层不很森严，加之劳工大众的战斗精神又强，民主意识较高，这些国家的情况就可能不太一样。英国、德国、法国和奥匈帝国就不同于澳大利亚和美国。英、法等国给劳动阶级定下的经济最高标准就是吃得饱，吃得稍好（最好有点儿烈性酒，但不能多）；有间不算十分拥挤的住房；衣服嘛，以不伤风化、御寒和舒服为度，但不能不恰当地效仿境遇较好者的衣着。但愿资本主义的发展最终能使劳工大众接近这最高标准，然而遗憾的是，为数如此众多的工人离这个“最高标准”仍相距甚远（压低工资是不难做到的）。无论如何，对中产阶级而言，将工资提高到超过这个最高标准是不必要、不合适，甚至危险的事。

事实上，经济理论与中产阶级自由主义的理想社会是对立的，从某种意义上说，理论胜利了。在本书所述时期，劳资关系逐渐改革，变成一种纯市场关系，一种现金交易关系。因此，我们看到英国资本主义在19世纪60年代便放弃了非经济性的强制劳动（例如《主仆法》，工人如违反该法，要判入狱），放弃了长期雇佣契约（例如北部矿主实行的“一年契约”）以及实物工资制。平均雇佣期限缩短了，工资平均发放时间渐渐缩短到一个星期，甚至一天或一小时，使市场的讨价还价变得更敏感、更灵活。另一方面，中产阶级认为自己的生活方式是理所当然、天经地义的，工人如果要求和他们过相同的生活，他们会惊得目瞪口呆；如果工人看来似乎就要享有这种生活，他们更会吓得惶惶不可终日。生活和期望的不平等，已经灌注在制度之中。

这就限制了他们准备提供的经济刺激。他们愿意采取各种计件工资制度，把工资与产量捆在一起（按件计酬似乎已在这一时期扩展开来），并指出工人最好知恩图报，应该感谢有份工作可做，因为外面有一大群劳动后备大军正等着接替他们的工作。

计件工资确有几个明显好处，马克思认为这是资本主义最合适的工资支付标准。它确能为工人带来真正的物质刺激，鼓励工人提高劳动强度，从而提高生产力。这是对付懒散的最佳良方；是萧条时期自动减少工资发放的好办法，也是减少劳务开支和防止工资报酬提到高于必要或高于合适程度的方便之举。它将工人区别开来，即使在同一个单位工作的工人，其工资也可能差别甚大；而不同工种的工资发放方法更可能完全不同。有时技术熟练工人可能就是某种承包人。他雇用非技术工人，计时付酬，监督他们保持生产速度，而他本人的工资则由产量决定。问题的麻烦在于计件工资制经常受到抵制，特别是受到技术熟练工人的抵制；麻烦也在于这种方法不仅是对工人，而且对雇主来说也过于复杂，由于雇主对标准工作量应设在哪里通常只有个最模糊的想法，因此这种给付方式也常流于含混不清。此外，按件计酬在有些工业部门也不易执行。工人试图消除按件计酬的负面影响，办法就是通过工会或非正式途径重新采用“标准速率”的基本工资法，而“标准速率”是不可压缩，也是可以预见到的。雇主也将采用美国倡导的一种管理方法来取代他们的管理，美国人称其管理方法为“科学管理”。不过在本书所述时期，雇主才刚刚开始探索这种解决办法。

也许正是如此，人们才强调应寻找其他刺激经济的办法。如果说有一种因素主宰了 19 世纪工人的生活，那么这种因素就是毫无保障。一星期开始之初，他们不知道周末能拿多少钱回家，他们不知道眼前这份工作能干多久，如果他们失去这份工作，他们也不知道要等多久才能找到新工作，或在怎样的条件下才能找到新工作。他们不知道何时工伤事故会降临到他们头上。他们知道的是，到了中年——非技术工人也许是40—50岁，技术工人则50—60岁——他们就无法承担壮年劳工所能负荷的工作量，但他们不知道从此时起直到生命最后一刻，将会有什么灾难降临到他们头上。他们的不安全感不同于农民的不安全感，农民是靠天吃饭，听命于不时发生的——老实说，更是杀人不见血的——天灾，诸如干旱和水灾，但他们仍能相当准确地预见到一个农人的一生是怎么度过的，从出生那天起直到进坟墓。对工人来说，生活就讳不可测了，尽管有相当比例的工人其大半生都是被同一个雇主雇用。甚至技术精湛的工人，其工作也无保障。在1857—1858年的经济衰退期间，柏林机械工程工业的工人总数几乎减少1/3。[24]那时没有任何与现代社会保险相似的措施，只有赤贫的兄弟们给予的爱和救济，有时连这两样也少得可怜。

对自由主义世界来说，为了进步，为了自由，更不必说为了财富，不安全感是必须付出的代价，而持续不断的经济扩张，使这种不安全感被限制在可以忍受的程度内。安全感是要花钱买的，至少有时要花钱买；但不是对自由的男人和自由的女人而言，而是对自由受到严格限制的“仆人”（servants）而言，他们包括“家庭佣人”、“铁路服务员”，甚至“百姓的公仆”（或谓担任公职的官员）。仆人中最主要的一群是城里的家庭佣人，即使是这群人也享受不到以前旧贵族和富绅家里的侍从、仆人所享有的那种安全感，他们时时刻刻要面对一个最可怕的威胁——立即被解雇，而且“不写一张字条”，即原来的主人（更可能是主妇）不把他们推荐给下一个雇主。资产阶级本身基本上也是不稳定、不安全的，是处于战争状态。他们随时可能被竞争、欺骗以及经济萧条所伤害，商人的处境更是险恶。但从实际情况看，商人在中产阶级中只占少数，而且他们失败后得到的惩罚也很少是体力劳动，更不是去济贫院乞讨。他们面临的最大危险是家里赚钱的男人突然死亡，因为如此一来，那些并非出自本人意愿但确实依附在他们身上的女眷，便会立遭灭顶之灾。

由于经济的增长，这种时刻存在的不安全感得到了纾解。没有多少证据显示欧洲的实际工资到 19 世纪 60 年代后期已有明显增加，但在先进国家，人们甚至在此之前就普遍感到境况改善了，与动荡、绝望的 19 世纪 30 年代和 40 年代形成鲜明对比，这一点是毋庸置疑的。1853—1854 年全欧生活费用暴涨，1858 年发生全球性大萧条，但这两大事件均未造成严重的社会混乱。原因就在于：经济大繁荣为国内和国外移民提供规模空前的充分就业机会。经济萧条是件坏事，但先进国家所发生的严重周期性萧条，如今看来不像是经济崩溃的证明，而只是增长过程中的短暂间歇。显而易见的是，劳动力并非绝对短缺，因为作为劳动后备大军的国内外农村人口，有史以来第一次进入工业劳动市场。所有学者一致认为此刻工人阶级除环境状况不佳外，其他各方面都有明显的但幅度不是很大的提高。后备大军的竞争并未使工人阶级的生活改善发生逆转，从这个事实我们便可看出经济增长的规模和动力。

然而，工人与中产阶级不同，工人与贫民、乞丐的距离只在毫发之间，所以其不安全感是时刻存在的，而且是非常真实的。工人根本没有可观的储蓄。能靠积蓄活几个星期或几个月的人，是属于“稀有阶层”。[25] 他们的工资不高，即使是熟练技术工人的工资，充其量也只是过得去而已。在正常的年月，普雷斯顿（Preston）纺织厂的监工，加上他七个已经上班的孩子，在完全就业的情况下每个月也只能赚四英镑。然而这点工资已足以令其左邻右舍羡慕不已。在兰开夏棉花短缺的那段时期（由于美国内战原料供应受阻），这样的家庭也不用几个星期便告断炊，得去慈善机构求助。一条正常的生活道路上不可避免地横卧着几个断层，工人及其家庭经常会因无法跨越而跌入其中，不能自拔。这些断层便是生儿育女、年迈、退休。以普雷斯顿为例，即使在经济情况好得令人难忘的 1851 年，仍有 52% 需抚育子女的工人家庭，全年无休的所得工资，也只能维持低于贫困的生活水平。[26] 至于年龄大了，那根本就是灾难潦倒的噩梦：从 40 多岁开始体力逐渐下降，挣钱的能力随之递减，特别是非技术工人。接踵而来的便是贫困，只能依靠慈善机构和穷人救济。对中产阶级的中年人来说，19世纪是个黄金时代：事业到达巅峰，收入、活动及生理等方面的衰退还不明显。可是被压迫者（劳动阶级的男人和妇女，以及所有阶级的妇女）的生命之花，却只在年轻时代绽放。

所以，经济刺激和不安全感都不是真正能使劳动力拼命工作的有效总机制，前者是因为其范围有限，后者是因为许多不安全因素看似不可避免的，就像气候一样。中产阶级会觉得下面这点很难理解：为什么最可能去组织工会的人恰恰就是那些最好、最理智冷静、最能干的工人呢？要知道只有他们才能领到最高工资，只有他们才能正常就业啊！然而工会是由这些人组成，并确实是由这些人领导，虽然资产阶级神话将他们形容成愚蠢、迷失的暴徒，是受到他人的煽动，而煽动者舍此便无法获得舒适的生活。当然这里面没有任何神秘的谜。雇主竞相雇用的工人就是这些人：他们不仅拥有足够的谈判力量使工会切实可行，而且也是最清醒意识到光靠市场本身并不能保证他们的安全，也不能保证他们获得他们认为有权拥有的东西。

不过，在工人还未组织起来，甚至有时他们组织起来以后，工人自己就为雇主提供了解决劳动管理的方法。整体而言他们喜欢工作，他们期望不高。没有技术的工人以及从农村来的“生手”，为他们有股蛮劲而自豪，他们来自以劳动为本的世界，他们的价值是以能干苦活为标准，择妻不是看她们有无漂亮脸蛋，而是看她们有无劳动潜力。1875年美国一位钢铁厂的监工说道：“经验告诉我们，如果动点儿脑筋将德国人、爱尔兰人、瑞典人以及‘美国荞麦’（Buckwheats）——这是我起的名字，指的是美国农村来的青年——组合在一起，你就能找到效率最高、最听话的劳动力量。”事实上，任何人都比英国人好，英国人调皮捣蛋，要求高工资，生产不卖力，搞罢工倒是好手。[27]

另一方面，技术熟练工人为一种非金钱的刺激所推动，即他们对专业知识的自豪感。这一时期保存下来的一些机器，虽然经过一个世纪的沧桑岁月，但由于是用钢铁和铜精心制成，锉得光光的，磨得亮亮的，到今天仍然可以使用，它们正是当年工人技术水准的生动证明。万国博览会上陈列着数不胜数的展品，从美学角度看，它们也许不能登大雅之堂，但它们却是其创造者的骄傲。这些工人对命令、监督不以为然，时常摆脱有效控制，但从不破坏部门里的集体合作。他们也很痛恨按件计酬，痛恨所有使复杂和困难任务加快完成从而降低工作品质的方法，须知工作品质是他们的自豪所在。但是，他们也不会无视于劳动产量。他们自定的标准产量如果不算多、不算快，也绝不会比规定的少，比规定的慢。他们不需要任何人提供特殊的物质刺激，便能拿出自己的杰作。他们的信条是“凭良心挣钱”。如果说他们期待工资能使他们满意，他们同样也期望他们的工作能使每个人满意，包括他们本人。

这种对待工作的态度基本上不是资本主义的工作态度。我们不必解释便可知道这种工作态度对雇主有利，对工人不利。在劳动市场上，买主的原则是到最便宜的市场上去买，到最贵的市场上去卖，当然他们对正确的计算方法有时知之甚少。但是出卖劳动力的人，一般都不是只想得到最高工资，且只肯付出最低劳动力的人。他努力地想过一种像人的生活。他们也许在为让自己变得更好而努力。总而言之，他们要的是人的生活，不是一笔经济交易，当然这不表示他们对工资高低的区别无动于衷。（这方面最突出的例子是职业性、观赏性的体育运动项目。当然现代体育运动的模式在本书所述时期还处于婴儿阶段。英国职业足球员开始出现于 19 世纪 70 年代后期，他们基本上是为了一份工资，加上荣誉，有时再加一点意外收获而踢球，虽然他们在市场上的现金价值很快便高达成千上万英镑。这种情况一直维持到第二次世界大战结束后。当足球明星要求以其市场价值支付其工资之时，亦是足球运动发生根本变化之日；运动员在美国成名要比在欧洲成名得早。）

## 3

然而，我们能否把“工人”视为同一类型的人或阶级呢？不同的工人群体之间有着明显的区别：他们的环境、他们的社会出身、他们的形成、他们的经济状况，有时甚至他们的语言和风俗习惯都不尽相同。但他们之间又有什么共同点呢？

贫穷不是共同点，虽然用中产阶级的标准来衡量，他们所有人的收入都只是说得过去而已——劳工天堂的澳大利亚例外，在19世纪50年代，澳大利亚的报纸撰稿人每周工资高达18英镑[28]——但若用穷人的标准来衡量，工资较高、大体上正常就业的技术熟练工匠，与破衣烂衫、饥肠辘辘、吃了上顿愁下顿、不知如何为其家人寻找下顿饭着落的人之间，就存在着巨大差别。前者在星期天出门甚至在上下班的路上，还会穿一身仿自令人尊敬的中产阶级的服装。然而，确实有条共同的纽带把他们团结起来，即体力劳动和受剥削感以及靠工资吃饭的共同命运。他们之所以团结一致，是因为资产阶级竭力把他们排挤在外。资产阶级的财富猛增，而他们的境况依然岌岌可危。［在1820年至1873—1875年之间，里尔（资产阶级）上层阶级的人数从占总人口的7%增加到9%，而其遗嘱上所载明的财富则从58%增加到90%。“大众阶级”从总人口的62%增加到68%，而遗嘱写明的财富只占0.23%。1821年时他们的财产尚占1.4%，虽然1.4%也不是多大的数字。］[29]资产阶级越来越排外，对可能爬上来加入他们队伍的人们竭力抵制。有些成功的工人或前工人可能已经爬上舒适的小丘，但小丘与真正由巨大财富堆积起来的高山相比，却又有天壤之别。工人不仅被社会的两极化所逼迫，而且被彼此共同的生活方式和思想方式所驱使，从而产生共同的意识——小酒馆是城市工人生活方式的核心，一位资产阶级自由主义者将小酒馆称为“工人的教堂”。阶级意识最弱的沉默不语，逆来顺受；最强的，则成了激进分子，成了19世纪60年代和70年代国际工人协会的支持者，成了未来的社会主义信徒。这两种不同态度的工人又进而联合在一起，因为传统的宗教历来就是社会团结的纽带，他们通过宗教活动而维系了自己的社团。然而在法兰西第二帝国时期，宗教仪式衰败了。19 世纪 50 年代，维也纳的小工匠对壮观肃穆的天主教仪式还感到无限虔诚和欣慰，然而此后便无动于衷了。在不到两代人的时间里，他们的信仰转到了社会主义。[30]

参差不齐的“劳工贫民”，毫无疑问逐渐成为城市和工业区“无产者”的一部分。这点可从 19 世纪 60 年代工会的重要性日益加强这一事实得到证明，同时若没有无产者，不论其力量大小，国际工人协会也不会存在。然而“劳工贫民”并非由不同群体组成的乌合之众，他们已形成了一个具有一致性的庞大群体，一致对现实不满，一致备受压迫，特别是在 19 世纪上半叶那个艰难的、毫无希望的年代。不过这种和谐如今正在消失。繁荣稳定的资产阶级自由主义时代，为工人阶级提供一种可能性，即通过集体组织改善集体命运的可能性。但不加入集体的“零散穷人”，就不能指望工会给予多大帮助，而“互助会”（Mutual Aid Societies）能给的帮助就更少了。总的说来，工会乃是少数骄子的组织，虽然大规模罢工有时可动员广大群众参加。此外，自由资本主义还按照资产阶级的模式向个别工人提供非同一般的光明前景，但劳动人口中的绝大多数都无法或不愿接受这个机会。

因而分野便贯穿在正在快速形成的“工人阶级”之中。它将“工人”与“穷人”分开，或换个说法，将“受人尊重的人”与“受人蔑视的人”分开，用政治术语来说（见第六章），就是将诸如“聪慧的工匠”（英国中产阶级激进派非常乐于支持他们）与危险的、衣衫褴褛的大众区别开来。中产阶级决心将大众排斥在外。

在 19 世纪中叶的工人阶级词汇中，没有一个比“受人尊重”（respectability）一词更难分析，因为它同时包含了中产阶级渗透进来的价值观以及冷静、牺牲、不轻言满足的态度，少了这种态度，工人阶级的觉悟便无从谈起，集体斗争运动也无从进行。假如工人运动显然是革命的，或至少是与中产阶级世界分道扬镳的（如同 1848 年以前那样，第二国际时代也是如此），那么分野就十分明显了。但是在19世纪第三个25年期间，个人改善与集体提升的界线，模仿中产阶级与好像是用自己的武器挫败中产阶级的界线，经常不是那么泾渭分明、那么容易区分。我们该将威廉·马克洛夫特（William Marcroft，1822—1894）置于什么地位呢？我们很容易把他描绘成斯迈尔斯所倡导的自助典范。他是农村女佣与纺织工的私生子，完全没有接受过正规教育，从奥尔丹纺织厂工人爬到机械工程厂的工头，1861年当了牙医，开设个人诊所，死时留下1.5万英镑遗产，这显然不是一笔可以忽略不计的财产。他终身是激进的自由党人，终身主张自我克制。然而，他在历史上的区区地位，是由于他同样终身热情推崇合作生产（即借由自助的社会主义），他为此献出了毕生精力。与他相反，威廉·艾伦（William Allan，1813—1874）则毫无疑问坚信阶级斗争，而且，用他讣文中的话说，"在社会问题上，他倾向于欧文提倡的空想社会主义"。然而这位激进工人是从1848年前的革命大学里锻炼出来的，他是工程师联合工会（Amalgamated Society of Engineers）——"新形态"技术工人工会中最伟大的组织——的领导人，以谨慎、温和以及高效率著称；他既是英国圣公会的牧师，"在政治上又是一个忠实坚定的自由主义者，不向任何形式的政治恫吓或欺骗屈服"。[31]

事实上在这一时期，能干、聪敏的工人，特别是技术熟练的工人，既是拥护中产阶级社会控制和工业纪律的支柱，又是工人集体自卫的最积极干部。他们之所以支持中产阶级，是因为一个稳定、繁荣、发展的资本主义需要他们，也向他们提供了少许改善的前景，而且这个资本主义现在无论如何已不可避免，它看来不再是昙花一现。反之，伟大的革命与其说是更大变革的头期款，不如说是过去时代的尾款。充其量它只能留下一个五彩缤纷的辉煌记忆，而最坏也不过是证明前进的道路上并无捷径可言。他们同时也是工人的干部，因为工人阶级知道，单单是自由主义的自由市场并不能赋予他们权利，不能为他们带来他们的所需，他们得组织起来，得斗争。美国可能是个例外。这个国家看来已向穷人做出保证：穷人有条摆脱穷困的道路；已向工人保证：工人有扇走出工人阶级的大门；也向每个公民保证：他们可取得与其他任何人平等的权利。英国的“工人贵族”是英国特有的社会阶层，他们包括独立的小工厂主以及商店老板，也包括白领工人和低层官僚组成的下中阶级，但前者的重要性不如后者。英国的“工人贵族”帮助自由党发展成对广大群众真正具有吸引力的政党。与此同时，它又是异常强大的、有组织的工会运动核心。在德国，即使最“受人尊重”的工人也被打入无产阶级队伍，与资产阶级隔着一道鸿沟。德国有个“自我提升”协会（Bildungsvereine），在1863年时有1 000名会员，到1872年，单是巴伐利亚就有不下2 000人。19世纪60年代进入“自我提升”协会的人，很快便能摆脱这些组织的中产阶级自由主义，至于中产阶级的文化，由于反复灌输的结果，他们尚未完全摆脱。[32]他们即将成为新社会民主运动的干部，特别是在本书所述时期结束之后。然而归根结底，他们都是自学成才的工人，“受人尊重”是因为他们懂得尊重自己，并且因为他们将自我尊重的好、坏两面全部带进拉萨尔和马克思的政党里去。只有在革命有理、唯革命方能解决贫苦劳工大众境况的地方，或在劳工大众的主要政治传统仍是造反和争取建立革命社会共和国的地方——如法国——“尊重”才是比较次要的因素，或者说“尊重”只存在于中产阶级以及希望被认作中产阶级的人群之中。

工人阶级当中的其他人又怎么样呢？虽然对他们的探讨比对“受人尊重”的工人的探讨多得多（但对这一代人的探讨明显少于1848年以前和1880年以后），但我们对他们仍知之甚少，只知道他们贫穷邋遢。他们不公开发表言论，那些组织、工会干部（不论有无政治背景）也很少提及他们，只有需要他们支持时，才不惜屈尊垂询。甚至特别为“不值得尊重”的穷人组织的“救世军”（Salvation Army），也无法发挥免费街头演出（有制服，有乐队，有动听的圣歌）和募捐之外的功能。事实上，对许多非技术工人，或谓出力出汗的工人来说，那些在劳工运动中崭露头角的组织是与他们无缘的。在政治运动的高潮时期（例如19世纪40年代的宪章运动），他们可能被吸收：亨利·梅休（Henry Mayhew）笔下的伦敦小贩都是宪章派。大革命也可将受压迫最深、最不关心政治的人鼓动起来（也许只是短暂的）。1871年巴黎公社期间，巴黎妓女便积极支持公社。然而，资产阶级胜利的时代肯定不是革命的时代，甚至也不是群众运动的时代。巴枯宁认为，这样的时代可将积郁在无产阶级边缘人胸中至少是潜在的革命精神慢慢煽动起来。他的这项假设没有什么大错，但他说这些人可以成为革命运动的基础，就大错特错了。在巴黎公社期间，穷人中的散兵游勇虽然也支持公社，但公社的积极分子仍是技术工人和手工艺人；而站在穷人最边缘的那部分人——青少年——在公社运动中所占比例极小。成年人，特别是记得1848年历史的人，不管他们的记忆如何模糊，都是1871年的杰出造反派。

劳动贫民当中，有的是劳工运动的潜在斗士，有的则不是，两者之间的界线不很明显，但确有界线。“协会”（association）是自由时代的神奇组织，通过协会，甚至即将放弃自由主义的劳工运动也可得到发展。[33]想要参加协会和成功组成协会的人，对不想或不能参加协会的人——不只是妇女——通常是耸耸肩膀，最坏的情况也只是投以蔑视的眼光而已（妇女事实上被排除在俱乐部之外，不列入程序，不能申请入会）。工人阶级当中的这部分边缘人即将变成一支社会政治力量。这部分人恰巧与各种俱乐部一拍即合，其中包括诸如互助会、兄弟慈善会（一般带有浓厚宗教色彩）、合唱队、体操或其他体育俱乐部，甚至志愿宗教组织、工会和政治团体。宗教组织和工会政治团体是其中的两个极端。这部分人通常也与独立手工业者、小业主甚至小企业主相重叠。协会涵括了各种劳工——在本书所述时期结束时，英国这部分人约占工人阶级的40%——但还是有许许多多人被排除在外。这些被排除在外的人，是自由时代的客体，而非主体。其他人的愿望和所能得到的东西已经够少了，但他们甚至更少。

如果回过头来看看所有劳动人民的境况，我们很难得出一个平衡不倚的看法。这一时期拥有现代城市和现代工业的国家很多，工业发展的阶段也不相同，很难一概而论。即使我们将范围限制——我们也必须限制——在相对比较先进、与落后国家有明显区别的国家，限制在与农村人口和农民有明显区别的城市工人阶级，我们也无法笼统地做一番综述，因为这样做的意义不大。就工人而言，当时他们大多数仍很穷困，周围物质环境无法忍受，精神寂寞空虚。这是其中一个方面；另一方面，自19世纪40年代起，他们的现状大致说来有了好转。难题是如何在这两者之间作不偏不倚的评价。自鸣得意的资产阶级发言人，过分强调其改善的那面。罗伯特·吉芬（Robert Giffen，1837—1900）在回顾了1883年前半个世纪的英国情况后，巧妙地将工人称作"尚未改善的社会底层"。对此结论我们谁也不会反对，我们不反对说"甚至用最低的愿望来衡量，当时的改善也是小得不能再小"，也不会反对说"为改善人民群众境况而苦思冥想的人，都会希望来场革命之类的运动"。[34] 不十分满意的社会改良主义者，并不否认工人情况有所改善——就工人精英而言，情况的改善相当可观，因为具备他们那种条件的工人相对来说还不算多，这使他们可持续处于卖方市场——但与此同时，社会改良主义者也描绘了一幅色彩并不鲜艳的图画：

> 大约仍有1 000万工人……包括技术工人和一般体力劳动者，他们的生活不再经常笼罩于"靠教区救济"的恐怖中。有些工人是"贫民"，有些则不是，但这两者之间并没有明确、长期不变的界线，而是经常处在变化之中。除了那些长期受低工资困扰的工人外，工匠、买卖人和农村里的庄稼汉，也经常会不断陷入贫困深渊，有些是他们自己的过错，有些则不是。1 000万工人当中，究竟有多少属于春风得意的工人贵族？这就不易判断了。工人贵族是政客愿意与之交往的一群，其中一部分人甚至被社会迫不及待地奉为上宾，称为"工人代表"……我坦承我不敢奢望有超过

> 200万的技术工人（他们代表了500万人口）能经常生活在安逸舒适的环境，享有某种起码的保险……至于其他500万人（包括男工和女工）的最高工资，只够买些生活必需品，维持最勉强像样的生活所需，一旦他们丧失工作，就意味着他们将一贫如洗，立即滑入贫民范围，靠救济度日。[35]

上述这些看法的资料详尽，用意亦佳，但仍有粉饰之嫌，理由有二：首先，因为穷苦工人——伦敦工人阶级中贫户几乎占40%——很难有什么“维持最勉强像样的生活所需”的东西，即使用社会下层最勤俭的标准来衡量也没有；其次，“生活在安逸舒适的环境，享有某种起码的保险”云云，等于是说拥有的东西少得可怜。曾隐姓埋名跟贝克普（Bacup）的纺织工人住在一起的比阿特丽斯·波特（Beatrice Potter），无疑曾体验过“舒适安逸的工人阶级”的生活。所谓“舒适安逸的工人阶级”，即那些既与雇主唱反调又跟他们合作的集团，其中不包括无所事事、“不值得尊重”的工人，他们多半“有很高的工资、生活大致优越”，“住房舒适，家具齐全，喝上等茶”。然而这位观察能力极强的人，却又几乎无视于先前的描述，声称这同一群人在生意繁忙的时候，会因过分劳累而疲惫不堪，吃得很少，睡眠也不足；因用脑过度而筋疲力尽，“机器经常发生故障，这意味着要付出更多体力”。这些男工和女工之所以循规蹈矩，小心翼翼，她认为这是因为他们担心生活会“山穷水尽”。

> 仅为生存而挣扎的人，以“进天堂”和到另一世界生活来聊以自慰。去“另一个世界”的希望净化了他们，平息了他们心中蠕动的渴望，对现实世界美好事物的渴望，使他们将失败看成一种“庄严的事”，不去卑鄙地追求成功。[36]

这不是一幅描绘即将从睡梦中醒来的受冻挨饿者的图画，也不是一幅“生活比 50 年前大大改善了的男女”的图画，更不是一幅如踌躇满志却十分无知的自由主义经济学家所说的“几乎拥有近 50 年来一切物质利益”（吉芬语）[37] 的阶级图画。这是一幅自尊、自立者的图像，他们的期望小得可怜，他们知道他们可能会更穷，他们记得过去那段比现在更穷的岁月，他们如今仍时刻被穷困（他们所知道的穷困）的幽灵所纠缠，中产阶级的生活水准是他们永远不敢存有的奢望，而救济生活却与他们只有咫尺之遥。正如波特的房东所说：“好东西要适可而止，因为钱很容易就花光了。”这位房东将波特递给他的一支香烟抽了一两口后就掐灭，放到窗台上，等待第二天晚上再抽。今天谁如果忘了那时的男男女女就是这样看待生活消费品的话，他就永远无法理解这场资本主义的伟大扩张，如何在 19 世纪第三个 25 年为相当一部分的工人阶级带来小小的，然而却是实实在在的改善。只是，这部分工人阶级与资产阶级世界的鸿沟仍然很深很宽，以致永远无法弥合。

## 第十三章

# 资产阶级世界

你不知道，在我们所处的世纪里，人的价值是以其自身素质而定。每天总有某个精力不够充沛、对事业不十分尽心的脓包从其高高在上的社会层级上摔下来。他以为他可永远占有这个阶梯，殊不知他麾下某位头脑敏捷、胆识过人的家伙，已突然取其位而代之。

——莫特-博叙夫人

（Mme Mott-Bossut）给儿子的家信，1856 年[1]

他注视着围着他的孩子们，孩子们绽开笑靥；
他笑容可掬，孩子们对他嬉闹叽喳。
他伟大崇高，孩子们对他顶礼膜拜。
他至爱至仁，孩子们对他报以笑语。
他言行一致，孩子们对他感佩莫名。
他令出如山，孩子们对他敬重有加。
他的至交皆人中俊杰；
他的府第一尘不染，洁净幽雅。

——图佩尔，1876 年[2]

## 1

我们现在来看一看资产阶级社会。有时候最最肤浅的表面现象却反映了最深刻的内涵。让我们先分析一下这个社会。在本书所述的这个时期内，资产阶级社会达到巅峰。从资产阶级社会成员的衣着以及他们的家庭陈设便可知其一斑。德国有句成语：“人靠衣装。”在资产阶级巅峰时代，这句话更成了至理名言，人们对它体会之深超过任何时代。在这个时代，社会变化很大，为数颇多的人被实实在在地推上历史重要地位，扮演起新的（更高级的）社会角色，因而他们不得不恰当地穿戴打扮起来。1840 年奥地利作家内斯特罗发表了非常有趣然而十分辛辣的闹剧《护符》（*The Talisman*），剧中说的是一个红头发穷汉捡到一顶黑色假发，后来假发丢了，其命运也随着假发的得失而发生天翻地覆的变化。资产阶级巅峰时代与这部作品发表的时间相距不远。家是资产阶级最美满的世界，因为在家里，也只有在家里，资产阶级社会里的一切难题、矛盾方可置于脑后，似乎业已化为乌有，一切全都解决。在家里，也只有在家里，资产阶级，尤其是小资产阶级，方可悠然自得，沉浸在和谐、温馨、唯统治阶级才有的幸福和幻觉之中。家中摆满的家具陈设展示了这种幸福，也使他们享受到这种幸福。这种梦境似的生活在圣诞节表现得最为淋漓尽致。圣诞节是为展示这种富有舒适生活才系统发展起来的家庭宗教活动。圣诞晚餐（狄更斯为之讴歌）、圣诞树（是德国人首创的，但由于英国王室支持便迅速在英格兰普及开来）、圣诞歌（以德国《平安夜》最为著名）皆象征了室外的严寒与室内的温暖以及室内、室外两个世界在各个方面的巨大反差。

在 19 世纪中叶，资产阶级家庭室内陈设给人最直接的印象是东西甚多，放得满满当当，盖得严严实实，常用窗帘、沙发垫、衣服、墙纸等掩饰起来，不论是何物件，皆求精美，没有一张画不镶上框架，而且是回纹雕花、金光闪闪的框架，甚至外面还罩上丝绒；没有一把椅子不配上垫子，或加上罩子；没有一块纺织品不带穗子；没有一件木器不带雕花；没有一样东西不铺上布巾，或不在上面放个装饰品。毫无疑问，这是富有和地位的象征。德国比德迈尔风格（Biedermayer）的资产阶级室内装饰给人一种朴素的美，这与其说是由于这些地方上的资产阶级的天生爱好，不如说是因为他们还囊中羞涩。资产阶级仆人房间里的摆饰便极其简单，因为家饰表明了他们的身份。当家具主要是靠手工制成时，它们的装饰以及材料就成了它们身份的主要指数。钱可以买来舒适。舒适与否是肉眼看得见的，是感觉得出来的。家具还不仅仅是为了使用，不仅仅是主人地位和成就的象征。家具还有其内涵，表达了主人的个性，表达了资产阶级生活的现状和打算，同时也表示它们具有使人潜移默化的作用。所有这些都在资产阶级家里集中表现出来。因此，资产阶级家里要摆放这些家具、陈设。

资产阶级使用的家具、物品，就像放置这些家具、物品的房子一样，非常坚固结实（坚固结实是当时企业界使用的最高赞美词）。它们在制作时就要求结实，它们也果真经久耐用。与此同时，它们还得通过自身的美表达出对生活更高的追求和精神方面的渴望，要不就是它们存在的本身已代表了这些追求和抱负，例如书籍和乐器（令人惊讶的是，书籍和乐器的设计除表面的细小改进外，一如既往），否则它们就只是纯粹的消费品、日用品，如厨具、行李箱等。美就意味着装饰。资产阶级住宅里的家饰，建造时固然美观，但还不足以包涵精神的美、道德的美，就像硕大的火车、轮船一样。火车、轮船的外观基本保持原样，但内部变了，属于资产阶级的部分变了，例如新设计的普尔曼式（Pullman）卧铺车厢（1865 年）以及轮船头等舱、贵宾舱等。这些都经过装饰和布置。因而，美就意味着装饰，物件的表面要涂抹或粘贴。

既要坚固，又要美观，要集物质与想象、肉体与精神于一体。这种双重性正是资产阶级世界的一大特征。然而，物件包含什么样的精神和想象，取决于物件本身，也只有通过物件本身来表达，或至少通过购买物件的钱来表达。所有代表精神方面的事物，恐怕无一能超过音乐。音乐进入资产阶级家庭最典型的形式是钢琴，一种体积庞大、十分精巧、极其昂贵的乐器。为照顾阶级层次稍低但热衷于资产阶级价值观的人的需要，遂有竖立式小钢琴的出现，其价格和品质虽有所降低，但仍然非常华贵。资产阶级家庭如果缺少一架钢琴，室内陈设就称不上完整，然而资产阶级家里的千金小姐，是不会无休止地在钢琴上弹奏的。

资产阶级以外的社会阶层都能清楚看出道德、精神与贫困之间的关系，然而资产阶级对这三者的关系却不能完全理解。大家都承认，一味追求高级精神方面的东西很可能无利可图，除了某些商品化的艺术品外。即使是这些艺术品，也得等到相当年限后方能卖出好价钱。邀请落魄书生和年轻画家来家里参加星期天晚宴，或聘雇他们充当家庭教师，已成了资产阶级家庭的组成部分之一，至少在文化极受重视的家庭当中是如此。但是我们无法从中归结出：物质成就与精神成就不能兼而有之，结论应是两者相辅相成，物质成就与精神成就互为必要的基础。小说家福斯特（E. M. Forster）这样形容资产阶级："赢利滚滚而来，崇高思想的火花四下飞出。"对一个哲学家来说，他最合适的命运就是生为银行家之子，就像乔治·卢卡奇（George Lukacs）一样。德国知识界的一大光荣，便是他们的"私人学者"（Privatgelehrter，即不受人聘雇靠自己收入进行研究的学者）。穷困潦倒的犹太学者应娶当地最大富商的千金为妻，这是完全正确的，因为一个尊重学问的社群，如果只对其学术杰出之士给予一些赞美之词，而不拿出一些实质的东西，是不可思议的。

如此这般的精神与物质关系，显然十分虚伪。冷眼旁观的观察家认为这种虚伪性不仅渗透在资产阶级各个方面，而且是资产阶级世界的根本特征。就肉眼所见，性问题比任何问题都更为明显。这不是说19世纪中叶的资产阶级（以及希望像资产阶级的人，男性）是十足的伪君子，满嘴仁义道德，实际上故意逼良为娼。不过在某些方面，正经宣传的道德标准是一回事，人性的本能要求又是另一回事，两者之间存在着不可逾越的鸿沟。大凡在这些方面，明知故犯的伪君子经常比比皆是，这是显而易见的事实，在本书所述时期，情况经常如此。亨利·沃德·比彻尔（Henry Ward Beecher）是纽约一位伟大的传教士，宣扬一个人在宗教上和道德上应洁身自好，谨言慎行。此君显然应该避免卷进那么多而且传得沸沸扬扬的婚外恋，否则就该另选职业，选择一个不要求他成为如此严格的性克制宣传家的职业；虽然人们对他在19世纪70年代中期遇到的厄运不能完全不表示同情。这场厄运把他和美丽的维多利亚·伍德哈尔牵扯在一起，伍德哈尔是一位女权运动者，性自由的倡导者，在她的信念中，隐私权是很难得到尊重的。[这位杰出女性，是一对颇具吸引力的姐妹中的一个。她曾使马克思恼火了好一阵子，因为她要把国际工人协会美国支部变成宣扬性自由和唯灵论的组织。这两姐妹与范德比尔特均有关系，并从中获益不少。范德比尔特照管她们的财产账目。最终她结了一门好亲事，卒于英格兰伍斯特郡（Worcestershire）。卒时声名鹊起。][3]然而如同最近几位研究这位“另类维多利亚”的作者所言，认为这时期正式宣传的性道德纯系装饰品，乃是一种时代错置的谬误。

首先，这个时代的虚伪性不是一个简单的说谎问题，除非是那些性欲强烈却难被公众允许的人，例如那些需仰仗洁身自好、选民厚爱的杰出政客和地方上备受敬重的同性恋商人，他们非说谎不可。在许多国家里（主要是罗马天主教国家），露骨的双重标准并不算虚伪，而是可以接受的，待字闺中的资产阶级小姐要守贞操，已婚的资产阶级夫人要守妇道，而资产阶级的青年男子可像蝴蝶逐香一样扑向所有女人（也许中等和上等阶级家的闺阁小姐除外），已婚者也可允许有些越轨行为。这种游戏规则是大家完全理解的，并且知道资产阶级有时处于某些尴尬境地，需要谨慎处理，否则其家庭稳定及其财产便会受到威胁。时至今日，每个意大利中产阶级仍旧懂得，情欲是一回事，“我孩子的母亲”则是另外一回事。在这种行为模式中，虚伪只在下述情况下发生，即资产阶级妇女完全置身于这场游戏之外，对男人与除她们之外的女人发生的勾当浑然不知。在新教国家里，男女双方都要信守性节制和洁身自好的道德标准，然而那些明知这条道德约束却又违反这条道德的人，不但没有伪君子的玩世自在，反倒是深深陷入痛苦之中。把处于这种窘境的人当作骗子看待是完全不恰当的。

而且，资产阶级道德规范在很大程度上已被各方采纳。当为数众多的“受人尊重的”工人阶级接受占统治地位的价值标准时，当人数不断增加的下中阶级也遵守这个道德规范时，资产阶级的道德标准可能更加行之有效。这种道德标准甚至抑制了资产阶级世界对“道德统计数字”的浓厚兴趣，诚如19世纪末期某本参考书不无悲哀地承认，所有企图以妓女人数增加反映道德失败程度的统计均被打消。这个时期对性病只进行过一次调查（性病显然跟某些过于频繁的婚外性生活有很大关系），但其中透露的信息极少，唯普鲁士例外。性病在柏林这个特大都市中比在其他地方高得多（正常情况下性病随城市和村庄规模大小而递减），这也不是无法理解的事，港口城市、驻军城市和高等学府集中的城市，即远离家乡的未婚年轻男子高度集中的地方，性病的发病率最高。（当时政府曾要求普鲁士医生提供1900年4月正在接受治疗的所有性病病人的数字。没有任何理由相信，这个相对准确的统计数字与30年前的数字会有很大差别。）[4] 没有任何理由认为维多利亚时代的英、美中产阶级、中下阶级以及“受人尊重的”工人阶级，其一般成员未能达到性道德标准。年轻的美国姑娘享有单独外出和由美国男青年陪同外出的自由（这是父母允许的），这把拿破仑三世时代巴黎城里那批少见多怪、游手好闲的男人吓呆了。这就是美国男女青年良好性道德的有力证明，就像记者披露维多利亚时代中期伦敦罪犯巢穴的资料一样令人信服，恐怕有过之而无不及。[5] 用后弗洛伊德学派的标准去衡量前弗洛伊德学派的世界，或认为当时的性行为模式确实跟我们今天的想法一样，显然都是不合理的。用现代的标准来看，那些遍布着修道院、牛津大学、剑桥大学的地方，简直就像是一本又一本的性变态病历。我们今天会怎样看待专爱拍摄裸体小女孩照片的卡罗尔（Lewis Carroll）之流呢？按维多利亚时代的标准，他们的罪名充其量莫过于沉溺拍摄裸体小女孩照片而已，说不上是性欲过盛。同样可以确定的是，许多大学教授喜欢接近男大学生也不是精神上的嗜好，而是柏拉图式的恋爱——这个词很能说明问题。将英语词汇里的“求爱”（to make love）一词变成直截了当的性交同义语，是我们这个时代的事。资产阶级世界被性死死缠住难以解脱，但他们不一定就是乱交。小说家托马斯·曼（Thomas Mann）对问题看得入骨三分：资产阶级堕落犯罪一次，便会失去天恩，受到惩罚，就像《浮士德》（*Dr. Faustus*）里的作曲家阿德里安·莱弗库恩（Adrian Leverkuehn）得了第三期梅毒一样。资产阶级有些人对此噤若寒蝉，说明当时普遍存在的天真和无知。（从北美奴隶主人对待他们女奴隶的态度中，可见新教国家普遍的道德水平之高，道德力量之大，不但与一般的猜想相反，也与地中海天主教国家的情况相反。在美国南方白人主人与黑人女奴的混血儿以及私生子的数量是相当少的。）[6]

正是这种天真和无知，使我们认清资产阶级着装上的巨大性感成分。资产阶级服装是诱惑与禁锢兼有的奇怪组合。在维多利亚时代中期，资产阶级穿得严严实实，除面部外，其他部位很少露在外面，甚至在热带也是如此。更有甚者（例如在美国），使人联想起人体的东西（例如桌腿）也要遮盖起来。与此同时，人们的所有第二性征，例如男子的胡须、毛发，女子的头发、乳房、臀部等都要使用假发髻或某些装饰物等进行过分的渲染，将这些部位夸张到无以复加的怪异程度。（19世纪50年代时兴有衬架支撑的女裙，衬架完全张开后可遮住下半身，突出杨柳细腰，隐隐约约显出臀部曲线，巨大下摆与纤细腰肢，形成强烈的对比。这是过渡阶段的服饰。）这种情况以19世纪60年代和70年代为最。1863年马奈（Manet）发表了他的名画《草地上的午餐》，引起惊人的轰动，其原因正是他刻画了男女着装上的鲜明对比：男子十分端庄，十分体面、正派，妇女则袒胸露背。资产阶级文明坚持认为妇女本质上是精神动物。这个理论的高明之处在于它暗示：（一）

男人不是精神动物；（二）男女体征上的明显性感部分不属于价值体系。成就与享受是不能同时兼有的，就如今天民间在进行体育比赛时仍奉行的做法那样，运动员在比赛或恶斗开始之前需独处，不得与异性同房。在通常的情况下，不压制本能冲动就没有现代文明。最伟大的资产阶级哲学家中最最伟大的当数弗洛伊德，他的理论基石就是这个观点，虽然后人认为他是主张取消压制的。

萧伯纳（Bernard Shaw）以其惯有的聪明才智发现，中庸是传统上资产阶级实现其社会抱负和演好自己角色的处世之道。那么为什么资产阶级要满腔热情、病态似的宣扬一种难以令人恭维的、与温和主义理想形成明显对照的极端观点呢？[7] 从中产阶级理想阶梯的下面几层来看，问题便不难回答。因为单凭不屈不挠的努力便能将一贫如洗的男女，甚至他们的下一代，从道德败坏的泥沼里拯救出来，提升到受人尊重的坚实高山上，而且更重要的是，他们就在高山上确定了自己的坐标。对“酗酒者匿名协会”（Alcoholics Anonymous）的会员来说，除非绝对戒酒，要不就彻底堕落，没有任何折中之道。事实上戒酒运动（此时在新教和清教主义国家也进行得非常活跃）已清楚说明了这点。这项运动并不是要竭力清除酗酒者，也不去加以限制，它的对象是那些愿以自己的坚强毅力显示他们不同于受人鄙视的穷汉的人，为他们规定一些准则，并将他们与自暴自弃的人区分开来。清教主义也具有相同的作用。然而只有在资产阶级的价值观占统治地位时，这些才是“资产阶级”现象。就像阅读斯迈尔斯著作和进行形形色色的“自我帮助”和“自我提升”的做法一样，这与其说是为资产阶级的胜利做嫁衣，倒不如说是取资产阶级的胜利而代之。在“受人尊重的”工匠和职员这一级，戒酒经常是将酒戒掉而已，戒酒本身就是胜利的奖赏，戒酒者能从中获得多少物质报酬是不重要的。

资产阶级的性禁欲主义更为复杂。世人有种看法认为：19 世纪中期资产阶级的血统非常纯正，故要采取异乎寻常的严格措施，以防范性诱惑，但这种说法难以令人信服。勾引之所以很难抗拒，正是由于那种极端的道德标准本身，也正是这个极端的道德标准，使得堕入色坑的人相对摔得更惨，就像小说《娜娜》（*Nana*）中那位道貌岸然、小心谨慎的天主教徒穆法特（Muffat）伯爵一样。《娜娜》是左拉的作品，主人公是19世纪60年代巴黎的一位妓女。当然这个问题在某种程度上是经济问题，正如我们下面看到的那样。"家庭"不仅仅是资本主义社会里的基本社会单位，同时也是资本主义社会里的财产和公司企业的基本单位，并通过"女人"加"财产"的交换（"结婚嫁妆"）与其他基本单位联系起来（在联姻中，按资产阶级以前传统的严格规定，妇女必须是"洁白无瑕的处女"）。任何削弱家庭单位的行为都是不被允许的，而削弱家庭的行为莫过于受不加控制的激情驱使，或招徕"不合适的"（即经济上不合算的）求婚者和新娘，或丈夫与妻子离异，或浪费共有财产。

然而，这类紧张却不仅表现在经济方面。在本书所述时期，紧张尤为突出，因为禁欲、中庸、节制等道德观与资产阶级胜利的现实发生剧烈冲撞。资产阶级不再生活在物质匮乏、经济拮据的家庭中，也不生活在距上等社会非常遥远的社会阶层中。他们的问题是如何花钱，而非如何赚钱。不仅是游手好闲的资产阶级日益增多——1854年科隆靠固定地租或债券利息收入以及靠投资为生的人共有162位，1874年便增加到约600位[8]——而且对那些成功的资产阶级而言，不管他们是否握有作为一个阶级的政治权力，除了一掷千金外，他又能如何显示他已迫使其他阶级俯首称臣了呢？"新贵"一词（Parvenu，新富起来的人，暴发户）自然而然变成"挥金如土之人"的同义词。无论这些资产阶级是否模仿贵族的生活方式，或是像鲁尔区的克虏伯及其同行的工商界巨头一样，造起了古堡，建立起类似容克帝国但比容克帝国更坚实的工业封建帝国（虽然他们拒绝接受容克阶级赐给他们的封号），但是，因为他们有钱可花，而且挥金如土，遂不可避免地使他们的生活方式逐渐向放荡不羁的贵族靠拢，他们的女眷更是过着接近于贵族的那种毫无节制的生活。在19世纪50年代之前，这还只是少数家庭的问题，在德国等地则尚未构成问题，如今却已成为整个阶级的问题。

资产阶级作为一个阶级很难解决这样一个问题：如何在道义上以令人满意的方式去赚钱和花钱。它也未能解决与此同等重要的另一问题：如何在家族的男子中选择一个精力充沛、精明能干的事业接班人。由于这个事实的存在，女儿的作用加强了，女儿可能成为公司里的新成员。伍珀塔尔（Wuppertal）的银行家威切豪斯（Friedrich Wichelhaus，1810—1886）有四个儿子，只有罗伯特（Robert，生于1836年）继承父业，当了银行家，其他三个儿子（先后生于1831年、1842年、1846年）中的两个成了地主，一个当了学者。然而两个女儿（分别生于1829年和1838年）都嫁给了实业家，其中一个是恩格斯家族成员。[9] 资产阶级拥有足够财富后，他们为之奋斗的东西，即利润，已不再是他们催马加鞭的动力。到19世纪末，资产阶级暂时找到赚钱和花钱的办法，过去留下的财产在收支平衡方面也发挥了缓冲作用。在1914年灾难降临之前的最后几十年，是晴暖宜人的小阳春季节，是资产阶级生活的黄金时代，以后的资产阶级在回顾这段历史时不无感叹。但在19世纪第三个25年，矛盾恐怕是最尖锐的：创业与享乐同时存在，相互冲撞。性欲是冲突的牺牲品，虚伪成了胜利者。

## 2

资产阶级的家是用花墙、服饰、家具和器皿等精心打扮起来的。家是这个时代最神秘的组织。如果要找出清教主义与资本主义之间的关系并不困难，因有大量文学作品可为佐证，那么要说清楚19世纪家庭结构与资本主义社会之间的关系就不容易了，至今仍是十分模糊。两者之间有明显的矛盾，但很少有人注意。一个采用竞争机制的社会，一个为营利至上的经济服务的社会，一个为个人奋斗撑腰的社会，一个为争取权利平等、机遇平等、自由平等而努力的社会，为什么它的基础偏偏就是与这所有宗旨相左的家庭组织呢？

一家一户是这个社会的基本单位，家里奉行家长独裁。家又是这个社会的缩影。资产阶级（作为一个阶级，或是这个阶级的理论发言人）谴责并摧毁的正是这种一部分人从属于一个人的阶级社会。

> 他是父亲、丈夫和主人，以坚定的智慧把家治理得井井有条。他是监护人，是领路人，是法官，他使家里的财富堆积如山。[10]

在他之下的——让我继续引用这位非常著名、擅长谚语的哲学家的话——是忙进忙出的“天使、母亲、妻子和主妇”[11]，据伟大的约翰·罗斯金（John Ruskin，1819—1900，英国作家、社会改革家）说，主妇的工作是：

（一）使大家高高兴兴；

（二）每天给他们做饭；

（三）给每人衣服穿；

（四）令每人干净整洁；

（五）教育他们。[12]

这是一项既不要求她显示多少智慧，又不需要她掌握多少知识的任务［诚如金斯利（Charles Kingsley）所言：“女子无才便是德，自己要做个好女孩儿，让别人去聪明吧！”］。之所以如此，不仅是因为资产阶级妻子的作用变了，与她们过去的角色很不一样（过去是真正操持一个家，如今是要显示并炫耀她丈夫使她享受豪华、舒适、悠闲生活的能力），而且她还必须表现出她嫁给她丈夫是高攀了：

> 她有头脑？好极了，但你一定要超过她；因为女人必须处于从属地位，而真正能凌驾全家之上的是最有头脑的人。[13]

不过，这位美丽、单纯、无知的奴隶也要行使其领导权，并非领导子女，而是领导仆人，孩子们的最高领导是身为一家之长的父亲。（“孩子们竭尽所能使他们亲爱的父亲、他们崇拜的偶像高兴，他们画画、工作、朗读、写作文、弹钢琴。”这是对维多利亚女王的丈夫艾伯特亲王的生日描写。）[14] 前呼后拥的仆人将资产阶级与社会地位低下之人划分开来。“夫人”就是自己不干活而指派他人干活的人[15]，她的高贵地位也由此确立。从社会学角度来看，中产阶层与工人阶层的关系就是雇主与可能成为仆人的人的关系。19 世纪末，西博姆·朗特里（Seebohm Rowntree）在约克所进行的最早的社会调查，就是利用这个方法进行区分。仆人中妇女越来越多，而且占了绝大多数——从 1841 年到 1881 年英国男仆从 20% 下降到约 12%——因而一个典型的资产阶级家庭是呈金字塔形，塔尖上是男主人，下面各层都是女人。尤其在男孩长大离家，甚至男孩到了住校年龄——英国上等阶级的做法——便离家后，情况就更是如此。

仆人做的是家务，领工资，所以跟工人相似，但有基本区别，因为他们与主人的主要关系不是现金交易关系，而是依附关系，实际是全面依附关系。他们生活中的一举一动、一言一行都有严格规定。他们住在主人顶楼的简陋小房间里，因而受到全面控制。从身上穿的围裙或工作服，到对他们行为举止或“性格”的鉴定（没有推荐书她就无法再找到工作），他们的一切一切都说明了权力与屈从的关系。当然，这并不排除主仆间亲近的（但不平等的）个人关系，毕竟连奴隶社会里的主仆也有亲近的个人关系。事实上，他们也因这种亲近的个人关系而受到鼓舞。然而大家不可忘记：每一个为一家主人服务过一段时间的保姆或花匠，都经历过几个短暂的阶段：进府做工、怀孕、结婚（或另找工作），这种桃色新闻司空见惯，人们只把它当作又一个“佣人问题”，当作主妇们茶余饭后聊天的话题而已。问题的关键是：资产阶级的家庭结构与资产阶级的社会结构是完全矛盾的。在家里，自由、机遇、现金交易、追求个人利益等原则根本行不通。

有人会争辩说，之所以造成这种情况，是由于资产阶级的经济理论基础是英国哲学家霍布斯的理论模式。提倡个人主义、无政府主义的霍布斯理论根本没有为任何形式的社会组织，包括家庭组织提供什么理论准备。其实从某个方面来说，家也是故意被搞成如此这般，以便与外面的世界形成鲜明对比，家成了沙漠中的绿洲，枪林弹雨世界里的一片和平净土。正在与英国纺织业竞争对手进行殊死搏斗的工业家写道："多残酷的战斗啊！许多人战死商场，更多人受到致命创伤。"[16] 男人们在谈论这场战争时，"生存竞争"或"适者生存"成了他们挂在嘴边的比喻。战斗结束，和平来临，他们则用"欢乐的寓所"、"心中夙愿得到满足而可开怀畅饮的地方"作为他们对家的形容。除了在家里，他们永远也无法喜形于色，永远也得不到满足，或不敢承认已获得的满足。[17]

家之所以如此，也许还有一个原因：资本主义是建立在不平等的基础上，在资产阶级的家庭中，这种本质上的不平等遂找到了必要的表达形式。正因为家不是建立在传统、集体而且制度化的不平等基础上，所以不平等就成了个人间的主从关系。由于个人优劣变化无常，所以就必须有一种永久不变、稳定维持的优势形式。优势的基本形式是金钱，但金钱只表达了交换关系，因此还需有其他形式来补充金钱，来表达一部分人主宰另一部分人的关系。这在家长制的家庭里当然毫不新鲜。家长制家庭组织就是以妇女和孩子处于从属地位为基础的。然而，当我们认为资本主义社会此时应该合乎逻辑地打破或改造家长制时——事实上家长制后来也解体了——资本主义社会里最兴旺的阶段却又强化、夸大了家长制。

不过，这种"理想的"资产阶级家长制在现实生活中究竟占多大比重，则是另一回事了。一位观察家对里尔一位典型的资产阶级人物作了总结，说他"害怕上帝，但最怕妻子，读的是《北方的回声》(*Echo du Nord*)"。[18] 这似乎恰当地反映了资产阶级的家庭生活，其真实程度至少不亚于男人编造的"女性软弱，只能从属"的理论。男人这种谬论有时又病态地夸大成男性美梦：妻要年少，有时这种美梦还真能实现。这个时期存在并强化了这种理想的资产阶级家庭，其意义是重大的，这也足以解释为什么这一时期中产阶级妇女会开始有系统地发起女权运动。至少在盎格鲁-撒克逊和新教国家是如此。

资产阶级的家只是一个内核，家庭与家庭间的联系则比它大得多，像一张网，人则在这张家庭关系网里进行活动："罗斯柴尔德家族"、"克虏伯家族"以及"福斯特家族"（Forsyte）等等。福斯特家族使19世纪社会史和经济史的许多部分实际上变成其家族的朝代史。然而，尽管这些家族在过去的那个世纪里已积累了巨大的物质财富，但仍未引起社会人类学家和家谱编撰者（编家谱是贵族的职业）的足够兴趣，因而我们无法信心十足地对这些家族进行有系统的概述。

这些新发迹的家族有多少是从社会下层爬上来的呢？其实没有多少，虽然理论上这个社会并不阻止任何人往上爬。1865年英国钢铁厂厂主中有89%是中产阶级，7%是中下阶级（包括小店主、独立工匠等），仅有4%是工人——技术工人或可能性更低的非技术工人。[19]同一时期，法国北部纺织业者的主体也同样是来自被看作中产阶级家庭的子女。19世纪中期诺丁汉（Nottingham）针织厂厂主的出身也与此相同，其中2/3实际来自针织世家。德国西南部的资本主义企业奠基者不全是富翁，但来自具有长期经营经验的家庭，而且常常是继承、发展本行工业经验的家庭，却是为数不少。克什兰（Koechlin）、盖吉（Geigy）、萨拉辛（Sarrasin）等瑞士—阿尔萨斯新教徒以及犹太人等都是生长在"小王公似的财主"家庭里，而非生长在精通技术、善于发明创造的企业工匠家庭。受过良好教育的人——主要是新教牧师和政府公务员的儿子——在经营企业之后可以提高但不能改变其中产阶级的地位。[20]资产阶级世界的大门是向才智卓越的人敞开的，然而如果家庭文化程度较高，家产比较殷实，与中产阶级圈子里的人有一定的社会联系，那么毫无疑问，在起步时就占了相当大的便宜；如能与同阶级同行业，或与可和自己的行业进行联合的人通婚，其好处则尤莫大焉。

由大家族或者几个家族紧密联结的家族，在经济上肯定占有相当优势。家族可为业务开展提供资金，也许还可提供有利的业务关系，特别重要的是提供管理人员。1851 年里尔的勒费弗尔家族（Lefebvres）为其姻亲普鲁沃（Amedée Prouvost）的毛纺厂出资。西门子哈尔斯克（Siemens and Halske）是世界著名的电气公司，建立于1847年，它的第一笔资金便是一位表兄提供的；其兄弟中有一人是公司里薪金最高的雇员，其他三兄弟，即华纳、卡尔和威廉（Werner, Carl and William）分别掌管柏林、圣彼得堡和伦敦的分厂。名闻遐迩的米尔豪斯（Mulhouse）新教集团，其内部各小集团之间皆相互依靠：多尔费斯—米格（Dollfus-Mieg）公司是多尔费斯开创的（他和他父亲皆和米格家族联姻），安德列·克什兰（André Koechlin）则是多尔费斯的女婿。克什兰掌管公司，直到四位舅表弟长大成人后方交出管理大权，而他叔父尼古拉斯（Nicholas）在掌管克什兰家族公司时，“把兄弟、表兄弟以及年迈的父亲都请了过来”。[21] 与此同时还有一位多尔费斯，即该企业创始人的孙子，进了自己家族拥有的地方分公司施伦贝格尔（Schlumberger et Cie）公司。19 世纪的企业史充满了这等错综复杂的家庭之间相互结盟、相互渗透的关系。他们需要有数目众多的儿女——不像法国农民，法国农民只要一个继承家产的人——他们当然也不乏儿女，因为他们不鼓励节育。穷人和正在拼命的下中阶级当不属此例。

然而，这些小集团是怎样组织起来的呢？他们又是怎样经营的呢？什么时候他们不再代表大家族，另立门户变成一个与家族有紧密联系的社会集团，一个地方性资产阶级，或变成范围更广的体系（就像新教徒和犹太银行家那样），使家族关系变成其中一面的呢？这些问题我们现在尚无法解答。

## 3

换言之，在本书所述时期，“资产阶级”的阶级含义为何？有关资产阶级的经济定义、政治定义和社会定义虽有所不同，但彼此相当接近，不至于造成多大的理解困难。

从经济上看，最典型的资产阶级是指从资本中获取收入者。事实上，这时期典型的“资产阶级”或中产阶级，几乎没有一个不能与这项定义对号入座。1848 年法国波尔多排名前 150 的大家族中，90 个是经商的（商人、银行家、店主等等，这个城市里几乎没有工业家），45 个是拥有家产者和“食利者”（即靠地租、债券利息收入投资营生的人），15 个自由业者。其中没有一个是高薪的总经理等行政管理人员，连名义上担任此等职务的人都没有，然而到 1960 年，这部分人却成了这个城里 450 个大家族中最大的集团。[22] 当然我们还可再加一句：从地租或房地产（这是城市中更常见的）中获取利润，仍是资产阶级一大重要收入来源，特别是在缺乏工业地区的中等和中下资产阶级更是如此，但其重要性正在消失。以非工业区的波尔多为例，1873 年，这部分人在遗嘱中留下的财富只占总数的 40%，而同一年在工业城市里尔，这部分人的财富只占 31%。[23]

对于从政的资产阶级就不能这样一概而论了，原因至少有一个：政治活动需要专门知识，需要花费时间，因而不是每个人都会对政治产生同样的兴趣，也不是每个人都同样适合从事政治。尽管如此，这时期在职（或退休）的资产阶级真正参与资产阶级政治的人数之多，实在令人惊讶。19 世纪下半叶，瑞士联邦委员会（Federal Council）有 25%—40% 的委员是企业家和“食利者”（20%—30% 的委员是银行、铁路和工业界的“联邦大亨”），比 20 世纪的比率还高。另有 15%—25% 是自由业者，即律师——尽管 50% 的委员都有法学学位，在大多数国家里，这是想要崭露头角和担任行政职务者所需具备的标准教育水准——另外 20%—30% 是在职的“知名人士”（官员、农村法官和其他所谓地方父母官）。[24]19世纪中期，比利时议会中的自由党党团有83%的议员是资产阶级：其中16%是商人，16%是产业所有人，15%是“食利者”，18%是专业行政管理人员，42%是自由职业者（百分比有重叠）——即律师和少数医务工作者。[25]地方城市里的政治分布大体相同，也由资产阶级（一般说来也就是自由党）中的显要人物执其牛耳，也许比例还更大些。如果权力组织系统中的上层大体还被旧式的传统集团盘踞，那么资产阶级“就向政治权力的下层，例如市议会、市长席位、区议会等等，发动进攻并占领之”，这些职位在19世纪最后几十年的群众政治运动发动起来之前，就已牢牢控制在资产阶级手里。里尔自1830年起便由杰出的商人担任市长。[26]英国大城市均落入地方商贾之手，形成臭名昭彰的寡头政治。

就社会而言，定义便不那么明确，尽管“中产阶级”明显包括上述阶层的人，只要他们富有，脚跟站得较牢：商人、财产拥有人、自由职业者以及高级行政管理人员（这部分人当然为数很少，均在首都和省会以外的城市）。难就难在如何为资产阶级“上层”和“下层”的社会地位确定界线，难就难在它的成员参差不齐，很容易分化，至少内部总是分成大中资产阶级和小资产阶级两个层次，小资产阶级又渐渐沦为事实上已不属于中产阶级范畴的更低阶层。

上层资产阶级与贵族（大贵族和小贵族）或多或少总能区别开来，贵族的法律和社会排他性以及上层资产阶级的意识，使得两者之间彼此壁垒分明。比如说在俄国和普鲁士，资产阶级根本不能成为真正的贵族。在小贵族头衔满天飞的国家（例如奥匈帝国），奥尔施佩格（Auersperg）或乔特克（Chotek）伯爵，不管他如何积极准备加入某个企业董事会，是绝不会把一个什么沃特海姆斯泰因男爵（Baron von Werthemstein）放在眼里，因为那不过是个中产阶级的银行家或犹太人而已。英国在这一时期有系统且少量地将商人——银行家、金融家，包括工业家——容纳进贵族行列。但英国这种做法几乎是独一无二的。

另一方面，直到1870年之前（甚至之后），德国仍有工业家不允许他们的侄儿当预备军官，认为这个职务不适合他们阶级的年轻人；他们的儿子只去步兵、工兵部队服役，骑兵是属于另一个社会阶级的。然而我们必须补上一句，当利润滚滚而进——在本书所述时期利润极其巨大——穷人也就不再抗拒勋章、贵族头衔或与贵族联姻，总而言之，不抗拒贵族生活方式的诱惑了。英国新教教徒的实业家也改奉英国国教了。在法国北部，1850 年前的“毫不掩饰的伏尔泰主义者”已变成 1870 年后的天主教徒，而且日益虔诚。[27]

分界线的末端显然是经济。商人——至少是英国的商人——会画下一道深深的分界线，把他们与被社会排斥的人（即直接向公众销售商品的人，如店主）分开，至少在从事零售之人亦可赚得大量金钱之前是如此，独立工匠和小店主当然渴望资产阶级的社会地位，但他们显然属于中间层的下中阶级，与资产阶级不可同日而语。富农不是资产阶级，白领雇员也不是。然而 19 世纪中期有一支足够庞大的、旧式的、经济上独立的小商品制造商和销售商队伍，再加上技术工人和工头（他们仍是现代技术骨干），他们使分界线又蒙上一层烟雾。有些人发财了，至少在他们居住的地区被视为资产阶级。

资产阶级作为一个阶级，其主要特征是：它是由有权有势和有影响力的人组成的，不依靠他们出身的社会地位、势力和影响力的大小。一个人要属于这个阶级，他必须是“有头有脸的人”，是一个以其财富或领导能力影响他人的独立个体。因而，资产阶级政治的典型形式与在他们之下（包括小资产阶级）的群众政治完全不同。这方面我们已看到不少。因而当资产阶级遇到麻烦要向他人求援，或有委屈需要申诉时，其典型方式是施展影响，或请人施展影响。资产阶级的欧洲布满了（或多或少是非正式的）保护网或互利网，老同学网或不具组织的团体（“朋友的朋友”）。在这些人中，同校同学，特别是高等院校里的同学自然非常重要，因为与他们建立起来的联系是全国性的，而不是区区地方性的。（在英国，所谓的“公立学校”在这一时期发展迅速，它使资产阶级家庭的男孩们从很小的年纪起，就从全国各地集中到一起。在法国，巴黎的一些名牌公立中等学校在为知识阶层所做的所有事情中，也达到了同样的效果。）这些关系网中有一个是“共济会会员”，它在某些国家，主要是罗马天主教的拉丁语系国家，其作用更大。它可作为自由资产阶级进行政治活动时的思想凝固剂（也确实是），或实际上就是资产阶级唯一常设的全国组织，如同意大利那样。[28] 资产阶级人士如要对公众问题发表意见，就给《泰晤士报》或《新自由报》（*Neue Freie Presse*）投稿，他们知道同阶级里的大部分人以及决策者，不一定会看到他们的文章，但是，文稿是凭借他们个人的力量在报刊上发表的，这点更为重要。资产阶级作为一个阶级，它不组织群众运动，而是组织压力团体。它的政治模式不是宪章运动，而是反《谷物法》联盟。

作为资产阶级，他们知名度的大小当然相差很大，大资产阶级的生活范围是全国性，甚至是国际性的，影响力较小的人物其重要性只局限于奥斯格（Aussig）或格罗宁根。克虏伯希望获得大于杜伊斯堡（Duisburg）的博宁格尔（Theodor Boeninger）的重要性，他也果真得到了。博宁格尔是很富有、很能干的工业家，在公众场合和教会生活里都很活跃，在市、区两级的议会选举中一直支持政府，但地方行政当局只给了他一个名誉商业顾问的头衔。但克虏伯和博宁格尔在许多方面都是“举足轻重的人物”。资产阶级内部有一层层的势利钢板，区隔了百万富翁与富人，分裂了富人与小康人家（当一个阶级的本质是通过个人奋斗向上爬时，这种现象就非常自然），但这些钢板并未摧毁他们的集团意识。集团意识使他们从社会的“中间阶层”升为“中产阶级”或“资产阶级”。

集团意识的基础是共同的假设、共同的信念、共同的行动方式。19世纪第三个25年的资产阶级是极其“自由”的，这不一定是从政党的角度，而是从思想角度而言（尽管我们看到自由党当时占据上风）。他们相信资本主义，相信有竞争力的私有企业，相信技术、科学和理性。他们相信进步，相信有一定代表性的政府，一定程度的民权和自由，当然民权和自由不能与法制和秩序相抵触，因为没有法制和秩序，穷人便不会循规蹈矩。他们信仰宗教，还信仰文化，有时则以文化取代宗教，甚至以去歌剧院、剧场代替去教堂参加宗教活动，当然这是极端情况。他们相信向企业和天才敞开大门的事业，相信他们的一生证明他们事业有成。我们看到，他们一向崇尚的节制、适度的传统优点，此时在功成业就面前难以坚持了，他们为此感到遗憾。1855 年有位作家说，假如德国有朝一日土崩瓦解的话，那是因为中产阶级开始追求外表豪华和生活奢侈，他们“不设法用资产阶级简朴、勤奋的精神去战胜它，不设法发挥生活的精神力量去战胜它，没认识到科学、思想和天赋都来自于第三阶级的进步发展”。[29] 这些生存竞争、自然淘汰的普通道理也许说明老资产阶级已适应了新形势。（按此法则，胜利乃至生存归根到底证明了两点：一是适应性；二是具备基本道德品质，因为只有道德品质才能造就其适应性。）达尔文主义，无论从社会或其他方面来说，不仅是一门科学，而且是一种思想意识，甚至在它形成之前就是如此。做一个资产阶级不仅是做一个比其他人高明的人，而且得表现出古训遗风，具备与古老的道德风范相等的道德品质。

然而资产阶级也意味着领导，这比任何其他东西都更为重要。资产阶级不仅仅是独立的——没人（除了国家和上帝外）能向他发号施令——而且是向别人发号施令的人。他不仅仅是雇主，是企业家，是资本家，而且从社会角度来说，他是“主人”，是“巨头”，是“保护人”，是“首领”。他独揽指挥大权——在家中、在工厂、在生意场里——这对他的自我定位极为重要。坚持垄断指挥权（无论是名义上的或是事实上的）是这一时期解决工业纠纷不可或缺的一条准则：“但我是这个矿场的总裁，也就是说我是一大批工人的领袖（首领）……我代表权威，尊重我就是尊重权威，我一定要使我受到尊重，这一向就是我在处理与工人阶级的关系时刻意要达到的目标。”[30] 唯有自由职业者——如实际上不是雇主、没有下属人员的艺术家、知识分子——

他们的首要角色不是“主人”。但即使是这些人，也绝不是不讲究“权威原则”，无论他们是欧洲大陆传统高等学府的教授，还是正襟危坐的医生，潇洒的乐队指挥，或是行为怪僻的画家。如果克虏伯统帅的是工人，那么瓦格纳（Richard Wagner）便要求听众完全听从他。

控制意味着统治那些能力和地位低下的人。19世纪中期，资产阶级对下等阶层低人一等的性质问题意见不一，但并无原则性的分歧。他们同意要把平民中有可能至少上升到受人尊重的中下阶层和无可救药的人区分开来。既然成功是由于发挥个人特长而取得的，失败显然就是由于个人一无所长的缘故了。资产阶级传统的伦理道德观点，不论是宗教的还是世俗的，都将此归咎于道德、精神上的缺陷，而不是智力低下，因为成功地经商办工厂并不需要很高的智商，反之，高智商并不能保证发财，更不会保证带来“高明”的点子。这不一定是说知识无用，虽然这种看法在英国、美国相当普遍，因为那些生意有成者主要都是书念得不多，凭经验和常识办事的人。斯迈尔斯将这个问题说得一针见血：

> 从书本上学来的知识固然宝贵，但其性质是学问；而从实际生活中累积起来的经验，其性质是智慧；一小块智慧的价值比一大堆学问大得多。[31]

然而只要简单地在道德高尚与低下之间画条线，便足以将“受人尊敬的人”与满身酒气、放荡不羁的劳工大众区分开来。虽然这种简单的划分已经无法长期采纳下去，因为古老的美德在成功的富有资产阶级身上已经看不到了。节欲寡欢、埋头苦干的古训对19世纪60年代和70年代的美国百万富翁来说已不适用了；甚至对富有的制造商也不适用了，不论他们是否已经隐居山林；对他们身为“食利者”的亲戚也不适用；对抱有下述理想的人也不适用（我们暂且援引罗斯金的话）：

> 那（生活）就应该在轻松愉快、恬静的世上度过，地下到处是铁和煤。在这轻松愉快的世界有栋漂亮的大楼……有座规模适中的公园；院里有个大的花园，有几个温室；有辆令人愉快的马车从灌木丛中驰过。这栋大楼里住着……英国绅士、他那温文尔雅的妻子和他温馨的全家。他随时都能赠送珠宝首饰给妻子，总能为女儿购买美丽的舞会礼服，为儿子购买猎犬，他自己则总能去苏格兰高地打猎。[32]

因而资产阶级优越感有了新的理论。新理论的重要性与日俱增，对 19 世纪资产阶级世界观的影响很大。优越性是物竞天择的结果，是通过遗传留下来的（见第十四章）。资产阶级如果不是不同种类的人，那么至少也是人类中的佼佼者，是人类进化到了更高阶段的人，与低级阶段的人截然不同，低级阶段的人还处于历史和文化的幼儿期，顶多是青春期。

从主人到主人血统只有一步之遥。然而，资产阶级作为一个族别，他们的主宰权，他们无可置疑的优越性就不仅意味着要有低人一等的人，而且意味着这些人最好承认并甘当低人一等的人，就像男人与女人的关系一样（男女关系也在很大程度上反映了资产阶级的世界观）。工人就像女人一样，应该是忠心耿耿，老实听话，而且知足。如果工人心怀鬼胎，图谋不轨，那一定是因为资本主义社会里有个关键人物，有个“外来的鼓动者”作祟。行业工会会员可能是最好的工人，是最聪明、技术最高的工人，这是有目共睹、再清楚不过的事，但他们却无法看穿那位好逸恶劳，以剥削工人为业的“外来鼓动者”散布的鬼话。“工人的行为令人遗憾，”1869 年法国一位矿主谈及疯狂镇压罢工时这样写道，这些罢工左拉在《萌芽》（*Germinal*）一书中已给我们做了生动描述，“但我们必须承认工人只是鼓动者的野蛮工具而已。”[33]更准确地说，正在开展活动的工人阶级斗士或谓潜在的领袖就一定是“鼓动者”，因为他无法归入顺从、听话、干瘪无趣、愚蠢迟钝的人群之列。矿主对此也完全了解。“我知道他是受人尊重的人，也正因为如此我才把他关进监狱。把麻木不仁、不知不觉的人关进监狱根本毫无用处。”1859 年锡顿德勒沃尔（Seaton Delaval）的矿工罢工，九个最正直的矿工被捕，坐了两个月的牢，然而他们都是反对罢工的，他们九个人都是滴酒不沾的正派人士，其中六人是循道宗成员，六人中又有两人是该教会的宣讲师。[34]

这种态度表明了下列决心：只要下等阶层不自动脱离他们潜在的领导人，而且企图爬向中下阶层，就应开除他们。这也说明他们已具有相当信心。19 世纪 30 年代的厂主已离我们很远了。他们那时如坐针毡，时刻担心爆发类似奴隶造反的乱子（见《革命的年代》，从引言到第十一章）。如今的工厂主认为共产主义正在某处潜伏着，一旦雇主任意雇工、任意开除工人的绝对权利受到限制，共产主义便会冒出来。因此他们在谈论共产主义时，指的不是社会革命，而是他们的财产权和统治权将不具有绝对性，而一旦他们的财产权可以被合法地干涉，那么资本主义社会就会崩溃毁灭了。[35] 所以当社会革命的幽灵再次闯入信心十足的资本主义世界时，资本主义世界发出的恐惧、仇恨之声便更加歇斯底里。血洗巴黎公社（见第九章）证明了资本主义社会的力量。

## 4

资产阶级是主人阶级？没错。是统治阶级？这问题就复杂了。资产阶级显然不是像地主那样的统治阶级。旧式地主的地位给了他们权力，使他事实上对居住在他领地上的人行使有效的国家权力。一般情况下，资产阶级活动范围内的政权和行政权都不是属于他的，至少在其所拥有的建筑物以外的地方是如此（“我的家是我的城堡”）。只有在远离当局的地方，例如孤零零的矿区，或非常虚弱的国家，例如美国，资产阶级的主人们才能指挥政府当局的地方部队，或组织起平克顿私家军队，或把“治安义勇队”的武装集团纠集起来维持“秩序”，从而直接行使那样的政治权力。然而在本书所述的这个时期，资产阶级正式取得政治控制权，或无须与旧时政治精英分享政治控制权的例子，却是凤毛麟角。大多数国家的资产阶级（不论其定义为何）既没有掌控也没行使政治权力，有也只限于次要或市一级的层次。

资产阶级确实行使的是霸权，资产阶级日益决定的是政策。资本主义作为发展经济的方法是无法替代的。这意味着这时期的自由资产阶级（这个阶级随地方不同而有些差别），其经济计划和机制计划都要利用资本主义去实现，资产阶级本身在国家当中所处的关键地位也要靠资本主义去巩固。甚至对社会主义者来说，通往无产阶级胜利的道路也要通过完全成熟的资本主义。1848 年前，人们曾一度认为资本主义的过渡危机已经来临，而且是宣告资本主义寿终正寝的最后一次，至少在英格兰是如此，但人们到了 19 世纪 50 年代才渐渐明白：资本主义方兴未艾，成长的主要阶级才刚刚开始。它的主要堡垒英国，是不可动摇的，至于其他地方，社会革命的前景比以往任何时候更加取决于（说来荒诞）资产阶级的前景如何，包括国内和国外资产阶级的前景，看它是否能使资本主义达到胜利的巅峰。唯有资本主义才有可能将其自身推翻。马克思曾为英国征服印度和美国征服整个墨西哥而欢呼，称此时此举从历史观点看是进步的；墨西哥、印度的进步人士可分别因此与美国、英国的当局联合一致对付本国的传统主义者（见第七章）。从某种意义上说，马克思和印、墨进步人士认识到同样的世界形势。至于保守的、反资产阶级、反自由的政府统治者，不论是在维也纳、柏林或圣彼得堡，他们也承认（不管承认得如何勉强）舍弃资本主义经济发展，就是落后，结果就是衰败。他们的难题是如何在鼓励资本主义以及随着资本主义而来的资产阶级的同时，又可避免出现自由资产阶级的政权。单纯地拒绝资本主义社会和资产阶级思想已不再可行了。唯一公开与它抗衡的是天主教会。天主教会自不量力，结果只有自我孤立。1864 年的《谬误汇编》及梵蒂冈大公会议拒绝一切代

表19世纪中期特权的东西，这种极端行为本身就说明了他们已完全处于守势。

资产阶级纲领实际上居于垄断地位。但从19世纪70年代起，“自由”形式的资产阶级垄断地位已开始崩溃。然而整体说来，在19世纪第三个25年它是相当坚挺的，没有任何人胆敢与它挑战。在经济方面，甚至中欧和东欧的专制主义统治者也废除了农奴制度，撤销了国家经济控制的传统机构，取消法人特权。在政治方面，他们指派更加温和的资产阶级自由主义者任职（或至少与他们达成妥协），成立他们的代表机构（尽管是名义上的摆饰）。在文化方面，是资产阶级生活方式战胜贵族生活方式，旧式贵族相当全面地从文化世界撤退（按当时对文化的理解）：他们变成（如果他们不已经是了的话）马修·阿诺德（Matthew Arnold，1822—1888）笔下的“野蛮人”。1850年后，任何国王如果不具有艺术保护人的身份，是不可思议的，当然疯子例外，例如巴伐利亚的路德维希二世（Ludwig Ⅱ，1864—1886）；贵族如果不是艺术品收藏家也是同样不可思议，除了行为古怪的人外。（俄国的芭蕾恐怕是个例外，然而统治集团成员与芭蕾舞演员之间的关系一向超出纯文化范围。）1848年前人们还担心一旦社会革命爆发，资产阶级能否万无一失地通过这场试验。1870年后资产阶级将再次忧心忡忡，害怕蓬勃发展的工人阶级运动在暗中破坏它。然而在1848到1870年间，资产阶级的胜利却是毫无疑问的，没有受到任何挑战。俾斯麦断言（此公对资本主义社会没有丝毫同情）这个时代是“物质利益”的时代，而经济利益是个“基本力量”。“我相信国内经济发展的问题已在进行当中，而且无法阻挡。”[36]然而，这个时代代表这个“基本力量”的，如果不是资本主义，不是资产阶级创造的世界，不是资产阶级为本身创造的天地，那又是什么呢？

# 第十四章

# 科学·宗教·意识形态

在物色女人方面，贵族比资产阶级更在行（在中国人或黑人眼中，则是更可憎），可是，长子继承制却破坏了自然淘汰法则，这是多大的羞耻啊！

——查尔斯·达尔文，1864 年[1]

人们似乎力图表明，他们对自己聪明程度的评估，是以从《圣经》和《教义问答》中解放出来的程度为标准。

——舒巴赫（F. Schaubach）论民间文学，1863 年[2]

穆勒不禁要为给予黑人和妇女以选择权而呼吁。这是他据以开始的前提所必然导致的结论……

——《人类学评论》，1866 年[3]

## 1

19世纪第三个25年的资本主义社会充满自信，对自己的成就颇为自豪。在人类努力进取的所有领域中，成就最大的莫过于“科学”，即知识的进步。这一时期受过教育的人不但为他们的科学自豪，而且打算把所有其他形式的智力活动，都置于科学之下。统计学家和经济学家库尔诺（Cournot）于1861年说：“对哲学真理的信仰极度冷淡，以致无论公众和学界，除了尚能将哲学著作当作纯学术著作或历史珍品接受外，再也不欢迎这类著作了。”[4]这个时期对于哲学家来说实在晦气。即使在哲学的故乡德国，也找不出一个可以与过去那些大人物相匹敌的哲学家了。法国人伊波利特·泰纳（Hippolyte Taine，1828—1893）曾赞誉过黑格尔，现在却称他为德国哲学“泄了气的气球”之一，而这个黑格尔，即使在自己的故乡也已是明日黄花；然而，“那些在德国主宰着受过教育公众的舆论的、令人厌烦的、自负而平庸的仿效者们”对待黑格尔的方式，却促使马克思在19世纪60年代“公开宣布自己是这位伟大思想家的学生”。[5]当时，斯宾塞在世界各地的影响力都超过其他思想家。但是，他是一位平庸的思想家。撇开斯宾塞不算，当时哲学的两大主流是法国的实证主义和英国的经验主义。实证主义与怪异的孔德学派相联系，经验主义则与穆勒密切相关，这两个哲学流派都自认为是科学的分支。孔德“实证哲学”的两个基础是自然法则的不变性和获得无穷和绝对知识的可能性。如果排除了孔德的“人道宗教”（Religion of Humanity）这个极其古怪的学说，实证主义变得只不过是为实验科学的常规方式做哲学上的辩解而已，此外并无更多深意。与此相似，在许多同时代人看来，用泰纳的话说，穆勒是“打通了归纳和经验这条老路的人”。这种看法不但暗含着以进化论的进步历史观作为自己的基础这样的意思，而且事实上已由孔德和斯宾塞把这层意思表达得明明白白了。用孔德的话来说，实证主义方法或曰科学方法，就是（或将是）人类必须经历的三个阶段中的最后一个阶段的胜利，这三个阶段是神学阶段、形而上学阶段和科学阶段，每个阶段各有其特征，穆勒和斯宾塞至少都同意，最广义的自由主义是对这些特征比较贴切的表述。我们可以稍微夸张地说，依照这种看法，科学的进步已使哲学成为多余，如果说哲学还有一点用处，那也只是在智力实验里为科学家担当助手而已。

此外，既然对科学方法深信不疑，19 世纪下半叶受过教育的人对这一时期的成就印象如此之深，也就不足为奇了。事实上，他们有时甚至会这样想：这些成就不仅给人以深刻的印象，而且也是最终的成就。著名物理学家汤普森（即开尔文勋爵）认为，尽管还有一些较小的问题有待澄清，但物理学的所有基本问题都已经解决。众所周知，他的这种看法错得令人吃惊。

可是，错误既是重大的，却又是可以理解的。科学犹如社会，既有革命时代，也有非革命时代，20 世纪既是社会革命时代，又是科学革命时代，其规模甚至大于“革命的年代”（1789—1848），而本书所论述的时代，除了少数例外，在社会和科学两方面都不是革命的时代。但这并不意味着在有智慧和有能力的传统人士眼里，科学和社会已经解决了所有问题，只是某些非常能干的人觉得，在经济基本模式和物理世界的基本模式等方面，所有的实质性问题都已解决。然而，这的确意味着这些人对他们正在走和应该走的方向没有多少怀疑，对达到前进目标应该怎样思考和如何行动也没有多少怀疑。没有人怀疑物质和知识方面的进步，因为事实十分明显，无法否认。这确实是这个时代占主导地位的看法，尽管对这一事实的看法存在着根本分歧，一些人认为这种进步将或快或慢地继续下去，而且基本上是直线发展；另一些人（例如马克思）则知道，这种进步应该是而且将是断断续续的、充满矛盾的。如同过去那样，怀疑仅可能出现在价值选择方面，诸如生活方式和伦理道德等等，在这方面，单纯的累积是不可能指明方向的。在 1860 年这一年，人们所掌握的知识多于以往任何时候，这一点是毋庸置疑的，但是，人是否比以前“高明”了，这一点却难以用同样的方法证明。然而，关心这些问题的是神学家（他们在知识方面的声誉不高）、哲学家和艺术家（他们受到赞赏，却或多或少有点儿像富人赞赏他们为女人购买的钻石那样）以及左翼或右翼的社会评论家，这些人不喜欢他们所生活的或者说被迫进入的这个社会。1860 年，在受过教育和有较强表达能力的人当中，他们是与众不同的少数。

诚然，在知识的各个领域里都取得了大量明显的进步，但是，相比之下，某些领域显得进展更大，某些领域显然形成得更为完整。物理学看来比化学更成熟。物理学已经超越了具有爆炸性进步的方兴未艾阶段，而化学则明显依然处在这个阶段。反过来看，与生命科学相比，化学乃至“有机化学”明显处于前列。在进步之神速令人兴奋的这个时代，生命科学似乎刚刚起步。事实上，如果说有哪一种科学理论能够代表 19 世纪第三个 25 年的自然科学的进展，并被公认是关键性的理论，那就是进化论；如果说，有一个人主宰着公众心目中的科学形象，那一定是面部粗糙不平，长得多少有些像类人猿的达尔文。数学这个陌生、抽象和理所当然是异想天开的世界，一般公众和科学界都不甚了解，也许比以前更生疏。因为，作为数学世界与一般公众和科学界接触媒介的物理学，似乎比不上当年建立天体力学时那般辉煌。当初若没有微积分，在工程和通讯方面，就不可能取得那些成就，然而现在，微积分越来越跟不上日新月异的数学了。在这方面，最杰出的代表大概应该是这个时期最伟大的数学家黎曼（Georg Bernhard Riemann，1826—1866），他在大学任教期间于 1854 年完成的论文《论构成几何基础的若干假设》（*On the Hypothese Which Underlie Geometry*，发表于 1868 年），是任何论述 19 世纪科学著作不可能不提及的，这情形恰如任何讨论 17 世纪的科学著作不可能不提及牛顿的《自然哲学的数学原理》一样。黎曼的这部著作为拓扑学、微分几何、时空理论和万有引力理论奠定了基础。他甚至还设想过一种类似现代量子理论的学说。然而，黎曼的建树连同数学领域中其他极富创见的成就，要到 19 世纪末物理学的新革命时代开始时，才得到应有的评价。

然而，在自然科学的任何一个学科中，无论是对于知识的发展总方向，还是基本概念和方法论的架构，似乎都不存在严重的不确定性。发现层出不穷，有时非常新颖，但并不出乎意料。达尔文的进化论令人瞩目，但原因不在于这是个新观念（数十年前大家对此概念已很熟悉），而是因为它首次为物种起源提供了一种令人满意的解释模式，而且他用非科学家也丝毫不觉陌生的术语做到了这一点，而这些术语是与自由经济最熟悉的概念——竞争——遥相呼应的。确有一大批科学家以雅俗共赏的文字著书立说，因而很快就广为人知，有时甚至做得有些过分，这些人中有达尔文、巴斯德（Pasteur）、生理学家贝尔纳（Claude Bernard，1813—1878）、菲尔绍（Rudolf Virchow，1821—1902）、亥姆霍兹（Helmholtz，1821—1894）。像汤普森（开尔文勋爵）这样的物理学家更不必说了。科学的基本模式或称基本典型看来十分坚实，然而，一些大科学家，例如麦克斯韦（James Clerk Maxwell，1831—1879），以其本能的审慎提出了自己的看法，从而使他们的看法与后来在极不相同的模式基础上创建的理论并行不悖。

在自然科学界，每当并非因假设不同，而是由于对同一问题的视角不同而发生意见冲突时，也就是说，当一方提出的不仅仅是一个不同的答案，而且是一个被另一方认为无法接受和“不可思议”的答案时，这种冲突就会发展成激烈而又难以解决的对抗，但这种对抗在那个时期并不多见。当克罗内克（H.Kronecker，1839—1914）在数学的无穷问题上猛烈攻击维尔斯特拉斯（K.Weierstrass，1815—1897）、狄德金（R.Dedekind，1831—1916）、康托尔（G.Cantor，1845—1918）时，这种冲突就在鲜有问津者的小小数学界发生了。这种“方法之争”使社会科学家出现分化，可是，如果“方法之争”介入自然科学，其中包括涉及敏感的进化论问题的生物学，反映出来的，与其说是学术性的辩论，毋宁说是想迫使对方接受自己所偏爱的意识形态。没有令人信服的科学理由可以解释这种偏爱何以没有出现。因此，维多利亚时代中期最典型的科学家汤普森（他的典型性在于他集理论、技术、商业于一身，不仅提出了虽属常规但在技术上又是多产的理论，同时在商业上又很成功），对于麦克斯韦的光电磁（electrornagnetic）理论，显然不以为然，结果他们之间的辩论被许多人认为是偏离了现代物理学。但是，由于他认为可以借助他本人的数学工程模型，对麦克斯韦的理论重新进行阐述（实际上并非如此），所以他没有对麦克斯韦的理论提出挑战。汤普森在已知物理规律的基础上再次洋洋得意地做出论证，认为太阳的存在距今不超过5亿年，因此地球的地质和生物就不曾有足够的时间实现进化（他是正统的基督徒，因而对这个结论深感欣慰）。根据1864年的物理学判断，他是正确的，因为要到核能被发现后，物理学家才对太阳（因而也对地球）的存在做出了距今远远超过5亿年的推测，然而，当时核能尚未发现。但是，汤普森并未想到，如果他的物理学与已为科学家们普遍接受的地质学相抵触，是否他的物理学可能有不完善之处；他也不曾考虑，地质学家会置物理学于不顾而径直前进。就物理学和地质学的进一步发展而言，这场辩论仿佛不曾发生。

科学界沿着自己的智力轨道向前发展，正如铁轨不断向前延伸一样，科学界展示了一幅在新的领域里不断铺下同类轨道的前景。在天文学方面，用更大型的望远镜和测量仪器［这两者大多是德国的成果。19世纪90年代之前，夫朗和费（Joseph Fraunhofer，1787—1826）的望远镜式样，是后来安装在美国天文台的巨型折射望远镜的原型。英国天文学在程度方面落在欧洲大陆之后，但它以其长期不间断的观察记录弥补了这个缺陷，“格林尼治（Greenwich）可以比作一个历史悠久的公司，它循规蹈矩，名声显赫，不愁没有顾客，也就是说，全世界的航运业都是它的顾客。”］进行了一系列新的观测，采用了新的摄影技术和光谱分析法。光谱分析法首次于1861年应用于星光分析，后来证明这是一种极为有效的研究工具。天空中可以让老一代天文学家吃惊的事似乎并不多。

物理学在19世纪上半叶获得了戏剧性的进展；热与能这两种表面上迥然相异的物理现象，居然由热力学（thermodynamics）统一起来了，与此同时，电、磁乃至光，均趋于采用同样的分析模式。热力学在 19 世纪头 25 年中虽然未能取得重大进展，但是汤普森在 1851 年却完成了使新的热理论与旧的力学理论彼此协调的过程［《热的动力当量》（*The Dynamical Equivalent of Heat*）］。现代物理学的前辈麦克斯韦 1862 年提出了极为出色的光的电磁理论数学模式，该模式既深刻又留有进一步探讨的余地，为日后发现的电子打通了道路。可是，也许因为麦克斯韦未能以适当的方式阐明他所说的“有点儿棘手的理论”（直到 1941 年才阐述清楚！）[6]，他始终未能说服汤普森、亥姆霍兹这类站在前列的同时代科学家，甚至连成就卓著的奥地利人玻尔茨曼（Ludwig Boltzmann，1844—1906）也未能说服。玻尔茨曼写于 1868 年的论文，事实上已经将统计力学作为一个研究对象提出来了。19 世纪中期的物理学大概不如此前和此后的物理学那样光彩夺目，不过，物理学理论的进展还是相当可观的。然而，其中的电磁理论和热力学规律似乎“意味着已达到某种终结”（贝尔纳语）。[7] 无论如何，以汤普森为首的英国物理学家，实际上还有在热力学方面获得了开创性成果的那些物理学家，都受到一种看法的强烈影响，认为人类已经对自然规律获得了最终的认识。然而，亥姆霍兹和玻尔茨曼却不为这种看法所动。也许由于物理学为建立力学模式提供了极大的技术可能性，从而使得关于这门学科已达到终极的说法更具诱惑力。

化学是自然科学中的第二大学科，也是 19 世纪方兴未艾、最具活力的学科。化学显然没有达到某种终极，其扩展令人惊异，尤其在德国。从漂白粉、染料、化学肥料到药品和炸药，化学在工业中的这些广泛应用是其中的重要原因之一。科学界的所有从业人员中，化学家占了一半。[8] 在 18 世纪的第三个 25 年中，化学已经奠定了作为一门成熟科学的基础，此后一直蓬勃发展，而在 19 世纪的第三个 25 年中，它已成了令人兴奋不已的源泉，涌现出许多思想和发现。

人们已经认识了化学基本元素的变化过程，最重要的分析仪器也已经具备。由不同数量的基本单位（原子）组合而成的数量有限的化学元素，由分子的基本多原子单位组合而成的元素化合物以及这些组合过程规律中的某些概念，所有这些都已为人们所熟知；而这些正是化学家在重要活动中取得巨大进展，即对不同的物质进行分析和综合时所必需的。有机化学这个特殊领域虽然依然局限于对材料性能的研究，其中主要是对煤这类由远古时代的生物变成的资源在工业生产中的有效性能的研究，但从总体上看，有机化学却已呈现出一派兴盛的局面。生物化学的研究对象是物质在有生命的物质组织中如何活动，它此时离进入生物化学研究尚有一段距离。化学模式依然不甚完善，然而，了解化学模式的努力却在19世纪第三个25年中取得了实质性进展。由于取得了这些进展，人们掌握了化合物的结构，从此之后，化合物便可以简单地从数量角度（一个分子所含的原子数量）进行观察了。

阿伏伽德罗（Avogadro）于1811年提出的定律，使得确定一个分子中的原子数量成为可能；在意大利实现统一的1860年，一位爱国的意大利化学家在一次国际会议上，提请与会者注意阿伏伽德罗的定律。此外，巴斯德于1848年发现，化学性能相同的物质，其物理性能可能各不相同，例如，光的偏振的平面可以是旋转的，也可以是不旋转的，这是化学借用物理学所取得的又一成果。由此引出的结论之一是，分子具有三度空间；此外，1865年，坐在伦敦马车上的德国著名化学家凯库勒（Kekulé，1829—1896）——这是维多利亚时代常见的场景——首次想到了复合结构的分子模式，也就是著名的苯环理论。这个理论认为，每个苯环由六个碳原子组成，并有一个氢原子附在上面。可以说，建筑师或工程师的模式取代了化学公式中$C_6H_6$这种此前一直使用的会计师的计数模式。

在这个时期的化学领域里，更加了不起的一件事大概是门捷列夫（Mendeleev，1834—1907）元素周期表的大范围推广。由于解决了原子量和化合价的问题（元素中的一个原子与其他原子结合的数量），在19世纪初期一度兴盛之后便不受重视的原子理论，在1860年后再度令人瞩目，与此同时，对分光镜形状的技术改进（1859年），也促成了若干新元素的发现。此外，在 19 世纪 60 年代中期，标准化和计量技术也有长足进步（其中如电工学中的伏特、安培、瓦特、欧姆等的确定，这些计量单位如今已人人皆知）。依据化合价和原子量对化学元素进行重新排列的工作，也在这个时期进行了多次尝试。门捷列夫和德国化学家迈尔（Mayer，1830—1895）在这方面做了努力，从而得出了元素的性能随原子的重量和周期变化的结论。这个结论的杰出之处，在于人们根据这项原理做出推测，总数为92的元素周期表上尚有空缺，有待填补，并预言了这些尚未发现的元素性能。门捷列夫的周期表为基本物质的种类确定了一个极限，从而令人觉得，原子理论的研究至此似乎已告终结。然而事实却是，“应该以一个新的物质概念去寻找其完整的解释，这种新的物质概念不再视原子为不变，而是将原子视为处于相对不断地与少量基本粒子结合的状态中，而这些基本粒子本身也可能发生变化和转化”。不过，门捷列夫就像麦克斯韦那样，似乎是为以往的争论结了尾，而不是为新的争论开了头。

生物学远远落在物理学后面，究其原因，作为生物学实际应用者的农民，尤其是医生的保守主义难辞其咎。回顾往昔，早期最伟大的生理学家之一是贝尔纳，他的研究为现代生理学和生物化学奠定了基础，他还在《实验医学研究导论》（*Introduction to the Study of Experimental Medicine*，1865 年）一书中，对科学研究过程做了前所未有的细致分析。然而，他虽然声誉卓著——尤其在他的祖国法兰西——但他的发现却并未立即得到应用，他在当时的影响力也逊于他的同胞和同行巴斯德。巴斯德与达尔文并驾齐驱，是 19 世纪中期在公众中知名度最高的科学家。他借由化学工业，确切地说，他借由对啤酒和醋有时会变质，而化学分析对这种现象却不能提供答案这一困惑进入细菌学领域，并成为这个领域的先驱者［他在这项研究中的合作者是原籍德国的科赫医生（Robert Koch，1843—1910）］。显微镜、细菌培养、幻灯显示等细菌学的技术手段，根治动物和人的某些疾病等生物学的直接应用，这两方面的成就使生物学这门新兴学科，不但易于为人们所接近和理解，而且颇具吸引力。经利斯特（Lister，1827—1912）更进一步的完善，防腐法、巴氏灭菌法和其他防止微生物侵入生物有机体的方法和疫苗接种，都已切实掌握，有关的论证和结果已相当充分，从而令医务界的顽固抵制难以为继。细菌研究为生物学进而为研究生命的实质，提供了具有巨大实效的手段，但是，这个时期的生物学并未提出因循守旧的科学家无法立即接受的理论问题。

当时生物领域中最有价值的惊人进展，与生命的物理、化学结构和机制研究，仅有微不足道的关联。通过自然淘汰而实现进化的理论远远超出了生物学范畴，它的重要意义也在于此。进化论肯定了历史对于所有科学的胜利，虽然与科学相联系的历史通常总是被当代人与“进步”混为一谈。况且，由于进化论把人本身置于生物进化的全局中去考察，从而打破了自然科学与人文科学或社会科学之间的明晰界线。从此之后，必须把宇宙，至少是太阳系，当作一个持续不断的变化过程来考虑。太阳系和其他星球正处在这种历史的中途，正如地质学家业已指出的那样（参见《革命的年代》第十五章），地球也正处在这种历史的中途。有生命的物质如今也被纳入这个过程之中，尽管生命本身是否由无生命物质演化而来，这个问题不但尚未解决，而且基于意识形态的原因，始终十分敏感（伟大的巴斯德坚信他本人已经阐明，这种演化是不可能的）。达尔文不但把动物，也把人类引入了进化论的审视范围之内。

19世纪科学所面临的困难，主要不在于接受这种将宇宙视为一个历史进程的看法。在一个发生了许许多多至为明显的历史性变革的时代，相信这一点是再容易不过了。困难在于如何把这种看法与不变的自然规律，与大体相似、持续不断而且非革命性的运转结合起来。从自然规律出发，社会革命是否必要就成了问题，传统宗教的必要性更受到怀疑，因为宗教典籍所宣扬的是间断变化（创世记）和不符合自然规律的东西（奇迹）。然而，这个阶段的科学似乎也相信一致性和不变性，而且似乎把简化理论看作科学的根本理论。唯有马克思这样的革命思想家才会认为有可能出现二加二不等于四而等于别的什么，或既等于四又等于别的什么的情况。（在数学家们有关无穷的讨论中，这个问题之所以引起震动，原因是仅用算术已不能获得预想的结果。）地质学家取得了重大成就，他们认为，借助今天依然可见的完全一样的那些力量，就能对没有生命的地球上过去和今天所观察到的种类繁多的东西做出解释。只要有足够的时间，天择说就能对包括人类在内的有生命物种何以会种类繁多做出解释。这一成就曾促使并继续促使思想家们否认或低估这种迥然不同而且崭新的看法，这种看法力图对历史变化做出解释，将人类社会的变化归结为生物进化规律，因此产生了严重的政治后果或政治意图（社会达尔文主义）。西方科学家生活在其中的社会——所有科学家都属于西方社会，连处在西方世界边缘的俄国科学家也属于西方社会——把稳定和变化合而为一，进化论也这样认为。

但是，进化论是激动人心的，或者说是咄咄逼人的，因为进化论首次刻意与传统势力、保守主义和宗教进行论战，并与之发生激烈冲突。它否定了人类一直被赋予的特殊地位。进化论所受到的抵抗来自意识形态。按照上帝形象创造出来的人，怎么就只不过是发生了变化的猴子呢？如果说有必要在类人猿和天使之间做出选择，那么达尔文主义的反对者选择了天使。抵抗之激烈显示了墨守成规和有组织的宗教势力之强大，由于这场讨论是在高层文化人士中展开的，因而即使在思想最解放的西方受过教育的人群中，墨守成规和宗教也照样颇有市场。进化论者竟然立即公开向传统势力发出挑战，并相对迅速地取得了胜利，这一点同样惊人，也许更加惊人。进化论者在 19 世纪上半叶人数众多，但是他们之中的生物学家却小心翼翼，多少有些出于个人的恐惧，连达尔文本人也从自己提出的观点后退了。

进化论盛行的原因不在于人是由动物进化而来的证据来势太猛，以致无法抵挡，虽然在 19 世纪 50 年代，这类证据的确被迅速搜集。对于 1856 年发现的尼安德特人（Neanderthal）的头盖骨，已不可能做出别种解释。事实上早在1848年前，证据已足够有力。真正的原因在于下列两项事实构成了极佳的机遇：一是主张自由主义和进步的资产阶级迅速崛起，二是这个时期没有发生革命。向传统势力的挑战日益强大，但这种挑战似乎不会再引起巨大的社会变动。在达尔文身上就体现了这两个事实。他是资产阶级，是温和的左派自由主义者，从19世纪50年代起（之前并非如此），他就准备义无反顾地与保守主义和宗教势力进行一场面对面的论战。但他彬彬有礼地谢绝了马克思将《资本论》第二卷献给他的好意。[8a] 总之，他终究不是革命者。

达尔文主义的命运不再取决于它能否成功地说服广大的科学家，也就是说，不再取决于《物种起源》(*The Origin of Species*)无可争辩的功绩，而是取决于因时间和国家而异的政治和意识形态方面的态势。长期以来为进化论思想提供了某些重要成分的极左派，当然立即就接受了进化论。华莱士（Alfred Russel Wallace，1823—1913）事实上在没有受到达尔文启示的情况下，也发现了天择理论，因而与达尔文分享荣誉；他从工匠科学的传统和激进主义走来，而激进主义在19世纪初年曾发挥过重大作用，并对“自然史”表示了由衷的欢迎。华莱士在宪章运动派和欧文主义者的“科学堂”中成长，他始终是一位极左派，晚年又投身于积极支持土地国有化乃至社会主义的活动。与此同时，他依然保持着对异端以及平民意识形态、骨相学和唯灵论的信仰（见第十五章）。马克思很快就将《物种起源》欢呼为“我方观点的自然科学基础”[9]，社会民主主义在马克思的一些学生，例如考茨基(Kautsky)的大力鼓动下，染上了浓厚的达尔文主义色彩。

社会主义者对达尔文主义的好感，并未妨碍强大而又进步的自由主义中产阶级欢迎乃至支持达尔文主义。达尔文主义很快在英国取得胜利；在充满自信气氛的德国，达尔文主义也在实现德国统一的10年中取得了胜利。法国的中产阶级偏爱稳定和拿破仑建立起来的帝国，知识阶层则认为，无须从非法兰西，也就是从落后的外国输入思想，所以，直到帝国倾覆、巴黎公社失败之后，达尔文主义才在法国迅速取得进展。在意大利，进化论斗士对于隐而未露的社会革命思潮的忧虑，远甚于因教皇的呵斥而引起的不安，不过，他们也有足够的自信。达尔文主义在美国不但立即取得胜利，而且很快就转变为富有战斗精神的资本主义观念。反对达尔文进化论的人，包括科学界的反对派在内，都是来自社会保守派。

## 2

进化论把自然科学与人文科学或曰社会科学连接了起来，尽管人文科学和社会科学这些术语当时尚未诞生。可是，人们第一次深深感到需要创立一种专门的、从整体上研究社会的学科，这个学科不同于已有的各种与人类事物有关的学科。1857 年创立的英国社会科学促进协会（The British Association for the Promotion of Social Science）并无奢望，只想把科学方法应用于社会改革。1839 年，孔德创造了社会学（sociology）一词，斯宾塞（他于 1876 年撰写了一部早熟的著作，论述社会学和其他多种学科的原理）则使此词广为人知；于是，社会学成了人们争相谈论的一门学科。到了 19 世纪第三个 25 年末期，社会学既未成为公认的学科，也没有成为一门教学课程。另一方面，与社会学性质相似但外延更为广阔的人类学却迅速崛起，在法学、哲学、人种学和游记文学、语言和民俗研究以及医学之外，成为一门公认的学科［通过当时普遍开展的“体质人类学”（physical anthropology），这门学科使测量和搜集不同人种的头盖骨蔚为时髦］。第一位公开讲授这门课程的人，大概是 1855 年在巴黎国家博物馆（Musée National）担任专门讲授此课的教授加特尔法奇（Quatrefages）。1859 年创建了巴黎人类学学会（Paris Anthropological Society），此后，类似的组织相继在伦敦、马德里、莫斯科、佛罗伦萨和柏林建立，从而促使人们在 19 世纪 60 年代对这门学科的兴趣骤增。心理学（又一门新兴学科，创立者这回是穆勒）仍然与哲学联系在一起。贝恩（A. Bain）的《精神与伦理科学》（*Mental and Moral Science*，1868 年）依旧把心理与伦理搅在一起。不过，冯特（W. Wundt，1832—1920）的心理学已经越来越注重实验；曾为伟大的冯特当过助手的亥姆霍兹，则促使心理学日益朝着注重实验的方向发展。无论如何，到了 19 世纪 70 年代，心理学显然已经在德国的各个大学里成了一门被广泛接受的学科，不但如此，心理学还进入了社会学和人类学领域，一本兼论语言学和心理学的专门杂志早在 1859 年就已创刊。[10]

用"实证科学"，尤其是实验科学的标准来衡量，这些新学科创下的纪录算不得多么惊人，尽管其中的三门：经济学、统计学和语言学，也许已经可以声称自己取得了名副其实的一系列成就（见《革命的年代》第十五章）。经济学和数学的关系变得紧密而直接［这是两位法国人库尔诺和瓦尔拉（L. Walras，1834—1910）促成的］，统计学在社会现象研究中的应用已相当普遍和有效，从而促进了它在物理学中的应用。至少，攻读以麦克斯韦为先驱的统计学渊源的学生们是这样做的。社会统计学无疑比以往任何时候都蓬勃兴盛，应用这门学科的人在公共部门里求职毫无困难。自 1853 年起，国际统计学大会不时举行，令人钦佩的著名学者法尔博士（William Farr，1807—1883）当选为皇家学会（Royal Society）会员后，统计学作为一门学科的地位也随之得到了公认。语言学则沿着另一条路线发展，下面我们将会谈到。

然而，从总体上看，这些成果并无惊人之处。1870 年前后在英国、奥地利和法国同时发展起来的边际效用学派，表面上漂亮精致，实际上却显然远比"政治经济学"狭窄（甚至也比固执的德国"历史经济学派"更狭窄）；就此而言，边际效用学派是采取一种不太现实的解决经济问题的方法。在自由主义社会中，社会科学不同于自然科学，它并未刺激工艺技术进步。既然经济的基本模式看来已臻于完善，有待解决的重大问题，例如收入增长、可能发生的经济崩溃、收入分配等等，已不复存在。事实上，那些尚未解决的问题，就交由市场经济的自发作用（下文将围绕这个问题进行分析）去解决，只要这些问题是人们不能解决的。尽管如此，事情毕竟在逐步改善和进步，似乎无须经济学家们集中精力研究这门学科中更为深层的问题。

资产阶级思想家们依然关心的，与其说是资本主义世界的经济问题，不如说是社会和政治问题，对于法国和德国来说，更是如此。在法国，革命的危险仍然留在人们的记忆中；在德国，随着工人运动的兴起，爆发革命的危险已经开始显露。但是，德国思想家们虽然从未全盘接受大量涌入的极端自由主义理论，他们却如同随处可见的保守派那样，担心建立在自由资本主义基础上的社会将被证明是危险和不稳定的社会，他们苦无良策，唯一的建议是进行预防性的社会改革。社会学家的社会概念是类似生物学的“社会有机体”概念，它与阶级斗争概念全然不同，是一种所有的社会集团各司其职、相互合作的概念，充其量是披上了19世纪外衣的陈旧保守主义，因而很难与这个世纪的另一种生物学概念彼此相容，后者以主张变化和进步（即“进化”）为其特征。前者实际上只是为宣传提供了良好基础，但不是为科学。

因此，这个时代唯一提出了阐述社会结构和社会变化的综合理论思想家，就是主张社会革命的马克思，他受到了经济学家、历史学家和社会学家的尊敬和赞誉，至今仍为人所敬仰。这是一个了不起的成就，因为马克思的同时代人（除了某些经济学家），不是已被今天受过良好教育的人忘得一干二净，就是经历了一个世纪的风吹雨打后已经憔悴不堪，幸好今天在思想库里搜寻古物的人还能从他们的著作中重新发现已被遗忘的功绩。但是，孔德或斯宾塞无论如何总是知识界的重要人物，这件事并不令人惊异，令人惊异的倒是那位曾被视为当今亚里士多德的人突然消失了。孔德和斯宾塞在他们活着的时候其知名度之高和影响力之大，是马克思无法比拟的。马克思的《资本论》在1875年被一个不知其名的德国专家批评为一个自学成才者的作品，对以往25年的进展一无所知。[11] 因为在此时的西方，认真看待马克思的只有国际工人运动，尤其是德国日益高涨的社会主义运动，可是即使在德国，他对知识界的影响也微乎其微。然而，在革命形势日益高涨的俄国，知识分子们却如饥似渴地阅读马克思的作品。《资本论》德文第一版（1867 年）印了 1 000 册，整整五年才卖完，可是 1872 年此书的俄文版也印了 1 000 册，却不到两个月就被一抢而光。

马克思为自己提出的问题，也是其他社会科学家企图答解的同一问题，即从前资本主义社会向资本主义社会过渡的性质和动力，以及其特殊的作用方式和未来的发展趋势。人们对马克思的回答比较熟悉，此处无须赘述；不过有必要指出，马克思抵制了把经济与其他历史社会条件分割开来的倾向，而这种倾向当时在各地都日趋强大。19 世纪社会的历史发展问题，促使理论家和实践者都去深入研究久远的过去。因为在资本主义国家中，日益扩张的资本主义社会正在与其他社会相遇并加以摧毁，正在逝去的以往和正在到来的现在发生了公开的冲突。德国思想家看到，他们国家原本区隔森严的"阶级"社会正在让位给阶级冲突的社会。英国法学家，特别是其中曾在印度生活过的人，对"身份制"的古代社会和"契约制"的近代社会做了对比，认为从前者过渡到后者，是历史发展的基本模式。俄国作家们同时生活在两个世界中，一个是古老的农村公社世界，他们当中的多数人都曾在昔日领主的庄园里度假时认识了这个世界；另一个则是到处旅行的西化知识分子的世界。对于 19 世纪中期的观察家来说，除去古老文明和古老帝国的历史以外，所有的历史同时共存：古老的文明和古老的帝国已随着古典时期一起被（彻底）埋葬了，正等待着德国考古学家谢里曼（H. Schliemann，1822—1890）到小亚细亚古城特洛伊（Troy）和希腊古城迈锡尼（Mycenae）进行发掘，也等待着比特里（Flinders Petrie，1853—1942）到埃及使它们重见天日。

也许有人曾希望，与以往的历史紧密相连的历史学，能对社会科学发展做出特殊的重大贡献，但是，作为一门纯学术，历史学对社会科学的帮助微不足道。绝大多数历史学家关心的是帝王、战争、条约、政治事件或政法制度，总之，他们关心的，纵然不是披戴历史服装的现代政治，至少也是以往的政治。他们在整理得井井有条、保存得极好的档案资料基础上，苦苦地进行方法论研究，他们（追随领头的德国人）日甚一日地出版学术论文和专门性杂志。1858年德国的《史学杂志》（*Historische Zeitschrift*）创刊，1876年法国的《史学评论》（*Revue Historique*）开始发行，1886年英国的《历史评论》（*Historical Review*）诞生，1895年《美国历史评论》（*American Historical Review*）也告问世。不过，他们的著作如今仍是永存的博学纪念碑，至今对我们仍有吸引力。退一步说，那些开本极大的小册子，至今还有人在读，至少作为文学作品来读。尽管某些历史学家表现出温和的自由主义倾向，他们的学术著作却总是流露出一种偏好、眷恋往昔，甚至怀疑未来的倾向，如果对未来尚未表示遗憾的话。这一时期的社会科学都有这种倾向。

然而，虽然从事学术研究的历史学家沿着做学问的路走，历史学却依然是新兴社会科学的主要组成部分。这一点在一派繁荣的语言学领域里尤为明显，用现在通行的术语，那时的语言学应该称作历史比较语言学。与其他许多学科一样，德国人在这门学科中占有举足轻重的分量。历史比较语言学的主要研究对象是重现印欧语系的历史发展，也许由于印欧语系在德国称作“印德”（Indo-German）语系，所以它在德国引起的关注即使不说是民族主义的，至少也是全民族的。斯坦塔尔（H. Steinthal，1823—1899）和施莱切尔（A. Schleicher，1821—1868）都为建立一种更为广阔的语言类型，即发现语法和语言的根源及其历史发展做出了努力，但是，他们所建立的语言谱系在很大程度上依然是猜测的产物，多种“语系”（genera）和“语族”（species）之间的从属关系仍相当令人怀疑。事实上，除了犹太人和《圣经》研究者感兴趣的希伯来语和相近的闪族语以及某些芬兰–乌戈尔（Finno-Ugrian）语的著作外（匈牙利可以看作芬兰–乌戈尔语在中欧的代表性地区），在19世纪历史比较语言学比较发达的国家中，并没有多少印欧语系以外的语言得到有系统的研究（以美洲印第安语为基础的美国语言学派，也没有获得进展）。另一方面，在19世纪上半叶获得的重要学术成就，都在印欧语系的演变史研究中，得到了系统性的应用和进一步的发展。在德国人深入调查研究的基础上，格林（Grimm）发现了语音的变化规律，重现了无文字时期的词汇模式和“谱系”（family trees）的分类。其他演化模式［如施密特（Schmidt）的“波状理论”（wave-theory）］也竞相提出，类比法（尤其是语法类比）有了进一步的发展，因为撇开了比较，就没有历史比较语言学可言。到19世纪70年代，青年语法学派（Junggrammatiker）确信他们有能力重建早期印欧语系，从东方的梵文到西方的凯尔特语（Celtic），许许多多种语言的起源都可以追溯到这种早期印欧语，令人敬畏的施莱切尔竟然能用这种重建的印欧语进行写作。现代语言学走的是一条与19世纪中期迥然不同的道路，它也许做得过了头，完全摒弃了对于语言的历史和演变的关注，就此而言，历史比较语言学在19世纪第三个25年中，基本上是在已知的原理指导下，而不是在超前的新原理指导下取得进展的。然而，这门学科确实是一门典型的以进化论为指导思想的社会科学，用当时的标准来衡量，应该说是一门既在学术界也在公众中取得了巨大成就的学科。遗憾的是，这门学科却在公众当中［尽管牛津的马克斯–缪勒（F. Max-Muller，1823—1900）等学者竭力加以否认］起到了为种族主义推波助澜的作用，操印欧语的民族（印欧语完全是一个语言学概念）竟然被等同于“雅利安人种”（Aryan race）。

在人类学这门同样发展迅速的社会学科中，种族主义显然也扮演了主要角色，人类学其实是“体质人类学”（主要是从人体解剖和类似的研究中衍生出来的）和“人种学”（即对各种落后的或原始的人群的描述）这两门截然不同的学科融为一体的产物，体质人类学和人种学不可避免地彼此参照，而且事实上两者的关键都是以下两个问题：一是不同人群的区别问题，二是（被置于进化模式中的）人类和不同类型社会的由来问题。在不同类型的社会中，资本主义社会无疑处在最高层次。体质人类学自然地导出“人种”观念，因为白种人、黄种人和黑种人以及黑人、蒙古人和高加索人（或者使用任何其他分类法）之间的区别是不争的事实。这种区别本身并不意味着不同的人种有优劣之分，然而，这种区别一旦与基于史前发掘的人类进化研究相结合，这就意味着人种有优劣之分了。因为，可以识别的人类远祖，特别是尼安德特人，不仅明显地更像类人猿，而且在文化上也显然与他们的发现者无法相比。因此，如能证明某些现存人种比另一些现存人种与猿更接近些，那岂不是就证明前者劣而后者优吗？

这种论调虽然软弱无力，但对于那些力图证明白种人优于黑种人或所有其他人种的人来说，这种论调却具有一种天然号召力。（在带有偏见的人看来，即使在中国人和日本人身上，也能找出猴子的体质特征来，就像许多现代漫画证明的那样。）但是，如果说达尔文的生物进化论把物种设想为有等级之分，那么文化人类学所运用的比较方法也做出了同样的假设，泰勒（E. B. Tylor，1832—1917）的《原始文化》（*Primitive Culture*，1871年）一书便是文化人类学的一个里程碑。泰勒和许多相信人类是逐步进化而来的学者，对那些尚未灭绝的人群和文化进行了考察，这些本质上并不算低劣的人群和文化正处于从进化早期阶段向现代文明迈进的路上。他们被类比成一个人的童年或幼年时期。这意味着一种阶段理论（在这一点上，泰勒受到孔德的影响），泰勒以一个受人尊重的人在接触这个当时仍然具有爆炸性的问题时很谨慎，将这种理论运用在宗教上。从原始的“万物有灵论”（这个词是泰勒创造的）通向更高阶段的一神教，最终达到科学胜利的道路，应该会“逐步取代那些不受系统规则约束的自发行动”。[12]不过（科学能不求助于心灵而对日益增多的亲身体验做出解释），在这个过程中，在早期文明的历史发展中已经发生变化的“幸存物”依然到处可见，即使在已开化民族的某些“落后”面貌中也能见到，例如，农村的迷信和某些习俗等。这样一来，农民就成了联系野蛮人和文明社会的纽带。视“人类学”为“本质上是改革者的科学”的泰勒，当然不相信这说明了农民没有能力完完全全地变为文明社会中的工薪族成员。但是，代表文明发展的童年时期或幼年时期的人，他们也像个孩子，需要他们成年的“双亲”把他们当作儿童来照看，还有什么比这样想更方便呢？《人类学评论》（*Anthropolgical Review*）写道：

> 黑人是母腹中的胎儿，蒙古人是幼童。同样我们也发现，他们的政治体制、文学和艺术也显出同样的幼稚和不成熟。他们是年幼的孩童。他们的生命是一种历练，他们的首要品德则是无条件服从。[13]

奥斯本（Osborn）船长在1860年也以海军的粗鲁方式说过类似的话：“拿他们当孩子对待，让他们干我们所知道的对他们和我们都有好处的事，这样，中国的一切困难都能解决。”[14]

因此，其他人种都是低劣的，因为他们尚处在生物进化的早期阶段，或者尚处在社会文化发展的早期阶段，或是二者兼而有之。这些人种之所以是低劣的，那是因为衡量的标准是“优良人种”自己的标准，他们是优良人种，他们的工艺技术先进，军事强大，富有而“成功”。这种论点使人听了很受用，而且顺理成章，以至中产阶级想把这种说法从贵族手中接过来（贵族长期以来自认为属于上等人种），以便用于国内和国际目的。穷人之所以穷，是因为他们属于“下等人种”，因此他们的贫穷落后就不足为奇了。这种说法当时尚未披上现代遗传学的外衣，因为那时遗传学尚未创立。尽管修士孟德尔（Gregor Mendel，1822—1884）已在他的摩拉维亚修道院的菜园子里对豌豆进行实验（1865年），可是当时无人知晓，直到1900年前后被重新发现后才闻名于世。但是，一种幼稚的观点却被广泛接受，这种观点认为，上层阶级是由高等人种所组成，通过内部通婚增加其优越性，若与下等人混杂，其优越性将受到威胁，而下等人如果高速增殖，威胁就更大（主要是意大利的）。“犯罪人类学”派则从反面表达了同一种思想，他们力图证明，罪犯、反社会分子、下层社会民众都属于有别于上等人的“下等人血统”，而且指出这一点可由测量头盖骨或其他简单方法得到证实。

在19世纪第三个25年中，种族主义充满在人们的脑海中，其严重程度今天难以确切想象，也难以理解（例如，为什么人们普遍惧怕人种混合，为什么白人几乎普遍相信“混血儿”所继承的恰恰是父母所属人种的最坏特征）。这种论调除了可以方便为白人统治有色人种以及富人统治穷人找到理由外，也许还可以把它解释为一种机制，借助这种机制，建立在根本不平等的意识形态基础上的不平等社会，可以使其不平等的现象合理化，并竭力为其社会体制中隐含的民主所必然难以容忍的特权进行辩解并提供保护。自由主义没有说得通的理由反对平等和民主，于是，无法自圆其说的人种理论便被捧了出来，作为自由主义的王牌；科学竟然能够证明，人本来就是不平等的。

但是，尽管某些科学家希冀能证明这一点，但在19世纪第三个25年，科学显然无法证明这一点。根据达尔文的说法逆推（“适者生存”，生存者必然是适者），并不能证明人优于蚯蚓，因为人和蚯蚓都成功地存活下来了。“优越性”是以进化史等同于“进步”这一假设为前提所导出的结论。人的进化固然正确地显示了某些领域（特别是科学和技术）中的进步，却没有对这些领域给予充分的注意，人类进化史既没有也不可能使“落后”不可救药地永远落后。因为，人类进化史是建立在这样一个假设之上，即至少从智人出现以后，尽管人生活在不同历史环境中，他们却是一样的，他们的行为遵循同样的普遍规律。英语与早期印欧语不同，但其原因并不是英国人在语言上的行为有别于当时被普遍认为生活在中亚的始祖部族。出现在历史比较语言学和人类学中的人的“基本范型”，包含着与遗传学相对立的成分或其他永恒的不平等形式。澳大利亚原住民、太平洋诸岛的岛民以及印第安易洛魁人的血统体系，开始成为现代社会学创始人，例如摩尔根（Lewis Morgan，1818—1881）认真研究的对象，尽管他们只在图书馆进行初步研究，而不是在现场，这些血统关系被看成是19世纪的人种在进化过程中的早期遗存。然而，重要的是它们是可比较的，虽有不同之处，但并不一定就是低劣（这一点当然可以适用于上古时期的民族，他们的族系是家庭发展史先驱性研究的基础。J. Bachofen's *Matterrecht*, 1861年）。“社会达尔文主义”和种族主义的人类学和生物学，它们都不属于19世纪的科学，而属于19世纪的政治。

当我们回顾这一时期的自然科学和社会科学时，对他们如此自信的态度尤感惊异。就自然科学而言，这种自信心明显缺乏理由，就社会科学而言，则稍说得通些，但这两者显然都没有道理。物理学家们觉得留待他们的后继者去做的事已寥寥无几，只剩下一些次要问题有待进一步澄清，他们所表露的心境与施莱切尔一样。施莱切尔确信，古代雅利安人的语言就是他推定并重建的那种语言。这种想法并非建立在研究结果的基础之上，因为进化论的各门学科都难以借由实验来证明其正确与否，而是基于对“科学方法”绝对可靠的信任。“实证”科学以客观的、已被探明的事实为研究对象，它与因果关系有坚实的联系，经得起质疑和故意更改，能推导出一致的、不变的普遍规律，因此，实证科学是阐明宇宙的万能钥匙，19世纪已经掌握了这把钥匙。不但如此，随着19世纪世界的兴起，以迷信、神学和臆测为特征的人类幼年时期已经结束，孔德实证科学理论的“第三阶段”已经到来。在方法的适当性和神学模式的永恒性两方面，要想嘲笑上述那种自信心，简直易如反掌；但是，正如某些老一代哲学家本应指出的那样，这种自信心仍有足够的力量，让人们深信不疑。既然科学家们觉得自己可以很有把握地阐明自己的观点，对专家们的自我肯定深信不疑的那些小思想家和小评论家就更是如此了。因为他们听得懂专家们所说的大部分内容，至少当专家们尚无须借助高等数学便能阐明自己的理论的时候，他们能够听懂。即使在物理学和化学领域里，他们也依然算得上是“实践者”之一，比方说是个工程师。达尔文的《物种起源》连外行人也完全读得懂。常识固然不高明，但它无论如何总让人知道，自由资本主义进步、胜利的世界，乃是可能有的最好世界，所以，再没有比借助常识来动员整个宇宙为这个世界的偏见而努力更轻松的事了。

于是，评论家、推广家和思想家，都从西方世界的各个角落，从一切被“现代化”吸引的当地精英所在地被发掘出来。过去，在本国以外曾享有而且依然享有名望的杰出科学家和学者，其分布极不均匀。事实上，他们多半集中在欧洲和北美洲（在这方面，伊比利亚半岛和巴尔干半岛在欧洲处于落后地位）。而今，高水准而且具有国际水平的著作大量出现在东欧，尤其是俄国，这大概是这个时期“学术”地图的最大变化，尽管这个时期的科学史不可能无视一批杰出的北美科学家，尤其是物理学家吉布斯（Willard Gibbs，1839—1903）。但是，不能否认，到了 1875 年，出自喀山和基辅各大学的著作，比出自耶鲁和普林斯顿大学的著作更为引人注目。

但是，地理分布不足以说明这一时期逐渐主导学术界的事实，即德国人的主宰地位，为他们撑腰的有大量使用德语的大学（其中包括瑞士、哈布斯堡王朝和俄国波罗的海地区的大多数大学），还有德国文化在斯堪的纳维亚、东欧、东南欧的强大吸引力。除了在拉丁世界和英国，德国的大学模式已被普遍接受，在某种程度上甚至也被拉丁世界和英国所接受。德国的主宰地位主要体现在数量方面。在这个时期，新创刊的德语科学期刊，超过了法语和英语同类期刊的总和。德国人除了在化学，大概还有数学等自然科学的某些领域里占据主导地位外，他们在品质方面似乎并未取得明显的超高成就。因为（与 19 世纪早期不同），这个时期并没有一种德国特有的自然哲学。与此同时，大概由于民族主义的驱使，法国人坚持自己的风格，因此，除了少数声誉颇高的科学家之外，法国的自然科学长期处于孤立状态（不过，法国的数学不在此列）。德国人并不固守自己的风格。德国人自己的风格在后来的 20 世纪中占有主导地位，但是，在科学进入理论化和系统化阶段之前，德国风格并未独领风骚，理论化和系统化非常适合德国人的口味，尽管原因不明。无论如何，基础相当薄弱的英国自然科学，陆续产生出汤普森和达尔文这样名闻遐迩的大科学家。英国科学被公认为是得益于由专家、外行的市民乃至手工艺工人所组成的公众论坛。

除了学术历史和比较语言学之外，德国人在社会科学领域中并未拥有上述那种主导地位。回顾以往，重要的经济学分析著作虽然产生于法国、意大利和奥地利，但此后英国人在经济学领域里却名列前茅。（哈布斯堡王朝在某种意义上是德国文化圈的一部分，但在智力发展史上走的却是一条迥然不同的道路。）不值一提的社会学最初与法国和英国密不可分，接着则在拉丁世界继续发展。在人类学方面，由于英国人遍布全球，因而在这个领域里占了不少便宜。作为自然科学和社会科学桥梁的"进化论"，它的重心在英国。事实是，社会科学反映了古典形式的资产阶级自由主义的预想和问题，德国不存在这些东西，因为，德国的资产阶级把自己纳入俾斯麦的贵族和官僚框架中了。这个时期最杰出的社会科学家马克思，是在英国进行研究和写作，他的具体分析框架出自非德国的经济学，其著作的事实基础来自英国资产阶级的社会形态，这种社会形态虽属"古典"，但当时已不再遭到非议。

## 3

无论自由主义意识形态还是社会主义意识形态，都把科学看作进步的世俗意识形态的核心。社会主义意识形态的影响范围虽小，却在日益扩大，这点无须专门讨论，因为历史已经清晰地揭示了它的整体特性。

与世俗意识形态相比，这一时期的宗教没有引起多大注意，现在也不值得去深入探讨。然而，它还是应得到某些关注。不仅因为宗教依然是世界上占压倒多数的人进行思考时使用的共同语言，而且因为资本主义社会本身尽管日趋世俗化，却显然为它的勇气可能带来的后果感到焦虑。到了19世纪中期，让大众不信上帝已非难事，至少在西方世界是如此，因为，历史学、社会科学，尤其是自然科学，不但已经动摇了《圣经》中许多可以查证的说法，而且事实上已经证明这些说法是不能成立的。赖尔（Lyell, 1797—1875）和达尔文既然是正确的，那么《圣经·创世记》就其字面意义而言，就是完全错误的；在理论上反对达尔文和赖尔的人，显然已被击败。上层阶级自由主义思想早已为人们所熟知，至少在上流人士中是如此。中产阶级的无神论也已不再新鲜，并因其在政治和反对教会斗争中的作用而变得越来越重要，越来越富有战斗力。已与革命意识形态相结合的工人阶级，其自由思想呈现出特定的形态，因为旧革命思想衰败了，只留下不太直接的政治方面，因为以唯物主义哲学为基础的新革命已占领了阵地。英国的"世俗化"运动直接发端于以往激烈的劳动阶级运动、人民宪章运动和欧文主义运动，但是，现在已成为一支独立力量，对于反对浓重宗教氛围的男男女女特别具有吸引力。上帝不但丢掉了饭碗，而且遭到了猛烈攻击。

对宗教的猛烈攻击与同样猛烈的反教会热潮出现在同一个时期，但两者并不曾合流，而是自成一格，知识界的所有思潮都卷入了反教会热潮，其中包括温和自由主义、马克思主义和无政府主义。教会，尤其是国家和官方支持的教会以及国际性的罗马天主教会，都遭到了攻击。罗马天主教会声称拥有界定真理的权力，企图独揽与公民有关的某些职能（婚丧嫁娶等等），不过，这种攻击并不意味着攻击者主张无神论。在一种以上的宗教并存的国家里，这种攻击有时以一个教派反对另一个教派的形式出现。在英国，主要是革新派成员反对英国的国教会；在德国，加入 1870—1871 年反对罗马天主教会的"文化斗争"的俾斯麦，当然不会让自己像路德派那样，把上帝或耶稣逼入绝境。另一方面，在单一宗教的国家中，特别是天主教国家中，反对教会自然就意味着反对一切宗教。在天主教内部，事实上出现了一股微弱的"自由主义"思潮，这股思潮抵制罗马教廷日甚一日的极端保守主义。极端保守主义发端于 19 世纪 60 年代，并在 1870 年的第一次梵蒂冈大公会议上以宣告教皇永远正确而正式确立。然而，极端保守主义尽管受到力图保留本国天主教相对自主权的那些神职人员的支持，其中最强有力的大概在法国，却轻而易举地就在内部被击败了。但是，法国“高卢主义者”（Gallicanist）虽然出于实用主义和与罗马对抗的考虑，比较倾向于和现代的世俗自由主义政府妥协，却不能被视为名副其实的自由主义者。

作为一种不让教会在社会中拥有任何官方地位（“废除教会”、“政教分离”），而且企图使之成为纯属个人私事的一种主张，反教会运动是一个富有战斗力的世俗化运动。这个运动后来变成了一个或若干个完全志愿性的组织，与集邮俱乐部相似，但规模无疑更大。可是，这个运动在很大程度上并非建立在对上帝的信仰是错误的这样一个认识基础之上，而是以世俗国家日益强大的行政能力、管理范围和抱负为基础，即使在奉行自由主义和不干涉主义最卖力的国家里也是这样，国家准备把私人组织从以今天的眼光看是属于这类组织活动的领域里赶出去。然而，反对教会基本上是一种政治行为。反教会斗争之所以来势凶猛，是因为人们认为，被定为国教的宗教是反进步的。事实确实如此，这些被定为国教的宗教无论从社会或政治角度来看，都很保守。罗马天主教对于被人们视为19世纪中期的支柱而倍加珍惜的一切，都采取极端敌对态度。某些教派或异端可能接受自由主义乃至革命思想，教徒中的少数派可能被自由主义的宽容所吸引，但是教会和正统的教徒却不可能这样。只要民众，尤其是农民群众依旧掌握在反动派手中，如果不想让进步处于困境，那就必须击败这些愚弄群众的势力。从此以后，越是在“落后”的国家里，反教会的斗争越是如火如荼。在法国，政治家们为教会学校的地位争论不休，墨西哥的政治家则在世俗政府反对教士的斗争中，居于举足轻重的地位。

对于社会和个人来说，“进步”都是从传统中解放出来的，因为进步似乎意味着以战斗的姿态与以往的信仰决裂。在德国社会民主党的工人图书馆里，读《摩西或达尔文》（*Moses or Darwin*）的人比读马克思著作的人还多。在普通人的心目中，站在进步乃至社会主义进步前头的，是那些伟大的教育家和思想解放者，科学（已顺理成章地发展成为“科学社会主义”）是从以往的迷信和当前的压迫下获得思想解放的关键。西欧的无政府主义者极为准确地反映了这些斗士的自发情绪，他们对教会持强烈的反对态度。意大利罗马涅省（Romagna）的铁匠墨索里尼，出于对墨西哥总统班尼托·胡亚雷斯的敬仰，把自己的儿子也取名为班尼托，此事绝非偶然。

然而，即使在自由思想家当中，对宗教的眷恋也并未消失。中产阶级思想家认为宗教能发挥让穷人安贫乐道和维护社会秩序的作用，因而有时就尝试着推行“新宗教”，例如，孔德的“人道宗教”以出类拔萃的伟人取代万神殿和圣人；可是，这种尝试并未取得引人注目的成就。但此时也出现了一种真诚的意向，企图在科学时代挽留宗教带来的慰藉。玛丽·贝克·埃迪（Mary Baker Eddy，1821—1910）于1875年出版了她的著作，她所创立的“基督教科学”（Christian Science）就是这种努力之一。从19世纪50年代起就风靡一时的唯灵论（spiritualism）之所以极受群众欢迎，原因大概即在于此。唯灵论所包含的政治和意识形态方面的诱人之处，显然与进步、改革、极左派有关，与妇女解放运动，尤其是与美国的妇女解放运动有关，因为美国是唯灵论的传播中心。除了其他吸引力外，唯灵论还有一大优点，它似乎把死后犹存这一说法置于实验科学的基础之上，甚至以肉眼能见的形象为其基础（正如摄影这门新艺术所力图证实的那样）。此时关于奇迹的说法已不再被接受，灵魂学便在群众中发挥其潜力。可是，有时唯灵论大概除了表明人普遍渴望一种多姿多彩的礼仪之外，就没有任何别的意义了，而传统的宗教更能充分有效地满足这种需求。在19世纪中期，有许多新创造的世俗礼仪，特别是在盎格鲁-撒克逊国家，那里的工会精心设计了一些富有寓意的旗帜和证件；互助会（“友好协会”）在它们的会所周围挂满了带有神话色彩的仪式装饰物；三K党徒、奥伦治党人（Orangemen）以及政治色彩较淡的帮会则在服装上做文章。这些帮会中最古老，或者说最有影响力的共济会，为各级组织规定了一套礼仪，而且划分了等级，用以表达自由思想和反教会主张，至少在盎格鲁-撒克逊国家以外是这样。共济会的成员在这个时期是否增加了，我们不得而知，也许是增加了，但共济会政治影响力的增大，则是有目共睹的事实。

但是，具有自由思想的人，虽然殷切地希望某些传统的精神安慰，他们却似乎仍旧不放弃对一步步后退的敌人进行追击。因为，信徒们心存“疑虑”，尤其是知识分子，19 世纪 60 年代维多利亚时代的一些著名知识分子就是有力的证明。宗教无疑在衰落，不仅在知识分子当中，也在迅速成长的城市中；在城市中，做礼拜所需要的设备，例如卫生设备，远远落后于其人口增长的速度，但是，很少有人想到要为宗教和道德提供稍微舒适一点的条件。

然而，19 世纪中期的数年中，比起神学在学术领域里的衰落，群众性宗教信仰的不景气程度毕竟略好一些。盎格鲁-撒克逊的多数中产阶级依然是宗教信徒，而且一般而言都参加宗教活动，至少是虚情假意地参加。美国的百万富翁中只有卡内基一人公开声明自己不信教。非官方的新教各派发展速度放慢了，但是至少在英国，随着中产阶级新教徒日益增多，新教所代表的“反因循守旧”的政治影响却变得更加强大。在海外移民社团当中，宗教并未衰退。在澳大利亚，宗教信徒从 1850 年占总人口的 36.5%，增加到 1870 年的接近 59%，在 19 世纪最后数十年中又回落到 40%。[15] 在美国，尽管著名的英格索尔上校（Col. Ingersoll，1833—1899）极力鼓吹无神论，宗教势力依然大于法国。

前面已经提到，就中产阶级而言，宗教的衰落之所以受到遏制，原因不仅是传统的力量根深蒂固，以及自由理性主义未能提供任何足以取代礼拜等的群众性礼仪活动（除了通过艺术之外，参见第十五章），而且也由于他们没有决心抛弃宗教，因为宗教对于维护稳定、道德和社会秩序极为有效，甚至是不可或缺的。就人民大众而言，宗教的影响扩大了，原因很可能在于下述人口因素（天主教会日益把获得最后胜利的希望寄托于人口因素)：从传统的环境，即从虔诚的环境中外移出去的大批男女，进入新的城市、地区和大陆，这些贫穷信徒的生育率远高于被进步(包括生育控制)腐蚀的不信教者。我们无法证明爱尔兰在这段时间变得更加信仰宗教，也没有证据表明移民削弱了他们的信仰。但是，由于散居各地和出生率提高，在所有基督教地区中，天主教会的势力显然相对增强。但是，宗教界内部难道就没有力量重振宗教并使宗教在各地传播吗?

从本国迷惘的无产者中发展信徒，争取异教徒改宗，在这方面，这个时期的基督教传教士没有取得显著成就，而在国外对立世界的宗教信徒中，传教士的成绩更差。在1871—1877年间，单是英国就为派遣传教士花费了800万英镑[16]，与这笔不算小的费用相比，成果显得十分可怜。在唯一取得迅速发展的宗教——伊斯兰教——面前，基督教的所有教派都不是其真正的对手。在没有传教士组织、没有金钱和强大势力支持的条件下，伊斯兰教在非洲内陆以及亚洲部分地区，继续以不可阻挡之势迅速传播。无疑，它之所以能如此，不仅因为它所宣扬的平等主义帮了它，而且也因为伊斯兰教信徒自认为其价值观比欧洲征服者高明。任何传教士都无法在穆斯林中间引起注意。他们在非伊斯兰教人口中也只有很小的进展，因为他们缺乏一种主要武器，即基督教远征，实际上也就是殖民征服。他们至少需要让当地的统治者们正式皈依基督教，进而由这些统治者把他们的臣民也拉进基督教。这种情况曾发生在马达加斯加(Madagascar)，马达加斯加在1869年宣布自己是一个基督教岛屿。尽管当地政府缺乏热情，基督教在印度南部还是略有进展(尤其在种姓阶级制度的下层当中)。在印度支那，基督教也因法国的征服而有所进展；但基督教在非洲未取得多大成绩，直到帝国主义者大量增加传教士人数(19世纪80年代中期的新教传教士约为3 000，到1900年增加到1.8万)，并在投入“救世主”的精神力量后又投入大量物质力量，局面才有所改观。[17]其实，在自由主义全盛时期，传教士的努力可能丧失了某些推动力。在19世纪中晚期，天主教在非洲先后开设的传教中心，其数量如下：19 世纪 40 年代 6 个；50—80 年代，每 10 年平均 3 或 4 个；80 年代 14 个；90 年代 17 个。[18] 基督教只有在被当地宗教吸收进而变成一种具有“本土”特征的混合型宗教时，才会显出某些威力。中国的太平天国运动（见第七章）远非这种现象中最大和最具影响力的一个。

然而，基督教内部出现了反击世俗化发展的迹象。新教中这种迹象不多，因为，由于一些新兴非官方派别的组成和扩大，新教在 1848 年之前所拥有的与天主教相似的势力已遭到削弱，唯一的例外可能是盎格鲁-撒克逊美洲的黑人。在法国，对卢德（Lourdes）圣地的奇迹崇拜（肇始于 1858 年一位牧羊女的幻觉）以极快的速度扩展，最初也许是自发传播，但显然很快就得到教会的支持。到了 1875 年，卢德教派已在比利时开设了分部。反教会运动反而激起了信徒的传教活动，大大增强了教会的影响力。在拉丁美洲，乡村人口大多数是基督教徒，但没有神父，直到 1860 年，墨西哥的神职人员依旧都住在城里。教会为与官方的反教会行动相对抗，遂在乡村里大量吸收教徒，或把已经脱教的人重新拉入教门。从某种意义上说，面临世俗化改革威胁的教会，如同它在 16 世纪所做的那样，以反改革进行反击。此时的天主教会变得毫不妥协，实行教皇集权统治，拒绝与进步和工业化以及自由主义等力量作任何迁就。1870 年第一次梵蒂冈大公会议以后，天主教已成为一支比以往更可怕的力量，但是它也付出了代价，把自己的许多地盘让给了对手。

在基督教世界之外的地区，宗教主要依靠对自由时代进行抗拒或与西方进行较量的传统主义。那些诉诸半同化的资产阶级对他们加以“自由化”的尝试（如同 19 世纪 60 年代后期涌现的犹太教改革），遭到了正统派的厌恶和不可知论者的蔑视。此时的传统势力依然占有压倒性优势，而且因对抗“进步”和欧洲的扩张而更加强大。正如我们所见到的那样，日本竟然创立了一种新的国教——神道教，这种宗教取材于传统观念，主要用来对付欧洲（见第八章）。第三世界主张西化的人士和革命者不久也懂得：作为政治家，在群众中获得成功的捷径是设法扮演佛教大德或印度教圣人的角色，至少也应该设法拥有他们的威望。然而，虽然这个时期坦率宣称自己不信教的人依然较少（至少占欧洲人口一半的妇女几乎没有受到不可知论的影响），但他们却主宰着基本上已经世俗化的世界。宗教所能做的，便是退到其宽阔而坚固的堡垒当中，准备对付长期的围困。

# 第十五章

# 艺术

我们要相信，创造希腊历史的是人，创造今天历史的同样是人。然而我们今天只生产奢侈的工业品，而他们创造的却是艺术品，我们要问是什么原因使人发生如此深刻的变化。探其究竟是我们的使命。

——瓦格纳[1]

你们为何还写韵体诗？如今无人再读诗了……在我们这个不尽成熟的时代，在共和时代，诗歌形式业已过时，业已淘汰。我等喜欢散文，因为散文形式自由，更贴近民主真谛。

——佩勒当（E. Pelletan），法国议员，约 1877 年[2]

## 1

如果说资本主义社会的胜利促进了科学发展，那么对文化艺术则另当别论，它们的受益少多了。评估创造性艺术价值的大小全凭主观印象，从来就是如此。但不可否认的是，在双元革命时期（1789—1848），颇有天赋的男女艺术家获得了十分杰出的成就，而且范围也很广泛。19 世纪下半叶，尤其是在本书探讨的那几十年里，艺术方面的成就却无法同日而语，当然除了一两个相对落后的国家，其中最明显的是俄国。这并不是说这时期创造性艺术的成就微乎其微。有些人的力作和成名作品确实是在 1848 年到 19 世纪 70 年代问世的。但我们不可忘记，他们许多人在 1848 年前已达成熟期，并已发表了数量可观的作品。狄更斯到 1848 年几乎已完成了毕生作品的一半；杜米埃（Honoré Daumier，1808—1879）从 1830 年革命起便是很活跃的版画家了；瓦格纳一生中写了好几部歌剧，《罗恩格林》(*Lohengrin*) 早在 1851 年便完成了。但与此同时，散文，尤其是小说，毫无疑问出现了繁荣的景象，其主要原因是法国和英国的文学辉煌还在延续，而俄国又增添了新的光彩。在绘画史上，这时期显然成绩卓著，堪称杰出，这几乎全得归功法国。音乐方面，这时期的代表人物是瓦格纳和勃拉姆斯（Brahms）。他们若与莫扎特、贝多芬、舒伯特相比，也只是稍逊一筹而已。

尽管如此，我们如进一步观察创造性艺术领域，情况就不那么令人欢欣鼓舞了。我们已经谈过地理分布的概况。就俄国而言，这是一个成绩斐然、胜利辉煌的时代，音乐是如此，文学更是如此，社会科学和自然科学的成就更不必说了。光是 19 世纪 70 年代这短短的 10 年，陀思妥耶夫斯基、托尔斯泰、柴可夫斯基（P. Tchaikovsky，1840—1893）、穆索尔斯基（M. Mussorgsky，1835—1881）等巨星几乎同时到达他们艺术生涯的巅峰，古典皇家芭蕾也达到登峰造极的境界，这时候的俄国是不怕任何竞争的。我们已经说过，法国和英国保持了很高的水准，其中的一个主要成就在散文方面，另一个则是在绘画和诗歌方面。[丁尼生（Tennyson，1809—1892）、勃朗宁（Browning）以及其他诗人在英国诗坛上的成就，比不上革命时代的伟大浪漫诗人；而法国波德莱尔和兰波（Rimbaud）的成就则堪与他们媲美。]美国在视觉艺术和高雅音乐方面仍默默无闻，但东部也出现了梅尔维尔、霍桑（Hawthorne，1804—1864）、惠特曼（Whitman，1819—1891）等人，西部则从新闻界涌现出一批通俗作家，马克·吐温（Mark Twain，1835—1910）是他们之中的佼佼者，美国因而开始在文学上成为一支新军。不过从国际标准来看，这只是一项重要性较低而且带有乡土气息的成就，不但在许多方面并无耀眼之处，在国际上也没多大影响，不及有些小国此时出现的具有民族特色的创造性艺术（美国19世纪上半叶几个分量不太重的作家却在国外引起轰动，此乃咄咄怪事）。捷克的作家由于语言隔阂，在国际上就不如他们的作曲家容易成名[德沃夏克（A. Dvoák，1841—1904）、斯美塔那（B. Smetana，1824—1884）]，除本国读者外，其他国家懂捷克语的几乎没有，也没有多少人想学。其他地方的作家也因语言阻隔难以名闻天下，尽管他们有些人被本国读者誉为泰斗，在本国文学史上占有极其重要的地位——例如荷兰人和佛兰德斯人。只有斯堪的纳维亚人引起较大范围的读者注意，也许是他们最著名的代表人物易卜生（Henrik Ibsen，1828—1906，他在本书所述时期结束时已臻成熟）为剧院写剧本的缘故。

德语系国家和意大利本是创造性艺术的两大中心。但在本书所述时期，这两大中心的创造性明显下降，在某些方面的下降幅度更是惊人，也许音乐方面稍好一些，因为意大利出了威尔第（G. Verdi，1813—1901），奥地利和德国也产生了若干举世公认的大音乐家。其实意大利除了威尔第外别无其他音乐家可言，而威尔第早在1848年之前便已开始其音乐生涯；奥地利、德国大作曲家中只有勃拉姆斯和布鲁克纳（Bruckner，1824—1896）基本上是从这个时期崭露头角的作曲家，瓦格纳实际上已经成熟了。无论如何，这几位赫赫有名的音乐家，尤其是瓦格纳，是颇令人敬佩的。瓦格纳是位天才，但是作为一个人，作为一个文化现象，就不敢过分恭维了。奥德两个民族的创造性艺术成就完全表现在音乐方面。他们的文学和视觉艺术与1848年前相比，当自愧弗如。

如果把各种艺术逐一分开来看，某些艺术水准的下降显而易见，而高于以前的则绝无仅有。文学相当蓬勃，就像我们已经看到的那样，主要是通过小说这个合适的媒介。小说可被视为一种适合资本主义社会的文艺形式，而资本主义社会的兴盛和危机正是小说的主要题材。资产阶级为拯救19世纪中期的建筑艺术，曾做出不少努力，毫无疑问也取得了某些杰出成就。但若与资本主义社会自19世纪50年代起便不断投入的巨大热情相比，这些成就既不够出类拔萃，也算不上多。由豪斯曼（Haussman）重建的巴黎因规划得体而令人赞叹，但矗立在马路两旁和广场四周的建筑物，却不敢令人恭维。维也纳原是一心一意要成为世界建筑的代表作，结果只取得一个值得怀疑的成功。伊曼纽尔国王的大名与拙劣建筑物结缘的数量之多，超过任何一位统治者，而由他主持规划的罗马更是糟不可言。与令人赞叹的新古典主义建筑相比，19世纪下半叶的建筑与其说是赢得举世欣赏，不如说需要费些口舌进行辩白。当然，这不包括才华出众、富有想象力的建筑师们的作品，只是这些作品日益被掩藏在布满绘画、雕饰的“美术”表面之下。

时至今日，辩护士们仍想为这时期的大多数绘画作品高唱赞歌，但他们也深感力不从心。在20世纪人们眼中，能永远在博物馆占有一席之地的绘画作品，几乎毫无例外全是法国人的：如从革命的年代走来的杜米埃和库尔贝（G. Courbet，1819—1877），又如从19世纪60年代初露锋芒的巴比松（Barbizon）画派和印象派的先锋部队（印象派是个不带偏见的标签，这里我们暂且不去仔细剖析），他们的成就确实令人难以忘怀。19世纪60年代还产生了马奈、德加（E. Degas，1834—1917）和年轻的塞尚（P. Cézanne，1839—1906），因此这个年代不用为自己的历史声誉而担心。然而，这些画家不仅有别于当时的时尚开始大量作画，而且对那些受人尊重的艺术和公众的品位颇不以为然。至于这时期各国官方的学院艺术和民间大众艺术，其最合理的评价是：并非千篇一律毫无特色，技术水平颇高，不时可发现一些不太突出的优点。但大多数都很糟糕的，直到现在仍是如此。

也许在 19 世纪中期和晚期，雕塑受到的冷落理应少些才是——它毕竟造就了年轻的雕塑家罗丹（Rodin，1840—1917）。然而今天看得到的任何一件维多利亚时代的雕塑作品，都会令人感到极其压抑、极其沮丧。在富裕的孟加拉人家里还可看到这些雕塑，这是他们过去整船整船买来的。

## 2

从若干方面来看，这是一个有悲有喜的时代。对创造性艺术天才作品的钟爱，几乎没有一个社会能超过 19 世纪的资产阶级（创造性艺术作为一种社会现象本来就是资产阶级发明的，参见《革命的年代》第十四章），也几乎没有人准备像资产阶级那样在艺术上如此大手笔地花钱，也没有哪一个社会像资产阶级那样购买新旧书籍、绘画、雕塑、富丽堂皇的砖石建筑材料等（我是指就数量而言），也没有哪一个社会像资产阶级那样买票去音乐厅和剧院（单就人口数的增长而言，这个结论禁得起任何挑剔），尤其是（这一点又有点儿矛盾了）几乎没有一个社会像资产阶级那样相信自己确实生活在创造性艺术的黄金时代。

这个时期所偏好的艺术完全局限于当时的作品，这对坚信普遍进步和不停进步的一代人来说，倒也十分自然。阿伦斯（Herr Ahrens，1805—1881）是一位北德意志工业家，定居在文化气候更为宜人的维也纳，50 岁时开始收藏艺术品，而且非常自然地只购买现代画作，而不购买过去艺术大师的作品。他的做法在情趣相同的当代人中是很典型的。[3] 英国油画在博尔可（Bolckow）（铁）、霍洛韦（Holloway）

（专利药丸）、“商界亲王”门德尔（Mendel，棉花）三家的相互竞争下，价格大涨，着实使当时的学院派画家发了大财。[4]1848年后，公共建筑大楼开始改变北方城市的面貌，但是大楼很快便被煤烟和浓雾笼罩，半隐半现。一幢幢的大楼是由各商界亲王出资建造，而这些商界亲王的实力堪与美第奇家族（Medici）媲美。记者和市政府主要官员不无自豪地为这些大楼剪彩，宣扬大楼造价如何昂贵。他们天真地相信自己是在庆祝一个新的文艺复兴运动的诞生。然而，历史学家从19世纪后期得出的最明显结论却是：单单靠钱，是不能保证艺术黄金时代的到来。

然而，花掉的钱确实很多，不论用什么标准衡量，数目之大皆令人目瞪口呆，唯有资本主义前所未有的生产力才能创造出比这更多的钱财。不过花钱的人换了。资产阶级的革命胜利表现在各个方面，甚至也表现在典型的王公贵族活动领域。从1850—1875年，没有任何一座城市的重建计划，会再把皇宫古堡或贵族府邸置于城里最醒目的地方。资产阶级力量薄弱的国家，例如俄国，沙皇、大公可能仍是艺术的主要赞助人和保护人，但即使在这些国家，他们的作用与法国大革命以前相比，也不再具有绝对权威。在其他国家中，偶尔有个乖戾的亲王像巴伐利亚的路德维希二世，或不太古怪的贵族如赫特福德（Hertford）侯爵，他们可能对购买艺术品仍然热情不减，但真正耗尽他们钱财，使他们负债累累的，恐怕更可能是良马、美女和赌博，而非赞助艺术。

那么谁为艺术解囊呢？是政府公共机构、资产阶级和——这点值得注意——“下层社会”中重要性日益增加的一部分人。由于技术和工业的发展，创作型艺术家的作品也进入这些人家中，而且数量不断增加，价格日益便宜。

世俗的公共当局几乎是巨型和雄伟建筑的唯一买主。建造这些建筑物的目的是要彰显这个时代，特别是这个城市的富裕和辉煌。这些建筑很少是为了实用。在自由放任时代，政府大楼并未花哨到不适当的程度，同时也不带宗教色彩，除天主教势力极大的国家外。处于少数派地位的宗教团体，如犹太人和不信奉国教的英国人，当他们为了内部使用而建造公共性建筑时，他们所想显示的是其飞速增长的财富和心满意足的感受。19世纪中期，欧洲掀起“修复”和完成中世纪大教堂之风，这股风气像瘟疫般传遍全欧，它是出于城市建设的需要，而不是出于精神方面的原因。甚至在君主制度最盛行的国家，建筑物也日渐属于“公众”，而不再属于宫廷。帝国存放收藏品的地方成了博物馆，歌剧院设了售票处，开始对外营业。建筑大楼事实上成了光荣和文化的典型象征。甚至那些宏伟的市政厅也过于庞大，远超过规模不大的市政府的需要，这主要是由于政府官员相互比较的结果。商人向来是精明、冷静而且讲究实际，但利兹（Leeds）的商人在建造其公众建筑时，却有意违背精打细算的实用原则。既然其目的是为了表明“利兹居民在商业大潮里翻江倒海的同时并未放弃对美的培养，对艺术的欣赏能力，那么多花几千英镑又有何妨呢！”（实际花了12.2万英镑，是原来预估的三倍，相当于1858年全英所得税额的1%。英国的所得税始于该年。）[5]

有个例子也许足以说明这种建筑的一般特点。维也纳在19世纪50年代将城里的老建筑全部铲平，并花费几十年的时间在旧址上辟出漂亮的环形林荫大道，大道两旁耸立着公共大楼。是些什么样的大楼呢？一所商业大楼（证券交易所），一座天主教教堂，三所高等院校，三个代表城市尊严和处理公共事务的大楼（市政厅、法院和议会）以及不下于八个的文艺单位：剧院、博物馆、研究院等等。

资产阶级的个人要求比较简单，但阶级集体要求则大得多。在这个时期，资产阶级的私人资助对艺术的重要性远不及1914年之前的二三十年，那时美国百万富翁将某些艺术品的价格哄抬到空前或许也是绝后的天价。（在本书所述时代尾声，那些强盗贵族还在忙于抢劫，无暇思考如何将他们掠来的珍宝展览出来。）其原因显然不是因为缺钱，特别是1860年后，钱几乎已达淹脚的程度。19世纪50年代只有一件 18 世纪的法国家具在拍卖会上价达 1 000 多英镑（家具是富豪显示其国际地位的象征）；19 世纪 60 年代有 8 件；19 世纪 70 年代有 14 件，其中一件甚至以 3 万英镑售出。像大型的塞夫勒（Sèvres）花瓶之类的艺术品（花瓶也是地位的象征），原来售价 1 000 英镑或多一点儿，在 19 世纪 50 年代涨了 3 倍，19 世纪 60 年代涨了 7 倍，19 世纪 70 年代涨了 11 倍。[6] 少数你争我夺的商界巨子，便足以使一小部分画家和艺术品代理商大发其财；甚至数量不多的公众，也足以维持一定数量的艺术品，只要它是令人愉快的。剧院，某些程度上还有古典音乐会，也证明了这点，因为剧院和音乐会也都是在人数相当少的听众、观众基础上双双繁荣起来（歌剧和古典芭蕾情况不同，它们和现在一样，都得靠政府补贴，或靠盼望提高地位的富人赞助，富人当然也不是从来不想通过这个途径接近芭蕾舞女伶和歌唱演员）。剧院日渐活跃，至少在财政上可以维持。出版商亦然，尤其是那些市场有限的精装书和高价书书商。出版商的情况可从伦敦《泰晤士报》的发行量反映出来。《泰晤士报》19 世纪 50 年代和 60 年代的发行量徘徊在 5 万—6 万份之间，特殊情况下可达 10 万份。利文斯通的《旅游》（*Travels*，1857 年）一书售价高达一个几尼（guinea，相当于 21 先令），却能在 6 年之间卖了 3 万本，对此谁能不满意呢？[7] 归根结底，资产阶级的业务以及家庭所需，使许多为他们建设和重建市容的建筑师大赚其钱。

资产阶级市场如今大得出奇，而且日益繁荣。就此而言，资产阶级市场是个新市场。19 世纪中期产生了一个真正的革命现象：由于技术和科学发展，创造性艺术的某些作品有史以来首次可借由技术手段进行复制，不但价格低廉，而且规模空前。在这些复制的艺术品中，唯有一种可与艺术创作活动本身一较高下，那就是摄影。摄影问世于 19 世纪 50 年代，对绘画产生了直接而又深刻的影响，这点我们以后将会看到。其余都是每个原件的复制品，品质较差，一般大众也买得起，例如书报杂志是通过廉价的装帧进行复制；图画则借助钢版印刷进行复制，1845 年发明的电铸版，可让大量复制的产品依然惟妙惟肖。书报和画片又通过新闻事业、文学事业的发展以及读者藏书和自修人数的增加，使其发行量扶摇直上（这些发展在19世纪30年代和40年代已经开始，但到19世纪50年代才在数量上大幅增加，因此19世纪50年代仍功不可没）

从纯经济角度看，早期大众市场的价值一般都被低估了。当时一流画家的收入——即使用现代标准来衡量也是非常高的：密莱司（Millais）在1868—1874年的年平均收入为2万—2.5万英镑——主要靠的是装在五先令画框中的价值两块金币的复制版画。弗里思（Frith）的《火车站》（*Railway Station*，1860年）靠这类附属权利卖了4 500英镑，外加750英镑的展览费。[8]博纳尔（Mlle Rosa Bonheur，1822—1899）擅长画马和家畜，并因为英国大众喜爱动物而借此发迹。其经纪人有鉴于兰西尔（Landseer）那些描绘小鹿和断崖峭壁的画也很畅销，遂把博纳尔带到苏格兰高地，试图劝她在马和家畜之外再加画小鹿和断壁。19世纪60年代，他们同样把阿尔马泰德马（L. Alma-Tadema，1836—1912）的注意力吸引到以放荡不羁和崇尚裸体闻名的古罗马，并借此为双方都带来相当可观的利益。布尔沃-利顿（Edwaid Bulwer-Lytton）是位从不忽视经济效益的作家，早在1853年他便将其完成的小说平装本版权卖给罗特利奇火车图书馆（Routledge's Railway Library），为期10年，索价2万英镑，其中5000英镑为预付金。[9]斯托（Harriet Beecher Stowe）夫人的《汤姆叔叔的小屋》（*Uncle Tom's Cabin*）更是独占鳌头，在大英帝国一年卖了150万册，出了40版，绝大多数是盗版。可见，那时确实存在大众艺术市场，其重要意义也无法否认，只是那时的大众艺术市场还不能与我们这个时代相比而已。

有两点值得注意。首先，要注意传统工艺品的贬值。由于机械复制技术的发展，传统工艺品受到最直接的打击，于是在不到30年的时间内，便引发了一场（基本上是社会主义的）美术和工艺运动（art-and-craft）。这是一场政治和意识形态的反动，主要发生在工业化的故乡英国，其反工业家，因而不言而喻，也反资本家的根源，可从1860年的威廉·莫里斯（William Morris）设计公司追溯到19世纪50年代的拉斐尔前派（Pre-Raphaelite）画家。其次，要注意影响到艺术家的公众性质。这些公众主要是贵族和资产阶级，伦敦西区和巴黎大道上的剧场演出的内容，显然是由他们决定的。这些公众也有极小部分是下中阶级以及渴望获得尊敬和文化的技术工人。19世纪第三个25年的艺术，从任何意义上说都是大众通俗艺术。19世纪80年代新兴的大众广告商对这点的理解最为透彻，因此他们会买些内容不怎样价格却十分昂贵的画放在他们的广告传单上。

随着艺术品的兴盛，投公众所好的艺术家也发财了，当然这些艺术家并不都是最糟糕的。然而，这时期一流的天才却仍一贫如洗，受冻挨饿，仍得不到评论家的垂青。其原因究竟何在，至今仍是个谜。我们当然可以在这些天才当中发现一些出于各种原因竭力抵制资产阶级，或者要使资产阶级大吃一惊的特殊之士，也能找到几个压根儿吸引不了人们购买其作品的寂寞心灵，这些艺术家大多集中在法国，例如福楼拜（G. Flaubert，1821—1880）、早期的象征主义和印象派艺术家，当然其他地方也有。然而屡见不鲜的情况是：那些经过一个世纪的考验仍蜚声四海的男女艺术家，在他们所处的时代里，声望却有极大的差别，有的被誉为泰斗，有的则被视为白痴，他们的收入也有很大悬殊，从中产阶级到传说中的穷困潦倒。托尔斯泰的家里过着少数贵族才有的舒适生活，而这位伟人却放弃了自己的庄园。狄更斯从1848年起几乎每年收入高达1万英镑，到了19世纪60年代，年收入更上一层楼，1868年竟高达约3.3万英镑（其中多数来自那时报酬已经极高的美国巡回讲学）。有关狄更斯的财务状况我们的资料异常齐全。[10] 即使以今日而言，年收入15万美元也是很不错了，在1870年，这个收入更可列入豪富阶层。大体说来，艺术家已接受市场了。有些人即使未曾富有，至少也受到敬重。狄更斯、萨克雷（W. Thackeray，1811—1863）、艾略特（George Eliot，1819—1880）、丁尼生、雨果、左拉、托尔斯泰、陀思妥耶夫斯基、屠格涅夫、瓦格纳、威尔第、勃拉姆斯、李斯特、德沃夏克、柴可夫斯基、马克·吐温、易卜生，这些赫赫有名的人物，在他们活着的时候，就已享受到公认的成就和美誉。

## 3

还有一点，男艺术家不仅有可能获得物质享受，而且有可能获得特别的赞扬（女艺术家此时与19世纪上半叶相比机会要少得多）。在宫廷里，在贵族社会里，艺术家充其量是为富丽堂皇的宫廷和贵族府第锦上添花，或艺术家本身就是一件装饰品，是件价值连城的财产，最糟也莫过于像美发师、时髦女装设计师一样，是提供奢侈服务的人（美丽的发型和漂亮的服装都是时髦生活必备的要求）。而对资本主义社会来说，艺术家却是“天才”（“天才”就是非经济型的个人企业），是“典范”（“典范”就是物质成就与精神生活皆达到尽善尽美的人）。

在19世纪后半期，社会对艺术家的要求是：他们应当为最讲究物质文明的人提供各种精神食粮。不牢记这一点就无法了解那个时期的艺术。人们也许不禁要说，艺术家在受过良好教育、业已解放的人士（即成功的中产阶级）当中，几乎取代了传统宗教的地位，当然，艺术家是在“大自然”的奇观，也就是在美丽景色的辅助下发挥这项作用的。在讲德语的民族中这点最为明显。当英国在经济上、法国在政治上取得成功的时候，讲德语的民族将文化视为他们所垄断的财富。在德语国家，歌剧院和剧场已成了男男女女顶礼膜拜的庙宇，这不仅是因为他们可以在此沉浸在全套古典保留曲目的痴狂中；孩子们则从小学起就开始正式接触名著名曲，比如说阅读席勒（Schiller）的《威廉·退尔》（*Wilhelm Tell*），进而阅读歌德的诗剧《浮士德》，以及其他难以琢磨的成人读物。瓦格纳是个怪才，他对艺术家所承担的这种作用理解得十分透彻，这种理解表现在他一手建造的拜罗伊特

（Bayreuth）大教堂中，虔诚的朝觐者来到这里，带着无比崇敬的神情静静聆听传教士宣讲日耳曼民族的新教义，一次数小时，要连续听好几天，不该鼓掌时不能鼓掌，否则便会被视为轻浮。这座教堂的奥妙之处不仅在于建筑家深刻理解献祭与宗教虔诚之间的关联，而且在于它把握住了艺术作为民族主义的新世俗宗教的重要性。除了军队以外，还有什么比艺术的象征更能表达一个民族不可捉摸、难以理解的思想观念呢？有些象征性艺术是大家一学就会的，例如国旗、国歌；有些比较细腻、深奥，那就是"国家"音乐学院的任务。当本书所述时期的民族在追寻其集体意识、统一和独立之时，音乐也担负了民族认同的催化任务，意大利复兴运动中的威尔第、捷克的德沃夏克和斯美塔那（捷克作曲家、指挥家和钢琴家），不是都起了这个作用吗？

然而，并不是所有国家都把艺术捧得像中欧国家那样高，尤其比不上已被同化的犹太中产阶级，即文化上属德国或已经德国化的大部分欧洲和美国的犹太中产阶级。（19世纪后期，这个富裕、充满文化内涵的小社群对艺术，主要是对古典音乐所做的赞助、支持实在无法估算。）一般说来，第一代资本家市侩气很重，虽然他们的妻子们已尽力表现出对品位高雅的活动深感兴趣。美国企业巨子当中唯一的绅士是卡内基——此君正好也是思想自由、反对教权，对精神方面的事务具有真诚热情——他无法忘记他那位手摇纺织机、充满反叛精神的父亲及其留下的传统。在德国（也许还有奥地利）以外的地方，几乎没有几个银行家希望看到自己的儿子成为作曲家或指挥家，也许是因为在德国和奥地利，银行家的儿子想要成为内阁部长或总理的前景非常渺茫。用修身养性、崇尚大自然和酷爱艺术来代替宗教，是中产阶级知识分子的特征，例如那些后来组成"布卢姆斯伯里"（the English Bloomsbury）的成员，他们有很不错的收入来源，很少参与商业活动。

尽管如此，即使在市侩气更浓、更庸俗的资产阶级圈子里（可能美国除外），艺术仍占有特殊地位，备受尊重和敬仰。象征集体地位的歌剧院和剧院矗立在大城市中央——巴黎（1860年）和维也纳

（1869 年）的都市重建计划即分别以歌剧院和剧场为中心，德累斯顿（Dresden，1869 年）则将歌剧院和剧院置于像教堂一样醒目的位置，巴塞罗那（1862 年起）和巴勒莫（1875 年起）的剧场、歌剧院都气势磅礴，精雕细刻，仿佛纪念碑般。博物馆和画廊有的新建，有的扩建，有的重建，有的改建。国家图书馆的情况也大致相同——大英博物馆阅览室于 1852—1857 年修建完成，法国国家图书馆则于 1854—1875 年竣工。欧洲有个更普遍的现象：大图书馆成倍增加（与大学情况不同），市侩气较重的美国则增加有限。1848 年欧洲约有 400 家图书馆，1 700 万卷藏书；到了 1880 年，图书馆增加了 12 倍，藏书量增加了 2 倍。奥地利、俄国、意大利、比利时以及荷兰的图书馆增加 10 倍，英国也差不多增加 10 倍，西班牙、葡萄牙增加 4 倍，美国则不到 3 倍（但美国的藏书量却增加 4 倍，这个增加速度只稍逊于瑞士）。[11]

资产阶级家中书柜摆满了国内外古典作品的精装本。去图书馆和画廊的人成倍增加：皇家学会在 1848 年举办的展览，吸引了 9 万观众，到 19 世纪 70 年代末，前往参观的人几乎达到 40 万。在那之前，参观预展（Private Views）已成为上层阶级的时髦风尚，和剧院的首演一样场面辉煌，这是绘画社会地位提高的标志。伦敦自 1870 年后，便开始在“预展”和首演的规模上与巴黎展开竞赛，结果给艺术带来灾难性影响。到艺术圣殿来朝觐的人士络绎不绝，排着望不到尽头的长队，个个脚踝疼痛，资产阶级想避开他们是不可能了。时至今日，情况依旧，艺术朝圣者还是群拥在卢浮宫的硬地板上。从资本家本人一直到当时为止身份仍含糊不清的歌剧、话剧演员等，都受到了尊重，他们也值得尊重，有些人甚至被授予骑士勋爵或贵族身份。［英国画家受封爵位的历史由来已久。欧文（Henry Irving）是在本书所述时代成名，后被授予爵士，他是第一个获此殊荣的演员。丁尼生是第一位获赠贵族身份的诗人。然而在本书所述时代，尽管受到德国裔亲王的文化影响，但这种殊荣仍不多见。］陀思妥耶夫斯基他们甚至没有必要遵循一般资产阶级的习俗，只要他们穿戴的围巾、贝雷帽、大氅是用昂贵的料子做成就行（在这方面，瓦格纳便显示出完美无缺的资产阶级气息，甚至他的某些丑闻也成了他创作形象的一部分）。19 世纪 60 年代末期出任英国首相的格莱斯顿，是第一位邀请艺术界和知识界杰出人物出席其官方晚宴的首相。

资产阶级真的欣赏那些他们以大笔金钱赞助，并表示珍惜的艺术吗？问这个问题似乎有点时代错置。当时的确有几种艺术形式是资产阶级用来消遣的，资产阶级与这几种艺术形式的关系非常直率，很容易沟通。其中最主要的是轻音乐。轻音乐在本书所述时期恐怕是一枝独秀，正值其黄金岁月。轻歌剧（operetta）一词首次出现于 1856 年，1865—1875 年的 10 年间，是奥芬巴哈（Jacques Offenbach，1819—1880）和小约翰·施特劳斯（Johann Strauss Jr.，1825—1899，奥地利作曲家）音乐生涯达到巅峰的时期——《蓝色多瑙河》创作于 1867 年，《蝙蝠》（*Die Fledermaus*）创作于 1874 年。此外的代表作还有苏佩（Suppé，1820—1895）的《轻骑兵》以及吉伯特（Gilbert，1836—1911）和萨利文（Sullivan，1842—1900）早期的成功作品。直到高尚艺术直接打击轻音乐之前，轻歌剧与希望直接欣赏轻歌剧的听众仍能维持亲密关系［《弄臣》（*Rigoletto*）、《游吟诗人》（*Il Trovatore*）和《茶花女》（*La Traviata*）等都是 1848 年后不久的作品］。商业剧场上演的戏剧，道具逼真，数量猛增；幕间穿插的节目情节引人入胜，也成倍上升。而且只有情节曲折的戏剧和纠缠不清的滑稽剧能通过时间的考验，历久不衰［拉比什（Labiche，1815—1888）、米耶克（Meilhac，1831—1897）和阿列维（Halévy，1834—1908）］。然而这些娱乐性的艺术形式只能被视为不很高尚的艺术，类似于各式各样的歌舞女伶表演，这类表演是巴黎在 19 世纪 50 年代首创的，娱乐性的轻音乐与此显然有许多共同之处［女神游乐厅（Folies Bergère）的收入仅次于歌剧院，远超过法兰西喜剧院（Comédie Francaise）］。[12] 真正的高尚艺术并非单纯为了欣赏，甚至也不可孤立地视为"美的盛宴"。

"为艺术而艺术"在浪漫艺术家中也只是少数人的现象。"为艺术而艺术”是对革命年代赋予艺术过重的政治和社会任务所做出的反应，这种反应又因对1848年运动的痛苦失望而进一步加剧（1848年运动卷走了许多杰出创作人才）。直到19世纪70年代末至80年代，唯美主义才成为资产阶级的时尚。因而创造性艺术家是传奇人物，是先知先觉，是导师，是正人君子，是真理之泉。收获要靠耕耘，成功是要以付出努力为代价。资产阶级认为：要追求一切有价值的东西（金钱价值或精神价值），在开始之初都必须摒弃享受。艺术正是人类奋斗的一部分，要靠他们的辛勤培植才能开花结果。

## 4

这项事实的本质是什么呢？在此我们必须将建筑从其他艺术中挑出来单独叙述，因为建筑没有主题，其他艺术皆有主题，因而外表看来比较统一。事实上，建筑的最大特点是缺少大家一致同意的道德—意识形态—美学的“风格”（风格总是在不同的时代留下它们的印记），于是折中主义主宰一切。早在19世纪50年代塞尔瓦蒂科（Pietro Selvatico）就说过，风格和美不是只有一种，每一种风格皆是适合其目的需要。因而在维也纳环形大道上的新建筑中，教堂自然是哥特式的，议会则是希腊式的，市政厅是兼有哥特式和文艺复兴时期的风格，证券交易所（跟这时期大多数同类交易所大楼一样）是比较富裕繁华的古典风格，博物馆和大学具有浓浓的文艺复兴气息，剧院和歌剧院最恰当的说法是第二帝国时代适于歌剧表演的风格。在这里，文艺复兴时代的折中主义起了主导作用。

要求富丽堂皇、雄伟壮观的建筑，通常以文艺复兴全盛时期和哥特式后期的风格最为合适（对巴洛克和洛可可风格的鄙视，直到20世纪才有所改变）。文艺复兴是重商君主的时代。自认为是这些君主继承人的布尔乔亚阶级，自然对文艺复兴风格最为青睐，不过除此之外还有其他几种合适的小风格。西里西亚拥有田地千顷的贵族，由于在自己的领地上发现煤矿而成为具有百万身价的大资本家。他们与更多的资产阶级同伴，将几个世纪的建筑史全部掠为己有。银行家艾希博恩（von Eichborn）的“城堡”（Schloss）显然是普鲁士—新古典主义风格，这种风格在本书所述时期结束之际，甚受资产阶级富人钟爱。哥特式风格因具有中世纪的城市光荣和骑士风度，故而对大贵族、大富商很具诱惑力。拿破仑三世的巴黎显然是壮丽辉煌建筑的典范，至少对唐纳斯马克（Donnersmarck）、霍恩洛厄（Hohenlohe）和普莱斯（Pless）等贵族巨贾极富吸引力。像唐纳斯马克亲王汉克勒（Henckel）这等著名的西里西亚政商巨头，都在巴黎留下了自己的印记，汉克勒甚至还与巴黎名妓拉佩娃（La Païva）结为鸾凤。意大利、荷兰和北德的文艺复兴风格又是另一模式，不太宏伟、不太浮夸，无论是单独的建筑物或整个建筑群都可采纳这种模式。[13] 甚至最想不到的怪异风格也出现了。于是在本书所述时代，富有的犹太人喜欢用摩尔—伊斯兰风格兴建教堂，以表示自己是东方贵族（迪斯累里的小说里对此有所描述），不用与西方文化竞争，[14] 在日本建筑于19世纪70年代末到80年代蔚为风尚之前，这几乎是唯一故意不用西方资产阶级文化模式的例子。

简言之，建筑没有表达任何“真理”，只表达缔造它的那个社会的信心和自满。由于他们对资本主义社会的前途具有毫不怀疑的信任感，因此资产阶级最富代表性的建筑通常非常令人敬畏，仅仅是它们的庞然规模就足以使人震慑。建筑是社会象征的语言，因此建筑真正的奇妙有趣之处，技术和工艺的精巧之处，都故意被隐藏起来。技术和工艺难得有几次向公众一展其庐山真面目的机会，即它们所要象征的事物本身就是技术进步的时候：1851年的水晶宫、1873年的维也纳圆顶宫以及后来的埃菲尔铁塔（1889年）等。除此之外，甚至连实用建筑最引以为傲的机能主义，也日渐被掩饰起来，如同诸多火车站的设计那般——风行一时的折中主义建筑如伦敦桥车站（London Bridge），巴洛克—哥特式建筑如伦敦圣潘克拉斯车站（St. Pancras,

1868年），文艺复兴建筑如维也纳的南站（Südbahnhof，1869—1873）。不过，有几个重要的火车站抵制了这个时代的华丽品位。只有大桥仍为其建筑工艺的美感到自豪。此时的桥梁重量增加了，因为铁的供应不虞匮乏，价格也日渐低廉。虽然哥特式吊桥（伦敦塔桥）这种奇特的现象已出现在地平线上。从技术角度看，在文艺复兴和巴洛克风格背后，有件最富企图心、最具原创性、也最现代的东西正在形成。第二帝国时期的巴黎公寓已开始在装修时把这项突出的先进发明隐藏在里面：此即电梯或称作电动升降梯。也许只有一项具有夸饰味道的技术很少被建筑师抵制，甚至在美化市容的艺术性建筑上也愿意使用，那就是圆顶技术——就像购物商场、图书馆阅览室以及米兰伊曼纽尔画廊（Victor Emmanuel Gallery）那样巨大无比的圆拱顶。没有哪个时代会像资本主义时代那样顽强地隐藏自己的功绩。

建筑没有自己的思想主张，因为建筑没有可用语言表达的意思，其他艺术则有思想主张，它们的意思可用语言表达出来。19世纪中叶的人有一种看法：在艺术中，形式不重要，内容才是第一位。而20世纪中叶的人是用很不一样的理论熏陶出来的，他们对这种19世纪的见解大为惊讶。虽然各种艺术的内容据信皆可用文字来表达（当然准确度有高有低），也尽管文学才是这时期的关键艺术。但如果将这种现象简单归纳为各种艺术均臣服于文学，那就错了。如果说“每一幅画都说明一个故事”，那么音乐就更是如此了——这毕竟是歌剧、芭蕾和叙事组曲的时代。[文学对音乐的启发和影响特别突出。歌德的作品激起了李斯特、古诺（Gounod）、博伊托（Boito）以及托马斯（Ambroise Thomas）等人的灵感，对柏辽兹（Berlioz）的影响之大更不必说了；席勒影响了威尔第的作品；莎士比亚影响了门德尔松、柴可夫斯基、柏辽兹和威尔第的作品。瓦格纳发明了自创的诗剧，认为他的音乐是为其诗剧而创作，其实他那种空洞浮夸、假冒中世纪诗体的诗作根本就是死气沉沉，没有音乐肯定无法生存；反之其音乐却独立成章，即使没有文字也会成为音乐会固定曲目的一部分。]每种艺术都可用其他艺术形式来表现，恐怕这样说才更正确些，以至于有种理想的“总体艺术”（Gesamtkunstwerk）可把所有的艺术都统一起来，瓦格纳以其一贯的行事态度，将自己变成“总体艺术”的发言人。更有甚者，能够准确表达其意念的艺术（用语言或代表性的形象表达）一定比不能准确表达其意念的艺术来得优越。将一个故事改编成歌剧（如《卡门》）或将一幅画改写成文章[如穆索尔斯基 1874 年的《展览会上的图画》（*Pictures from an Exhibition*）]，比将一首乐曲描绘成图画，或者改写成抒情诗要容易得多。

“这件作品表现了什么？”这一问题在评判 19 世纪中期的所有艺术作品时，不但问得合理，而且非常重要。一般回答总是：表现现实和表现生活。那时和后来的观察家在谈论这个时期的文学和视觉艺术时，嘴边通常挂着一个词：“写实主义（realism）。”这个词堪称含糊之最。它的意思是指企图对事实、形象、思想、感情、冲动等现象加以描述或再现，最重要的是要找到一个准确的表现方式。其最极端的例子是瓦格纳擅用的主导动机（Leitmotive，用以回归主题情境或特性的音乐片段），每一个旋律代表一个人物、一个情节或一个行动，而且反复出现；或他表现性狂喜的音乐娱乐[《特里斯坦与伊索尔德》(*Tristan and Isolde*，1865 年）]。然而现实再现的是什么？而生活又像哪种艺术所表达的呢？19 世纪中期的资产阶级对此左右为难，而这种窘态更因该阶级的胜利而变本加厉。因为资产阶级所渴望的自我形象阻止他们再现出所有的现实，只要那些现实与贫困、剥削和龌龊肮脏有关；与物质至上、放纵冲动、想入非非有关。因为尽管资产阶级信心十足，但上述现实的存在的确对他们造成威胁，而且资产阶级已感到稳定受到威胁。我们可引用《纽约时报》的一条记者箴言：新闻与“适合发表的新闻”是有区别的。然而，在一个朝气蓬勃、蒸蒸日上的社会里，现实不可能是静止不动的。写实主义该呈现的难道不是不尽人意的现在，而是人们所向往而且已在进行创造的美好未来！艺术能表达未来（瓦格纳又像往常一样说他代表未来）。简言之，艺术所再现的“真实的”、“栩栩如生的”形象，与格式化的、伤感的形象差别很大。资产阶级的“写实主义”，充其量是一种适合资本主义社会需要的写实主义，如法国画家米勒（Jean François Millet，1814—1875）的《祈祷》（*Angelus*），画中的贫困、苦役似乎都可被毕恭毕敬、顺从听话的穷人所接受；最糟也莫过于变成一幅充满感情色彩、歌功颂德的家庭肖像画。

在表象式艺术中，有三种方法可摆脱这种进退维谷的困境。一是坚持描绘、陈述所有的现实，包括令人不愉快的和危险的。“写实主义”遂转变成“自然主义”或“真实主义”（verismo）。这通常意味着在政治上有意识地批评资本主义社会，例如法国画家库尔贝的作品，作家左拉、福楼拜的作品等。有些作品本来无意抨击资本主义社会，例如法国作曲家比才（Georges Bizet，1838—1875）的代表作《卡门》（1875 年发表，描述下层社会人们的歌剧），但公众和评论家对此颇为不满，认为这些作品政治色彩太强。二是完全放弃当代或任何时代的现实，不管其方法是割断艺术与生活的关联，尤其是与当代生活的关联（“为艺术而艺术”）；还是故意采取闭门造车的方法［如年轻的法国象征派革命诗人兰波 1871 年发表的《醉舟》（*Bateau Ivre*）］；还是采取幽默大师那种含混虚幻的手法，如英国的利尔（Edward Lear，1812—1888）和卡罗尔（Lewis Carroll，1832—1898）以及德国的布施（Wilhelm Busch，1832—1908）。然而，如果艺术家没有退入（或进入）刻意的幻想中，那么其基本形象应该还是“栩栩如生”的。在这点上，视觉艺术遇到了重大而且致命的打击：摄影技术的竞争。

摄影术发明于 19 世纪 20 年代的法国，从 19 世纪 30 年代起受到公众青睐，成为本书所述时期大量复制现实作品的手段，并成为 19 世纪 50 年代法国的一种商业。从事这种行业的主要是艺术界的失意文人，例如纳达尔（Nadar，1820—1911），对他们来说，摄影就是艺术成就，就是经济成功。有些小企业家也进入这个开放的、相对而言投资不大的行业。资产阶级，尤其是踌躇满志的小资产阶级，他们希望获得更多的廉价肖像，这就为摄影术的成功提供了基础（英国摄影术在相当长的一段时间里，一直都是生活优越的太太小姐和绅士手中的玩物。他们无非是为了实验的目的或业余爱好而已）。人们很快就可以看出，摄影术摧毁了表象艺术家的垄断局面。早在1850年，一位保守的评论家就说摄影肯定会严重危及“艺术的所有分支，诸如凸版印刷、石版印刷，以日常生活为题材的写实画、肖像画等”的存在。[15]摄影完全是自然的翻版，把“事实”本身直接变成形象，而且似乎还很科学，传统的艺术怎能与它竞争呢（除了色彩可一比高下外）？摄影是不是会取代艺术呢？新古典主义者和（这时）反动的浪漫派艺术家认为答案是肯定的，并认为这是人们所不想见到的。法国画家安格尔（J. A. D. Ingres，1780—1867）认为摄影是工业进步对艺术领域的不当侵犯。法国诗人兼散文家波德莱尔也持同样看法，只是他从很不一样的角度说：“所有配得上艺术家称号和真正酷爱艺术的人，是不是也该用艺术去搞乱工业呢？”[16]他们两人认为摄影的适当角色只能充作一种辅助性的技术，和文学中的印刷、速写等相似。

奇怪的是，受摄影直接威胁的写实派却没有发出一致声讨的言论。他们接受科学和进步。诚如左拉所言，难道法国印象派画家马奈的画不是像他自己的小说一样，都是受了贝尔纳科学方法的影响吗（见第十四章）？[17]然而，他们在为摄影辩护的同时，他们的文艺理论又反对艺术只是单纯地、分毫不差地反映自然。自然主义评论家韦伊（Francis Wey）说道：“造就一位画家的不是他的画，他的色彩，或他惟妙惟肖的逼真，而是上帝赐给他的精神，是上天惠予他的灵感……造就画家的不是他的手，而是他的头脑，手只能听命于脑。”[18]摄影是有用的，因为它可帮助画家提升到超越单纯复制的层次。写实主义者挣扎于资本主义世界的理想和现实之间，他们同样反对摄影，但在反对时总不那么理直气壮。

这场辩论十分激烈，但终于用资本主义社会最典型的方式——版权——解决了。法国根据大革命时期的法律（1793年保护艺术财产权），反对剽窃、抄袭，但对工业产品的保护就含糊得多，如民法第

1382条所示。所有的摄影师都竭力争辩说，那些购买他们作品的顾客，买到的不只是便宜、清晰的照片，还有艺术的精神价值。与此同时，有些摄影师对名声的重要性却知之不多，他们经不起赚钱的诱惑，遂将销路很好的人物照片盗版复制出售，这暗示了人物照片的原版并没有被当作艺术而受到法律保护。这场辩论直到1862年才有结论，因为梅塞・梅耶和皮埃森（Messrs Mayer and Pierson）公司控告其对手盗版复制加富尔伯爵和帕默斯顿子爵的照片，这个案件经一级又一级的法院审理，最后到了最高法院。最高法院裁决摄影毕竟是艺术，因为只有这样才能有效保护它的版权。然而——工业技术进入艺术世界后就出现许多复杂问题——法律是否能以单一的标准进行裁决呢？如果版权与道德发生冲突怎么办呢？如果摄影师发现女性裸体的商业价值，特别是将它制作成可随身携带如“名片”般大小的照片，那么这个冲突就在所难免了。

“女人的裸体照，不论是站姿还是卧姿，只要一丝不挂，完全暴露，就会对肉眼造成刺激”[19]，这样的照片就是猥亵、淫秽的，19世纪50年代有条法律已宣判它们是淫秽的。然而在19世纪中期，拍摄女子半裸照片的摄影师，像他们后来更为大胆的同行一样，以激进的写实主义艺术来反驳伦理道德上的论点，只是他们此时反驳无效。技术、商业和前卫派组成了地下联盟，映照出金钱和精神价值之间的官方同盟。官方观点不会不占上风。如果谴责这样一位摄影师，检察官也等于谴责了“那个自称自己是写实主义但掩盖了美的画派……那个用现实女子替代希腊和意大利神话中居于山林水泽之间美丽仙女的画派，一群迄今为止无人知晓的仙女，顷刻间在塞纳河畔臭名远扬，岂不可悲”。[20]马奈的演说于1863年发表在《摄影杂志》（*Le Moniteur de la Photographie*），这一年他发表了他的《草地上的午餐》。

所以写实主义既是模棱两可，又是自相矛盾。写实主义的难题是可以避免的，只要不去理会“学院派”画家的烦琐无聊（“学院派”画家只画能被接受的、能找到买主的画），让科学和想象、事实与理想、进步与永恒……之间的关系自然发展就行。严肃的画家，不论他们对资本主义社会持批评态度，还是合乎逻辑地认真接受其主张，处境都更加困难，而且19世纪60年代开创了新的发展阶段，更使他们的处境从困难重重到无法解决。自意大利文艺复兴以来，西方绘画史固然复杂，但始终紧密连贯。不过随着库尔贝的标题式“写实主义”，亦即自然派的“写实主义”的出现，这段历史遂告结束。从德国绘画史家希尔德布兰德（Hildebrand）以19世纪60年代作为其19世纪绘画研究的时间下限，便可看出这10年的特性。此后出现的，或者说此时已随印象派一起出现的作品，已不再与过去相连，而是向往未来。

写实主义的根本困境是题材和技术问题，同时又是题材和技术两者之间关系的问题。就题材而言，问题并不是单纯的要不要选择一般的题材，摒弃“高贵的”、“杰出的”题材；或选择“受尊敬的”艺术家没有触及过的题目，摒弃充斥在学院里的题材，就像热忱的左翼政治艺术家——例如革命巴黎公社社员库尔贝——所做的那样。[21]在某种意义上来说，所有认真从事自然写实主义创作的艺术家，当然都倾向于这种做法，因为他们只能画他们眼睛真正看到的，即对事物的感觉和印象，而不是思想、品质或价值。《奥林匹亚》（*Olympia*）这幅画并不是理想化的维纳斯女神，而是——用左拉的话来说——“马奈在她露出其年轻略微失去光泽的裸体时，悄悄临摹下来的”[22]，而最令人吃惊的是，此画竟在形式上与提香（Titian）的名画《维纳斯》遥相呼应。然而，写实主义是画不出维纳斯的，只画得出裸体女人，就像它画不出高贵、庄严、权威，而只能画出戴着皇冠的人们一样。这就是为什么考尔巴赫（Kaulbach）画的德皇威廉一世加冕图远不如大卫（Jacques Louis David）和安格尔画的拿破仑一世的原因。至于其中是否有政治因素暂且不论。

因而写实主义从政治上看来似乎是激进的，因为它较擅长当代和大众题材。[“当其他艺术家用画维纳斯来纠正自然时，他们撒了弥天大谎。马奈问自己，他为什么要撒谎，为什么不讲实话？于是他把我们带到奥林匹亚，看到一个我们这个时代的女子，这个女子就像我们在街上所看到的那些女子一样，瘦削的肩上拖着一条薄薄的褪了色的长方形羊毛披巾”，以及更多具有这类情调的东西（左拉）。］[23]然而事实上它却限制了，或根本杜绝了艺术在政治和意识形态方面所能发挥的作用，而这项作用正是1848年前艺术的主要使命，理由很简单，没有思想和判断便没有政治画。写实主义几乎已把19世纪上半叶最普遍的政治画形式即历史画，完全排除在严肃艺术之外，因而自19世纪中叶起，历史画便急速下降。主张共和、民主和社会主义的库尔贝的自然派写实主义，并没有为政治性的革命艺术打下基础，在俄国也没有，俄国的自然主义技术只是革命理论家车尔尼雪夫斯基的门徒用来讲故事时所使用的次要伎俩，所以跟学院派绘画很难区分，除了主题有所不同外。写实主义标志着一个传统的结束，但不代表另一个传统的开始。

艺术的革命和革命的艺术开始分道扬镳，尽管理论家、宣传家，如“四八年人”托雷（Théophile Thoré，1807—1869）和激进的左拉竭力要把它们撮合在一起。印象派之所以重要，不是由于他们的题材大众化——星期天郊游、民间舞蹈、城市风貌、剧院、赛马场、妓院等等，足足涵括资本主义社会半个世界的内容——而是因为它在创作手法上有所创新。然而，这些手法只是借助与摄影类似的技术，或借鉴摄影以及不断发展的自然科学，以进一步追求真实的再现，追求再现“眼睛看到的东西”。这暗示它们将放弃过去绘画中约定俗成的手法。当光线投在物体上，眼睛“真正”看到的是什么呢？当然不是已被众人接受的有关蓝天、白云或面部相貌的标准画法所呈现的那样。它的目的原是要把写实主义变得更加“科学”，结果却不可避免地使它脱离人们的常识，直到新技术成为新的惯用手法为止。事实正是这样。我们现在在欣赏马奈、雷诺阿（A. Renoire，1841—1919）、德加、莫奈和毕沙罗（Camille Pissarro，1830—1903）的作品时，我们能毫不困难地一眼看懂。但他们也曾一度无法被人们理解，连罗斯金也曾对着美国画家兼雕刻家惠斯勒（James MacNeill Whistler，1834—1903）的作品发出惊呼："活像是泼在公众脸上的一罐颜料！"

这个问题只是暂时性的，但这种新艺术还有两方面更不好处理。首先，它必须使绘画克服其先天有限的"科学"特质。比如，从逻辑上说，印象主义代表的不只是一幅画，而是完美的彩色立体影片，光线照在物体上能不断产生变化。莫奈从不同侧面画了一系列法国卢昂大教堂的作品，企图以油彩和画布来呈现这种效果，结果与理论相去不远。但是，如果对艺术的科学性追求无法产生出任何特定的结论，那么其所获得的结果不过是摧毁大家已然接受的视觉常规，"现实"代替不了这个准则，也无其他任何准则来代替它，只是出现大量与它相差无几的准则而已。归根结底——但是19世纪60年代和70年代还远远得不出这个结论——在对同一事物做出几种不同的主观感觉后，可能没有办法从中进行选择。一旦能够做出选择时，对完美的客观追寻也就转变成主观的完全胜利。追求艺术的科学是条很吸引人的道路，因为如果科学是资本主义社会的一个基本价值，那么个人主义、竞争就是其他价值。正是学院训练和艺术标准等堡垒，有时不自觉地用新的"原创性"标准来代替"完美"、"正确"的古老标准，它们遂为自己的最终被取代打开了大门。

其次，如果艺术与科学相似，那么它应和科学一样具有进步的特点，进步使"新的"或"后来者"（在某些条件下）变成"先进的"。这对科学来说没有任何问题，因为大多数在科学领域默默耕耘的人，在1875年对物理的了解显然比牛顿和法拉第更多更好些。然而在艺术上则不尽然：库尔贝之所以比法国画家格罗（Antoine Jean Gros，1771—1835）更高明，并不是因为库尔贝较晚出生，也不是因为他是写实主义者，而是因为他的天赋更高。同时，"进步"一词本身也是含混不清，因为进步可用于，实际上也真的用于历史上所有已被看到的演变，这些演变都是（或据信是）前进的；同时也可用于企图促成未来理想的变革。进步可能是也可能不是事实，而"进步主义者"一词更只是政治用语。艺术上的革命者通常很容易与政治上的革命者相混淆，尤其是对思路混乱的人来说，例如蒲鲁东；而且艺术上和政治上的革命者也都很容易和另一种极不相同的东西相混淆，即“现代性”。“现代性”这个词最早的可查记录是出现在1849年。[“总而言之，库尔贝……表现了时代，他的作品与孔德的《实证哲学》，与瓦舍罗（Vacherot）的《实证形而上学》和与我本人的《人权》和《内在正义》是不谋而合的；也等同于就业的权利和工人的权益；等同于宣布资本主义灭亡和生产者的自治权；等同于盖尔（Gale）和斯珀津姆的颅相学；等同于拉瓦特（Lavater）的相面术。”（蒲鲁东）][24]

在这个意义上，若要成为“当代”就必须在题材之外追求变革和技术革新。诚如波德莱尔明察秋毫地指出，假如表现当下是一大欢乐，不仅是因为当下所可能具有的美，同时也由于“作为当下，它具备了若干基本特征”，那么每个要继续成为“当下”的艺术，就必须找到自己特有的表现形式，因为除了自己之外，谁也不能充分地代它表达，如果真的有谁能够表达的话。这可能是也可能不是客观上确实有的“进步”，但是，只要了解过去的一切方法必须让路给了解我们这个时代的方法，那肯定是“进步的”，因为后者肯定更好些，因为它们是当代的。艺术必须不断更新，在更新的时候，每一代改革者不可避免地会失去——至少是暂时失去——大批传统主义者和强敌，这些人都缺少年轻的兰波所说的“眼光”（他为艺术的未来制定了不少规则）。简而言之，我们现在开始发现我们已处于我们熟悉的前卫世界之中——虽然这个词在当时还不存在。如果要回顾前卫艺术的宗谱，一般不必追溯到法兰西第二帝国之前——文学上不会超过波德莱尔和福楼拜，绘画上不会超过印象派。从历史上看，个中缘由基本上还是个谜，然而确定年代的特征是很重要的。这个年代代表着下述企图的失败：创造一种与资本主义社会精神相一致（虽然对资本主义社会不无批评）的艺术，一种如实证主义所言能体现资本主义世界的物质现实、进步和自然科学的艺术。

## 5

这个失败固然影响了资本主义世界的核心，但影响更大的是资本主义世界的边缘阶层：学生，年轻知识分子，踌躇满志的作家、艺术家以及一群放荡不羁、不修边幅的人——拒绝采纳（不论时间长短）资产阶级尊重观以及很容易与他们混在一起的人们。大城市里出现越来越多专供这些人聚会的特区——巴黎塞纳河左岸的拉丁区和巴黎北方的蒙马特区（由于绘画转向写实主义——即户外——农村里遂也出现画家聚居的奇怪区域，这些地方范围不大，例如巴黎周围、法国东北部的诺曼底海岸和稍晚的普罗旺斯。在19世纪中叶之前，这种现象似乎尚不多见）。这些地区很快成为前卫派的中心，而像兰波那种如饥似渴地在沙勒维尔（Charleville）等地阅读杂志和异端诗歌的年轻叛徒，就像被地心引力吸引一样，纷纷向中心靠拢。他们既是生产者，又是消费者，他们构成一个不可忽略不计的市场（一个世纪后这种市场被称为"地下市场"或"反主流文化市场"），但销售额不大，不足以养活这批前卫艺术家。由于资产阶级日益希望把艺术紧紧抱在自己怀里，因此愿意让资产阶级拥抱的艺术家——美术系学生、充满野心的作家等等——也就成倍增加。米尔热（Henry Murger）所写的《波希米亚生活一瞥》(*Scenes of Bohemian Life*，1851年)，为资本主义社会的城市生活带来盛行一时的风尚以及与18世纪的户外宴会一样的时髦。这些艺术家、作家在西方世界的世俗天堂里与资产阶级逢场作戏，但不属于资产阶级。这个世俗天堂也是艺术中心，意大利再也不能与这个艺术中心一试高低。在19世纪下半叶，巴黎约有一两万自称为艺术家的人。[25]

虽然这个时期的革命运动几乎完全发生在巴黎拉丁区——例如布朗基主义者——虽然无政府主义者将反主流文化的人等同于革命者，但是这些前卫艺术家并无特定的政治立场，或根本没有政治立场。在画家中，极左派的印象画家毕沙罗和马奈于1870年逃到伦敦，以躲避参加普法战争；塞尚躲在其乡间避难所里，对其最亲密的朋友左拉的政治观点丝毫没有兴趣。马奈、德加——他们都因个人收入而成为资产阶级——以及雷诺阿都悄悄地参加战争而避开了巴黎公社；库尔贝在巴黎公社运动中只是个一般的人。对日本版画的爱好可以把印象派、超级共和派的克里蒙梭（Clemenceau）和激烈反对巴黎公社的龚古尔兄弟联系在一起。如同1848年前的浪漫派艺术家一样，他们之所以联合，只是因为他们都憎恶资产阶级和资产阶级政权——此处指的是法兰西第二帝国——痛恨由庸才、虚伪和利润统治的时代。

直到1848年，这些资本主义社会的精神拉丁区仍希望有个共和或来一场社会革命，而且对更有活力的资本主义"强盗贵族"甚至勉强表示敬佩，敬佩他们冲破了传统贵族社会的障碍，尽管也非常痛恨他们。福楼拜的小说《情感教育》（*Sentimental Education*，1869年），说的就是19世纪40年代这个暴风雨世界里年轻人心中的这个希望以及他们的双重失望：对1848年革命的失望和对接踵而来的时代的失望。在新的时代里，资产阶级胜利了，但他们背弃了自己的革命理想——自由、平等、博爱。从某种意义上说，失望最大的莫过于1830—1848年的浪漫主义。从空幻写实主义转变到"科学"或实证写实主义的过程中，仍保留——也许还发展了——社会批判的部分，至少是冷嘲热讽，然而却失去了想象力[杜庞卢（Dupanloup）阁下认为，凡在地方上主持过一些忏悔的牧师都承认福楼拜的小说《包法利夫人》十分准确]。接着又转变成"为艺术而艺术"，或只关心语言的格式、风格和技巧。"每个人都有灵感"，年迈的诗人戈蒂耶（Gautier，1811—1872）对一位年轻人说："每个资产阶级都会因太阳从东方升起，从西边落下而感情起伏。但诗人有技巧。"[26] 当一种新的幻想艺术形式从1848年时还是孩提甚至还未出生的那代人中出现的时候——兰波的主要作品于1871—1873年问世，杜卡斯（Isidore Ducasse）于1869年发表其《马尔多鲁之歌》（*Chants de Maldoror*）——这种艺术将是秘传的，是不理性的，而且不管其初衷为何，也是非政治的。

由于1848年梦幻的破灭以及拿破仑三世的法兰西第二帝国、俾斯麦的德国、帕默斯顿和格莱斯顿的英国、伊曼纽尔的意大利等现实政府的胜利，西方资产阶级艺术在绘画和诗歌的带动下开始分为两支：一是为广大公众喜爱的，一是为少数自我设限者享用的。资本主义社会并未像前卫派所虚构的那样宣布他们为非法，但一般说来有一点是不可否认的，即那些在本书所述时期结束之前已达成熟阶段而且至今仍受我们敬爱的美术家和诗人，对当时的市场通常抱着不屑一顾的态度，也的确经常引起社会争议：库尔贝和印象派、波德莱尔和兰波、早期的拉斐尔前派、英国诗人评论家斯温伯恩（A. C. Swinburne，1837—1909）、英国诗人及画家罗塞蒂（Dante Gabriel Rossetti，1828—1882）等等。很显然，艺术界的情况不全是如此，甚至完全依靠资产阶级赞助的艺术也不全是如此，除了这时期有对白的话剧外，关于这种话剧最好少提为妙。这也许是因为，那些困扰视觉艺术的“写实主义”难题，对其他艺术领域的困扰程度较轻些。

## 6

这些难题对音乐毫无影响，因为没有任何表象派写实主义能在音乐领域占有一席之地，而且若想将它引入音乐之中，就必须使用比喻，或依靠语言、剧情。除非是合并为瓦格纳式的总体艺术（即瓦格纳那种包罗万象的歌剧），或塞进简单的歌曲，否则音乐的写实主义就意味着它能代表某种明确的情感，包括可辨认出来的性情感（就像瓦格纳的《特里斯坦和伊索尔德》）。更普遍的情形是，它们通过民俗音乐的主题来表达民族主义的情感，例如盛行一时的国民乐派作曲家——波希米亚的斯美塔那和德沃夏克，俄国的柴可夫斯基、里姆斯基-科萨科夫（N. Rimsky-Korsakov，1844—1908）和穆索尔斯基等，挪威的格利格（Edvard Grieg，1843—1907），当然还有德国人（可不是奥地利人）

所做的。但是如我们前面所提，严肃音乐欣欣向荣的原因，与其说是它道出了真实世界，倒不如说它表达了精神世界，因而它除了提供其他许多东西外，还提供了一种宗教替代品。如果想要演出，那它就得合乎赞助人的口味或符合市场需求。到了这个程度，它就能从内部反对资本主义世界，而且易如反掌，因为当音乐家对资产阶级进行鞭挞时，他们不但觉察不到还可能以为音乐家是在表达他们的追求和他们的文化辉煌呢。所以，音乐繁荣了，但或多或少仍建立在传统的浪漫主义基础上。音乐界的急先锋是瓦格纳，他也是音乐界最著名的公众人物，因为他确实成功地使财力最雄厚的文化当局和资产阶级成员相信他们就属于精神贵族，远远高于庸俗不堪的广大群众，只有他们才是艺术的未来（瓦格纳能做到这点得感谢疯疯癫癫的巴伐利亚国王路德维希）。

散文，特别是最具资产阶级时代艺术形式特征的小说，也日渐兴盛，但原因却与音乐正好相反。语言不像音符，它不但表现了“真实生活”，也表达了思想。语言跟视觉艺术也不一样，它并不真正去模仿生活。所以，小说的“写实主义”没有发生任何当摄影引进绘画时立即产生的不可解决的矛盾。有些小说可能会把重点放在如记录文学般的绝对真实上，有些则倾向将题材扩大到不适于体面人看的领域（法国写实主义小说家两者都喜欢），然而谁能否认，甚至最不擅长文字、最主观的人所写的真实世界故事，通常也最能代表当代的真实社会！这个时期的小说没有一部不能改写为电视连续剧。小说很灵活，作为一个类别，它甚受大众欢迎，成就斐然。除了极个别的例外——如瓦格纳的音乐，法国几个画家，也许还有几首好诗——这个时期艺术上的最高成就非小说莫属：俄国的、英国的、法国的，也许甚至还有美国的（如果我们加上梅尔维尔的《白鲸》），而且（除梅尔维尔外）最伟大作家的最伟大作品几乎都立即被接受，如果不总能获得理解的话。

小说的伟大潜力在于它的领域极宽，最广阔、最雄心勃勃的主题都操持在小说家的手中，请看：《战争与和平》弄得托尔斯泰如痴如醉，《罪与罚》(*Crime and Punishment*，1866 年)使陀思妥耶夫斯基心力交瘁，《父与子》(*Fathers and Sons*)则令屠格涅夫费尽心血。小说家企图掌握住整个社会的现实。司各特（Scott）和巴尔扎克借由彼此相关的故事系列反映整个社会，然而奇怪得很，这时期最伟大的天才小说家并未遵循这个模式。左拉要到 1871 年才开始进行他对追溯第二帝国的大部头描绘 [《卢贡-马卡尔家族》系列小说（*the Rougon-Macquaret series*)]，加尔多斯（Pérez Galdós，1843—1920）于 1873 年开始其回顾性的《民族插曲》(*Episodios Nacionales*)，德国小说家、剧作家弗赖塔格（Gustav Freytag，1816—1895）则在 1872 年开始撰写其《祖先》(*Die Ahnen*)。在俄国以外，这些巨大创作努力所取得的成功有大有小，而在俄国则一律获得成功。一个兼容了狄更斯、福楼拜、艾略特、萨克雷和凯勒（Gottfried Keller，1819—1890）等诸多成熟作家的时代，是不需要害怕竞争的。然而，小说最大的特点和它之所以成为这个时代典型艺术的原因，是因为小说是通过神话和技巧（像华格纳的《尼伯龙根的指环》那样）来完成其雄心勃勃的创作目的。与其说小说像暴风雨般袭击了创作天堂，倒不如说它是坚忍不拔、一步一个脚印地走进创作天堂。为此，小说在承受最小损失的情况下，也开始被翻译成他国语言。这个时代至少有位天才大作家成为真正的国际人物，他就是狄更斯。

但是，如果我们在讨论资产阶级胜利时代的艺术时，仅局限于讨论艺术大师和他们的杰作，特别是局限在少数几个人身上，那就有失偏颇了。我们已经看到，这个时代也是艺术走向大众的时代，因为有了复制技术，一件作品复印无数张后形象依然清晰；技术与交通结合起来便产生了报纸和杂志，尤其是附有插图的杂志；同时群众教育事业的开展更使艺术进入平常人家。这时期真正为多人所知的艺术作品——指其知名度超出了少数“有修养者”的范围——并不是我们今天欣赏不已的作品。当然也有极少例外，狄更斯便是这极少例外中最突出的一位（然而狄更斯是以记者的身份写作的，他的小说是连载发表的。对数以千计的读者来说，他更像演员，因为他的作品充满戏剧舞台场面的对白）。销路最广的是大众报纸，英国和美国的销售量创空前纪录，达25万份，甚至50万份。美国西部火车车厢里和欧洲手工业工人小屋里贴的是英国画家兰西尔的《山谷之王》（*Monarch of the Glen*）（或自己本国相应的画），或美国总统林肯、意大利爱国者加里波第，或英国首相格莱斯顿的肖像。“高尚文化”中的乐曲，只有意大利歌剧作曲家威尔第的曲调能借由遍布各地的意大利街头手风琴手而进入普通人的耳朵，或许瓦格纳的某段乐章也可因被改成结婚进行曲而得与大众相见——但不是歌剧本身。

然而，这本身就是一场文化革命。随着城市和工业的胜利，广大群众开始出现分野，而且区别日益尖锐：一部分是“现代化”的，也就是城市化的、识文断字的人；另一部分是接受主流（即资本主义社会）的文化内容和日益失根的“传统”人。两者的分野越来越明确，因为农村过去的遗产和城市工人阶级的生活模式越来越不相干：19世纪60年代和70年代的波希米亚工人，已不再用民谣来抒发自己的感情，而用歌厅里的蹩脚通俗歌曲来描述他们自己的生活——一种与他们父辈很少有共同之处的生活。这是一个空白地带。现代通俗音乐和娱乐业的祖先，那时就开始为文化要求不高的人填补这个空白；而自助团体和组织就为更活跃、更自觉、要求更多的人来填补这个空白。从本书所述时期结束起，这个空白则越来越常是通过政治运动来填补。在英国，城里歌厅星罗棋布的时代也是合唱团和工人阶级管乐队的时代，这些音乐团体在工业社会成倍增加，其所表演的大众“古典”曲目多半选自高尚文化。但是值得注意的是，这几十年的文化流向都是单向的——从中产阶级往下传播，至少在欧洲是如此。甚至即将成为无产阶级最有特色的文化形式，即供大众观赏的体育活动，也是发源于中产阶级。这时期的中产阶级年轻人为各项运动筹组俱乐部，并规划比赛，从而使体育规则得以定型——例如英式足球。要到19世纪70年代末至80年代初，体育活动才真正掌握在工人阶级手中。（英国是最卓越的“体育大国”。早些时候的平民体育，例如板球，已在英国兴起。但此时英国纯专业化的平民体育却呈下降态势。原有的几项体育活动实际上已告消失，例如专业化的赛跑、竞走、划船比赛等。）

农村最传统的文化模式遭到连根拔起，其原因与其说是人口流动，不如说是兴办教育的结果。一旦群众接受了小学教育，传统文化便不可能再以口耳或面面相传的方式为基础。于是，文化遂分裂成识字者的高级文化（即占统治地位的文化）和不识字者的低级文化（即落后文化）。教育和全国官僚机构将农村居民变成精神分裂症患者的集合，他们的名字被分成两种，一是昵称和绰号，是邻居和亲戚称呼时用的（如“跛脚巴奎脱”），一是对学校、政府当局使用的正式姓名（如“弗朗西斯科·冈萨雷斯·洛佩斯”）。新生的一代实际上都能操两种语言。有越来越多的人，企图以“方言文学”的形式拯救古老语言［如安岑格鲁贝（Ludwig Anzengruber，1839—1889）写的农民话剧；巴恩斯（William Barnes，1800—1886）用多塞特（Dorset）方言写的诗；路透（Fritz Reuter，1810—1874）用德国北部方言写的自传以及1854年费利布里热（Félibrige）协会运动意欲复活的普罗旺斯文学］。但这对中产阶级罗曼蒂克的怀旧病、民粹主义或“自然主义”皆无吸引力。

用我们的标准来看，传统文化在这个阶段的衰落幅度还是比较小的。然而其意义相当重大，因为在这一时期，传统文化尚未从新兴无产阶级或城市反主流文化当中得到反馈（农村从来就没有出现过反主流文化）。因此，占统治地位的官方文化不可避免地与大获全胜的中产阶级等同起来，并凌驾在处于从属地位的广大群众之上。在这个时期，这种主从状态几乎是无法改变的。

第十六章

# 结语

谋事在人，成事在天。你头上有苛政。根据进步的原则，天意早该没有了。

——内斯特罗，维也纳喜剧作家，1850 年[1]

自由主义的胜利时代开始于革命的失败，结束于漫长的经济萧条。第一个路标一目了然，它标志着一个历史阶段的开始和另一个历史阶段的结束。而第二个路标则不尽然。然而历史并不顾念是否对历史学家方便，尽管有些历史学家对此还不甚了解。依照戏剧的要求，这本书结束时应安排一个具有轰动效应的事件，例如 1871 年的德国统一和巴黎公社，或是 1873 年的股票暴跌，但是戏剧的要求与现实不一样，经常很不一样。资本时代的小路并没有结束在可鸟瞰全景的制高点上，也没有结束在大瀑布前，而是结束在景色不太容易辨认的转弯处，也就是 1871—1879 年之间的某个时候。如果我们必须指出个具体日子，那就让我们选一个能象征“19 世纪 70 年代”的某个时候，但不要和什么特定事件有关，免得将它不必要地凸显了。就让我们选择，比如说，1875 年吧。

紧接着自由主义胜利而来的新时代，将是大不一样的。经济上，它迅速离开私营企业自由竞争、政府不加干预，或德国人称之为“曼彻斯特主义”的道路（即维多利亚时代英国正统的自由贸易道路），而朝向大型工业公司［卡特尔（cartel）、托拉斯（trust）、垄断集团］、政府积极干预、正统政策迥然不同但经济理论不一定很不一样的道路。英国律师戴雪（A. V. Dicey）长叹道：个人主义的时代已于 1870 年结束，“集体主义”时代来临了。戴雪看到“集体主义”长驱直入，辗转难眠。在我们看来，他所看到的“集体主义”多数是不重要的，不过在某种意义上他还是对的。

资本主义经济在四个重要方面发生变化。首先，我们现在进入一个新的技术时代，不再受限于第一次工业革命的发明和方法：一个新能源的时代（电力、石油、涡轮机、内燃机等），一个基于新材料之上的新机械时代（钢铁、合金、有色金属等），一个植根于科学之上的新工业时代，例如正在扩大的有机化学工业。

其次，我们日益进入一个由美国首开其先河的国内消费市场经济。这种新形态的形成是由于群众收入的提高（欧洲提高的幅度还不很大），更由于先进国家的人口增长。1870—1910年间，欧洲人口从2.9亿增加到4.35亿，美国人口从3 850万增加到9 200万。换句话说，我们进入一个大规模生产的阶段，包括某些耐用消费品的生产。

再次，从若干方面来说，这点最具决定性意义——资本主义经济发生了令人困惑的逆转。自由主义的胜利时代事实上就是英国工业在国际上处于垄断地位的时代，中小企业可以自由竞争，保证获得利润，而且困难很少。后自由主义时代则是互为竞争对手的国家工业经济——英国的、德国的、美国的——在国际上进行竞争，在经济萧条期间，它们发现要获得足够利润非常困难，于是竞争更加激烈。

最后，竞争更导致了经济集中、市场控制和市场操纵。一位杰出的历史学家说道：

> 经济增长如今已成为经济斗争——一场将强者与弱者截然分开的斗争，一场打击一部分国家信心、坚定另一部分国家志气的斗争，一场牺牲老的、照顾那些新兴国家的斗争。原本对未来的进步发展充满无限信心的乐观情绪，已让位给迟疑不决和某种痛苦挣扎。而这一切又强化了激烈的政治竞争，政治竞争又反过来加剧了经济斗争，这两种竞争在掠夺土地的浪潮和“势力范围”的追逐中会合，并因之被称作新帝国主义。[2]

世界自此进入帝国主义时代，这里的帝国主义既是广义的（包括经济组织的结构变化，例如“垄断性资本主义”），也是狭义的，“低度开发”国家以附属国的地位被纳入由“先进”国家统治的新世界经济秩序。其原因除了竞争（导致各强权竞相将世界划归为自己的商业保留地，不管是正式或非正式的）、市场和资本出口的刺激外，同时也由于大多数先进国家因气候和地质原因而缺少原料，这些原料的重要性日见明显。新技术工业需要石油、橡胶、有色金属等原料。到19世纪末，马来亚已成为闻名的锡产地，俄国、印度和智利是锰产地，新喀里多尼亚为镍产地。新的消费工业需要飞速增长的原料数量，不仅是先进国家可以生产的原料（例如粮食和肉类），还有它们无法生产的原料（如热带和亚热带的饮料和水果，以及国外的蔬菜、制皂用的油脂等）。“香蕉共和国”如同锡、橡胶和可可殖民地一样，成了资本主义世界经济的组成部分。

世界一分为二，一为先进地区，一为低度开发地区（从理论上讲两者是互补的）。这种现象虽然不是什么新鲜事，但此时已开始具有其特殊的现代形状。这种新的先进 / 依附模式将一直持续到 20 世纪 30 年代的经济大萧条为止，中间只有短暂间歇。而这便是世界经济的第四项重大变化。

从政治上看，自由主义时代的结束，意味着自由的结束。在英国，1848—1874 年间，除两次为期短暂的例外，一直是辉格 / 自由党（从广义上说是托利 / 保守党以外的政党）在执政。然而在 19 世纪的最后 25 年里，辉格 / 自由党执政时间总共不超过 8 年。在德国和奥地利，19 世纪 70 年代的自由党已不再是政府在议会里的主要基础，如果政府需要这样一个基础的话。他们的衰退，不仅是因为他们强调自由贸易、廉价政府（相对来说也就是无所事事的政府）的思想主张被击败，也因为选举政治的民主化（见第六章）摧毁了他们认为其政策可代表广大群众的幻想。一方面，由于经济萧条，代表某些工业和全国农业利益的保护主义压力加大了。贸易更加自由的发展趋势发生逆转，俄国和奥地利在 1874—1875 年，西班牙在 1877 年，德国在 1879 年，实际上各地皆是如此。除了英国外——即使在英国，从 19 世纪 80 年代起，自由贸易也开始受到压力。另一方面，下层的“小人物”要求保护他们不受“资本家”剥削压迫，工人要求社会福利、建立失业公共保护措施、制定最低工资，这些日益高涨的呼声，在政治上发挥了十分强大的作用。“上层阶级”，不管是自古以来就有的贵族，还是新兴的资产阶级，都不再能够代表“下层”说话了，更关键的是，他们不再能够获得“下层”不求回报的支持了。

所以，一个新的、日益混乱紧张的局面（以及在此局面下出现的新政治格局）正在形成，反民主的思想家预见到形势不妙。历史学家布克哈特在1870年写道："人权的现代说法包括了工作权利和生存权利。人们再也不愿将最重要的事情交给社会去处理，因为他们想要的是不可能获得的，而他们认为只有在政府的强行规定下方可获得。"[3] 思想家感到头痛的不仅是穷人提出的据说是乌托邦式的要求——有权过温饱生活，还有穷人强行获得这个权利的能力。"群众要求安定，要求工资。如果他们能从共和当中获得安定和工资，他们会紧紧依靠共和；如果能从君主制度获得安定和工资，他们会紧紧依靠君主制度。如果两者都无法给予他们，他们毫不犹豫地会支持首先保证他们能得到他们想要的东西的体制。"[4] 政府不再由传统赋予它的合乎道德的自主权和合法性来控制，也不再能够相信经济法则不会遭到破坏，政府实际上会日益成为无所不能的极权国家，虽然理论上它只是为大众达到目的的工具。

以今日的标准而言，当时政府作用的增加还很有限，虽然在本书所述时期，几乎各地政府的平均开支（也就是政府的活动）都增加了，主要是由于公债大幅度增加的结果（自由主义、和平、不接受津贴的私营企业堡垒，英国、荷兰、比利时、丹麦等国除外）。政府开支的增加在海外发展中国家更为明显。这些国家——美国、加拿大、澳大利亚和阿根廷——都在进行经济基础设施的建设，办法是引进资金。然而，各方面的社会开支仍是少得可怜，也许只有教育经费例外。另一方面，政治上有三种倾向从经济萧条的新时期混乱中冒了出来（经济萧条导致各地社会爆发骚乱和不满）。

第一，最明显也最新奇的，是独立的工人阶级政党和运动的出现，它们一般都带有社会主义倾向（也就是日益倾向马克思主义），其中德国社会民主党既是先驱，又是令人印象最为深刻的典范。虽然这时候的政府和中产阶级认为它们最危险，然而事实上，社会民主党是赞成自由主义理性启蒙运动的价值和假设。第二个倾向不但不接受启蒙运动的遗产，而且事实上还坚决反对。蛊惑人心的反自由、反社会主义政党出现于19世纪80年代和19世纪90年代，它们如果不是从先前隶属于自由党分支机构的阴影下冒出来的，例如后来变成希特勒主义鼻祖的反犹太、泛日耳曼主义的民族主义者，便是从直至当时为止在政治上一直韬光养晦的教会羽翼下冒出来的，例如奥地利“基督教社会运动”。（出于各种原因，在这些教会组织中，罗马教皇庇护九世的立场也许是最为重要的，天主教大公会议未能在群众政治中有效地发挥其巨大潜力，除了在一些天主教居少数地位的西方国家，而天主教在这些国家中也只能发挥压力团体的作用——例如19世纪70年代开始的德国“中央党”。）第三个倾向是群众性民族主义政党和运动从先前的激进自由主义桎梏中解放出来，有些争取民族自治或民族独立的运动逐渐趋向社会主义，至少理论上是这样，特别是当工人阶级在本国能发挥重要作用的时候；但这只是民族社会主义，而非国际社会主义［如所谓捷克人民社会主义者（Czech People's Socialist）或波兰社会党（Polish Socialist Party）］，而且民族成分多于社会主义成分。其他民族主义政党或运动的意识形态，则纯粹以血统、土地、语言以及所有被看作是种族传统的内容为基础，别无其他。

然而这些新趋势并没有动摇先进国家在19世纪60年代发展出的基本政治格局，逐步地、不情愿地走向民主立宪政体。不过，非自由主义的群众政治着实吓坏了各国政府，不管在理论上它们是多么可以被接纳。政府在学会操作这套新制度之前，有时——明显是在“大萧条”时期——会陷入惊恐万状之中，并实施高压统治。法兰西第三共和国直到19世纪80年代初还不允许从血洗中幸存下来的巴黎公社社员重新参与政治活动。俾斯麦知道如何驾驭资产阶级自由主义者，但不知道如何对付群众性社会主义政党或群众性天主教政党。1879年，他宣布社会民主党为非法。格莱斯顿对爱尔兰也实行高压统治。不过，这只是个暂时阶段，而非永久趋势。资产阶级政治的框架（在存有这个框架的国家），要到进入20世纪相当长的一段时间之后，才膨胀到突破点。

这个时代的确陷入了“大萧条”的麻烦时期。但是，如果太强调大萧条的色彩，反倒会造成错误印象。它与20世纪30年代的衰退不同，其经济困难本身非常复杂，也都有一定难度，因此历史学家甚至怀疑用“萧条”这个词来形容本卷所述时期结束后的20年是否妥当。历史学家错了，但他们的怀疑提醒我们不要采取过分戏剧性的处理。无论是经济上还是政治上，19世纪中期资本主义世界的结构都没有崩溃。它进入了一个新的阶段，缓慢地从经济上和政治上修改了自由主义，还留有充分的余地。然而那些被殖民统治的、低度开发的贫穷落后国家，其情况便有所不同，例如俄国这类处于胜利者世界和受害者世界之间的国家，其情况也不一样。在这些国家中，“大萧条”开创了即将到来的革命时代。但在1875年后的一两代人之间，胜利的资产阶级仍固若金汤。也许信心比以前弱了一些，因而资产阶级声称它仍信心十足未免有点儿刺耳。也许资产阶级对其前途有点儿担心，然而“进步”无疑仍会继续下去，这是不可避免的，而且是以资产阶级、资本主义社会的形式，笼统说来是以自由社会的形式继续下去。“大萧条”只是一个插曲。未来不是还有经济增长、科技进步、生活提升与和平吗？20世纪难道不会是19世纪更加辉煌、更加成功的翻版吗？

我们今天知道，20世纪不是19世纪的翻版。

# 注释

## 导言

[1] See J. Dubois, *Le Vocabulaire politique et social en France de 1869 à 1872* (Paris 1963).
[2] D. A. Wells, *Recent Economic Changes* (New York 1889), p.1.

## 第一章 "民族的春天"

[1] P. Goldammer (ed.), *1848, Augenzeugen der Revolution* (East Berlin 1973), p.58.
[2] Goldammer, *op. cit.*, p.666.
[3] K. Repgen, *Märzbewegung und Maiwahlen des Revolutionsjahres 1848 im Rheinland* (Bonn 1955), p.118.
[4] Rinascità, *Il 1848, Raccolta di Saggi e Testimonianze* (Rome 1948).
[5] R. Hoppe and J. Kuczynski, 'Eine...Analyse der Märzgefallenen 1848 in Berlin', *Jahrbuch für Wirtschaftgeschichte* (1964), IV, pp.200-276; D. Cantimori in F. Fejtö, ed., *1848-Opening of an Era* (1948).
[6] Roger Ikor, *Insurrection ouvrière de juin 1848*(Paris 1936).
[7] K. Marx and F. Engels, Address to the Communist League (March 1850) (*Werke* VII, p.247).
[8] Paul Gerbod, *La Condition universitaire en France au 19e siècle* (Paris 1965).
[9] Karl Marx, *Class Struggles in France 1848-1850* (*Werke*, VII, pp.30-31).
[10] Franz Grillparzer, *Werke* (Munich 1960), I, p.137.
[11] Marx, *Class Struggles in France* (*Werke*, VII, p.44).

## 第二章 大繁荣

[1] Cited in *Ideas and Beliefs of the Victorians* (London 1949), p.51.
[2] I owe this reference to Prof. Sanford Elwitt.
[3] 'Philoponos', *The Great Exhibition of 1851; or the Wealth of the World in its Workshops* (London 1850), p.120.
[4] T. Ellison, *The Cotton Trade of Great Britain* (London 1886), pp.63 and 66.
[5] Horst Thieme, 'Statistische Materialien zur Konzessionierung der Aktiengesellschaften in

Preussen bis 1867', *Jahrbuch für Wirtschaftsgeschichte* (1960), II, p.285.
[6] J. Bouvier, F. Furet and M. Gilet, *Le Mouvement du profit en France au 19e siècle* (Hague 1955), p. 444.
[7] Engels to Marx (5 November 1857) (*Werke*, XXIX, p.211).
[8] Marx to Danielson (10 April 1879) (*Werke*, XXXIV, pp.370-75).
[9] Calculated from Ellison, *op. cit.*, Table II, using the multiplier on p.111.
[10] F. S. Turner, *British Opium Policy and its Results to India and China* (London 1876), p.305.
[11] B. R. Mitchell and P. Deane, *Abstract of Historical Statistics* (Cambridge 1962), pp.146-7.
[12] C. M. Cipolla, *Literacy and Development in the West* (Harmondsworth 1969), Table 1, Appendix II, III.
[13] F. Zunkel, 'Industriebürgertum in Westdeutschland' in H. U. Wehler (ed.), *Moderne Deutsche Sozialgeschichte*(Cologne-Berlin 1966), p.323.
[14] L. Simonin, *Mines and Miners or Underground Life* (London 1868), p.290.
[15] Daniel Spitzer, *Gesammelte Schriften* (Munich and Leipzig 1912), II, p.60.
[16] J. Kuczynski, *Geschichte der Lage der Arbeiter unter dem Kapitalismus* (East Berlin 1961), XII, p. 29.

## 第三章　统一的世界

[1] K. Marx and F. Engels, *Manifesto of the Communist Party* (London 1848).
[2] U.S. Grant, Inaugural Message to Congress (1873).
[3] I. Goncharov, *Oblomov* (1859).
[4] J. Laffey, 'Racines de l'imperialisme français en Extrème-Orient', *Revue d'Histoire Modern et Contemporaine* XVI (April-June 1969), p.285.
[5] Many of these data are taken from W. S. Lindsay, *History of Merchant Shipping*, 4 vols (London 1876).
[6] M. Mulhall, *A Dictionary of Statistics* (London 1892), p.495.
[7] F. X. von Neumann-Spallart, *Ubersichten der Weltwirtschaft* (Stutt-gart 1880), p.336; 'Eisenbahnstatistik', *Handwörterbuch der Staats-wissenschaften* (2nd ed.) (Jena 1900).
[8] L. de Rosa, *Iniziativa e capitale straneiro nell' Industria metalmeccanica del Mezzogiorno, 1840-1904* (Naples 1968), p.67.
[9] Sir James Anderson, *Statistics of Telegraphy* (London 1872).
[10] Engels to Marx (24 August 1852) (*Werke*, XXVIII, p.118).
[11] *Bankers Magazine*, V (Boston 1850-51), p.11.
[12] *Bankers Magazine*, IX (London 1849), p.545.
[13] *Bankers Magazine*, V (Boston 1850-51), p.11.
[14] Neumann-Spallart, *op. cit.*, p.7.

## 第四章　冲突与战争

[1] Prince Napoléon Louis Bonaparte, *Fragments Historiques, 1688 et 1830* (Paris 1841), p.125.

[2] Jules Verne, *From the Earth to the Moon* (1865).

第五章 民族的创建

[1] Ernest Renan, 'What is a Nation'in A. Zimmern (ed.), *Modern Political Doctrines* (Oxford 1939), pp.191-2.
[2] Johann Nestroy, *Häuptling Abendwind* (1862).
[3] Shatov in F. Dostoievsky, *The Possessed* (1871-2).
[4] Gustave Flaubert, *Dictionnaire des idée reçues* (c. 1852).
[5] Waiter Bagehot, *Physics and Politics* (London 1873), pp.20-21.
[6] Cited in D. Mack Smith, *Il Risorgimento Italiano* (Bari 1968), p.422.
[7] Tullio de Mauro, *Storia linguistica dell'Italia unita* (Bari 1963).
[8] J. Kořalka, 'Social problems in the Czech and Slovak national movements' in: Commission Internationale d'Histoire des Mouvements Sociaux et des Structures Sociales, *Mouvements Nationaux d' Indépendance et Classes Populaires* (Paris 1971), I, p.62.
[9] J. Conrad, 'Die Frequenzverhältnisse der Universitäten der hauptsächlichlichsten Kulturländer' *Jahrbücher für Nationalökonomie und Statistik* (1891) 3rd ser. I, pp. 376 ff.
[10] I am obliged to Dr R. Anderson for these data.

第六章 民主力量

[1] H. A. Targé, *Les Déficits* (Paris 1868), p.25.
[2] Sir T. Erskine May, *Democracy in Europe* (London 1877), I, p.lxxi.
[3] Karl Marx, *The Eighteenth Brumaire of Louis Bonaparte* (*Werke*, VIII, pp.198-9).
[4] G. Procacci, *Le elezioni del I874 e l'opposizione meridionale* (Milan 1956) p.60; W. Gagel, *Die Wahlrechtsfrage in der Geschlchte der deutschen, liberalen Parteien 1848-1918* (Düsseldorf 1958), p.28.
[5] J. Ward, *Workmen and Wages at Home and Abroad* (London 1868), p.284.
[6] J. Deutsch, *Geschlchte der österreichischen Gewerkschaftsbewegung* (Vienna 1908), pp.73-4; Herbert Steiner, 'Die internationale Arbeiterassoziation und die österr. Arbeiterbewegung)', *Weg und Ziel* (Vienna, Sondernummer, Jänner 1965), pp.89-90.

第七章 失败者

[1] Erskine May, *op. cit.*, I, p.29.
[2] J. W. Kaye, *A History of the Sepoy War in India* (1870), II, pp.402-3.
[3] Bipan Chandra, *Rise and Growth of Economic Nationalism in India* (Delhi 1966), p.2.
[4] Chandra, *op. cit.*
[5] E. R. J. Owen, *Cotton and the Egyptian Economy 1820-1914* (Oxford 1969), p.156.
[6] Nikki Keddie, *An Islamic Response to Imperialism* (Los Angeles 1968), p.18.

[7] Hu Sheng, *Imperialism and Chinese Politics* (Peking 1955), p.92.
[8] Jean A. Meyer in *Annales E.S.C.* 25, 3 (1970), pp.796-7.
[9] Karl Marx, 'British Rule in India', *New York Daily Tribune* (June 25 1853) (*Werke*, IX, p.129).
[10] B. M. Bhatia, *Famines in India* (London 1967), pp.68-97.
[11] Ta Chen, *Chinese Migration with Special Reference to Labor Conditions* (US Bureau of Labor Statistics, Washington 1923).
[12] N. Sanchez Albornoz, 'Le Cycle vital annuel en Espagne 1863-1900', *Annales E.S.C.* 24, 6 (November-December 1969); M. Emerit, 'Le Maroc etl" Europe jusqu'en 1885', *Annales E.S.C.* 20, 3 (May-June 1965).
[13] P. Leroy-Beaulieu, *L'Atgérie et la Tunisie,* 2nd ed. (Paris 1897), p.53.
[14] *Almanach de Gotha* 1876.

第八章　胜利者

[1] Jakob Burckhardt, *Reflections on History* (London 1943), p.170.
[2] Erskine May, *op. cit.*, I, p.25.
[3] Cited in Henry Nash Smith, *Virgin Land* (New York 1957 ed.), p.191.
I am indebted to this valuable study of the agrarian-utopian strain in the United States as well as to Eric Foner, *Free Soil, Free Labor, Free Men* (Oxford 1970).
[4] Herbert G. Gutman, 'Social Status and Social Mobility in Nineteenth Century America: The Industrial City. Paterson, New Jersey' (mimeo) (1964).
[5] Martin J. Primack, 'Farm construction as a use of farm labor in the United States 1850-1910', *Journal of Economic History*, xxv (1965), p.114 ff.
[6] Rodman Wilson Paul, *Mining Frontiers of the Far West* (New York 1963), pp.57-81.
[7] Joseph G. McCoy, *Historic Sketches of the Cattle Trade of the West and South-west* (Kansas City 1874; Glendale, California 1940). The author founded Abilene as a cattle centre and became its mayor in 1871.
[8] Charles Howard Shinn in *Mining Camps, A Study in American Frontier Government* ed. R. W. Paul (New York, Evanston and London 1965), chapter XXIV, pp.45-6.
[9] Hugh Davis Graham and Ted Gurr (eds.), *The History of Violence in America* (New York 1969), chapter 5, especially p.175.
[10] W. Miller (ed.), *Men in Business* (Cambridge [Mass.] 1952), p.202.
[11] I am obliged to Dr William Rubinstein for the data on which this guess is based.
[12] Herbert G. Gutman, 'Work, Culture and Society in Industrializing America 1815-1919', *American Historical Review*, 78, 3 (1973), p.569.
[13] John Whitney Hall, *Das Japanische Kaiserreich* (Frankfurt 1968), p.282.
[14] Nakagawa, Ke ii chiro and Henry Rosovsky, 'The Case of the Dying Kimono', *Business History Review*, XXXVII (1963), pp.59-80.
[15] V. G. Kiernan, *The Lords of Human Kind* (London 1972), p.188.
[16] Horace Capron, 'Agriculture in Japan' in *Report of the Commissioner for Agriculture, 1873*

(Washington 1874), pp.364-74.
[17] Kiernan, *op. cit.*, p.193.

第九章 变化中的社会

[1] Erskine May, *op. cit.*, I, pp.lxv-vi.
[2] *Journaux des Frères Goncourt* (Paris 1956), II, p.753.
[3] *Werke*, XXXIV, pp.510-11.
[4] *Werke*, XXXII, p.669.
[5] *Werke*, XIX, p.296.
[6] *Werke*, XXXIV, p.512.
[7] M. Pushkin, 'The professions and the intelligentsia in nineteenth century Russia', *University of Birmingham Historical Journal*, XII, I (1969), pp.72 ff.
[8] Hugh Seton Watson, *Imperial Russia 1861-1917* (Oxford 1967), pp.422-3.
[9] A. Ardao, 'Positivism in Latin America', *Journal of the History of Ideas* XXIV, 4 (1963), p.519, notes that Comte's actual Constitution was imposed on the state of Rio Grande do Sui (Brazil).
[10] G. Haupt, 'La Commune comme symbole et comme exemple', *Mouvement Social, 79* (April-June 1972), pp.205-26.
[11] Samuel Bernstein, *Essays in Political and Intellectual History* (New York 1955), chapter XX, 'The First International and a New Holy Alliance', especially pp.194-5 and 197.
[12] J. Rougerie, *Paris Libre 1871* (Paris 1971), pp.256-63.

第十章 土地

[1] Cited in Jean Meyer, *Problemas campesinos y revueltas agrarias (1821-1910)* (Mexico 1973), p. 93.
[2] Cited in R. Giusti, 'L'agricoltura e i contadini ne! Mantovano (1848-1866)', *Movimento Operaio* VII, 3-4 (1955), p.386.
[3] Neumann-Spallart, *op. cit.*, p.65.
[4] Mitchell and Deane, *op. cit.*, pp.356-7.
[5] M. Hroch, *Die Vorkämpfer der nationalen Bewegung bei den kleinen Völkern Europas* (Prague 1968), p.168.
[6] 'Bauerngut', *Handwörterbuch der Staatswissenschaften (2nd ed.)*, II, pp.441 and 444.
[7] 'Agriculture' in Mulhall, *op. cit.*, p.7.
[8] I. Wellman, 'Histoire rurale de la Hongrie', *Annales E.S.C.*, 23, 6(1968), p.1203; Mulhall, loc. cit.
[9] E. Sereni, *Storia del paesaggio agrario italiano* (Bari 1962), pp.351-2. Industrial deforestation should not be neglected either. 'The large mount of fuel required by [the furnaces of Lake Superior, USA] has already made a very decided impression on the

surrounding timber,' wrote H. Bauermann in 1868 (*A Treatise on the Metallurgy of Iron* [London 1872], p.227); daily supply of a single furnace required the clearing of an acre of forest.

[10] Elizabeth Whitcombe, *Agrarian Conditions in Northern India, I, 1860-1900* (Berkeley, Los Angeles and London 1972), pp.75-85, discusses the consequences of large-scale irrigation engineering in the United Provinces critically.

[11] Irwin Feller, 'Inventive activity in agriculture, 1837-1900', *Journal of Economic History*, XXII (1962), p.576.

[12] Charles McQueen, *Peruvian Public Finance* (Washington 1926), pp.5-6. *Guano* supplied 75 per cent of Peruvian government income of all kinds in 1861-6, 80 per cent in 1869-75. (Heraclio Bonilla, Guano *y burguesia en et Peru* [Lima 1974], pp.138-9, citing Shane Hunt.)

[13] 'Bauemgut'*Handwörterbuch der Staatswissenschaften* (2nd ed.), II, p.439.

[14] See G. Verga's short story 'Liberty', based on the rising at Bronte, which is among those discussed in D. Mack Smith, 'The peasants'revolt in Sicily in 1860' in *Studi in Onore di Gino Luzzatto* (Milan 1950), pp.201-240.

[15] E. D. Genovese, *In Red and Black, Marxian Explorations in Southern and Afro-American History* (Harmondsworth1971), pp.131-4.

[16] For the most elaborate version of this argument see R. W. Fogel and S. Engermann, *Time on the Cross* (Boston and London 1974).

[17] Th. Brassey, *Work and Wages Practically Illustrated* (London 1872).

[18] H. Klein, 'The Coloured Freedmen in Brazilian Slave Society', *Journal of Social History* 3, I (1969), pp. 36; Julio Le Riverend, *Historia economica de Cuba* (Havana 1956), p.160.

[19] P. Lyashchenko, *A History of the Russian National Economy* (New York 1949), p.365.

[20] Lyashchenko, *op. cit.*, pp.440 and 450.

[21] D. Wells, *Recent Economic Changes* (New York 1889), p.100.

[22] Jaroslav Purš, 'Die Entwicklung des Kapitalismus in der Landwirtschaft der böhmischen Länder 1849-1879', *Jahrbuchfür Wirtschaftsgeschichte* (1963), III, p.38.

[23] I. Orosz, 'Arbeitskräfte in der ungarischen Landwirtschaft,'*Jahrbuch für Wirtschaftsgeschichte* (1972) II, p.199.

[24] J.Varga, *Typen und Probleme des bäuerlichen Grundbesitzes 1767-1849* (Budapest 1965), cited in *Annales E.S.C.* 23, 5 (1968), p.1165.

[25] A. Girault and L. Milliot, *Principes de Colonisation et de Législation Coloniale. L'Algérie* (Paris 1938), pp.383 and 386.

[26] Raymond Carr, *Spain 1808-1939* (Oxford 1966), p.273.

[27] José Termes Ardevol, *El Movimiento Obrero en Espana. La Primera Internacional (1864-1881)* (Barcelona 1965), unpag. Appendix: Sociedades Obreras creadas en 1870-1874.

[28] A. Dubuc, 'Les sobriquets dans le Pays de Bray en 1875', *Annales de Normandie* (August 1952), pp.281-2.

[29] Purš, *op. cit.,* p. 40.

[30] Franco Venturi, *Les Intellectuels, le peuple et la revolution. Histoiré du populisme russe au XIX siècle* (Paris 1972), II, pp. 946-8. This magnificent book, an earlier edition of which exists in English translation (*Roots of Revolution* [London 1960]), is the standard work on its subject.

[31] M. Fleury and P. Valmary, 'Les Progres d'instruction élementaire de Louis XIV à Napoléon III', *Population* XII (1957), pp. 69 ff; E. de Laveleye, *L'Instruction du Peuple* (Paris 1872), pp,174, 188, 196, 227-8 and 481.

第十一章 流动的人

[1] Scholem Alejchem, *Aus dem nahen Osten* (Berlin 1922).

[2] F. Mulhauser, *Correspondence of Arthur Clough* (Oxford 1957), II, p.396.

[3] I. Ferenczi, ed. F. Willcox, *International Migrations*; Vol. I *Statistics*, National Bureau of Economic Research (New York 1929).

[4] Ta Chen, *Chinese Migration with Special Reference to Labor Conditions,* United States Bureau of Labour Statistics (Washington 1923), p.82.

[5] S. W. Mintz, 'Cuba: Terre et Esclaves', *Etudes Rurales*, 48 (1972), p.143.

[6] *Bankers Magazine*, v (Boston 1850-51), p.12.

[7] R. Mayo Smith, *Emigration and Immigration, A Study in Social Science* (London 1890), p.94.

[8] M-A. Carron, 'Prélude a I'exode rural en France: les migrations anciennes des travailleurs creusois', *Revue d'histoire économique et sociale*, 43, (1965), p.320.

[9] A. F. Weber, *The Growth of Cities in the Nineteenth Century* (New York 1899), p.374.

[10] Herbert Gutman, 'Work, Culture and Society in industrializing America, 1815-1919', *American History Review*, 78 (3 June 1973), p.533.

[11] Barry E. Supple, 'A Business Elite: German-Jewish Financiers in Nineteenth Century New York', *Business History Review*, XXXI (1957), pp.143-78.

[12] Mayo Smith, *op. cit.*, p.47; C. M. Turnbull, 'The European Mercantile Community in Singapore, 1819-1867', *Journal of South East Asian History*, X,I (1969), p.33.

[13] Ferenczi, ed. Willcox, *op. cit.*, Vol. II, p.270 n.

[14] K. E. Levi, 'Geographical Origin of German Immigration to Wisconsin', *Collections of the State Historical Society of Wisconsin*, XIV (1 898), p.354.

[15] Carl F.Wittke, *We who built America* (New York 1939), p.193.

[16] Egon Erwin Kisch, *Karl Marx in Karlsbad* (East Berlin 1968).

[17] C. T. Bidwell, *The Cost of Living Abroad* (London 1876), Appendix. Switzerland was the main objective of this tour.

[18] Bidwell, *op. cit.*, p.16.

[19] Georg v. Mayr, *Statistik und Gesellschaftslehre*; II, *Bevoelkerungsstatistik*, 2. Lieferung (Tülbingen 1922), p.176.

[20] E. G. Ravenstein, 'The Laws of Migration', *Journal of the Royal Statistical Society*, 52 (1889), p.285.

第十二章　城市・工业・工人阶级


[1] J. Purš, 'The working class movement in the Czech lands', *Historica*, x (1965), p.70.

[2] M. May, *Die Arbeitsfrage* (1848) cited in R. Engelsing, 'Zur politischen Bildung der deutschen Unterschichten, 1789-1863' Hist. Ztschr. 206, 2 (April 1968), p.356.

[3] *Letters and Private Papers of W. M. Thackeray*, ed. Gordon N. Ray, II, 356 (London 1945).

[4] J. Purš, 'The industrial revolution in the Czech Lands', *Historica*, II (1960), pp.210 and 220.

[5] Cited in H. J. Dyos and M. Wolff (eds.) *The Victorian City* (London and Boston 1973), I, p. 110.

[6] Dyos and Wolff, *op. cit.*, I, p.5.

[7] A. F. Weber (1898) cited in Dyos and Wolff, *op. cit.*, I, p.7.

[8] H. Croon, 'Die Versorgung der Staedte des Ruhrgebietes im 19. u. 20. Jahrhundert' (mimeo) (International Congress of Economic History 1965), p.2.

[9] Dyos and Wolff, *op. cit.*, I, p.341.

[10] L. Henneaux-Depooter, *Misères et Luttes Sociales dans le Hainaut 1860-96* (Brussels 1959), p. 117; Dyos and Wolff, *op. cit.*, p.134.

[11] G. Fr. Kolb, *Handbuch der vergleichenden Statistik* (Leipzig 1879).

[12] Dyos and Wolff, *op. cit.*, I, p.424.

[13] Dyos and Wolff, *op. cit.*, I, p.326.

[14] Dyos and Wolff, *op. cit.*, I, p.379.

[15] J. H. Clapham, *An Economic History of Modern Britain* (Cambridge 1932), II, pp.116-17.

[16] Erich Maschke, *Es entsteht ein Konzern* (Tübingen 1969).

[17] R. Ehrenberg, *Krupp-Studien* (Thünen-Archiv II, Jena, 1906-9), p.203; C. Fohlen, *The Fontana Economic History of Europe, 4: The Emergence of Industrial Societies* (London 1973), I, p.60; J. P. Rioux, *La Révolution Industrielle* (Paris 1971), p.163.

[18] G. Neppi Modona, *Sciopero, potere politico e magistratura 1870-1922* (Bari 1969), p.51.

[19] P. J. Proudhon, *Manuel du Speculateur à la Bourse* (Paris 1857), pp.429 ff.

[20] B. Gille, *The Fontana Economic History of Europe, 3: The Industrial Revolution* (London 1973), p.278.

[21] J. Kocka,'Industrielles Management: Konzeptionen und Modelle vor 1914', *Vierteljahrschrift für Sozial-und Wirtschaftsgesch. 65/3* (October 1969), p.336, quoting from Emminghaus, *Allgemeine Gewerbslehre.*

[22] P. Pierrard, 'Poesie et chanson ... à Lille sous le 2e Empire', *Revue du Nord*, 46 (1964), p.400.

[23] G. D. H. Cole and Raymond Postgate, *The Common People* (London 1946), p.368.

[24] H. Mottek, *Wirtschaftsgeschichte Deutschlands* (East Berlin 1973), II, p.235.

[25] E. Waugh, *Home Life of the Lancashire Factory Folk during the Cotton Famine* (London 1867), p.13.

[26] M. Anderson, *Family Structure in Nineteenth Century Lancashire* (Cambridge 1973), p.31.

[27] O. Handlin (ed.) *Immigration as a Factor in American History* (Englewood Cliffs 1959), pp. 66-7.

[28] J. Hagan and C. Fisher, 'Piece-work and some of its consequences in the printing and coal mining industries in Australia, 1850-1930', *Labour History*, 25 (November 1973), p.26.
[29] A. Plessis, *De lafête impériale au mur des Fédérés* (Paris 1973), p.157.
[30] E. Schwiedland, *Kleingewerbe und Hausindustrie in Österreich* (Leipzig 1894), II, pp.264-5 and 284-5.
[31] J. Saville and J. Bellamy (eds.), *Dictionary of Labour Biography*, I, p.17.
[32] Engelsing, *op. cit.*, p.364.
[33] Rudolf Braun, *Sozialer und kultureller Wandel in einem ländlichen Industriegebiet im 19. u. 20. Jahrhundert* (Erlenbach-Zülrich and Stuttgart 1965), p.139, uses this term specifically for the period. His invaluable books ( see also *Industrialisierung und Volksleben* [1960] ) cannot be recommended too highly.
[34] *Industrial Remuneration Conference* (London 1885), p.27.
[35] *Industrial Remuneration Conference*, pp.89-90.
[36] Beatrice Webb, *My Apprenticeship* (Harmondsworth 1938), pp.189 and 195.
[37] *Industrial Remuneration Conference*, pp.27 and 30.

## 第十三章 资产阶级世界

[1] Cited in L. Trénard, 'Un Industriel roubaisien du XIX siècle', *Revue du Nord*, 50 (1968), p. 38.
[2] Martin Tupper, *Proverbial Philosophy* (1876).
[3] See Emanie Sachs, *The Terrible Siren* (New York 1928), especially pp.174-5.
[4] G. von Mayr, *Statistik und Gesellschatslehre III Sozialstatistik,* Erste Lieferung (Tülbingen 1909), pp. 43-5. For the unreliability of statistics on prostitution, *ibid.* (5. Lieferung), p. 988. For the strong relationship of prostitution and venereal infection, Gunilla Johansson, 'Prostitution in Stockholm in the latter part of the 19th century' (mimeo) (1974). For estimates of the prevalence and mortality from syphilis in France, see T. Zeldin, *France* 1848-1945 (Oxford 1974), 1, pp.304-6.
[5] The freedom of visiting American girls is noted in the relevant section of the chapter on foreigners in Paris inthe superb *Paris Guide 1867* (2 vols).
[6] For Cuba, Verena Martinez Alier, 'Elopement and seduction in 19th century Cuba', *Past and Present*, 55 (May 1972); for the American South E. Genovese, *Roll Jordan Roll* (New York 1974), pp.413-30 and R. W. Fogel and Stanley Engermann, *op. cit.*
[7] From the 'Maxims for Revolutionists'in *Man and Superman*: 'A moderately honest man with a moderately faithful wife, moderate drinkers both, in a moderately healthy house: that is the true middle class unit'.
[8] Zunkel, *op. cit.*, p.320.
[9] Zunkel, *op. cit.*, p.526 n. 59.
[10] Tupper, *op. cit.*: 'Of Home', p.361.
[11] Tupper, *loc. cit.,* p.362.
[12] John Ruskin, 'Fors Clavigera', in E.T.Cook and A. Wedderburn (eds.), *Collected Works*

(London and New York 1903-12), vol. 27, letter 34.

[13] Tupper, *op. cit.*: 'Of Marriage', p.118.

[14] H. Bolitho (ed.), *Further Letters of Queen Victoria* (London 1938), p.49.

[15] 'My opinion is that if a woman is obliged to work, at once (although she may be a Christian and well bred) she loses the peculiar position which the word *lady* conventionally designates'(Letter to the *English woman's Journal*, VIII (1866), p.59).

[16] Trénard, *op. cit.*, pp. 38 and 42.

[17] Tupper, *op. cit.*: 'Of Joy', p.133.

[18] J. Lambert-Dansette, 'Le Patronat du Nord. Sa période triomphante', in *Bulletin de la Société d'histoire moderne et contemporaire*, 14, Série 18 (1971), p.12.

[19] Charlotte Erickson, *British Industrialists: Steel and Hosiery, 1850-1950* (Cambridge 1959).

[20] H. Kellenbenz, 'Unternehmertum in Südwestdeutschland', *Tradition*, 10, 4 (August 1965), pp. 183 ff.

[21] *Nouvelle Biographie Générale* (1861); articles: Koechlin, p. 954.

[22] C. Pucheu, 'Les Grands notables de I'Agglomération Bordelaise du milieu du XIXe siècle à nos jours', *Revue d'histoire et sociale,* 45 (1967), p.493.

[23] P. Guillaume, 'La Fortune Bordelaise au milieu du XIX siècle', *Revue d'histoire économique et sociale*, 43 (1965), pp.331, 332, and 351.

[24] E. Gruner, 'Quelques reflexions sur l'élite politique dans la Confédération· Helvetique depuis 1848', *Revue d'histoire économique et sociale,* 44 (1966), pp.145 ff.

[25] B. Verhaegen, 'Le groupe Libéral à la Chambre Beige (1847-1852)', *Revue Beige de Philologie et d'histoire*, 47 (1969), 3-4, pp. 1176 ff.

[26] Lambert-Dansette, *op. cit.*, p.9.

[27] Lambert-Dansette, *op. cit.*, p.8; V. E. Chancellor (ed.), *Master andArtisan in Victorian England* (London 1969), p.7.

[28] Serge Hutin, *Les Francs-Marons* (Paris 1960), pp. 103 ff. and 114 ff.; P. Chevallier, *Histoire de la Francmaçonnerie francaise*, II (Paris 1974). For the Iberian world, the judgment: 'The Freemasonry of that period was nothing but the universal conspiracy of the revolutionary middle class against feudal, monarchical and divine tyranny. It was the International of that class', cited in Iris M. Zavala, *Masones, Comuneros y Carbonarios* (Madrid 1971), p.192.

[29] T. Mundt, *Die neuen Bestrebungen zu einer wirtschaftlichen Reform der unteren Volksklassen* (1855), cited in Zunkel, *op. cit.*, p.327.

[30] Rolande Trempé, 'Contribution à I'étude de la psychologie patronale: le comportement des administrateurs de la Societé des Mines de Carmaux (1856-1914)', *Mouvement Social*, 43 (1963), p. 66.

[31] John Ruskin, *Modern Painters*, cited in W. E. Houghton, *The Victorian Frame of Mind* (Newhaven 1957), p. 116. Samuel Smiles, *Self Help* (1859), chapter 11, pp.359-60.

[32] John Ruskin, 'Traffic', *The Crown of Wild Olives,* (1866) *Works* 18, p. 453.

[33] Trempé, *op. cit.*, p. 73.

[34] W. L. Burn, *The Age of Equipoise* (London 1964), p. 244 n.
[35] H. Ashworth in 1953-4, cited in Burn, *op. cit.*, p. 243.
[36] H. U. Wehler, *Bismarck und der lmperialismus* (Cologne-Berlin 1969), p. 431.

## 第十四章 科学・宗教・意识形态

[1] Francis Darwin and A. Seward (eds.), *More Letters of Charles Darwin* (New York 1903), 11, p.34.
[2] Cited in Engelsing, *op. cit.*, p.361.
[3] *Anthropological Review*, IV (1866), p.115.
[4] P. Benaerts *et. al., Nationalité et Nationalisme* (Paris 1968), p.623.
[5] Karl Marx, *Capital*, I, postscript to second edition.
[6] In the *Electromagnetic Theory* of Julius Stratton of the MIT. Dr S. Zienau, to whom my references to physical sciences are enormously indebted, tells me that this came at a fortunate moment for the Anglo-Saxon war-effort in the field of radar.
[7] J. D. Bernal, *Science in History* (London 1969), II, p.568.
[8] Bernal, *op. cit.*
[8a] Lewis Feuer has lately suggested that it was not Marx but Edward Aveling who approached Darwin, but this does not affect the argument.
[9] Marx to Engels (19 December 1860) (*Werke*, XXX, p.131).
[10] H. Steinthal and M. Lazarus, *Zeitschrift für Völkerpsychologie und Sprachwissenschaft.*
[11] F. Mehring, *Karl Marx, The Story of his Life* (London 1936), p.383
[12] E. B. Tylor, 'The Religion of Savages', *Fortnightly Review* VI (1866), p.83.
[13] *Anthropological Review* IV (1866), p.120.
[14] Kiernan, *op. cit.*, p.159.
[15] W. Philips, 'Religious profession and practice in New South Wales 1850-1900', *Historical Studies* (October 1972), p.388.
[16] *Haydn's Dictionary of Dates* (1889 ed.): Missions.
[17] Eugene Stock, *A Short Handbook of Missions* (London 1904), p. 97. The statistics in this biased and influential manual are taken from J.S.Dermis, *Centennial Survey of Foreign Missions*(New York and Chicago 1902).
[18] *Catholic Encyclopedia*; article: Missions, Africa.

## 第十五章 艺术

[1] R. Wagner, 'Kunst und Klima', *Gesammelte Schriften* (Leipzig 1907), III, p.214.
[2] Cited in E. Dowden, *Studies in Literature 1789-1877* (London 1892), p.404.
[3] Th. v. Frimmel, *Lexicon der Wiener Gemäldesammlungen* (A-L 1913-14); article: Ahrens.
[4] G. Reitlinger, *The Economics of Taste* (London 1961), chapter 6. I have relied much on this valuable work, which brings to the study of art a hard-headed financial realism suitable to

our period.
[5] Asa Briggs, *Victorian Cities* (London 1963), pp.164 and 183.
[6] Reitlinger, *op. cit.*
[7] R. D. Altick, *The English Common Reader* (Chicago 1963), pp.355 and 388.
[8] Reitlinger, *op. cit.*
[9] F. A. Mumby, *The House of Routledge* (London 1934).
[10] M. V. Stokes, 'Charles Dickens: A Customer of Coutts & Co.', *The Dickensian*, 68 (1972), pp.17-30. I am indebted to Michael Slater for this reference.
[11] Mulhall, *op. cit.*; article: Libraries. A special note should be made of the British public-library movement. Nineteen cities installed such free libraries in the 1850s, eleven in the 1860s, fifty-one in the 1870s (W. A. Munford, *Edward Edwards* [London 1963]).
[12] T. Zeldin, *France 1848-1945* (Oxford 1974), I, p.310.
[13] G. Grundmann, 'Schlösser und Villen des 19. Jahrhunderts von Unternehmem in Schlesien', *Tradition*, 10, 4 (August 1965), pp.149-62.
[14] R. Wischnitzer, *The Architecture of the European Synagogue* (Philadelphia 1964), chapter X, especially pp.196 and 202-6.
[15] Gisèle Freund, *Photographic und bürgerliche Gesellschaft* (Munich 1968), p.92.
[16] Freund, *op. cit.*, pp.94-6.
[17] Cited in Linda Nochlin (ed.), *Realism and Tradition in Art* (Englewood Cliffs 1966), pp.71 and 74.
[18] Gisèle Freund, *Photographie et Société* (Paris 1974), p.77.
[19] Freund, *op. cit.* (1968), p.111.
[20] Freund, *op. cit.* (1968), pp.112-13.
[21] For the question of artists and revolution in this period, see T. J. Clark, *The Absolute Bourgeois* (London 1973) and *Image of the People:Gustave Courbet* (London 1973).
[22] Nochlin, *op. cit..*, p.77.
[23] Nochlin, *op. cit..*, p.77.
[24] Nochlin, *op. cit.*, p.53.
[25] Even in that lesser centre of Bohemia, Munich, the Münchner Kunstverein had about 4,500 members in the mid-1870s. P. Drey, *Die wirtschaftlichen Grundlagen der Malkunst. Versuch einer Kunstökonomie* (Stuttgart and Berlin 1910).
[26] 'In art the handicraft is almost everything. Inspiration-yes, inspiration is a very pretty thing, but a little *banale*; it is so universal. Every bourgeois is more or less affected by a sunrise or sunset. He has a measure of inspiration.'Cited in Dowden, op. cit., p.405.

## 第十六章　结语

[1] Johann Nestroy, *Sie Sollen Ihn Nicht Haben* (1850).
[2] D. S. Landes, *The Unbound Prometheus* (Cambridge 1969), pp.240-41.
[3] Burckhardt, *op. cit.*, p.116.
[4] Burckhardt, *op. cit.*, p.171.